《论语》解读

天下归仁

王 蒙——著

江苏人民出版社

图书在版编目（CIP）数据

天下归仁：《论语》解读 / 王蒙著. — 南京：江苏人民出版社，2023.6

（王蒙解读传统文化经典系列）

ISBN 978 - 7 - 214 - 28135 - 7

Ⅰ. ①天… Ⅱ. ①王… Ⅲ. ①《论语》-研究 Ⅳ. ①B222.25

中国国家版本馆 CIP 数据核字（2023）第 091679 号

书　　　名	天下归仁：《论语》解读
著　　　者	王　蒙
责 任 编 辑	周晓阳
装 帧 设 计	刘　俊
封 面 用 图	〔明〕仇　英《孔子圣绩图》之《在陈绝粮》
责 任 监 制	王　娟
出 版 发 行	江苏人民出版社
地　　　址	南京市湖南路 1 号 A 楼，邮编：210009
照　　　排	江苏凤凰制版有限公司
印　　　刷	江苏凤凰新华印务集团有限公司
开　　　本	652 毫米×960 毫米　1/16
印　　　张	31.25　插页 4
字　　　数	420 千字
版　　　次	2023 年 6 月第 1 版
印　　　次	2023 年 6 月第 1 次印刷
标 准 书 号	ISBN 978 - 7 - 214 - 28135 - 7
定　　　价	108.00 元（精装）

（江苏人民出版社图书凡印装错误可向承印厂调换）

总　序

大体上，除非在高等学校，我不喜欢用"国学"一词。因为我不赞成把中华传统文化与外来文化、五四新文化、中国特色社会主义文化并立或分立起来，更不要说对立起来了。

我认为传统中包括小麦、玉米、棉花、淡巴菰（烟草）也有许多外来元素，而外来文化来到颇有特色的中华，必然发生本土化、大众化与时代化。我体会到，理论掌握了群众，就会变成物质的力量；而群众掌握了理论，就会变成历史的和本土的实践、消化与发展，乃至使原来的理论、文化面目一新。

文化有内在的稳定性、恒久性，又有随时调整消长、与时俱化的活性。

我还越来越发现，文化传统的载体不仅是各种遗址、废墟、文物与汗牛充栋的典籍，传统文化典籍之重要与力量在于它们还活在我们的人民、乡土、生活方式与集体无意识之中，例如在各种俚语与地方戏、地方曲艺的唱词之中。传统文化活在我们的灵魂、我们的习惯、我们的思路、我们的生活中。

二十多年前，我受到出版界的朋友刘景琳先生鼓舞，开始写《老子的帮助》。我的古汉语、哲学史等知识都不过关，但是刘先生更重视的是我的阅历、经历、敏感、悟性、理解，以及分析与表达的能力。我谈典籍，解读，靠前辈与专家；解释、分析、体悟、讲述、发挥，靠自己的人生经验与精神能为。对于我来说，孔孟老庄荀列也好，古典文学作品也好，都是来自生活，来自人民，来自实践，来自经世致用、应对生活和实践的需要的。好的后人时时用自身的生活经验激活典籍，差的后人，越研究考察经典越成了一锅糨糊。李白早就看出来了，他在《嘲鲁儒》中写道："鲁叟谈五经，白发死章句。问以经济策，茫如坠烟雾。……"连唯美型诗人李贺也说："寻章摘句老雕虫，晓月当帘挂玉弓。不见年年辽海上，文章何处哭秋风？"（《南园》其六）

对于传统典籍，第一是激活，第二是优化。古人古语，解释起来那叫"聚讼纷纭"，我只能选择相对最容易为今人理解、被当下受用的说法。我们当然是活在当下。不搞现代化，我们会被开除球籍（1956 年 8 月 30 日，毛泽东在中国共产党第八次全国代表大会预备会议第一次会议上作《增强党的团结，继承党的传统》的讲话）；而无视中国的文化传统，就是自绝于人民。

第三是努力联系当下，联系实际。例如古今都有大家大师批评老子讲什么"世人皆知美之为美，斯恶矣"，其实联系经验很容易理解。金融界人士告诉我这很好懂："都说一个股是优选股，大家都去炒，于是泡沫化，于是崩盘，一定的。"

第四是抱着平视的态度、共舞对话的心情。谈孔孟，谈老庄，谈楚辞汉赋唐诗宋词，保持敬畏，保持欣赏，保持共鸣，同时保持客观与科学态度，敢于发挥，敢于联想延伸扩张，敢于发挥时代与自身的优势并有所发展超越优化更新，才能有创造性转化与创新性发展。例如，说到天道与人道的差异，似应联系农民起义的"替天行道"；说到"天下为公""老吾老以及人之老，幼吾幼以及人之幼"，当然要联系社会主义、共产主义的向往；说到"道之以德，齐之以礼"，可以联系软实力论；而说起"见贤思齐""己欲立而立人，己欲达而达人"，我不可能不想到改革开放与人类命运共同体。

我有志于写多多少少打通一点古今四方的读典籍心得，寻觅几千年前的典籍与当今生活接轨的可能性。我立志于在讨论传统文化时保持一些诗文小说式的生动性形象性特别是生活烟火气。我希望减少人们与古代典籍的距离，使大家都能体会到孔子的亲和准确、孟子的雄辩分明、老子的惊天辩证、庄子的才华横溢、荀子的见多识广、列子的丰盈奥妙，更不用说《红楼梦》的取之不尽。

试试看吧。二十多年来，这方面的劳作，正面反馈超过预计。

当然，由于我缺少科班的知识与训练，写这一类书文也会暴露不够谨严的问题，乃至出现露怯、硬伤处，希望通过江苏人民出版社这一次十二本书的再版，通过读者的支持帮助关注，能减少偏差，更上一层哪怕是零点一、零点二层楼。

谢谢读者，谢谢出版者！

2023 年 5 月

斯文济世，天下归仁

　　一种文化，一种文明，多有对于幸福与美好生活的追求。当然也会有禁欲、压制与更多地强调牺牲、把美好梦想寄托彼岸的讲求，还有宣扬颠覆、仇恨、"圣战"的激越。前者压制，是为了精神纯洁与神圣化，是道德完满的代价，或是为了死后另一个世界的无限幸福；后者颠覆，则是由于对现存秩序与文化主流的否定与绝望。归根结蒂，文化的追求在于光明、幸福、美好、正义、"天国"。孔子说颜回是："惜乎！吾见其进也，未见其止也。"这也是夫子自道。尼采的说法则是："理想主义者是不可救药的：如果他被扔出了他的天堂，他会再制造出一个理想的地狱。"

　　中华文化传统的形成离不开孔子，离不开儒学，离不开与儒学共生互争互补的先秦诸子百家以及数千年来没有停止过的对于儒学的陈陈相因、时有闪光的解读与论争。优于斯，劣于斯，疑于斯，习于斯，安于斯，欣欣于斯，凝聚于斯。中华传统文化的格局奠定于东周时期，兹后两千多年，到鸦片战争发生，没有根本性的变化。

　　孔子年代，天下大乱，中央政权式微，五霸之类诸侯国家纵横捭阖、血腥争斗、计谋策略、阴阳虚实、会盟火并，眼花缭乱。各侯国权力系统、思想战线，围绕着争权夺利打转。失范状态造成了民不聊生的痛苦，但也造成了群雄并起与百家争鸣的政治、军事、思想、文化，竞相争奇、碰撞火花的无比兴盛。

　　国家不幸百家幸，国家多难，英雄辈出，自古已然。

　　孔子生活在这个争斗时期，他宣扬的不是自己主张的必胜性、强力性、面貌一新性、卒成大业平天下性，而是斯文性、君子性、复古性。

孔子、老子，都是逆潮流而动，意欲挽狂澜于既倒。

"文王既没，文不在兹乎？天之将丧斯文也，后死者不得与于斯文也；天之未丧斯文也，匡人其如予何？"孔子在匡地遇到危难，他相信只要上苍无意灭绝斯文，只要上苍还要延续文脉，就不会让他罹难；他是斯文的救主，他是斯文的最后几近唯一的火种，他活着的使命在于延续与重建斯文，从而"兴灭国，继绝世，举逸民"，从而"为天地立心，为生民立命，为往圣继绝学，为万世开太平"（张载）。

他认为能够带来幸福与光明的只有道德文化。可能因为当时人口问题尚未过分地困扰着先人，痛苦不在于生产力满足不了人民温饱的需要，而在于人间血腥丑陋阴险危殆的纷争，在于天下大乱，在于礼崩乐坏，在于贪欲膨胀，在于觚不觚：名实相悖、观念混乱、是非不分、秩序与好传统荡然无存。

孔子也认为关键在于人心，人的事情，心决定物，人心大治，自然物阜民丰，温饱无虞。孔子说："德之不修，学之不讲，闻义不能徙，不善不能改，是吾忧也。"他忧的是这个。不幸的是，或者说可巧的是，这话好像是在说两千数百年后的今天。

就是说，孔子认为天下大乱的状态属于世道，世道凶险因于人心，心性随社会发展而复杂化、邪恶化、失范失衡化与歧义化：贪欲、乖戾、怨毒、争利、暴力、嗜杀、阴谋、诡计、不仁不义、不忠不孝……正在毒化我们的生活与身心。扭转乾坤、解决这些问题的抓手是文化：权力系统要懂得从民人的心灵深处挖掘美好善良，将之提升，要依靠人性自有的美好本能，从孝悌亲情入手，推己及人，及于恕道，用仁心统率与提升孝悌忠恕礼义廉耻诚信宽厚勤俭谦让恭敬惠义好学敏求……从而取得认同，取得道义优势，占领仁德高地，缘人性民心坐稳天下；而后乃教化天下，首先是教化君子，教化权力系统自身。权力系统的君王、大臣们接受了孔子的学说，则会因掌权而痛感仁德的重要性，因认识到仁德的重要而受到教化，而成为全民的道德榜样，从而取得统治的合法性与说服力。

孔子认为权力的根基在于仁德，仁德的来源在于天地的榜样与启示。"天行健，君子以自强不息"，"地势坤，君子以厚德载物"。权力首先不是如林彪所说的"镇压之权"，而是教化之权，示范之力；叫作"为政以德，譬如北辰，居其所而众星共之"。叫作"道之以政，齐之以刑"（用政策与行政治理引领民人，用刑罚管束民人）远不如"道之以德，齐之以礼"（用道德教化引领民人，用礼法管束民人），前者"民免而无耻"，能让民人躲避惩罚，却不能培育民人的是非羞恶之心性；后者"有耻且格"，才能让民人培育廉耻之心，克服不端，心服口服，优化心性。

如此这般，孔子的理念是斯文救世，救国救民：用仁德代替凶恶，用仁政代替暴政，用王道代替霸道，用博大仁爱之心代替狭隘争拗之心，用善良坦荡规矩温文尔雅取代邪恶放肆忤逆野蛮诡诈的乱世恶相。

这放在今天大概就是软实力与巧实力，然而远不仅如此，软与巧不过是人的聪明心计，而孔子的路线是天命，"天命之谓性，率性之谓道，修道之谓教"（《中庸》），仁德来自天命，天，才是终极的"高大上"，乃能"行健"，乃"自强不息"，能"厚德载物"，具"好生之德"，使"四时行焉，百物生焉"。仁德的典范则属"无为而治者其舜也与"。

老子、孔子都向往"无为而治"，这与千载后世马克思主义共产主义社会国家消亡说，与现代社会小政府大社会说、简政放权说……遥相呼应。

仁德首先是心性，又不仅仅是心性。它们外化并强化为礼，即行为范式、社会秩序、尊卑长幼规矩；外化为君子的斯文风范，君子的彬彬有礼、文质彬彬。这就叫以文化人，这就叫尚文之道。这就叫以德治国，以文治国，以礼治国，政治文明，斯文济世。

"诚于中形于外"：伦常哺育孝悌，孝悌升华为仁德，仁德是核心，构建文化，文化表现为礼法，做事、举止、进退，直到容貌、面色、身体姿势与表情，都有章可循，有法可依，中规中矩，一丝不苟。尤其是君臣父子，恭谨诚敬，慎独慎微，没有给放肆混乱、倒行逆施留下余地。

在礼的推行上，孔子十分重视面容表情，提出"色难"命题，他重视苦练内功，他要抓灵魂，要培育"无违礼""三月不违仁"的喜怒哀乐与面部表情。直到当代，我们讲到一些人们不喜欢的人、说法与文字的时候称之为"面目可憎"。中华民族历史上某些家伙的"面目可憎"问题，已经存在至少两千五百年。消除可憎面目，是我们至今仍在奋斗的历史重任！

孝发展而为忠，其理自明。悌发展而为恕："推己及人"，"己所不欲，勿施于人"，"己欲立而立人，己欲达而达人"，顺理成章，不由得你不喝彩。由小及大，由近及远，由内及外，"郁郁乎文哉"（本是孔子称颂周礼语）！

孔子说："吾道一以贯之"，这个"一"就是道，这个道就是仁，这个仁就是德——仁义——文化——仁政——礼治。这个道是诚意也是正心，是修身也是齐家，是治国也是平天下，是忠恕也是仁义礼智信，是恭宽信敏惠，是温良恭俭让，是四维八纲——"礼义廉耻"或者加上"孝悌忠信"，是四德"恭敬惠义"，是克己复礼，是忠孝节义也是浩然正气，还可以加上一切中华美德，一通百通，一美俱美。

从这个"一"出发，孔子乃有如下的一些重要主张：

第一是正名。汉字的综合信息量，培育了炎黄子孙的看重整合，不喜条分缕析的方法论。除少量外来语外，命名就是定义定位，就是期待，就是价值宣示。命名代表了人们对于世界诸人诸事诸物的认识与把握，命名就是认识世界，命名就是治理安排拿捏。名中有义，名中有理，名中有礼，名中有分。正名就是整顿纲纪，就是名实相符，就是政策待遇确定，就是君君臣臣父父子子，就是有道，就是有章法，有秩序，有规律，有整顿，无乱象。

不仅孔子如此，老子同样强调命名的重要性，他说的是"无名万物之始，有名万物之母"。不命名等于无万物之母，即无万物。

直到一九四九年后，我们仍然极其重视命名，例如人民国民之辨，例如敌我友区分，例如姓社姓资，例如地富反坏右戴帽子摘帽子，例如敌我与人民内部矛盾结论，例如左中右区分。有的人干了一辈子革命还在苦苦地等候一个人民内部矛盾的"名"——"结论"。有的为了争当"左派"而不惜兵戎相见。此种思路，外国人怎么琢磨也琢磨不透，学学《论语》就会明白得多。

第二是君子与小人之区别，这也是一个大命名工程。孔子对社会大体上是两分法：一部分人是治人，即权力体制中人；一部分是治于人，即被管理者。君子从社会地位来说是权力中人或候补权力中人。对于权力中人的文化要求与道德要求，当然要比从事生产劳动等"鄙事"的人众要高。"君子不器""君子喻于义""君子周而不比"，即君子讲究的是义理，是原则，是大局，是世道人心，不陷于教条与具体行业。而"小人喻于利"，小人看得见的只有实打实的眼前利益。"君子和而不同"，是真和；"小人同而不和"，是假抱团的宗派山头黑手党之类，终必土崩瓦解、树倒猢狲散。君子之争，争起来彬彬有礼；小人之争，无所不用其极，坚如磐石团结假象，一朝败露。"君子坦荡荡"，正如故宫里皇上的题字，到处是"正大光明"，透明度一百一。皇上最痛恨的是底下的臣子与他斗心眼耍诡计。"小人长戚戚"，小人鼠目寸光，不会自我调节，小人多是低级性恶论者，他们感觉到的永远是轻蔑、妒恨、阴谋，不是他嫉妒坑害或轻蔑旁人就是旁人嫉妒坑害或轻蔑他。

孔子对君子的期待既务实又理想，"学而不思则罔，思而不学则殆"，"邦有道，则知；邦无道，则愚"，"邦有道，危言危行；邦无道，危行言孙"，"用之则行，舍之则藏"，"敬鬼神而远之"，"不语怪、力、乱、神"……都很老到，堪称精明入化。他的斯文救国论，他的"克己复礼，天下归仁"，不但理想，而且纯正天真大气。

而他对于小人的论述，干脆是人情练达，世事洞明："同而不和"啦，"言不及义"啦，"巧言令色"啦，"小人穷斯滥矣"啦，"小人之过也必文（掩饰）"（子夏所言）啦，"小人不可大受（承担大事）"啦，"小人比而不周"啦，"不仁者不可以久处约，不可以长处乐"啦……甚接地气，眼里不掺沙子。读之甚奇，"申申如也，夭夭如也"，一副士绅派头的孔圣人从哪里了解那么多小人的世情洋相？孔子不火不温，不"道学"，不冬烘，绝对不书呆子。

这样，"君子小人所为不同，如阴阳昼夜，每每相反"（朱熹），绘出君子的道德文化风范与小人的低俗可悲，君子与小人之辨就不是社会地位问题，而是文化教养问题了。孔子的君子小人之说不利于民权平等观念的形成，但有利于保持权力系统中人精神面貌之精英性、示范性、先进性，对于中国这样一个超大的发展极不平衡的国家，对于实行精英政治，集中权力治国理政，其实具有相当实惠的劝勉性与可操作性。

这样的君子小人之说，还有被民人服膺的便利处。一是，你的权力来自道德文化，而不仅仅是世袭、血统、异兆、武力，老百姓听着舒坦，好接受。二是，你的道德文化记录太差，你就成了无道昏君独夫民贼，民人就有权不承"载"你而颠"覆"你，老百姓就有权替天行道，造你的反，灭你的朝廷。三是，强调道德文化修为，开通君子与小人的交通路径，缓解疏通君子与小人间的阶级对立，为后世建立科举制度打下思想基础。四是，推动教育，增强读书好学上进风习。

第三，孔子十分重视劝学，认为只有通过教化与学习，才能培养出文质彬彬，继承斯文的高尚一脉，才能继绝学，也才或有望于开大平。

孔子提倡的是学习型社会，是"温故知新"，是"举一反三"，是"见贤思齐焉，见不贤而内自省也"。这后者即内自省比思齐还重要，还难做到，还伟大。《论语》中多次讲到了自我反省的重要性，如"吾日三省吾身"，有一点点像基督教所提倡的忏悔，比忏悔的说法温和中庸一些，不那么刺激煽情咋呼施压。后世则将"自省"发展为高尚的"自我批评"。

孔子还讲"三人行，必有我师焉"，讲"十室之邑，必有忠信"。孔子主张在生活中学习，向活人高人学习，联系自己的实际学习。他与死记硬背、生吞活剥、"寻章摘句老雕虫……文章何处哭秋风"（李贺）毫不相干。后人在尊儒敬孔中出现"白发死章句……茫如坠烟雾"（李白）的呆鸟，是后人没出息，孔子没责任。

第四，孔子提倡中庸之道，提出各种事情各种场合所言所行都要恰到好处，"过犹不及"。这个中庸之道，是对于中华文化与孔子的尚一、尚同的重要补充。

孔子讲"一以贯之"，孟子讲天下"定于一"，老子讲"天得一以清，地得一以宁，神得一以灵，谷得一以盈，万物得一以生，侯王得一以为天下贞（正）"。一了，同了，不争了，自然天下太平，幸福指数飙升。

中国过去没有西方所谓"多元制衡"的传统。中国的平衡往往表现于时间的纵轴上："三十年河东，三十年河西。"

这种尚一的传统仍可能与汉字魅力有关，汉字表达的是形、声、义。尤其是义，一个字可以涵盖天地、包容宇宙、吞吐古今、囊括兴亡，且具有精妙的结构。汉字是口语的书面化，而且有时是文字的精粹化、神圣化、终极化、"宗教化"。越是大人物越愿意用一个字或词来表达一切真理。字越单一，解释起来就越无限。更重要的是，一元化简约化才能去除纷乱、阴谋、颠覆、争夺、花花肠子。

长久以来，人们没有看得太清的是：只有"一"却缺少"多"的合理合法地位，也不是好事，它会使矛盾潜伏，负能量积蓄，酿造更大的灾难。

除了尚一则是尚同，最高理想是世界大同，是共产主义式的"大道之行也，天下为公"，是不分你我他，共享"一切的一，一的一切"（郭沫若）。

也许圣人、亚圣们多少看到了"一"化的危殆，看到"同"的困苦，才强调中庸，强调毋为已甚，适可而止，恰到好处，一直到留有余地。和而不同，已经是很漂亮的中庸之道了。

中庸之道的另一个方面就是一颗仁心，两手准备：可以知可以愚；可以进可以退；可以用可以藏；可以显可以隐；可以独善其身，也可以兼济天下；可以怀大志修齐治平，也可以带着友朋学生春游沐浴、舞蹈吟唱（"莫春者，春服既成，冠者五六人，童子六七人，浴乎沂，风乎舞雩，咏而归"）。这就是对立统一，已经是中庸之道的进一步发展。我们多半知道老庄精通辩证法，却也应该知道孔子的中庸之道的辩证法。

同时我们不能不为孔子"知其不可而为之"的悲壮所感动。到了孟子那里，杀身成仁，"舍生取义"，更成为理想主义的弥赛亚（救星）了。

清末以来，社会矛盾高度尖锐化严重化，几乎没有给充满危机感的国人留下中庸中和中道的空间。"五四"以降，人们对中庸之道厌烦，甚至认为那是一种不阴不阳不男不女的乡愿嘴脸。"乡原，德之贼也"，尤其在革命发动、抗敌惨烈的年代，你大讲中道，给人的感觉是逃避责任，狡猾市侩。

自孔子以来，《论语》流传了两千数百年，流传当中谁能保证孔学不走样，不被歪曲，不被利用？被接受被膜拜被高歌入云到那个程度，如果不是孔子而是别的"子"，弄不好会变成邪教。它是孔子的成功也是孔子的灾难，一种学说发达到儒家那个份儿上，全民皆君子皆儒难于做到，儒降低成全民的口头禅与旗号，同时去精英化去君子化去学理化则十分可能。现成的"文革"的例子，毛泽东思想大普及的结果是大歪曲。儒家既是精神的瑰宝源泉，也可能被庸俗化、极端化、烦琐化、教条化、僵尸化、狗血化。

天下滔滔，到处讲"舍得一身剐，敢把皇帝拉下马"，人们斗红了眼的时候，敢于提倡斯文的中庸，需要怎样的勇气和智慧！

以色列总理拉宾，不是在战斗中死于敌手，而是在和平努力中死于本国的"志士"。呜呼痛哉！

承认中间状态与多种选择的存在，才能理解中庸之道的意义。中庸之道，恰恰是非专制主义、非独断，具备一定的灵活性松动性的一个标志。孔子一方面尚一，两分世界，同时又强调中庸，强调和而不同，强调和为贵，强调"我则异于是，无可无不可"，承认在改朝换代大变动中多样选择的可能性。"不降其志，不辱其身，伯夷、叔齐与……柳下惠、少连，降志辱身矣，言中伦，行中虑，其斯而已矣……虞仲、夷逸，隐居放言，身中清，废中权。"他都予以理解，而说到他自己，则余地更加宽阔。

可惜的是以他的门徒自诩的人当中，呆滞者太多了，例如明代的著名清官海瑞。

第五，除了尚一、尚同，还必须尚文。文质彬彬的人方能中庸，急赤白脸、心浮气躁的人不具备彬彬的文质，也就中不了庸，或者只会中出一个令人恶心的无耻无勇的低俗之庸来。

为何尚文？因为心性需要文明、文化、文艺、文学的滋养陶冶调理。"不学诗，无以言。""《诗》三百，一言以蔽之，曰：'思无邪。'""乐而不淫，哀而不伤。""诗，可以兴，可以观，可以群，可以怨。"孔子认为，要修齐治平、治国理政，就要抓文艺。

中国国情，只有好好读《论语》等古代经典，才能拎得清。

第六，再进一步使文化成为行为的规范的，是礼。"礼之用，和为贵。"这是以和统礼。不是用法的惩罚暴力，而是用和气的礼貌的文化熏陶来规范民人行为，这听起来是多么优雅，多么理想，多么高明与可心。想想看，人人或者绝大多数人都斯斯文文、彬彬有礼了，还要严刑峻法打板子砍脑壳做啥？法治不能不苦不威不恐吓，礼治却温馨喜悦令人甘之若饴也。

礼法中最重要的是祭礼与丧礼，表达了对先人、对祖宗、对天地，对生死、对生命链、对历史和传统、对久远的以往也包含对亡灵与彼岸世界形而上世界的敬畏崇拜、深情重意。祭祀培养的是"慎终追远"的厚德与担当。这里已经饱含了宗教情愫，却又延伸为做人做事的当下道德规范。

尚一、尚同、尚文、尚古、尚中（庸或和），这五"尚"构成了中国君子之道德斯文——宗教崇敬体系。

第七，孔子强调的是周礼。一个朝代，一个政权，一种体制，在它最初建立的时候往往颇有动人之好处，否则西周如何取殷商、武王如何取纣王而代之？谚云："新盖的茅房三天香"，话糙理不糙。但世上压根儿没有完美无缺的体制运作与王权管理。时间长了难免暴露出缺陷问题，渐失新鲜感、敬畏感、认真感，渐显言行不一、口是心非、形式过场、陈旧呆板、虚与委蛇、酱缸粪堆之类的弱点。《红楼梦》里的贾府，礼数不缺，却已腐烂透顶，摇摇欲坠。伟大中华，从孔子时代到现今，动辄叹息世风日下、人心不古，《你的良心大大的坏了》（通俗歌曲名），盖有年矣。国人复古保守观念与其说是从胎里就带过来的，不如说是理念与制度缺少民主多元的挑战与与时俱进的发展所致。

那么孔学的主张在我国实践得如何呢？遭遇又如何呢？

想想看，只要不觉得孝亲与悌兄有多么艰难遥远，恕道也就近在咫尺，忠也离我们不远，宽厚自然而然地造就，知耻之勇油然而生，恭谨礼让理所当然，廉洁与高尚成为风气，道义之心压缩逐利之心，君子坦荡荡的斯文抵挡得住所有的卑俗、凶恶、敌意与乖戾。

顺着这个思路想下去，不免心花怒放，三呼圣人大哉：世道人心化险为夷，政治秩序化逆为顺，世道风气化浇薄为朴厚，处处谦谦君子，在在温良恭俭，权力惠民，百姓忠顺，君臣相得，邻里相助，阴阳调和，这就叫作天下归仁，斯文济世。

这样的天下归仁的理想国并不会现成摆放，任你享用讴歌，而是要经过努力学习、长进、切磋、琢磨，才能成真成形成事：读书明理，温故知新，举一反三，见贤思齐、见不贤思改，学而思、思而学，学而时习之，克己复礼……

这干脆可以说是古代的、以孔子为代表的中国梦。

可惜的是这样的梦实现的时候少，望尘莫及的时候多，背道而驰的也不少。鲁迅指出："'二十四史'而多至二十四，就是可悲的铁证。"鲁迅这里说的"可悲"，确实是中华之悲，也是孔子之悲，人人尊孔学孔，却硬是出现不了天下归仁、为政以德、万世大平的美好局面。而到了近现代，遇到强力霸道的"外夷"，儒家孔学，更是狼狈慌乱，无以自处。

孔子的中国梦美丽、善良、单纯、精彩、雄辩、适宜，却不无天真。他可能还没有来得及去探讨推敲家国天下政治社会生活中的非斯文方面，权力与暴力方面，管理与匡正方面，利益与竞争方面，生产与财富方面，科学技艺方面。他也可能远远没有顾得上去认知民人（首先是被他确实发现了许多弱点的小人们）在历史上的作用。他不可能像二十世纪的毛泽东那样提出"人民，只有人民，才是创造世界历史的动力"。

对于生活中的非斯文因素与众"小人"，再来一个"非礼勿视，非礼勿听，非礼勿言，非礼勿动"的话，可就成了自欺欺人喽。

子贡问孔子：有美玉是珍藏在匣子里好还是卖个好价钱好？孔子马上回答："沽之哉！沽之哉！我待贾者也。"（卖掉呀，卖掉呀，我就是等待着好价钱的呀！）孔子的热烈与直率跃然纸上。他完全没有作秀清高、想吃怕烫的尴尬。子贡的提问点到了孔子穴位上，他却毫不含糊。他的待价而沽的声明不是为了自己的立身扬名，像苏秦、张仪等所说的那样，而为了他的传承斯文、救亡斯文，以斯文一脉济世救国的天命。他心地干净高尚，所以不怕说他"官迷"。

同样，他的斯文理念，不是为了写论文卖弄学问评职称，他屡败屡战，硬是要孜孜矻矻建立一个斯文新世界。

孔子的斯文理念，说起来合情合理、正中民人下怀，而且堪称善良忠厚简明通俗，实现起来却颇不顺遂。热衷于政治与军事斗争的各侯国权力系统，看得见的是兵强马壮、克敌制胜，看得见的是粮丰草厚、武备充足，才能实力逞强，看得见的是计谋多端而后占先，看得见的是赏罚分明、心狠手辣，才八面威风……孔子的主张对于急功近利的权力中人来说，实在是急惊风遇到慢郎中，谁有那个耐心烦儿陪着您玩儿？

不足为奇。文化文化，既来自现实需要，又来自理念理想之梦。做得到的是它的务实性，例如"节用而爱人，使民以时"，正常情况下多半可行。没有做到的是它的某些理想性，高不可攀。例如"其为人也孝弟，而好犯上者，鲜矣"，不见得，如今的贪官中，也有孝子。至于"克己复礼，天下归仁"，似乎压根儿没兑现过。

没有全面兑现不要紧，只要一个文化主张能在价值层面上被认同，只要它能唤起道德理性良知良能，能正面地影响精神走向，就算是取得了伟大成就。孔子、老子如此，佛陀、基督、苏格拉底、柏拉图、伏尔泰、卢梭、马克思与萨特也是如此。没有百分之百地兑现过的文化理念，仍然对人心有普遍的积极影响，功莫大焉。有了普遍的积极影响，至少应该算是实现了一半。这就是孔子所说的"求仁而得仁"，"我欲仁，斯仁至矣"，"人能弘道，非道弘人"。做得好不好，与其说是学理问题，不如说是信奉者的实践问题。

中国历史上仁人志士不少见，少见的是仁政。对于仁心的呼吁与提倡，完全正确也颇有成效，如今吾辈也还要呼吁提倡下去。仁政难，则说明为政的问题复杂得多，要斯文也要魄力，要德治也要法治，要中国特色也要面向世界，要自由民主平等富强也要爱国敬业法治友善……时至二十一世纪，一个仁字，不够用。

简单地说一句，从孔子那边学做人，至今很棒；读读《论语》，保君击节赞赏，获益良多，无效包退。它有《处世奇术》（美国一本畅销书名）的精良，更有正心箴言的博雅，它是中华士子的《圣经》。

"唐棣之华，偏其反而。岂不尔思？室是远而。"说的是美丽的花摇曳多姿，不是我不想念，是离它太远。可是孔子说："未之思也，夫何远之有？"你没有去思念啊，如果思念，就不会觉得远了，他以此比喻对美德应持的态度。这一段给我的感觉是中华赞美诗，是天启，是阳光，是甘霖，是感动中国的温暖与鼓励。

"仁远乎哉？我欲仁，斯仁至矣。"就算世上的事情没有这样简单，我们难道能够不为孔子的真挚而感动？难道我们能不听孔子的话痛痒以求地去思念天命仁德美好幸福，而是同流合污、堕入邪恶卑下丑陋肮脏吗？说心性之德"知行合一"（王阳明），乃至"知难行易"（孙中山），也出自这样的理解。

以《论语》治国，虽有美意，不完全灵。以"半部《论语》治天下"，则是故作惊人之语，据说是宋初宰相赵普向皇上推销耗子药的作秀姿态。

"礼失求诸野"。虽然中国历代统治者与士人并没有足够当真按孔子的教导治国理政——这一点读读四大才子书与各种"演义"便自然清楚，但孔子的教导仍然可爱得紧，恰恰是老百姓喜欢孔子的忠孝节义，地方戏、说书、民间故事大致都认同孔子培育美德、匡正世道人心的努力。人们极其重视分辨忠奸，直到追悼周总理、粉碎"四人帮"的时候，我们仍然感觉得到这样一种忠奸之辨的舆论如火如荼。人们厌弃卖友求荣、卖主求荣的投机分子——风派，人们认同和为贵乃至大事化小、小事化无，不赞成煽情折腾的政治讹诈"三种人"。人们不喜欢花言巧语、假大空的佞人，而是高看有一说一、实事求是的"老黄牛"。人们时时提倡孝道、仁义、糟糠之妻不下堂，厌弃翻脸不认人的暴发户。人们喜爱谦虚斯文，不喜欢咄咄逼人、仗势欺人的恶霸。人们喜欢知书明理的君子人，不喜欢蛮不讲理流氓相。人们赞扬勤俭刻苦，厌恶懒惰奢靡。人们赞扬清廉，蔑视贪腐，渴望包公，诅咒赃官。人们赞扬"涓滴之恩，当以涌泉相报"，深恶"卸磨杀驴"，"吃谁的饭砸谁的锅"的恶癖……街谈巷议、网络语言中亦常有古道热肠的舆论出现。

海峡两岸，数十年来政治体制与发展进程相距甚远，但在传承认同同一传统文化基因方面，我们仍然是亲如兄弟。孔学对中华的影响，有一种超稳定性。

历史上，权力系统也渐渐品味到了孔子学说对于培养孝悌忠信、礼义廉耻、维护尊卑长幼秩序、维护天下太平的好处，意识到高举仁义为先的旗帜比任何其他旗帜更能感动中国。于是大成至圣先师，于是文宣王，于是玄圣素王，于是孔圣人，于是孔林孔庙文庙，从中国一直修到了越南、韩国。现在的孔子学院一直办到了欧美亚非拉澳。

把孔子搞得光照太强，大普及了，容易出现紧跟化、俚俗化、寻章摘句化、皮毛化、人云亦云化的毛病。庸才遇到至圣，头晕眼花，只有诚惶诚恐、三跪九叩、不懂装懂的份儿，却不能有所发展，有所创造，有所更新，有所前进。坏人遇到至圣，立马巧为利用，却根本不信不行不诚。其结果是抬了孔子，害了孔子。这也只能问责于后人而非孔子本人，孔子本人一再声明他不是圣人，"若圣与仁，则吾岂敢"。他说他不是"生而知之"。《论语》丝毫没有遮掩孔子吃瘪与被嘲笑指摘的经历。唐玄宗咏叹孔子"叹凤嗟身否，伤麟怨道穷"，而李白干脆宣称"我本楚狂人，凤歌笑孔丘"。他们都不是跪在巨人面前的侏儒。

孔子当年，或有栖栖惶惶的丧家狗自嘲，从更长远的历史来看，他毕竟是巨大的成功者，他的续斯文之余脉的历史使命其实是胜利完成了，并辉煌至今。前无古人，好；后无来者，可惜。这可能与他提倡冲劲闯劲创新不够有关。他的斯文使命的完成仍然是当下完成，不是永远无虞，不是万能神药。

他的为万世开太平的理想虽则远未实现，但他为中华民族文化的构建与凝聚延续打下了基础。没有孔子所代表的斯文一脉，我们能过得去北方游牧民族入主中原的一关又一关吗？我们能过得去一八四〇年后的"人为刀俎，我为鱼肉"（孙中山）的生死存亡的考验吗？他的遗教当然不足以对付八国联军，但是他留下了理念与智慧，即使悲观者也念念不忘中华文明的伟大美好，即使"数千年未有之变局"（李鸿章）也还有不变的中国心，"夫子言之，于我心有戚戚焉"（孟子）。什么是这个"戚戚"呢？答：中国人的文化爱国主义！

一直到了二十一世纪，在经历了那么多质疑、反思、批判、攻击、嘲笑、抹黑之后，孔子仍然屹立着，美好着，可爱着，被关注着与被发挥着。而他并没有什么特殊的超人事功，只因为他坚持不懈，奔波劳碌，给了天地以心灵的爱憎美丑，给了一代代中国民人以价值向往，或有小疵，仍大可取。他扮演了几千年中国文明道统代表人物的角色，他成为中华文化的首要基因，固然难免某些元素发展成了有争议的转基因。他是今天仍要发掘汲取的重要民心民智资源。他生前身后，屡经危殆，大难不死，形象仍然纯粹干净，语言仍然精辟动人乃至精彩绝伦。谁能与他相比较呢？他靠的是人格和智慧，还有他的七十二位弟子。如果你用二十一世纪的CT机照准孔丘进行体检，找出来他的诸多令人痛心疾首的病灶，这又有什么可说的呢？难道不是他的历经两千五百年没有褪色的教益更令人惊喜吗？

我们在一九一九年有过振聋发聩的"五四"新文化运动。我们痛心于国家的积贫积弱，愚昧无知。我们迁怒祖宗，我们痛批中华传统文化"满口仁义道德，一肚子男盗女娼"的虚伪性，我们揭露"二十四史"的"吃人"本质，我们提出过"打倒孔家店"的革命口号，我们投身铁与血的革命。以毛泽东与延安为代表的革命文化在艰苦奋斗、英勇牺牲、壮怀激烈、勤俭节约、以民为本、自我批评、谦虚谨慎、顾全大局、忠诚老实等多方面继承并空前地发扬了传统文化的精华，而在阶级斗争的高潮中我们曾视"温良恭俭让"如草芥，视儒家为反动。正是狂飙突进的新潮，使我们的传统文化受到了数千年来从未受到过，从而是最最迫切需要的挑战与冲击，受到了一次脱胎换骨的洗礼，孔子等诸子百家的学说置之死地而后生，我们的国家艰难困苦，玉汝于成，历经艰辛曲折坎坷，改革开放发展进步迈开了社会主义现代化的大步。

新文化运动与革命文化，也使人们看到了仅仅一个孔子的学说不足以完成提供中国现代化征程所需的精神支撑的任务，我们必须汲取数千年历史上的一切精华，更新完善我们的民主、自由、平等、法治、科学、真理、价值、方法论、逻辑学等诸种观念，必须汲取人类一切先进文化成果，必须汲取历史唯物主义与科学社会主义并使之本土化。不了解传统文化就不了解国情人心，脱离国情民心就必然碰壁。不改革开放发展现代化也只能向隅而泣乃至被开除球籍。

只有实现传统与现代对接，我们才能从容自信地面向世界，面向未来，面向现代化；从而超越百年煎熬，百年磕磕绊绊，做好中华民族的现代化转型；从而更好地传承、激活、革新与弘扬我们的传统文化、五四新文化与革命文化，拯救与优化我们当今的无法不令人为之忧心忡忡的世道人心，创造建设当代生机勃勃的中华文化。

我们今天仍然提出以德治国与依法治国相结合的历史任务，我们越来越将弘扬中华传统文化的使命唱响。我们拥有"五四"新文化运动的成果，虽然走过不少弯路，但我们珍惜人民革命的胜利，我们骄傲于改革开放、中国特色社会主义现代化的长足进展，乃有信心大谈

"博大精深"其实曾经是困难重重的中华传统文化。这是中华民族的胜利，也是人类一切科学文化成果洋为中用的胜利，还是以孔子为代表的中华传统古为今用的成功，是我们的古老文化实现创造性现代化创新转化的胜利。

我们提倡传承与弘扬传统文化精华，不是为了复古或复"民国"，不是皮相地穿戏装背诵开蒙《三字经》，不是为了贬低新文化与人民革命文化，不是敝帚自珍、闭目塞听，不是只为了给儿童们、弟子们立百依百顺的规矩，却忘记了更重要的是要让老板与家长们提高自身修养。我们要做的是充分发掘我们这样一个大国古国的精神资源，匡正与充实世道人心，使我们不仅在物质层面而且在精神层面全面丰饶、自信、心心连通，创造新的历史，实现中华民族的伟大复兴，当然也包括文化复兴与文艺复兴。

说　明

一、本书使用的《论语》版本，主要取自 1986 年中华书局版《诸子集成》第一册《论语正义》部分，并参考了网上的各种版本。

二、本书释义，学习汲取了上述刘宝楠著《论语正义》，三联书店 2004 年版李泽厚著《论语今读》，山西人民出版社 2008 年版李零著《丧家狗·我读〈论语〉》，中国民主法制出版社 2008 年版何新著《思与行·论语新考》，中华书局 2012 年版杨伯峻译注的《论语译注》，并参考了网络上的一些说法。

三、本书分几个部分，第一部分是"王读《论语》"，对《论语》每一章节做了"王解"与"评点"。"王解"是作者的解释转述，含有作者的读书心得，不是逐字逐句的白话翻译。"评点"的追求是《论语》的精华元素与启迪内涵的最大化，目的是将《论语》作为一部活的，有针对性、有现实感，贴近人生与社会的书来阅读理解发挥，有我注六经，也有六经注我，既努力学习汲取师长们已有的种种说法，又力求做到充满老王特点的与《论语》的深切互动。阅读的快乐本来就在于古今中外，互证互见，纵横捭阖，会心会意。

四、本书另一部分是"《论语》的义理"，即将《论语》全文打破原有段落，重新编辑组合排列，力图按其义理内容重新划分结构为几个方面与子方面，并分别予以综合评述。目的在于克服原结构难以找到内容上、义理上的逻辑关系（即原结构意味着无结构，至少是尚未发现其结构）的困难，目的是查阅有关论述与记载上的方便，无意向几千年来流传至今的《论语》篇目结构次序挑战。如有不当，请专家老师息怒，不妨保留王某评述，而此按义理内容划分的试验结构立马宣布作废。

五、不管做得是否粗糙，做起来是否太难，作者老王仍然希望有人做这样一件好事，试着按义理与内容而不是按原有次序结构给《论语》逐条梳梳辫子。如果能发现原结构的义理意味，那就更伟大了。

六、另外则是几篇谈《论语》的单篇文章，其中最重要的是《斯文济世，天下归仁》，它表达了作者读与解《论语》的主要思路。

七、书中用了些现代语汇，是当时的孔子时代所没有的，这是为了贴近生活、涉笔成趣，只求大体贴切，以今观古，心有灵犀，自然而然，不足为奇。

八、也有一些地方，有意地避免太现代化，用了一些读者可能不习惯的说法。例如在本应说"人民"的地方，说成了"民人"。那是因为，当今的"人民"一词，具有了意识形态方面的重要附加含义，例如我们曾经定义"地富反坏右"不算人民，只算国民；我们曾经宣布什么什么有"问题"的人物终于"回到了人民队伍"。如果本书讲起孔子满口"人民"，怕是读者以为要聘请孔夫子担任政协委员乃至是要发展他入党了。再加上"人民"的古义也往往令不学无术的人"晕菜"，大约说什么那时的"民"是奴隶，"人"是奴隶主云云。道声惭愧，作者就尽量少用"人民"一词，多用"民人"代替了。请读者明鉴。

目录

《论语》的义理 /391

关于孔子的十九个问答 /439

价值认同的关键在于人心　*/459*

王读 《论语》

学而篇第一

○ 1.1 ⟩

子曰："学而时习之，不亦说乎？有朋自远方来，不亦乐乎？人不知而不愠，不亦君子乎？"

王解：孔子说："学了什么，而后常常温习与实践之，这不是很令人喜悦的吗？有朋友从远方来会面，这不是很快乐的吗？别人不理解你，别人由于无知而做了伤害你的事情、荒谬的事情，你却不生气上火，这不是很有君子风范的吗？"

评点：《论语》开篇，相当"文学"。它亲切、自然，有情有理有趣，娓娓动听，句式活泼生动，说的是生活中常见的状况，读之如沐春风，和畅有加。平易中却见君子风度、士绅情趣，日常无奇中却有一种提升的力量。

比较一下，不像《老子》开篇的"道可道，非常道"那样高高在上、严肃宏伟。不像《庄子》开篇《逍遥游》的"北冥有鱼，其名为鲲"那样横空出世、出语"雷人"。不像《荀子》开篇《劝学》的"学不可以已"那样富有教训色彩。不像《孟子》开篇一上来就见梁惠王，大讲义利之辨，势不可当。又不像韩非《说难》的"凡说之难，非吾知之有以说之之难也；又非吾辩之能明吾意之难也"那样专业与小众化。比较起来，《论语》一上来的三句话贴近生活、贴近实际、贴近大众，当然还带点读书人的雅致与从容、和平。

如果说《道德经》的开篇是"石破天惊新耳目"，《孟子》是"雄辩滔滔意浩然"，《庄子》是"云蒸霞蔚神仙境"，那么《论语》开篇堪说是"清调欣欣沐惠风"。

乍一看，三句话讲三件事，而其联想的轨迹，仍然历历可察。好友到来也是一种于学问与人生有益的温习、复习。温习友情，温习共同关心的话题，温习各自的见解、共识、歧见与互补，温习过往风华正茂的日子，温习共享学识的精进心得，其情趣与读一本当年曾经陶醉其中的好书不无共同之处。时习之，朋友来，都体会到某种相知的快乐，知音的亲昵，可持续的美好。接着想到的是不知，是隔膜，是误解与误伤，岂能不君子一番，大方一番，不愠一番，一笑了之一番呢？中外绅士士绅，有几个是易怒的？易怒非君子，无量是小人。但是，所谓"不知"这个话题的提出，无形中透露了孔子对于个人不为世用的遗憾心情。不愠，经过努力，经过有意识的自我控制，是可以做到的；不憾，大概未必。如果连憾都不憾了，"不知"与"愠"的关联压根儿也就不存在了，那么这句话就用不着"子曰"了。

一般专家前贤只解释"不知"为不了解自己。窃以为，更多的人其实未必那么计较自身的被知度。不想做帝王将相，不想做红星达人，不具有知识分子的自觉使命意识，他们更关心的是自己的经济收入、收成年景、身体健康、家庭和睦、无灾无险……谁会去悻悻然每天寻找知遇、嘀咕因不被知而愠与不愠的问题呢？对于老百姓，更多的情况是见到别人做了伤天害理尤其是伤害自己的混账事，说了混账话，难以不愠罢了。但孔子认为真正的君子，即使无端被误解被伤害，也不必当真愠恼，不妨一笑了之。

按以往的比较公认的解读，"人不知……"中的"人"，恐怕指的是老板、长上、能影响你祸福的权力中人，一个人是不会在乎与自己无关的"人"或地位显然比自己低下的人知或者不知自己的。而如果是解读为别人无意中冒犯了自己，那就什么人都包括在内了。

将不知不愠的教导拉扯到因不知即不是完全有意地做了伤害自己的事这边厢来，则也许只是望文生义。

⊙ 1.2

有子曰："其为人也孝弟，而好犯上者，鲜矣；不好犯上，而好作乱者，未之有也。君子务本，本立而道生。孝弟也者，其为仁之本与！"

王解：有子说："一个人能够孝敬父母，敬爱兄长，关爱兄弟姐妹，却硬是会冒犯忤逆上司直至君王，恐怕太少见了吧。从不向上峰挑战，而会掀起动乱，这样的事儿，这样的家伙，那是根本就不可能出现的。君子精英，辅佐治国，向来注意抓根本，根本抓好了，章法规矩道理原则也就生成完善了。一个孝，一个悌，这恰恰是做人与为仁的根基哟。"

评点：古今中外，如何维护社会的法纪规则、尊卑上下秩序，防止混乱，防止无政府状态出现，防止犯上作乱，防止暴动颠覆、分崩离析，都是一个大问题。把大问题化为小问题，用三贴近（贴近实际、生活、群众）的方法，令人信服地使之变成一个起步性、常识性、基本上在幼儿园在父母膝头上就能说清楚的道理，当推《论语》此节。很简单，人生下来就要分尊卑长幼，至少，中国古代是弱冠（虚岁二十或实足年龄十九）或束发（虚岁十五或实足年龄十四），如今则是十八岁以前，子女尚未自立，他们必须接受父母的监护。而且，除了子女对于父母的依赖性，还有天经地义的、十足美好的、正确性中必有的亲子之情存在。这样被监护的子女，不要犯上作乱，这难道还有什么需要论证的吗？这样的子女，不要对长上闹平等民主维权，也是天经地义的。于是，《论语》推而普泛之，推而长远之，扩而大之，提倡无条件地用小儿女对父母的态度对待上边，对待权力体系，直至君王，也就是不争之论了。须知，"上"字是代表权力的。是上就服，是上就忠，这不就全齐活了吗？

除了孝还要讲悌，因为一对父母不一定只有独子，兄弟姐妹的关系也很重要，也要从幼儿时期杜绝犯上作乱与相互乱斗的因缘。"悌"，古通"弟"，但窃以为兄姐也要懂得悌的重要。即使是皇帝的正宫娘娘亲生，哥儿几个争起权来，还是很血腥的，不好。

儒家的思路相当纯真与可爱，他们倡导天性的善良与美好，认为把治国平天下的根基，提前在你牙牙学语的时候就打下基础，种下善因。把国家大事连接到家庭伦常上，这是化繁为简的实践家、政治家的思路，而不是化简为繁的学问家的思路。

遗憾的是，双亲与子女，除了孝慈、亲密温柔、哺乳、把屎把尿、抚摸头顶与打屁屁的关系，还有成长与独立化的必然。子女要成长，要独立，要离开家庭，这其实也是天理，是父母的期待。父母不会希望自己的子女是老莱子，长到六七十了还梳着垂髫承欢于膝下，太恶心了。这样，化治国大课题为家庭温馨情趣的思路就不可能完全行得通了。

而且历史上不乏别样的事例，例如有汉奸殷汝耕，还有近年惩治的一些贪官，据说在家里很孝。孝则一切都好，这靠不住。

行不通也罢，这思路很可爱，听起来舒服。比说国家是阶级压迫的工具，或者国家是理性控制的机制，或者说政权就是镇压之权，美丽含情多了。

这样的说法有它的通俗性、亲和性乃至甜蜜性，它确有防患于未然的作用，它确实给国家带来了大家庭的凝聚力，它成就着、缔造着"亲情爱国主义"情愫。但是操作起来，靠孝悌来治国，仍有一种让小马拉大车的感觉，马驹子当然俊美，拉起车来却未必胜任。中国的封建王朝，一方面是各有一套文治武功，另一方面是不断地颠覆兴替，说明不断地有人犯上作乱，令人感慨。而孝悌为本的说法却仍然美好简易，唉！

◎ 1.3

子曰："巧言令色，鲜矣仁！"

王解：孔子说："靠耍嘴皮子，表演情绪吃饭，巧嘴滑舌，忽悠夸饰，装模作样，风风火火，这样的人恐怕绝少有仁心仁术，绝少是仁人志士的喽。"

评点：先秦诸子，都不喜欢表面的张扬作态功夫。老子强调的也是善言不美，美言不善，还有大辩若讷。孔子讨厌巧言令色的说法在《论语》中还会不断出现。这里有一个原因，春秋战国，诸子百家，其实都有两下子嘴上功夫，说客说客，不会说，怎么去推销自己？在一个眼睛向上的社会，你很少有在君王将相面前操作实践演习自荐的机会，却很可能有在王侯将相前出点声音表达点见识的幸运。于是一言可以兴邦，一言可以丧邦，你不能不在说字上狠下功夫。人们需要明白的是：说到极处是不说，说到极处就要反过来表现自己的忠厚老实质朴无华，甚至在很多考验的关头自己要没有任何心眼，只知服从上峰，绝对是一条道走到天黑，自己不但有才有方有术，而且仁德出众，易于控制调遣，让上头一百个放心。

还有，说客说客，同为说，水准确实大不一样：虽然有人说得天花乱坠，其实于事无补，没有干货；虽然有人说得木讷，其实是要言不烦，一针见血；虽然有人说得高入云端，其实根本派不上用场；而有人说得朴实无华，却是唯一可靠也可行之道。中国是个富有政治经验的国家，早在两千多年以前，上上下下，已经总结出一套判断政见、判断说客政客人品的经验来了。

今天当然没有这么多说客了。但是，20世纪六七十年代，外国是西方的议会民主，仍然会召唤出各式的巧言令色。政治斗争与政治利益是巧言令色的催生婆。它们会使巧言令色极端化、疯狂化、匪夷所思化到惊人的程度。而进入传媒时代，也正在培育靠巧言令色，靠各种"秀"，靠传播造势成功而不是靠真学问、真本事、真质量、真经验、高品位取胜的"星"啊，意见领袖啊什么的。孔子对于巧言令色的反感，对于今天的我辈，仍然有启迪的意义。

同时不能不看到另外的可能：提倡木讷的结果是出现反智主义。《杜鹃山》等样板戏中常常暗示人们，文化高的、能说会道的温其久之流多半不可靠，而说话不利落才是忠诚的标志，这也可笑可悲。不知道这一类集体无意识，是不是与后来的低层次木瓜脑袋对孔子教诲的理解走偏有关系。

○ 1.4

曾子曰："吾日三省吾身：为人谋而不忠乎？与朋友交而不信乎？传不习乎？"

王解：曾子说："每天我都多方面进行自省多次。为上司为他人谋划办事，是否用心用力了呢？与友人交往，是否说话算话，诚信可靠了呢？被传授了学识，是否常常温习实习了呢？"

评点：此语在中国甚为普及，包括一些文盲也熟知并奉为圭臬。这说明，它很务实，很符合大多数人的意愿，也很具普适性，甚至它能超越社会制度与意识形态，成为正常文明社会的起码规则。做事要认真，说话要算数，学了点什么要当真受用。

反省的习惯本不足为奇，一个小商贩，他也要一日三省，卖东西赔钱了没有？吸引到顾客了没有？与同类型小贩相比，有做得不如人家的地方没有？一个小公务员也会每日多次反省，上级分配的任务保质保量完成了没有？得罪了不该得罪的人没有？说话与举止失当失态了没有？等等。问题是曾子号称的这三方面还真的不算高调也不算太低调，并不牛皮也并不委顿，火候掌握得不错。试想，如果三省吾身的内容是创造新理论了没有，发明新技术了没有，夺回了鸦片战争后失去的权益了没有，就会显得高耸莫及。而如果是捡到钱包缴出了没有，随地吐痰了没有，醉驾与闯红灯了没有，也显得可笑。作为宣扬圣人理念的必读课本来看呢，这三省吾身显得略低了些。起码可以反省的还有对坏人恶言随声附和了没有，对他人的困厄伸出援手了没有之类，而不仅仅是对自己、上峰与朋友做得怎么样。

好一点的是"传不习乎"的反省。传授、学习、温习、实践，这是没有止境、没有上限的，提高充实的空间是非常大的。至于习是温习、复习，还是实行、实习的讨论，窃以为可以兼收并蓄，二义照单全收不误，一个习字有这么两个讲，正是汉语的妙处。

基督教也是注意忏悔的，曾子的说法与基督教的忏悔相较，还是我们的中华传统舒服一些，却也稀松一些。三省吾身，并不刺激，真做得好，也不容易。因为真正认真地反省自己过错的人着实有限，而自以为是、自我膨胀的人到处都有。

◦ 1.5

子曰："道千乘之国，敬事而信，节用而爱人，使民以时。"

王解：孔子说："导引治理一个具有一千驾兵车、规模不小的国家，应该恭恭敬敬、兢兢业业地做事，诚诚恳恳、信信实实地说话，节约民力财力，爱惜官吏（也怜恤百姓），而且要不违农时地、符合季节特点地使役百姓（不要因为官家的事妨害老百姓的利益）。"

评点：孔子不容易，两千多年前，东周中央政权式微，各诸侯国家争权夺利，征伐流血，他不可能提出民主法治建设的理念，也找不出息争罢战的路线图，他只能维护秩序，君君臣臣父父子子，用齐家模式治国。但他又不是权力拜物教、暴力或者武力拜物教，他希望用仁德之心、忠孝之义，敬事敬天之恭谨、节用爱民之善意，来约束执政权力系统，约束治人者，同时也用一些好的道德说辞力求约束与陶冶治于人者的心性，至少让各位百姓不要犯上作乱。

孔子提出的其实是一个低调治理、有限用权的观念。中国历史上的政治强人离不开军事实力，往往兼为军事强人，他们沉迷于诸侯王国间斗争的结果，往往是急功近利、好大喜功，视臣民如草芥，视君王意志与权力为无上。这里孔子虽然只讲了敬事、节用、爱人，但是客观上已经形成了对于权力系统的文化规范与文化监督、道德约束，也进行着对于百姓的良民说教，描绘了儒家的仁政、德政、天下有道，至少是本邦有道之梦。它是在一个法制并不完备、权力制衡也不健全的地方的还不错的政治理念。理念当然并不等于能全部兑现，然而，理念的引领与平衡作用，仍然是实际的历史存在。没有这样的相对合情合理的理念与践行，中国的封建社会也许早完蛋了。

◎ 1.6

子曰："弟子，入则孝，出则悌，谨而信，泛爱众，而亲仁。行有余力，则以学文。"

王解：孔子说："孩童少年们，回家要孝孝顺顺，出门要与旁人兄弟姐妹一家人般相处，说话做事都要谨严，讲究诚信，说到做到，要懂得关爱众人，这样做了就走向了仁德圣贤（远离了乖戾恶丑）。里里外外，都做得差不多了，仍有余力，好的，可以再去学习读书，学点文化、文献、文章、文学、文事、文艺了。"

评点：儒家的原则是：做人第一，人际关系第一，道德自律第一；学习第二，文才文艺第二，做事与前程第二。学的有多有少，文化知识有深有浅，事功有大有小，前程有高有低，你先做一个好人再说。做一个孝悌谨信爱众亲仁之人是无条件的，却也是人人都可以做到的；别的，是有条件的，别的，视具体状况、本领、机缘而定。

也就是说，人一辈子努力的在于做人，在做人方面没有价钱可讲，没有牢骚可发，没有客观可拉扯念叨。士先器识而后文艺，就是说一个读书人，一个候补官僚公务员，应该先搞好自己的气度与见识，搞好自己的品质与人生观价值观，把握好自己做人的基本原则，培养好自己的基本人格；再去学习学问与技能，再去弄什么礼、乐、射、御、书、数。这样的观点一直延续到今天。例如，不论做事做文做官，先要学会做人，这似乎是不移之论。例如，至今我们的组织人事部门，选拔干部坚持的仍然是要德才兼备，以德为先。比较起来，欧美国家，求职或录用时，更注意的是有无违法记录，有无关于身份与教育程度等的可靠文书证件，然后就是看业务与工作的经历记录，看本职业务的水准了。

其实孔子是讲有教无类的。按这一节的讲法，似乎有点问题：一个不够孝悌、不够严谨、不够诚信、不够泛爱与亲仁的人，就不能够多学点文化了？就不能学识字断句历史地理诗词歌赋了？还有，学文化与受教育，读书与明理，智育与德育能够截然分开吗？学文与学仁、孝悌能够截然分开吗？学做人与学文事学本领，难道不是互相促进的吗？文理不通，思想一桶糨糊的人，能更好地接受孝悌谨信爱仁的教育吗？学文过程中不能包含孝悌的内容吗？为什么要把孝悌谨信爱仁与学文隔离开来呢？

或者，如果不是故意与孔学抬杠，我们可以理解为，这里孔子讲的是人格教育、道德教育的重要性与根本性，他不是从时间先后顺序与授课先后安排上，而是从重要性的先后顺序谈"行有余力，则以学文"的，他是从纲目、本末、主次的角度来谈德与文的关系。重根本、重基础、重整体，这是中华文化的一个特色。到了诸葛亮这样的实践家尤其是军事活动家那里，他就比较提倡"勿以善小而不为"了，然后是现代化的工业文明，使国人渐渐接受了"细节决定成败"这种有异其趣的思路。

最后，道德标准、泛道德主义，有它的即刻动人之处，哪怕只是想一想，到处是道德化的政府、道德化的学校、道德化的人才培养与人才录用，立马会觉得暖暖和和舒舒服服的。但道德不像法律，它不是那么清晰那么好判断的，如果标准高尚、煽情而又笼统的话，也就产生了作伪的可能、莫衷一是的可能、相互不承认对方的道德高尚的可能。即使西方的民主竞选中，也常有靠揭政敌的老底求胜的。这个问题也不能不斟酌一番。

◦ 1.7

子夏曰："贤贤易色；事父母，能竭其力；事君，能致其身；与朋友交，言而有信。虽曰未学，吾必谓之学矣。"

王解：子夏说："看人，能够注重珍爱善待贤良，而不是以貌取人，不是好色；（王按：'易色'也可以解释为见到贤良即为之动容，第一个'贤'字是谓语，第二个'贤'字是宾语，'贤贤易色'即以对待贤人的尊敬态度来尊敬珍爱贤人，从而为贤良动容。）侍奉父母，尽心尽力；侍奉君王，能够具有献身精神；与朋友交往，说到做到，诚信第一。这样的人，即使没有正式就过学，我也可以认定他是受过教育的人。"

评点：用意不错。对父母孝敬，对君王忠诚当然好，对朋友诚实可信也是不移之论，加上能迅速地识别与珍惜贤良，这对于君子日后辅佐君王，应该是很重要的品质。

这就是全部的教育内容，就算达到学习的目标了吗？以今天的说法来比较，我们在智育、体育方面还有不少的期待。你得学到一技之长，你得有基本的文化素养，你得具备自食其力的本领。

很简单的一个道理，人人都希望上下左右四面八方充满高尚道德，但孝敬的落实需要赡养，忠诚的考验离不开绩效事功，朋友的诚信也不能没有互相提携帮助，也得能对自己的友人施以援手。君王可以号称以孝廉取士，臣子可以一味表忠心，乃至靠热烈的表态取宠升迁。但归根结蒂，权力系统中人与其他工、农、兵、学、商一样，一个人总还得出点儿活，就是说要能完成自己的专业任务。

与孔子那时相比，现在的"学"比过去不知复杂沉重了多少，正因为知识信息的膨胀爆炸，也许我们更要复习一下识贤良、事君事亲、交友诚信这些基础的简明的东西。在无边无涯的知识信息海洋之中丧失了方向与重量，也许这正是当今悲剧的一种。

◦ **1.8**

子曰："君子不重，则不威，学则不固。主忠信，无友不如己者。

过则勿惮改。"

王解：孔子说："一个上等人，一个文明的君子，如果没有点分量，如果做不到严肃认真专注负责，（而是嬉皮笑脸地轻浮，）就不会有威严，即使学到过一些东西，也靠不住，消化受用不了，稳不住自己的地位与角色。他还是要以忠实与诚信做主心骨。不要把品性不如自己的人看作真正的朋友。发现了过错，不要视改正过错如畏途，不要拒绝改正错误。"

评点：这一节的意思自然可以讲得通。无友不如己者，也可以解释为要谦虚，要看到朋友们的长处，不要动辄认为自己的朋友这个那个不如自己。这里的君子，应指权力系统的成员或候补成员，重啊威啊，都像是用来引领老百姓的。不用说，对君王或者更大的官，君子之威重不到哪儿去。然而在上峰面前，每个下属的分量也是不一样的，我国自古有重臣一说，与之对应，有佞臣弄臣轻如鸟毛。忠与信，则是对待同为权力系统即"治人"系统的成员的要求。

而从《论语》开宗明义关于"不亦君子乎"的教导，又透露了"君子"一词的文化标准、文化内涵，君子不君子，坦荡荡还是长戚戚，人不知乃愠还是不愠，这才是标准。君子的定义不仅仅是地位，更不仅仅是血统，还有包括举止风度在内的文化修养、文化成色的某种规范。

这一节的重点是教育君子们要持重、厚重、稳重。到了现代，除了权力系统，总还会有文化知识系统、民生行业系统、职业公事人员系统以及其他三百六十行的精英，对他们的要求未必是一味地重，应该另有一套标准。

还有就是人有需要"重"的一面，但一定要与活的一面，即进取的一面，富有想象力、创造力的一面，敢于尝试、摸索的一面，敢于除旧布新的一面，与时俱进、善于自我调整的一面结合起来，一味地重重重，弄不好，太"固"了，反而成为自己的负担。

从这个意义上讲，无友不如己者，也是一种开放性思路，能吸收新的信息。这个友应该包括不同民族、不同国籍、不同文化区域的成员。有过而不惮改，那就更好了，那是鼓励改革、变革，防止因持重而变成顽固派、保守派了。

◦ 1.9

曾子曰："慎终追远，民德归厚矣。"

王解：曾子说："对于父母的送终，要做得一丝不苟，对于祖先的祭祀与怀念，要追溯到久远以前，这样，民人的德行风气，就会比较淳厚了。"

评点：慎终追远是句被广泛认同的好话，《论语》上好听好看好思想的话极多，从修为上也从语言文字上训练了我们民族几千年。这四个字相当普及，被许多字典词典收入。

专家学者一致认为这是对双亲丧葬的严肃性重要性而言的。我觉得这更与东周时期礼崩乐坏的局面有关。中国历代开国时期，除皇上坐龙廷或有什么新政以外，肯定还会有一批新的礼仪、仪式、祭天、祭祖、封诰、赏罚、命名……官事活动；还要大兴土木：宫殿、神殿、祖庙、功德碑、牌坊……一番热闹豪迈，而参加新朝的礼仪活动的臣民，也会有一种欣欣向荣、锐意求新、信心百倍、受宠若惊的兴奋感与认真感。而到了某朝代的末世，到了"世纪末"，各种老一套活动、老一套官腔官调、老一套形式主义……令参与者的感觉渐渐变成了无新意、麻木不仁、松垮疲沓、腻烦可憎；静默三分钟、闭目想拳经，完全今非昔比。曾子这里强调一下养老送终与祭祀祖先的礼仪与观念，是符合孔子的古道热肠的，与他人家老兴灭国、继绝世、举逸民的使命意识也是一致的。

还可以更多地从文化保守主义（褒义）的思路上看，尊敬先人、重视祭祀、一丝不苟地进行丧葬与祭祀活动，包含了对于人的尊严、历史尊严、经验尊严、先辈尊严的强调，有其合理性与严肃性，至今仍然是我们的一份宗教情怀与精神遗产。

还要考虑到一个情况，语言、语词有自己的结构、自己的之所以如此的道理，也就有自己的延伸与演绎能力。奥妙的汉字更是如此。语言传播包含了误读、误传、发展、创新、变异、丰富、横看成岭侧成峰的可能。

知道慎终追远这句格言、熟语的人，远远比认真阅读过《论语》注疏的人多，他们从字面上理解，会认为此语说的是做一切事，越是到了后期制作越要谨慎认真，精益求精，善始善终；而分析把握一个事件或一个任务，光看到眼皮子底下的情况还不够用，必须追溯遥远，追溯其背景、渊源、走向以及与其他事物的互动等等。这样的理解也不能说不对。

民德归厚的说法有趣，除了中文，德性说薄道厚，应属罕见，人民当中，至今都广泛认同"厚道"一词。这证明了如一些学者分析的，中华文化是一种重情感的文化，我们提倡的是情厚义长，我们赞扬的是民风厚重，我们推崇的是知恩图报、一诺千金，我们担心的是风俗浇薄，我们否定的是轻浮、轻薄、薄幸、薄情的六亲不认，朝三暮四，忘恩负义，水性杨花，等等。

但"厚道"一词也可能演化为避讳、遮掩、高举轻放、不可较真等等，民间对于厚道的难免流俗的理解，可能近于美善，却远离了其对于真实度的要求，不利于执法必严与科学求真精神。

◦ 1.10

子禽问于子贡曰："夫子至于是邦也，必闻其政，求之与？抑与之与？"子贡曰："夫子温、良、恭、俭、让以得之。夫子之求之也，其诸异乎人之求之与？"

王解：子禽问子贡说："先生他到了一个邦国，必然会过问那里的政治，是老先生自己要求这样做呢，还是有人找他参与政事呢？"子贡答道："是老师要求做的，他以温和、良善、恭谨、俭朴、谦让的途径去过问政治，您看我老师的这种取得政事、介入途径的方式，与他人求官求问政的方式不大一样吧？"

评点：这说明，第一，孔子很有治国平天下的愿望，有政治参与的追求，他注重知，更注重行，他不满足于书斋清谈。看来，那个时候，还不是特别时兴绝不做官，绝不与政治瓜葛，绝不进入体制的清高与独立的标榜。

第二，他的许多教导，其实是胸怀大志，眼睛向上。首先是希望能成为王者之师，能为战乱的天下指出一条仁义光明合理而又皆大欢喜的大道。他努力提倡仁政德政，提出使役老百姓要符合农时等等，因为他明白把老百姓压榨伤害得太苦了，会影响君王统治的安稳。他其实是为统治者着想，同时尽量整合治人者与治于人者的利益诉求。比较起来，他的一套理念与方法容易不仅被治人者，也被治于人者所接受。

第三，他的从政完全不顺利，大概没有几个治人者认真地想以接受践行他的一套美好说教来代替血腥争斗求胜，但孔子"吾道一以贯之"，硬着头皮到处寻找机会，到处碰壁，百折不挠，到了黄河也不死心。

第四，他不是靠强硬，靠危言耸听，靠政治赌博高调兜售，靠死皮赖脸到处伸手来一展政治宏图。相反，他是温文尔雅、谦虚谨慎、君子之风、不为已甚地参政议政的。用现代的语言来说，孔子是政治文明最早的提倡者与力行者之一。

这不禁使我想到至今在我国强调的"不准跑官要官，跑官要官的，一律不给"之说。

毛主席在《湖南农民运动考察报告》中特别讲道，干革命"不能那样……温良恭俭让"，那是由于革命时期，孔子的一套理念客观上当然是有碍革命烈火的燃起与燎原的。这同时说明：有孔子的影响就必然有对孔子的质疑，有温良必然有反温良，有君子风度就必然有暴烈勇气，有得势者就有掘墓人，既生瑜，必生亮，有无相生，前后相随，有朝廷就有起义反抗至少有异议批评，古今中外，莫不如是。我们只有保持头脑清醒。

夫子的"温良恭俭让"五字诀，以之主导从政，在相当程度上是壮志未酬，却仍然留下了美好的、感人的形象。以之进行做人的教育，获得了极大的影响与长久的功效。这也是失之东隅，收之桑榆。这又是人世间的常见现象：谁也甭想得到所有的点数。而有了孔子儒学思想，反孔者想对之完全不承认，也不是易事，而且会脱离国情脱离群众，最终败在孔子及其道统手下。

∘ 1. 11

子曰："父在，观其志；父没，观其行；三年无改于父之道，可谓孝矣。"

王解：孔子说："父亲在世，要看儿子的心愿志向（是不是顺应了父亲）；父亲去世了，要看儿子的行为（是否仍然符合父亲传下来的规范）；父亲去世以后，三年没有改变其做人做事符合父意的主导原则，那就算是孝顺之人喽。"

评点：孔子将孝，将父子的人伦关系看得极重，原因是他认为这是人类社会一切人际关系的基础。在家里对父母孝敬顺从，对兄弟团结友爱，将来到了外边，自然对君王乃至于对老板即长上忠心耿耿，对同僚亲如兄弟，从而天下太平，一片和谐礼法。

想得单纯天真可爱。说半部《论语》治天下是虚，孔子本人没有这样表示过，但说一个孝字治天下是真——美在天真。

《论语》句句透露着孔子的性善论，使读者听者恍若受到表扬鼓励，自感舒服，把天下大事大大地简单化、便利化、快捷化了。试想，如果是性恶论，不失童心的读者读起来是多么晦气！

活着看儿子的志，死了看行为，此说还可琢磨。用现代人的语言表述，我愿意理解为父亲在世，看态度，看主观愿望，看动机，看表忠心。父亲不在了，那才是真正的考验，看行动，看所作所为。不仅家里如此，从一些带有大家庭色彩的政权的传位与接班的历史来看，便知此说不谬。

许多专家指出三年是指多年，不一定非得是三，我愿意恰恰理解为三。孔子当然是一个追求合情合理的人，他并不较劲，三年不改父之道，三年后当然有所调整，不改（调整）就是呆傻笨。孔子的话既保守又灵活，既拘谨又机变。

具体做起来不可呆板。正如我们在毛主席去世以后，将"文革"动乱与冤假错案立即改了。右派改正，是毛主席身后两年多做的。人民公社解散，则是在毛主席去世整四年以后。计划经济正式改为市场经济，是党的十四大决定的，在一九九二年，毛主席去世十六年后。大体上，三年后实行政策的不无孔子气味的说法，是讲得通的。

至于此处为父之道的"道"之含义，指的应是主导思想、主导方针、主导原则、主导特色，说成是"合理部分"，等于说要待挑选而定之，恐不如说成是主导部分更合理。

◎ 1. 12

有子曰："礼之用，和为贵。先王之道。斯为美。小大由之，有所不行，知和而和，不以礼节之，亦不可行也。"

王解：有子说："礼节的实现，最宝贵的是准确到位，符合各自的名分，从而取得和谐。这是先王之道一个美好的亮点。不论大事小事，都求到位而又适宜，都要和谐，有时也行不通，这里需要礼法的匡正与调节，如果只知道一个和谐，却不符合礼法，那最后仍然是行不通的。"

评点：孔子与他的弟子们不是一些个布疑阵、弄玄虚、吓唬人的学者，他干脆不像如今的所谓学者，而更像一个合情合理的老师、兄长、友朋。小大由之，有所不行……自古解释起来都相当吃力，读起来似通非通，不知所云。我的解读试图抓住的是礼、行、和三段论。礼是规范，行是遵守与一丝不苟地践行，和是愿望、愿景。不论大小事宜，都要按礼法办，有礼法依据就可能行得通，行通了就是恰到好处，也就是和谐，和谐了就值得宝贵，就值得珍重。这是一种如今叫作"理顺"了的态势。

有时人们做了不合礼法、不合规范、不合程序，如今叫作"违纪"的事，这时你仍想要求和谐，就得妥协让步。妥协让步的结果是礼崩乐坏，现在叫软弱涣散、蜕化变质，最终当然达不到和谐而是导致崩溃，达不到恰到好处而是天怒人怨。这里，求和谐和睦与坚持礼法原则有或大或小的矛盾，孔子的主导意思是人不能为了和谐而罔顾礼法，罔顾了礼法，就失去了秩序，失去了恭谨诚信的德性，失去了严肃认真的规则与管理，其恶果远远超过了一时的红红脸、出出汗，影响一下和睦乃至得罪惩罚一批违纪违礼的坏人。

历史上这样的经验太多太多。礼法原则、和谐原则，美好、合适、宝贵。但偏偏会不断发生阋墙、倾轧、争拗、忤逆、叛乱、颠覆、贪腐，至少是不合章法成例、不合礼节、不利和谐之事。有子对于这些历史和现实，既本着古道热肠去怀古代的和谐与礼法顺利结合之旧，也针砭当今的争斗、不合礼法、不利和谐之实。

孔子一派，当然有自己的理念与规范，也看到了历史与现实常常会背离理念与规范。但他们强调，背离虽然不可避免，但背离的结果不会是一路顺遂，从此与礼法背道而驰，你早晚还得回到礼法上来。有子的这一番话合情合理合乎事实，又充分照顾到礼的原则性、行的务实性、和的美善性，面面俱到，恰到好处。这是孔子的风格，是圣人的无懈可击。

但有人会认为这是八面玲珑。八面玲珑论出现的原因是：面面俱到与恰到好处不易做到，而且小人们无法理解君子（更不用说是圣人了）的求全、求美、求善的情怀。

还有一个大问题，"和为贵"，已经成为我国人民历久不衰的口头禅。人们对于"和"字，如专家专业地理解为"恰到好处"的少，理解为"和气""和解""和睦"的则是绝大多数。专家有理据释"和"为"中节"，百姓国人也未尝不可以将之理解为和气生财、冤家宜解不宜结、你活也让别人活。通俗的理解也算是成人之美、一言兴邦、正能量。或者干脆"和"而"合"之，捣个糨糊：恰到好处了，大大小小事宜都按礼法践行了，家事、国事、天下事也就应该更容易和谐化了——专家的解释与非专家的望文生义，本来就是相通的。

◦ 1. 13

有子曰："信近于义，言可复也。恭近于礼，远耻辱也。因不失其亲，亦可宗也。"

王解：有子说："诚信的修为是向恪守大义（正义、道理）的靠拢，一个讲诚信的人的言说，是可以兑现（说话算话）的。恭敬谨慎的修为则是向礼法靠拢，这样，在人际往来中，他就不会尴尬、不会丢人了。联络依傍（公关），不忽略自己的亲人，从自己的亲友做起，也就是易于接受与认同的了。"

评点：中国人是讲究小道理服从大道理、小概念服从大概念、小人物服从大人物的。诚信的目的不仅仅是诚信，而是服膺与践行大道理，如果你的诚信事关大义大原则，那就是言而有信的了，你的诚信的意义从而加大了。所以传统道德中有个名词：信义。

如果你的恭谨举止，恰恰符合礼法的要求，那就不会在人际关系中有尴尬感、屈辱感了。而你的公关活动，如果以自己的亲属友邻为基础，也就能够被社会所接受所认可了。传统道德范畴又有个词——"礼义"，礼是行为举止的规范，义则是大道理，是思想认识的规范。中国一直自诩为"礼义之邦"，就是说是一个行为与思想都有自己的规范的国家。现在有人写为"礼仪之邦"，不对。礼仪讲的是礼的形式、程序。

世界上的事，常常是说不完全的，你永远做不到天衣无缝。所以我曾经说过，凡是说出来的话，从语言学、逻辑学上看，都有被辩驳的空间，都有被口头上驳倒的余地。你说人应该言而有信，他可以说言后时过境迁，不妨与时俱化地修改，许多政治家竞选时候的言语都没有能全部落实，古今中西，概莫能外。你说对人应该恭恭敬敬，他可以说你恭敬他，偏偏他就是不恭敬你，你岂感觉不到委屈？为五斗米而折腰，摧眉折腰事权贵，尤其是智商高的知识分子，能无屈辱感吗？尤其是在一个比较讲究尊卑长幼的社会里，在一种欺上瞒下、媚上压下的风气里，人们在层级链、秩序链中尴尬受辱的经验是很普遍的。至于"因不失其亲"，其流弊更多，历史上中国有许多回避规则，说明君子其实不能明目张胆地搞亲疏远近的一套。

《论语》中对于做人的讲究，高雅简练，如诗如歌，极高明而道中庸，此亦一例。

◎ 1. 14

子曰："君子食无求饱，居无求安，敏于事而慎于言，就有道而正焉，可谓好学也已。"

王解：孔子说："一个真正的（有地位、有素质的）君子，吃饭不追求满足口腹，住房不追求安适舒泰，做起事来麻利、有效率，说起话来小心负责，遇事往大道理上靠拢，用大道理、大原则（或请教有道者）来校正自己的选向。这样的人可以算作好学之士喽。"

评点：与精神上的追求相比，吃住上、物质上、生理上的长短高低并不重要。一看这样的论述就觉得高端大气上档次，令人起敬。

当然事物也有另一面，第一，完全不考虑衣食住行的基本需要是不行的，食不求饱可以，无食可饱多少君子也受不了。

第二，如果是靠劳动、靠工作、靠贡献而吃得好住得也好，不一定有多耻辱，很可能是比较光荣，它是社会机制并不太荒谬的表现。曹雪芹是举家食粥酒常赊，伟大。歌德则相当养尊处优，没有人敢说歌德从而渺小。

不在物质上搞贪欲，做事一把好手，说话把得住门，这是对于君王与臣子们的要求，做得到敢情好。

对于言与行的关系，我国历史上有两类要求：一类是谨言慎行，这是对于草民与中小官吏的要求；一类是仗义执言、直言不讳，"就有道而正焉"。比较起来，后者更像是对于官员的要求，那个时候一个老百姓整天放炮可能不会有什么正面效用。

慎于言，与就道而正，可以当两句话来解，也可以当一句话解，就是虽然慎言，但仍然要坚持原则——道义。

眼里有活儿，手上有好活儿，而且深明大义，分得清大是大非，能抑制与调整自身去迁就原则道义，这样的人当高干也有余了，怎么到了孔圣人这里才评了个好学呢？

这里既有孔子的高标准、严要求，也有对于"学"的重要性的强调。劝学，是中华文化的一个一贯性主题，而且孔夫子要的是素质教育，不是分数、文凭教育。好学是一种品质，不仅仅是好奇心与好习惯。好学的品质中包含了谦恭、尚义、敬畏、上进、勤勉、忠顺，好学是出息的首要前提，反之不行。

○ 1. 15

子贡曰："贫而无谄，富而无骄，何如？"子曰："可也。未若贫而乐，富而好礼者也。"子贡曰："《诗》云：'如切如磋，如琢如磨'，其斯之谓与？"子曰："赐也，始可与言《诗》已矣，告诸往而知来者。"

王解：子贡问："贫贱者不（向富贵者）谄媚卑躬，富贵者不（向贫贱者）骄横威风，这样做怎么样？"孔子说："可以的，但是仍然赶不上贫贱而自得其乐，富贵而注意礼节制约（尊重他人）的人啊。"子贡说："那是不是正如《诗经》上说的，一个贤明的人，对自身的修养的讲究，就像对玉石的加工一样，切削了还要锉锉，雕琢了还要磨洗，您这是说要好上加好的意思吧？"孔子说："子贡呀，（你有这个悟性）就可以谈论涉猎《诗经》啦，我给你起一个头，你就知道底下是怎么回事啦。"

评点：子贡讲的是不要有不应该有的丑陋表现：谄或者骄。其实不局限于贫者之谄，富者之骄。贫者见了更贫的他人可能比富者的骄不在其次，百姓中就有"奴使奴，累死奴"的谚语。而富人见更富的人，其卑躬屈节、丑态百出，也是自古有之。还有一种情况，又谄又骄，如同愚而诈一样，兼有性质对立的双丑恶的人也是有的，比如《红楼梦》中的赵姨娘、贾芸等人，甚至连地位与作用不能小觑的王熙凤，也是属于谄骄双料的贵族良种。这里有个人修为的关系，更是封建社会的阶级分野所造成的。何况，在那种阶级等级严格划分的生活里，谄与礼与敬，骄与威与重与固，谁划分得十分清楚？谁能完全没有尴尬与屈辱？

或许这是孔子更愿意从正面讲的原因？贫而乐，说着容易做着难。问题在于贫到什么程度。箪食瓢饮能乐，如果箪中无食，瓢中缺饮呢？如果生活在二战中的列宁格勒呢？孔子的说法的积极意义毋庸置疑，例外的是在革命高潮前夕，在革命家看来，贫者乐就是没觉悟，贫者怒才有希望。富而好礼，则比较少争议。但同样的革命高潮中，剥削阶级中的富者的好礼，可能被认为是狡猾阴险与欺骗麻醉手段，挽救不了自己成为革命对象、打击对象、消灭对象的命运。

从这儿过渡到切磋琢磨上去，我还没有完全掌握《论语》的叙述——子贡的思维逻辑。孔子与子贡的对话重在建设，好了还要更好，不消极不丑恶了还要尽善尽美。好的，孔子与子贡的对话就正是他们师生的切磋琢磨呀。感谢孔子，感谢《论语》，它包含了那么多美好的观念、词语，"如切如磋，如琢如磨"，是取自《诗经》，经由《论语》而得到传播的中华美语啊！

○ 1.16

子曰："不患人之不己知，患不知人也。"

王解：孔子说："不必因为他人不了解自己而郁闷，怕的是自己并不了解旁人。"

评点：这也是恕道，是换位思考。人这一辈子，尤其是进了社会，进了体制，进了公司，哪怕是进了黑手党，都有个相互理解、相互依靠、相互支持的问题，一大半所谓选择了"入世"而不是疏离出世的人都有怀才不遇、怀忠不遇、未尽其才、未尽其忠的牢骚。故此，"知己"（还有专门针对老板的"知遇"）一词，在国人中极其珍贵，叫作"士为知己者死"。孔子提醒国人，你又理解了几个人，尤其是你又理解了几个君王、长上、领导、老板！可谓振聋发聩！一言可以兴邦，也许略显夸张，一言可以救己悟己，信然！

为政篇第二

子曰:"为政以德,譬如北辰,居其所而众星共之。"

王解:孔子说:"按照道德的要求治国理政,正像北辰——北极星一样,(将能够)端坐在自己的位置上,(成为核心,)而众星围绕拥戴着它。"

评点:此语文学性很强。以天文现象描述人文想象,阔大高远,美丽崇高,理想顺遂,令人景仰。这是感人的古代中国梦。

把政治主张与理论命题诗化,以对大自然的颂歌与感动作为政治理论的根据,这里有点天人合一的意味,也让人想到康德的望星空说,日本的《望星空》歌曲,还有我国政要的歌颂星空的诗篇。

而王某的说法是:人类最初的诗性感悟,终极怀抱,道德激情,一个是来自星空,一个是来自男女爱情。

星空比喻至今不衰,藏族旋律的歌曲《毛主席啊我们永远忠于您》中唱道:"您是光辉的北斗,我们是群星,紧紧地围绕在您的身旁。"也许便源于《论语》。

不同之处在于,许多人物对于星空的描述与讴歌在于其伟大、灿烂、高远,而孔子的感悟首先在于它的统一与秩序,在于北辰星系的一元性。妙矣哉!

◦ 2. 2

子曰："《诗》三百，一言以蔽之，曰：'思无邪。'"

王解：孔子说："《诗经》上的三百篇作品，用一句话概括一下它们的特点，就是作品思想里没有邪恶的东西。"

评点：许多专家老师指出，根据对于《诗经》的研究，这里的"思"不是指思想，而多半是语助词、虚词，而"邪"也不是说邪恶。那么"思"是"这个这个"？"嗯哪啊哪"？还是"咿呼呀呼唉"呢？"无"了半天的"邪"又到底是啥呢？

王某愿意沿取"思无邪"三个字的字面意义与俗人理解来讨论。《论语》已是历史与社会公器，《论语》现象是中华现象、文化现象、传播现象、公众现象，本评点就不侧重其难以确认的、带有知识产权意味（因为"思无邪"三字出自《诗经》）的原意、朴学考证意义上的辨析了，而是侧重于这三个字的历史影响与社会效果。

以风化、道德倾向、思想性作为评诗首要标准，所谓道学先生（应无贬义）的文艺观，盖源于孔。

无邪与有邪，正与邪，这个分析判断多半不像孔子那时说的或引用的那么简易。尤其是诗歌、小说、戏剧等文艺现象，绝对不是用一个无邪、有邪的尺子能衡量准确的。许多古代被认为诲淫、诲盗之邪思的作品，被后人接受为杰作，中外皆然。

孔子的此说表达的又是一个普适愿望：越是能折腾、能胡思乱想、充满个人性情才识的诗文，越是承担着各色人等对它能起"正"作用而不是产生"邪"影响的期待。

以"思无邪"蔽"《诗》三百"，任务有点艰巨。《诗经》的博大、善良、真诚与生活气息，精粹、隽永、纯朴与生机盎然，尤其是它的语言文字的美感、亲切感与自然而然，岂止是做到了无邪，甚至可说是做到了艺术与人生体验上的完美。思无邪云云，你会感到不满足。但中华文化的特点在于求整合，求抽象，求万象归一。你也可以说它们是天籁，是自然，是美善……未必比思无邪更合适。

◦ 2.3

子曰："道之以政，齐之以刑，民免而无耻；道之以德，齐之以礼，有耻且格。"

王解：孔子说："用行政措施引导百姓，用法律惩戒来规范庶民，有可能会减少犯罪现象，但百姓并不见得认为做了犯法的事就多么羞耻。（而如果是）用道德教化来引导百姓，用礼仪程序来规范庶民，那就能做到让百姓以违法为耻，以遵纪守法为可取。"

评点：孔子的政治理想是：不靠惩戒，不靠暴力，而是靠教化引领将一切做到前面，防患于未然。说来简单，人都教育得德性高尚、彬彬有礼，想什么、做什么符合道理与礼法，哪里还用得着权力暴力执法压制？

做起来就不这样简单了。德与礼是一个相对抽象与有弹性的概念，盗亦有道，胜者王侯败者贼，不用别人，庄周早就看出仅仅以德治国、以礼齐民会造成判断处置上聚讼纷纭的乱象了。

孔子的理论确实有善与美的魅力。它甚至于使我联想到马恩论述的共产主义理想：由于公有制，由于生产力的高度发展，由于共产主义新人的全面发展，更重要的是由于阶级消灭了，国家、政党、"依法治国"的一套设备部件也就全用不着了。多么美好的前景！

也许至今"有耻且格"的标准仍未达到，至今绝对不可一日无刑法、无警察、无政府、无行政管理，但重视教化、重视思想工作的传统却延续发展下来了。在我中华，执政不仅是管理与秩序的概念，而且是教化、示范、导引的概念。执政不但要管人、财物、山河、岛屿、军备，而且要管世道、人心、文宣。孔子教导我们的是，行（执）政者要善于把工作做到人心里去，要从人心中去除混乱邪恶的根苗，要把邪恶消灭在动机与念头的萌芽状态。

对这方面的强调，如果不与足够的知识胸襟与多元一体的文化观念结合，确有造成文化专制主义的危险：一个邪字就横扫一片。但也确实发展了修身、做人、自我完善的学问，给老百姓至少是给臣子们提供了对权力系统进行道德与文化监督、道德与文化弹劾的可能性。

◦ 2.4

子曰："吾十有五而志于学，三十而立，四十而不惑，五十而知天命，六十而耳顺，七十而从心所欲，不逾矩。"

王解：孔子说："我十五岁开始培育了好好学习长进的志向，三十岁开始树立了自己的人格，有了选择与判断的基本能力，四十岁就不那么彷徨困惑，不那么容易被外界左右了，到五十岁也就懂得了万物消长的天命与天命（自然与世界的规律）之不可违，六十岁后比较能听得进、听得懂别人的话、懂得从他人那里汲取智慧经验了，七十岁呢，想怎么做就怎么做，但怎么做也不会违反规范礼仪了。"

评点：这是极流行、极普及的一段名言。首先，它把人的学习、自律、自我修养人生化了，它说明人的学习修养是贯穿终生的，活到老学到老，绝非诳语。

其次，它把自我修养阶梯化了，第一阶要志于学。第二阶要自立独立，有自己的原则与是非判断。第三阶要把握得住自己，不被环境中的负面因素迷惑，不失去方向。第四阶要懂得个人奋斗的限度，要认命认头，这其实是人与环境、人与社会的适度和解。第五阶是听得进话了，把听得进话作为六十岁方达到的一种成熟标志，颇有含义，值得咀嚼消化。

七十岁的从心所欲，不逾矩，带有理想主义性质。用现在的语言就是说，人到七十，应该从必然的王国进入自由的王国。如重庆大足石刻上的连环浮雕，先是一头牛被锁链拉着管训，最后是月明风清，无锁无链，牛自由自在地徜徉在大地上，享受从心所欲不逾矩的快乐。

据说有一位当代社会科学家，总结自己的一生时说十五而志于学，三十而未立，四十而惑，惑而不能解……这也不足为奇。越是到近现代，人生面临的挑战与困惑就越加复杂化了。再说，现代人的寿命也比古人长许多，古人五十岁就认命了，今人五十岁刚创业刚结婚，也是可能的。

至于七十岁，今人不自以为老，犹然时有兴奋，完全可能。不逾矩的另一面是不挑战、不较劲、不树敌的老年心态，这与现代人的逐渐推迟老年期到来也有异其趣。

再者，它还提供了一种正面乐观的人生观、时间观：时间哪里去了？不必虚无，不必伤感，时间去到了好学进步的志向开启上，时间登上自立立己的台阶上去了，时间达到不惑选择之境了，其后我们的时间用来去探讨与掌握天命，即不由自我决定的因素去了，达到耳顺，亦即时间达到了能够汲取他者的经验与智慧的明澈胸怀与不败之地了，最终是达到从心所欲不逾矩，即您的一生的时间是从必然王国陪同你进入佳妙的自由王国去了。对于时间的无法阻挡的流逝，你还有什么需要困惑、茫然、灰溜溜、哭天抢地的吗？

时间一去不复返，时间凝结为成熟、成就、境界、智慧与自由。时间就在我们的境界、智慧与自由里。

这一段话甚至于使王某想起《钢铁是怎样炼成的》中的名言："……一生应该这样度过：当他回首往事的时候，不因虚度年华而悔恨，也不因碌碌无为而羞愧……他可以说我的整个生命和全部精力，都已经献给世界上最壮丽的事业……"

请莫说把孔子与保尔·柯察金联系起来说事是拟于不伦，生命的生灭是自然科学、神学研究的课题，而生命的意义，时间的消逝究竟是人文的追问。正是文化，是哲人，在中国来说是"圣人"（当年为无产阶级革命所树立的圣人之一正是保尔·柯察金），是由他们来提出并回答人生的意义即时间的意义的。比较起来，孔子的志向好学的启动、己立立人的自觉、不惑明辨的台阶、对于天命即人生的先验因素乃至是决定因素的体悟、耳顺即汲取他者智慧与经验的渊源开拓，尤其是最后的向着自由王国的过渡，这一段描述博大而又亲切，靠拢终极而又务实，超拔而又平易，其涵盖面与可接受性，超过了信仰主义与唯意志论，它被国人传诵至今，当非无因。

更重要的是，随心所欲、不逾矩，就这样进入了哲学意义、认识论意义上的自由王国即人文天国。它既是实在的，又是理想的乃至信仰的。读到这里，有豁然贯通、一片澄明、亦神亦圣、亦君亦民、亦雅亦俗、亦自由亦必然、亦遥游亦君臣父子本分、亦道德亦文学、亦敬畏亦平常心之感。

而且，这一切是从"学"字上开始，这个时间表可以说是进修表、学习表、提升表，对于孔子来说，人生被一条学习红线所贯穿，所引领，所充实。人生的意义开始于学，贯穿于学，成就于学。孔子追求的人生是学习型人生，孔子所希望的政权是教化型政权，孔子所赞美的贤良是善学型贤良。

◦ 2.5

孟懿子问孝。子曰："无违。"樊迟御，子告之曰："孟孙问孝于我，我对曰，无违。"樊迟曰："何谓也？"子曰："生，事之以礼；死，葬之以礼，祭之以礼。"

王解：孟懿子向孔子请教什么是孝，孔子说："不要违背。"樊迟给孔子赶车，孔子说起来与孟懿子的谈话，樊迟问孔子那是什么意思，孔子说："父母在世，应该按照礼法来侍奉，无所违背；父母去世了，按照礼法料理丧葬与祭奠，也是无所违背。"

评点：孝是内心道德情感，礼是外在举止规范、程序、仪式。孔子主张用外在的规则要领，来规范内心道德情感的表达。强调礼，好处是有章可循，以免把对于道德情感的要求空洞化、泛漫化、歧义化，再说各种礼仪程序也能反过来起强化导引道德情绪的作用。

而把自自然然的孝心变成礼法的坏处，是某些缺少孝心的人，变孝为形式主义、为走过场，甚至是作伪装样。

今人口中更流行的说法是"顺者为孝"，无违的字面含义正是顺从。今人流行的见解是顺从父母，而《论语》上这一段的意思是顺从礼法。可能不矛盾，如果礼法真正是礼法，那就不会是莫名其妙的要求，不会是高深晦涩的绝门招数，而应该是父母子女都已经明白、接受、遵从、践行的规范。那么顺者，是顺礼法，也是顺父母、顺官府、顺圣人之教。当然，如果父母有错却一味顺从——阿意曲从，陷亲不义——也会被认定是不孝。

或谓古代孝的观念首先是指祭奠与传宗接代，那就是说孝的观念含有对于生命起源的尊重与延续生命的使命感，真有点志在高远、慎终思远、寻尽古意歧义而拔高的架势。

一个"孝"字，往简单里说简单得易如反掌，一变成道德标尺与价值观念，再一变成学问，又闹得相当麻烦。我辈普通读者呢，还是要从最正常、最一般的意思上接受它，而不是过度地解读它。

◦ 2.6

孟武伯问孝。子曰："父母唯其疾之忧。"

王解：孟武伯请教孝的事情。孔子说："使父母除了忧自身的或孝子的生病，没有什么可发愁的，就是孝了。"

评点：这里的"其"字可能是指孝的主体即子女，也可能是指孝的对象即父母。正如杜甫诗："幼子绕我膝，畏我复却去"，可以解读为幼儿认生，怕我，绕着绕着忽然觉得不对碴儿，跑了；或者是幼子已经爱上了久别方归的老爷子，绕着诗人之膝转悠，怕老爷子再走掉。既然都通，何不齐物？语言可能被意念驱遣，但意念也受不同的语言的启迪与推动。语言主体有诉说权，语言客体即听者，有理解的一定的自由，你讲的动机是九十，我理解成了一百八十，未必算是不妥。

○ 2.7

子游问孝。子曰："今之孝者，是谓能养。至于犬马，皆能有养；不敬，何以别乎？"

王解：子游请教对于孝的理解。孔子说："如今讲孝的人强调的是养活父母，如果说养活，狗啊马啊，人们也是要养活它们的。如果没有了对于父母的尊敬，对待父母与对待犬马又有什么区别呢？"

评点：不但要求行为，而且要求动机，不仅要求实务，而且要求致敬的礼仪，这是孔子的一贯主张，也是他以文化人身份所做的高标准推敲讲究。

敬是内功，礼仪是外功。礼仪制定的目的是表达敬意，却不一定能保证真正的敬。礼仪形成了礼法、礼制以后，似也可能变成刻板的照本宣科。而离开了赡养，如今已是普适法律义务的敬也难被人珍重。除了特殊的不可抗力因素造成的后果，孝而不好好养或连赡养父母的有效努力都没有，是不可思议的。

孔子说，少了敬意，单纯的供养是将父母看待成犬马动物，此说相当刺激，现今看来或有些过度。首先，人与家畜都是生命，都是脊椎动物，满足生命的基本要求，提供温饱，人与兽有共同需要。我国自古有一些矫情的说法，即把满足基本需要视为禽兽之求，不，满足生命基本需要是谈一切仁义道德的前提。

其次，至少是自晋朝以来的束皙起，不断有国人发现乌鸦反哺，羔羊跪乳，并以之作为孝的范例。鸟、羊虽无孝的概念，却有类孝的实质与记录。不必在这里搞人类物种的自我崇拜。

当然也有可能，当时提到犬马，并无贬义，而父母的地位高于犬马，更无疑义。

○ 2.8

子夏问孝。子曰："色难。有事，弟子服其劳；有酒食，先生馔，曾是以为孝乎？"

王解：子夏请教孝之德性。孔子回答说："如果（尽孝者）脸色不好看，有事的时候晚辈帮忙出力，有好的餐饮，先给长辈吃，难道这就算是孝了吗？"

评点：又是强调内功，强调动机，强调心才是尺度。有点道德唯心论的味道。同时孔子注重的是美好内心的外化，即心化为色，化为对他人的"好脸儿"，化为礼数。对人的态度问题，倒是不限于对父母，即使你做了好事助了人，如果面色难看，也很难使人快乐。这一点，对于有志于做人者极其重要，很平常也很关键。

孔子从各个角度谈孝，不是为了理论上的全面与学术上的严密，而首先是对经验层面上的得失成败的探讨，从这个意义上说，孔子谈得很好，很实在。

○ 2.9

子曰："吾与回言终日，不违，如愚。退而省其私，亦足以发，回也不愚。"

王解：孔子说，有时我与颜回交谈整天，他一点不同意见也不说，好像挺傻。再看看他独自的言论表现，完全是有所发展发挥拿得上台面的，颜回这人可一点都不傻呀。

评点：事实确实如此，而国人自古相信含而不露的美德。聪明而外露，最多是二等聪明，聪明而显出愚傻的外貌，才是进可攻、退可守的人生大智慧。老子也讲："国之利器不可以示人。"维吾尔族谚语说的则是："老实人的犄角长在肚子里。"

原因是，聪明外露，容易被注意，被嫉妒，被提防，被众口铄金。能干外露，容易让人怀疑他是巧言令色，至少不像是安分守己的样子。而面貌愚痴才显得忠顺。从古到今，大家都相信苏轼的诗："人皆养子望聪明，我被聪明误一生。惟愿孩儿愚且鲁，无灾无难到公卿。"这里有真切痛心的处世奇术，有我们的国情国人集体无意识，有金不换的做人经验，也有长久以来的，有时宝贵有时误事的反智主义。

宁可看着傻实质精明，不要看着精明实质欠缺，这是国人绝非无因的共识。

○ 2.10

子曰："视其所以，观其所由，察其所安。人焉廋哉？人焉廋哉？"

王解：孔子说："（一个人，一件事，）看看他（它）的背景，瞧瞧他（它）的缘由，想想他（它）的用心动机，安的什么心（或他的心思安放寄托在什么地方），还有什么人什么事，是不可理解的呢？"

评点：这段话，我的解释与先贤的解读小有参差。原因是，第一，希望做到精神资源利用的最大化；第二，作为小说人，这一段话令我想起小说人物福尔摩斯和美籍华裔神探李昌钰博士关于侦破刑事案件的说法。

注重前因后果，注重一人一事一现象与各方的联系，不但考虑看得见的后果，而且考虑看不见的动机、心术，这是中华文化注意整体性综合性的一个特点，是中华传统的方法论。与重分析、重个案、重区分、重细节的西式论理有所不同，中华注重的是根源，是总体，是动机，是概括。孔学如此，中医药学也是如此。

这种整体主义也需要找找所以、所由、所安，是不是与汉语特别是汉字的特点关系密切？汉字的综合性、汉语词字的相互关联性，在世界上都是少有的。

◦ 2. 11

子曰："温故而知新，可以为师矣。"

王解：孔子说："能够重温旧事旧闻，从而判断新发生的或可能发生的事情，这样的人就可以为人师表啦。"

评点：在美国歌星影星芭芭拉·史翠珊的一次演唱会上，她致辞说，你想知道你会上哪里去，首先你需要知道你是从哪里来。真是异曲同工，华人美国人，古人今人，心理攸同。

重视经验，面对历史正如面对现实，用我的小说家言，叫作敢于战栗，也敢于不战栗。原因是温故会使一些人无地自容、触目惊心，温故会丢脸面、丢光环，会给对手提供机会口实，一时对自己不利。温故知新，说着简易，做起来要学问也要胆识，更要一种坦荡、负责、求实的品德。岂可掉以轻心！

温故知新还有一个重大的意义，一般学问家都注意掌握材料，钻入故纸堆，就是说都有温故的功夫，但温故本身不是目的，钻入故纸堆的目的不是仅仅为了了解故纸，而是为了知新，为了掌握规律性与预见性。这也就是说，不但要读书，而且要明理；不但要有知识，而且要有智慧、有头脑、有思想、有判断。有知识、有学问的人在我国还是不少的，有智慧、有头脑、有思想、有判断的进取型创造型大家，未免是太少太少了。

○ 2. 12

子曰："君子不器。"

王解：孔子说："君子并不是一种用具。"

评点：君子掌握的、看重的是通用的道，是哲学，是修身、齐家、治国、平天下的根本与整体，是万象归一，是抓住牛鼻子，而不是各行各业的专业使用如器具，器具好使但不通用，通用重要但不是器具。

这是传统文化的一绝，重根本而轻末端，重大道而轻小术，重理而轻用。好处是它强调了君子的主体性，压缩了君子的实用性与被应用性，预警了君子被异化为工具的危险性。尤其是在今天，社会分工细了再细，科学技术机械尤其是智能传播之器已经左右了与正在左右着不论君子还是小人的头脑与生活，西方发达国家也在呼唤"有机知识分子"，我们不能不赞美孔子的预见性英明，"君子不器"四个大字，到了二十一世纪，理应大放光芒。

说到中国的情况，我们倒是觉得，历史上、古代中国的利器专器奇器，并不是太多而是太少了。专业型、技术型、发明创造型人才，在我国不是太多而是太少了。个个治国平天下，个个抓关键，抓主要矛盾，抓牛鼻子，中国牛只剩下了鼻子而失去了牛身、牛角、牛腿、牛尾、牛毛。一度文明古国、礼义之邦生产力得不到足够的发展，人人谈大道、修养、圣人、经典，却在列强面前直不起腰来。空谈误国之风古已有之，面对西方的先进强力之器，只能咒骂人家是奇技淫巧，是西洋小把戏，这样的两眼一抹黑的教训，我们也要温故知新。

◦ 2. 13

子贡问君子。子曰："先行其言而后从之。"

王解：子贡请教君子的定义，孔子说："先践行自己所说的主张，之后再讲说宣示，那就对了，那就是君子了。"

评点：空谈误国，实干兴邦，不但要听其言，更要观其行，孔子一贯视行动为首要，视言语为其次。

但人们讥评孔子也恰恰是他讲的很多东西并没有能落实。这里的问题是许多人尊敬却做不到尊行孔子的教诲言语。尤其是君王、大臣这些属于权力系统的人，常常说的是仁义道德，做的是争权夺利。依孔子之言治国平天下，至少是保权保江山，看来并非易事，但按照孔子的教导来做人却常常是可行的，也是易于被认同的。礼失求诸野，国人心中孔子的教导至今多数仍然合情合理，有道有义，绝非偶然，不能等闲视之。

◦ 2. 14

子曰："君子周而不比，小人比而不周。"

王解：孔子说："君子人周到均衡大气包容，小人则是相反，勾搭拉扯，度量与圈子很小。"

评点：几千年来，莫不如此，君子是有理念的，又是实事求是的，考虑的是全局，是公心，是人民与事业；小人考虑的是山头，是宗派，是坐地分赃。某些人，更喜欢搞鼠肚鸡肠的一套，整天叽叽咕咕，不仁不义，不文不艺，不邦不国，只知道"十几个人七八条枪"的私利。

◦ 2. 15

子曰："学而不思则罔，思而不学则殆。"

王解：孔子说："学了很多，听了或读了很多，不思考不消化，就更加迷惘了。思考琢磨得很多，却没有好好学习，（得不到足够的新知新信息，）就有走火入魔的危险。"

评点：宗教往往提倡思而不学，面壁、静坐、闭关、顿悟、参拜……这种治学的方法除了神性也还颇有艺术性，用内心的波澜与焦灼去煎熬烧烤、去寻找探求真理，弄好了成为宗教家、艺术家，如佛陀之静坐于菩提树下，如高更中年突然转向绘画，也如李贺背着诗囊呕心沥血。不过，尽管也会出现少数的奇才，多数则是一事无成的疯傻、茫然、偏执、混乱、一锅糨糊。

学而不思的人更加常见，有的是见树木不见森林，有的是"鲁叟谈五经，白发死章句。问以经济策，茫如坠烟雾"（李白），有的是食古不化、食洋不化、冬烘书橱。

而如今的网络培养出来的某些人则是学而不思的聪明的万事通加白痴，以浏览取代阅读，以浅层信息条目代替真知，以趣味取代追求与攀登，以人云亦云取代自己的判断与担当。

可以设想孔子的呼唤："人们，我是爱你们的，你们要警惕求知中的迷惘与危殆啊。"

◦ 2. 16

子曰："攻乎异端，斯害也已。"

王解：孔子说："攻击异端，这就有害了。"

评点:有两种理解:一是"攻击异端,异端的危害就可以结束了"。另一是"攻读异端,危害就产生了"。

不但读古书,其实读新书也有此种情况,有时解读可能难于统一。不必不安,语言的歧义性带来了灵活思考的可能,一个攻乎异端,就能解释几样,而且都言之成理。具体情况具体分析,谁能制定对于异端的统一处理原则呢。

◦ **2. 17**

子曰:"由! 诲女知之乎! 知之为知之,不知为不知,是知也。"

王解:孔子说:"子路,我给你讲讲你能明白吧,知道的就是知道的,不知道的就承认自己是不知道的,这才是真正的有知识有智慧的人啊。"

评点:这话也极有名,可说是家喻户晓。原因在于太多的人强不知以为知,太多的人吹牛冒泡,粉饰自己的"无知"。装腔作势的明星,自我推销的贩子,作艰深状的食古不化或食洋不化的学者,谁敢于承认自己的不知呢? 承认不知,是大信心大光明的姿态。

香港城市大学郑培凯博士在一次讲演中说,他曾在台大和美国耶鲁大学读书,台大与耶鲁的教授的区别在于,台大的教授无所不知,耶鲁的教授一上来先讲自己的不知。有趣。

◦ **2. 18**

子张学干禄。子曰:"多闻阙疑,慎言其余,则寡尤。多见阙殆,慎行其余,则寡悔。言寡尤,行寡悔,禄在其中矣。"

王解:子张讨教怎样才能走仕途,得俸禄。孔子说:"要多听取信息，也就能减少疑难。少张口掺和说道自己并不了解多少情况的事，也就可以少有过失，少落埋怨。多观察真相，也就减少了冒失闯祸。谨慎地干预自己没有把握的事，就可以少有失悔。说话无过失，做事无失悔，官职俸禄自然就得到了。"

评点：孔子真正为官从政的经历不算太久，却显得像个老手。他调门相当低，不谈为国为民，不谈仁义道德，只谈阙疑阙殆、寡尤寡悔，自保自扫门前雪。也许是子张已经很理想主义，不需要再给他讲三不朽、天降大任什么的了？也许子张只是庸才，他无非想吃点俸禄，只配做个庸吏，不需提高升华了？

一上来就点出来了，要干禄，即求官薪官职，并没说借此治国平天下、兴灭继绝、流芳百世。也许，孔子谈政治理想是一回事，而与一个熟人谈吃官饭，要实际得多？

这一段话有点精到而又小心，不像孔子别的话那么清高超脱美妙，不像学而时习之，或贫而乐，或乐山乐水的孔子，倒像个善良的谨小慎微的老吏的肺腑之言。

当然，不能忘记鹰有时与鸡飞得一样低，鸡却永远不可能飞得像鹰那么高。按照点化提高"贫而不谄……"说的范例，孔子本来听了这样的问话，应该与子张切磋琢磨，讲讲知其不可而为之，讲讲求仁得仁，讲讲不淫不移不屈的光辉正道的。

◦ 2. 19

哀公问曰："何为则民服？"孔子对曰："举直错诸枉，则民服；举枉错诸直，则民不服。"

王解：鲁哀公问孔子："怎么样做才能使民人服膺？"孔子答道："提拔推举正直的人，以之取代矫饰的佞人，老百姓就服气了；反过来说，如果是提拔推举曲里拐弯的佞人，以之取代正直不阿的好人，老百姓是不会认同与服气的。"

评点：很通俗也很关键。问题在于权力的逻辑与真理的标准有时不匹配，不吻合。权力要求的是服从，不服从等于没有权力，本段恰恰是从一个服字开端的。那么权力喜服，按眼前的功利的标准，那就会是喜佞喜枉，只有佞与枉才永远服得你舒服满足通体爽泰。而正直者，不可能时时事事与权力最高度地一致，咋办？孔子说的是，臣子服了，君王舒坦了，百姓可能不服；臣子刺头，敢说君王，听了不舒坦的话，如果君王有德有度，如果君王纳得进逆耳忠言，而且重用忠义之士，老百姓才真正信赖崇拜君王、紧跟君王前进。

◦ 2. 20

季康子问："使民敬、忠以劝，如之何？"子曰："临之以庄，则敬；孝慈，则忠；举善而教不能，则劝。"

王解：鲁国大贵族季康子问："怎么样做才能让老百姓们能做到敬畏、忠实和互相勉励走正路呢？"孔子说："在老百姓面前，上边的人要庄重认真，老百姓也就尊敬你了，全国没有谁敢轻忽长上了；提倡孝顺父母，慈爱仁义，老百姓就忠实效力了；对老百姓表彰提拔好样的，教化滞后的，老百姓就互相勉励上进了。"

评点：合乎常识常理，而且多少有点问责的意思。你认真端庄，说明你拿百姓当事儿，拿自己的权力与责任当事儿，绝不吊儿郎当。一脸的正儿八经与浩然之气，谁还敢跟你玩起哄打岔？你对家人对朋友又孝又亲，情义深长，培养起了忠孝仁义之情，谁还敢漠不关心、偷奸耍滑，自绝于亲朋权贵、自绝于主流价值主流社会？你为百姓树正反榜样标杆，赏功罚过，谁还能不循善避恶？

反过来说，百姓的问题，上边难逃其责。百姓油嘴滑舌，是老爷们满嘴跑舌头、不兑现、不正视、不履行闹的。百姓乖戾忤逆，是老爷们不爱民不惜力不团结不友爱闹的。百姓不抑恶扬善，是老爷们不分是非善恶闹的。

这里已经包含着身教胜于言教、示范胜于管束的意思。

孔子讲的多是常识，为此黑格尔没有瞧得上孔子。问题是一个社会、一个君王、一个大臣、一个大师，他常常犯的错误不是由于高深的专业学识不精，而是他自以为高明之至，偏偏做事违背了常识。人心不足蛇吞象，吞象之误不是高端之误，而是常识之误。希特勒准备三个多月踏平苏联，日本军国主义要灭亡中国打败美国，都是低级错误，新中国成立后我国经济生活上的失策，也都是由于违背了普普通通的常识。

那么就有一个问题值得探讨：为什么人的行为常常会违背常识？从大处说，违背常识的做法必定失败，但这个必定只是从概率上讲，违背常识的行为失败的概率可能是百分之九十五，但还有百分之五的可能是违背常识者胜利了，原因是世间一切事物的成败都是因素端端，除了必然性还有偶然性，除了大条件还有小条件，职业运动员与一个业余二把刀赛球，还有极小的可能正好赶上了职业运动员脚下打滑或肠胃痉挛，让二把刀胜了。概率的实现要靠多次重复，历史事件与历史人物却可能是一抓抓了个头彩，也可能是头一回乘飞机就赶上了千万分之一概率的失联失事。历史与机遇会吸引冒险家，虽然最后多半是冒险家的失败，认识到这一点，则要看看上百年上千年的记录了。

还有一个原因，有些大人物，确实在特殊条件下做得成从常识上认为不可能做成的事。但也许就因为有过这类先例，越是大人物，越容易犯常识性错误。

◦ 2.21

或谓孔子曰："子奚不为政？"子曰："《书》云：'孝乎！惟孝，友于兄弟，施于有政。'是亦为政，奚其为为政？"

王解：有人问孔子："您怎么不从事政务活动呢？"孔子说：

"《书》上已经讲过了嘛：'要孝啊，要将孝双亲、友爱兄弟之情之心，延伸到施政上哟！'这不是说得很明白嘛，孝与友就是施政，如果这个不算施政的话，又有什么算施政呢？"

评点：把对待家人家庭的责任与行为准则视为政治，亲切合理，稚态可掬。孔子把施政解读得非常有人情味，是敬老尊贤、顺从长上、友爱亲人、遍洒雨露而不是六亲不认型的政治，是不但妈妈我爱你、妹妹我爱你，而且君王我爱你、父母官员我爱你，百姓我爱你、子民我爱你，即爱官如父、爱民如子型的施政。

有个美好的念想还是好的，人民将知道，斗得天昏地暗、血腥残暴的施政不是我们的追求。人不能太天真多情，人似乎也不应该太冷酷阴暗、诡计多端，不能把政治玩成仅仅是阴冷无情的恶斗。

人情化的政治，这是儒家政治理念曾经长时期被我国民众认同的主要原因，即使许多皇帝佬儿做不到孝友之政，百姓们仍然赞许着，期待着，梦想着仁政、孝友之政、亲如一家之政。两千五百年前是这样，现在与今后相当一段时期还会是这样。

学好学通了这一段讲究，也会出现新的问题：他在家里对父母对兄弟，是从政治理念的角度来选择自己的行事与态度的，在亲和化施政的同时，会不会把孝友的自然而然之情，矫饰化、表演化、高度地政治化呢？政治人情化的结果会不会是人情的政治化呢？何去何从？何得何失？活一辈子，又成了中华文化的饱学之士，太闹心了啊。

◦ 2.22

子曰："人而无信，不知其可也。大车无輗，小车无軏，其何以行之哉？"

王解：孔子说："为人没有信用，那怎么行？就像大车小车、牛车马车缺少了套牛马的关键木制部件。没有那样的部件，套不上使不上牛马大畜，车还怎么走呢？"

评点：强调信用，无疑。但是政治人物常常有下列情况：没有掌权时，他理想主义，对时政的批判如飓风雷电；等掌了权，他实用主义，他强调的是耐心与秩序，然后不断推迟实现自己许诺的日程。古今中外，这一类的事不胜枚举，你怎么说呢？

◦ 2. 23

子张问："十世可知也？"子曰："殷因于夏礼，所损益，可知也；周因于殷礼，所损益，可知也。其或继周者，虽百世，可知也。"

王解：子张问："此后十代的事情，你能预想到吗？"孔子说："殷商的礼法制度来自夏代礼制，它有什么增添减废，我们是能够知道的；周朝的礼法制度，来自殷代礼制，它有什么增添减废，我们也是可以知道的；那么今后继续周朝的礼制会怎么发展，就是一百世一百代，也是可以推测知晓的。"

评点：还是前头的话：温故知新。稍显绝对的是，任何事物的体例礼制，有继承性规律性，也有变数，有偶然性不可预见性。如果和孔子抬杠，也不妨说，夏代时候人们未必能预见商代的诸事诸礼法，商代时候，更不可能预言西周东周的后事，我们又怎么可能预言百代后的事呢？

除非当时孔子已经有了圣人称号、圣人感觉、圣人自信。这又不可能。对此段议论，有硌硬突兀之感。

至于孔子温故而尝试知新，孔子主张理清历史脉络，是可以理解、可以接受并且值得后人效仿的。

◦ 2. 24

子曰："非其鬼而祭之，谄也。见义不为，无勇也。"

王解：孔子说："去祭祀并非自己的亲属故旧的死者，更像是在谄媚。见到本应挺身而出的事变，缩头到一边躲闪起来，则是没有勇气的懦夫。"

评点：这话有点幽默。烧香磕头是安全的，合乎礼仪，彬彬然似君子也，所以有作秀的人去掺和。见义勇为则是指有风险、有代价的事，一般人不敢轻易尝试。

孔子提倡礼，却又将礼分成了可能谄媚的事宜与可能龟缩的事宜，他老爷子不是那么好糊弄的。因为他老人家是贴近生活的活人，不仅仅是道学先生，更完全不是书呆子。当然，见义不为与见义勇为的诸种细节说起来也不会那么简单。

八佾篇第三

◎ 3.1

孔子谓季氏："八佾舞于庭，是可忍也，孰不可忍也？"

王解：孔子说起季氏："他居然在庭院里搞八行阵仗的歌舞，如果这样的事都能容许，他什么事还干不出来？"

评点：孔子的社会政治思想的核心是上下，长幼，尊卑，正偏的秩序、规范、礼制。那时弄个歌舞，也是贵族特权，是地位也是阶级的标志，岂可乱了规矩？中华整体思维的模式是：小事不按规矩办，大事必将出现极其严重的后果。不按规矩歌舞，就会不按规矩行政执法，就会不按规矩治国平天下，怎么得了？

◎ 3.2

三家者以《雍》彻。子曰："'相维辟公，天子穆穆'，奚取于三家之堂？"

王解：三个大族祭祀完了唱起《雍》来撤祭品。孔子说："人家《雍》上说的是诸侯助祭，天子庄严在场，这样的景象规格，怎么可能出现在这三大家庭的厅堂上呢？"

评点：看来，西周时期上下尊卑规矩比较威严认真，社会各方面呈现出一种有序状态，臣子与百姓都好管服管。东周时则是中央权力系统式微，唱什么歌，念什么文词，规则稀松了，孔子为之愤愤不平。近世今世，更是如此。旧日，秩序靠的是阶级服从，有序的必然代价是压制与反叛的冲突，起起伏伏。时间愈长，庶民智慧愈进步，老一套的压制办法愈益显出力不从心。"王侯将相宁有种乎"（王侯将相也不见得非你们家出啊）的问题石破天惊，有序的体制渐渐产生了漏洞软肋，叫作礼崩乐坏。数千年后，民主平等自由之说日盛，旧秩序就会更加松懈，新秩序、新法制、新游戏规则的社会新文明却没有相应建立起来，形成秩序涣散，一次次的日益严重地礼崩乐坏，确是大危大患，但再回到西周哪怕是明清，也绝对不可能啦。

任何秩序肯定都有它不合理、不中意的一面，任何秩序的破坏与重建都需要付出代价与时间。这是人类社会永远的麻烦与苦痛。一种特定的秩序颠覆了，意味着或许诺着更好更进步的秩序，将带来新的希望。而等到希望没有尽如人意地兑现以后，还会出现对郁郁乎文哉的"西周"的原"礼"旨、原"序"旨——原"教"旨主义的怀念。

改革派、革命派的目光在前；保守派、寻根派的目光向后，作为文化学研究，各有所长。另外，还有以复古之名求革新的文化战略。对于文化主张，不可轻易臧否，需要深层次地探察。

◦ 3. 3

子曰："人而不仁，如礼何？人而不仁，如乐何？"

王解：孔子说："一个人，心中无仁爱，即使符合礼制程序，又能怎样？一个人，心中无仁爱，即使注重音乐节律，又能如何？"

评点：孔子已经够重视礼乐的了，但他更重视的是内功、心功，是内心的涵养培育，是灵魂的塑造滋养。有时候，孔子强调的是通过

"礼乐"即外在的规范来治心。有时候则是强调从先验的孝慈或孝悌入手，由小及大，由天真烂漫到浩然正气，来培养社会秩序所需要的全部仁爱忠义一直到智信廉耻的内心，加上文质彬彬的风度。这个培育过程说起来合情合理，做起来难矣哉。有时候孔子慨叹，礼了半天，乐了半天，其内心仍然可能不仁，问题相当严重喽。礼乐治国，谈何容易？

◦ 3.4

林放问礼之本。子曰："大哉问！礼，与其奢也，宁俭；丧，与其易也，宁戚。"

王解：林放问礼行最基本的原则。孔子说："这个题目可太重大了。礼仪，与其搞得夸张铺陈，不如从简。至于丧事，与其搞得流畅方便，不如充分表现出悲哀。"

评点："易"字的解释各不相同，有的释为治理，那么易也就是奢一类的大折腾。如果也是反对大折腾，似乎就不需要讲两次了，一个宁俭就差不多了，如果一次就能回答清楚，也就不那么"大哉问"了。大哉的原因正是在于丧礼与喜礼的不同，喜礼要防止奢华，丧礼要防止草率，恰恰是喜礼的奢华与丧礼的草率都来源于人们可能有的浮躁，实用主义使人们重喜而轻丧，古道热肠则要求重丧而节制喜。我们可以设想孔子的意思在于约束浮躁，增进敬肃、沉重、谦卑、严谨。

孔子不怎么正面地谈死亡问题，不像庄子那样豁达超越地讲"夫大块载我以形，劳我以生，佚我以老，息我以死。故善吾生者，乃所以善吾死也"，但他通过一贯对丧礼的重视表达了对生命的珍重，对祖先的敬意，对短促的个体生命也是一种安慰和舒展。

当然也有另一种解释的空间：孔子诸事都主张适可而止，反对奢侈无度，礼贵真心，不要折腾太过。

◦ 3.5

子曰："夷狄之有君，不如诸夏之亡也。"

王解：孔子说："那些边远与文化滞后的部落人群，有君王，还不如中原地区的失去了君王呢。"

评点：也是两种解释。一是没有文化却有君王，那里的秩序与生活好不了，那里的君王也好不了，如果在君王（权力）与文化中择一，那么孔子选中的是文化，这符合孔子一贯对于道德文化，对于仁政与王道（不是仅靠实力的霸道）的推崇。

另一种解释，是说虽然是边远地区，却（可能）有好的君王，不像中原地区你争我夺，是非难分。

◦ 3.6

季氏旅于泰山。子谓冉有曰："女弗能救与？"对曰："不能。"子曰："呜呼！曾谓泰山不如林放乎？"

王解：季康子去祭泰山。孔子责备跟随季氏做事的冉有说："你不能挽回这场旅祭了吗？"回答是："不能啊。"孔子说："莫非泰山还比不上林放的分量吗？"

评点：先贤专家的解释是：季康子，级别不够，却要去做只有帝王、侯王才有资格做的对于泰山的祭祀，而孔子的学生，季氏的手下冉有却无法去阻止这种僭越的行为。孔子总是想约束东周时期的那些跃跃欲试、求突破、求跃升的人五人六，这既有合理性也有保守性。人类的历史就是一个不断地树立等级秩序又不断地突破等级秩序的过程，天生的或强制性的等级秩序，逐渐被社会契约、利益与法律所替代，是必然规律，孔子那时候还想不到这一点，当然。

◦ 3. 7

子曰："君子无所争。——必也射乎！揖让而升，下而饮。其争也君子。"

王解：孔子说："君子人之间是不会你争我夺的。哪怕是一定要比赛一下射箭吧，互相作揖礼让着开始，比赛结束，坐在一起饮酒。这样的比赛，也就是合格的君子之争了。"

评点：中国传统文化对于争夺、竞争、争一日之短长，多半持比较保留的态度。与争强好胜相比较，我们更加提倡的是谦逊礼让。这里孔子提出了一个君子之争的观念，在我国的知识界中深受青睐。看看网络上有时出现的乖戾的对骂毒掐吧，我们会知道君子之争的可贵与小人之争的不堪。

还有，孔子一方面强调君子不争，这也算是对于不争论的一种提倡吧，一方面提出君子之争的说法。说明，归根结蒂，不争论或争执是不可能的，有差异有不同的个体与群体就有矛盾嘛，但争执应该文明，应该尊重对方，应该客观全面地对待有争议的课题。当然，今天看来，也许还要强调争要有争的规矩法则律例，争的目的不是伤害对方，而是求真理，求进步，求新知。那么，在争论争执的过程中，起始与结束，仅仅揖让与共饮，就远远不够了。对待争与不争，应该有一个更高的标准、更高的义理来主导我们的态度。

回过头来说君子不争，这话也有意思，相对来说，教育程度高一点，身份高一点的人与他人的争执可能没有那么多，原因在于一百场争执中有意义的部分可能只占少数，更多的是意气之争、鸡与鸭之争、盲人摸象之争、口沫之争、蛤蟆闹坑式的哄闹之争。争多了会伤和气，会产生强人所难的霸气，会激化本来没有那么严重的矛盾，会颠倒是非黑白，黄钟毁弃、瓦釜雷鸣。庄子其实也是不赞成争执的，他在《齐物论》中有极精彩的说明。

还有，既强调不争，又强调君子之争，这是悖论，是辩证法，是承认鱼与熊掌的兼得，是全面性，是不搞极端主义，所以也是中庸之道。

中庸之道，是君子之道，是不陷入独断论、单行线的兼得之道。

竞争，能促进进步与完善，例如足球，我们的球星高俅，只会陪着宋徽宗玩耍，却没有将之发展成竞技与对抗运动，闹得如今只有半夜不睡看欧洲拉美的球赛的份儿。不争之说，或有咎焉。

所以清末的思想家起步时候忙着介绍"物竞天择，适者生存"的竞争与进化论思想。

◦ 3.8

子夏问曰："'巧笑倩兮，美目盼兮，素以为绚兮。'何谓也？"子曰："绘事后素。"曰："礼后乎？"子曰："起予者商也！始可与言《诗》已矣。"

王解：子夏请教说："（诗中所说的）'那美妙的笑容有何等的姿色，那秀美的眼睛是怎样地顾盼，它们从朴素与天然中生发出怎样的绚丽多彩'，请问应该怎样理解这样的好诗句呢？"孔子说："这就是美在天真，美在本色（在'素描'的基础上才能着上缤纷的色彩）嘛。"子夏说："礼的可贵也是同样的道理吧？"孔子说："正是你的说法给了我启示与灵感啊。这样，咱们俩就可以讨论《诗》喽。"

评点：非常好的诗，非常好的对谈：一个美女或是美男，笑意微妙娴雅，目光流转动人，给了人以启发。求美得美，美在素真。子夏从人的美丽外貌，联想到了礼之美好，同样在于真诚本色。这都是提升人的精神面貌的说法，都很可爱。

惊人的是子夏认为礼的可爱可亲与那美女的笑容一样，美在朴素，美在天真。礼是文化，礼是规范，礼是秩序，礼是约束，正因如此，如果一个人能从文化规范秩序约束中感悟出巧笑与美目之倩与盼来，客观上这是一种预应力，一种预警文字：不要把礼弄成形式过场，不要把礼弄成表面文章，不要把礼弄成伪善作秀，不要把礼弄得面目可憎。

孔子认为，能够从对于美女的描写上挖掘出文化、礼仪、规范的内涵来，就可以谈诗了。说明孔子提倡自浅入深、自低到高、自生活到道学地理解诗的精神。好处是，他的论诗是登高望远、超凡拔俗、教化培育、另成风景；憾处是多少离开了生活，离开了性情，离开了原生态的具象，有点拔高。孔子的上纲上线的诗论，可以成为诗学的一个重要派别、伟大派别，如果做过了头，如果写到美人也是讲礼义，写到笑靥也是讲仁政，未免有不够朴素本色之嫌。

引用的"巧笑"一词极美好，吾意应指带有羞涩雅致意味的纯洁的微微一笑，不是大笑，不是傻笑，不是狂笑，不是浪笑，更不是阴笑冷笑窃笑，而是洗涤了一切低级元素与非善良元素的恰到好处的笑。巧笑本身就是天性的文明化，就是美的自觉与美的分寸。巧笑之巧，巧矣哉！

◦ 3.9

子曰："夏礼，吾能言之，杞不足征也；殷礼，吾能言之，宋不足征也。文献不足故也。足，则吾能征之矣。"

王解：孔子说："夏代的礼制规矩，我是能讲出来的，我从杞地这里求证了夏代有关材料，却并不充分；殷代的礼制规矩，我也是能讲的，我从宋地求证的有关殷代之礼的材料，也并不充分。原因是各种文献包括活人的口述历史都还不足够，如果材料足够，我就不仅能够讲解，而且能够证明了。"

评点：孔子强调礼制，同时他承认他对周以前的礼制的讲述并没有足够的文献与旁证支持。是不是意味着他只能强调周礼了呢？还是也流露了对自己克己复礼的大业有点把握不那么大了呢？

礼制是古代的好，这样的认知并非偶然。认为古人比后人纯朴亲和，这恐怕是有根据的。在我国，哀叹人心不古的说法延续了几千年。

我发现，虎头蛇尾是万物万象难免的过程。古人最初兴起礼制规范，说不定让进入文化史还不太久的人间井井有条而又合情合理了一大阵子，使人们兴奋赞颂、踌躇意满了好久。

与此同时，礼制本初是理念的光辉闪耀，在成为制度以后则逐渐扎根现实，成为实力、权力、利益攸关的规矩，顺礼者昌，逆礼者脏，直到逆礼者亡。而礼制全面推进、变成现实以后，礼制乃稀释于众生相中。现实化的礼制在表现出理念的恢宏有效，受到普遍接受而大获全胜的同时，也必然受到现实的非正面因素、众生的非正面因素（奸佞、虚夸、巧伪、流俗、争拗……）的渗透、沾染、歪曲、腐蚀并开始偏离原旨。

一种礼制、一种体制、一种规范、一种体例，与万物一样，与个体生命一样，会有一种类似佛家所讲的"成、住、坏、灭"的过程。产生了，成功了，落实了，被认同遵守了，变为现实了，即"成"与"住"。兹后，不再仅仅是美好的理念而是日常生活了，时间长了，新鲜感、服膺感、赞颂感减弱，礼的漏洞与假礼伪礼钻礼的空子的事情出现，于是礼开始发生疲沓、惹厌、虚假、落空、腐败、走形、铺张……的下世光景，即变"坏"了。坏了却想不出办法扭转挽救，不就要"灭"了吗？

不论多么好的礼制法制，如果停滞不前，如果陈陈相因，如果没有必要的调整创新改革发展，如果完全不爱挑战与质疑，就都有可能受到外界菌与毒的侵袭，也有可能从自身良好的制度枝节乃至主干上生长出癌细胞来。有规范就有虚与委蛇，有礼制就有以礼以制谋私，有推行与监督就有阳奉阴违，有威权就有挑战造反宁有种乎，此外至少还有照本宣科、麻木不仁……过了几年几十年几代，还一心扑在远古的礼制上，希望能回到古代去，这与一个青壮年人希望回到童年，与老子发出"能婴儿乎"的奇思妙想与近乎悲情的吁请都是一个路子。让我们与孔子一道想想，如果夏、商、西周的礼制完好无瑕，为什么到了东周就礼崩乐坏了呢？

就是说，礼弄不好了就可能崩，乐没弄好就可能坏，制弄糟了就可能被挑战、造反、颠覆。

原教旨主义的出现是有根据的，却常常是挽救不了"坏"与"灭"的。就是说，希望应该在明天，而不是昨天。

◦ 3. 10

子曰："禘自既灌而往者，吾不欲观之矣。"

王解：孔子说："对于天子对天帝的最高祭礼，在献酒这一程序之后，我根本就不想再看了。"

评点：有说是由于周王没有坚守礼制，让周公也僭行禘祭，后来又是级别不够的鲁国国君也这么干，所以孔子连最大最高的祭祀也烦了。违背了上下尊卑秩序，庄重的祭礼等于被解构了。人类的发展史，是不断结构的历史，又是不断解构的历史。人可真有事干。

孔子认定原有的礼制被颠倒被突破是不能允许的，毛泽东认定应该进行的是把颠倒了的历史再颠倒过来，因为此前的历史是荒谬的，颠倒了才有希望。他们相互大异其趣，却又都具有强烈的个性与坚决。

◦ 3. 11

或问禘之说。子曰："不知也，知其说者之于天下也，其如示诸斯乎！"指其掌。

王解：有人向孔子请教最高祭祀的章法道理。孔子说："不知道该怎么说哟，其实懂得了这种根本道理的人，也就能够把国家的根本置于掌上，心知肚明了。"孔子指着自己的手掌说。

评点：孔子对鲁侯搞最高祭祀不满意，不好说，便说自己不知道。又说其道理分明得如在掌心明摆着，一边说一边做着手势。

《论语》确实丰富，有说出来的话，有没有说出来的话。而没有说、不便说、不准说的话，可以一面说自己不懂，一面说"你懂的"，古已有之。还可以说是其实易如反掌，其实是明摆着的。这使我想起当年，一位不露任何锋芒的、不给人留下任何印象的同事，突然说了一句："粮食问题我能解决。"听者一怔，接着他说："包产到户就行。"大家哑然嘿然，他脸上也没有任何表情，两分钟后他也好，听众也好，消失在无声的大多数里。

说"半部《论语》治天下"自然是夸张，说《论语》表达的感人智慧与经验比今人理解到了的注疏析义多得多，恐怕是实情。

祭祀的重要性，今天的人们也许难于想象与理解了。尊古敬祖，这是当时的宗教性崇拜，也是当时的维护秩序的根本，还是凝聚力的根本，所以也就是治国的根本。这甚至是权力合法性的根本：对于孔子来说，政权首先是领祭权；领祭权的公示，潜台词是本君权政权由列祖列宗授予，合法合礼，不容争论。

领祭，上承接于列祖列宗，下施恩（威）于万民百姓。领祭，就好比是罗马教皇，据说是唯一可以与上帝直接交通者，又受到信徒们的尊敬与爱戴。在中国，更是政"教"合一，领祭就是继承权、祝祷（发布愿望）

权、解释（祖宗的意志）权、发号施令权，包括惩罚权。旧中国惩罚本宗族的"恶人""恶行"，要在宗庙里进行，要以祖宗的名义定"恶人"的忤逆之罪。

所以说，懂得如何进行最高祭祀，也就置天下于掌心了，因为你已经把最高的敬仰与崇拜之道掌握到了自己手里。

孔子最重视这样一个祭祀秩序，重视祭祀之虔敬。治理国家，首先是治理万民之心的意义，必须一丝不苟、毕恭毕敬。因此他对于祭祀上的便宜行事、任意突破解构的现象，痛心疾首、视若寇仇。

○ 3.12

祭如在，祭神如神在。子曰："吾不与祭，如不祭。"

王解：孔子的态度是，祭祖，就如同是祖先在那里接受你的祭祀；祭神祇，就是如同神祇来到了那里接受你的祭祀与致敬。孔子说："我没有虔敬地以全身心去参与祭祀，也就等于是没有去祭祀。"

评点："祭如在，祭神如神在。"——很有名的话，被鲁迅讥为"太聪明了"，然而此话确实精彩。崇拜的对象，不是购买对象，不是机床加工对象，也不是搬迁对象，不存在"在"与不在，如《哈姆雷特》"To be, or not to be"的实证辨析，只存在崇拜还是不崇拜、敬畏还是不敬的信仰区分。崇拜，神就在，就"to be"，就分明而且感人至深。不信仰也不崇拜，神仙就等于零。祖先、上帝、佛法、公理、大道，在，就是在你的心里；不在，就是没在你的心里。

祭祀是一种礼，可能是该时我神州大地上礼的最高与最大，是礼的顶峰与渊薮，这说明祖先存在于你的思念与敬畏、崇拜与服膺之中。对于形而上的追寻，对于终极性的关怀来说，思念、敬畏、崇拜、服膺都是存在的重要形式。哈萨克族同胞安慰丧亲者时常说："我们记得他（她），我们谈论他（她），我们想念他（她），这不正是说明他（她）还活着吗？"

◦ 3. 13

王孙贾问曰："与其媚于奥，宁媚于灶，何谓也？"子曰："不然。获罪于天，无所祷也。"

王解：卫灵公手下的王孙贾请教孔子说："俗话说：'与其讨好高高在上的玉皇大帝，不如去拉拢昼夜亲密相处的灶王爷。'请问这话应该怎样去理解呢？"孔子答道："不一定吧。如果你犯了天条，求哪尊神也没有用。"

评点：专家解释，奥是房舍西南角的主神，灶就是锅灶。王解拔高了一点，因为孔子的谈话一家伙说到了"获罪于天"。想想这个谚语，很有味道。这应该是小人们的俗话，不像君子的高谈阔论。我们的老祖宗，既是好大喜高的，又是务实求便利的。谈到了"媚"，就不是形而上的，应该不是理念问题而是实惠问题了，就不妨因陋就简，好汉不吃眼前亏，而要获得眼前的方便，乃至研讨处世做人的捷径了。这样的话也与后世的"强龙不压地头蛇""县官不如现管"的含义有相近处。

获罪于天，孔子最后突然上纲上线、令人凛然畏惧的原则话，正是为了提醒王孙贾这样的人：不要迷信捷径与处世奇术，如果获罪于天，违背了天道，招致了天谴，你媚了奥也罢、灶也罢，你的门槛再精，什么也救不了你。一个人，首先还是要兢兢业业，完善自己。孔子把人们从实用主义、机会主义上往回拉了拉。

◦ 3. 14

子曰："周监于二代，郁郁乎文哉！吾从周。"

王解：孔子说："周朝的礼制是借鉴了夏与商两代的，然后使之变得愈益丰富，很辉煌也很灿烂！我就是要认同周朝（西周）的礼制呀！"

评点：夏商的礼制都有可取之处，周则集其大成。但此后的朝朝代代面对的是发展变化了的情势，发展变化了的人心，发展变化了的时尚，发展变化了的挑战与危机，而继承的是渐显老旧的周礼。此前的东西再好，已经或正在不合时宜或干脆大势已去，西周哪怕再好得不行，却硬是做不到复古了，又该如何呢？

◦ 3.15

子入太庙，每事问。或曰："孰谓鄹人之子知礼乎？入太庙，每事问。"子闻之，曰："是礼也。"

王解：孔子进入了太庙（鲁国的祖庙），每件事都要问询。有人说："谁说这位鄹地大夫的儿子懂得礼节呢？他来到祖庙，什么事都得问别人啊。"孔子听说后，说："这正是礼节啊。"

评点：入乡需要随俗，随俗的前提是知俗，为了知俗当然需要问清楚。延伸一下，一个人首先要承认自己有许多不知、无知、误以为知的盲区，为了消灭盲区就要学习，不但要读书，而且要谦虚地多多提问。

反过来说，一个人不知而自以为是、自以为知，从不请教聆听学习，那当然就是一个没有教养、没有礼貌的人喽。

◦ 3.16

子曰："射不主皮，为力不同科，古之道也。"

王解：孔子说："射箭好不好不在于是不是箭穿靶皮，原因是自古以来，人们就明白了一个道理，用力大小不同，在射箭上有不同的功夫、不同的路数，不能混为一谈。"

评点：以射箭为例，孔子主张事物可以分科分类，比赛可以有不同的门类，扩而广之，人有各类，业有专攻，事有多种，不能用单打一的标准，单打一的价值规范来衡量一切。

也可以想想，射箭并不仅是赛臂力，更要赛准确与精巧，赛可持续连发等等，所以不必"主皮"。整体说来，孔子不赞成以力服人，而主张尽力以仁心、以礼仪、以精准、以文化、以"郁郁乎文哉"服人。

○ 3.17

子贡欲去告朔之饩羊。子曰："赐也！尔爱其羊，我爱其礼。"

王解：过往传下来一个告朔之礼，就是说每月朔日，举行发布或者执行天子政令的祭告之礼，行此礼时，杀一只羊为祭。后来鲁国这个到太庙接受政令的礼制渐废，但杀羊祭祀的习俗仍在。子贡想干脆废除此举。孔子对他说："赐（子贡之名）呀，你珍爱的是羊，可我更珍爱的是这项礼节呀。"

评点：杀羊而祭是为了增加礼仪活动的严肃性、形式感、敬畏感。没有一定的礼节程序，没有哪怕仅仅是一只羊的性命的震撼作用，政令的颁发与受领未免显得轻忽。这与今天开一个正式的会议，必须有一定的排场或者仪式，如全体起立、奏乐、升旗是一样的。古代的隆重政治活动也有一套讲究。杀牲为祭，应该是其中重要的一招。即使行政的内容已经淘汰，朔日杀羊为祭的"礼"仍然不可废除，这说明了孔子对于古代礼节的珍视，对于"敬"的重视，对于尊卑长幼秩序的重视。

　　"你爱的是羊，我爱的是礼"的说法和一些年前喜欢讲的"不能只算经济账，更要算政治账"的说法，似有靠近之处。

　　许多礼节，都有一个兴衰立废的过程。例如见了长上叩头的礼，目前已经大大式微。但不少礼节：挂旗、奏乐、正装、礼炮、检阅……仍然大行其道。因而不必过于为礼崩乐坏而叹人心之不古也。

◦ 3. 18

　　子曰："事君尽礼，人以为谄也。"

　　王解：孔子说："侍奉君主，尽到了礼节，旁人会以为你是在谄媚。"

　　评点：遵守礼节，恭恭敬敬地侍奉君王，与谄媚讨好拍马屁很难分开？自古就有这样的麻烦。孔子其实很老到，他知道恪尽礼节也是要付出代价的。问题是不符合礼节，就更危险。

　　高力士墓志铭中一上来就说："事君之难，请言其状，尽礼者，或以为谄……"语出《论语》，至于高力士之谄名，是否由于他的尽礼，则是另外的问题了。

◦ 3. 19

　　定公问："君使臣，臣事君，如之何？"孔子对曰："君使臣以礼，臣事君以忠。"

　　王解：鲁定公问孔子："君王使用臣子，臣子侍奉君王，应该怎么样行事呢？"孔子答："君王使用臣子，要符合礼节规范；臣子侍奉君王，要忠心耿耿。"

　　评点：前面讲到臣子侍奉君王要尽礼，这里讲的是尽忠，说明对

"心"的要求是忠，对行为的要求是礼。还有，君王对臣下也要有一定的礼节礼貌规范，君王也要讲规矩，即使对于君王，即使在远古，也仍然有文化监督与礼制监督。

○ 3. 20

子曰："《关雎》，乐而不淫，哀而不伤。"

王解：孔子说："《诗经》上的'关关雎鸠，在河之洲……'一诗的特点是，快乐而不放浪，哀怜而不伤痛。"

评点：孔子对精神方面的节度，讲究得很细致。乐而不淫，哀而不伤，有时还要加上怨而不怒，已经成为我们民族感情生活的美谈。从教育学与心理健康的角度看，这样讲是有道理的。

A 而不 B，是孔子论述问题的一个中庸模式，此后还有威而不猛、泰而不骄、欲而不贪等。看来这个模式接近于"过犹不及"，后世的所谓"适可而止"，"反对一种倾向的时候警惕另一种倾向"等"修身""做人"的要义。

从诗学的角度看，有进一步探讨的空间与必要。诗歌、戏剧、小说里的大喜大悲，有它的艺术价值，有时具有以虚拟的感情宣泄、平衡或缓解行为上的失范冲动的良好作用。艺术的强烈即作品中的"淫""伤""怒"的另一面，恰恰可能通向作家与读者的不淫、不伤、不怒。而作品的中庸之道，可能是高度成熟与内敛，也可能是四平八稳的乏味。

再一点，孔子从关心修齐治平出发，一直关心到一首爱情诗的节度，管得过深过细，管到了神经末梢上去了，既有惊人的敏锐性与细腻性，也有被利用，被解释为心细如发、失度、走向深文周纳的可能。除了不怒、不淫、不伤以外，以修齐治平为己任的君子，似乎还应有一个正而不泥、存而不论、明而不察的空间。伟大的孔子的中庸思想，可以以老子的无为而治、道法自然思想来补充。

◦ 3. 21

哀公问社于宰我。宰我对曰："夏后氏以松，殷人以柏，周人以栗，曰，使民战栗。"子闻之，曰："成事不说，遂事不谏，既往不咎。"

王解：哀公向宰我请教土地（社稷）之神的事。宰我回答说："夏代做土地神灵牌位用松木，殷商用柏木，周朝则用栗木，含有使人战栗的意思。"孔子听说了这个说法，便说："已经完成了的事情不必再议，已经实现了的事情无法改变，过去了的事情，也就不必再追究责备了。"

评点：使人战栗、恐怖的统治不符合孔子提倡的仁政与王道原则。

关键短语则是既往不咎。看来，可能孔子对宰我议论夏、商、周用什么木材做神主牌位的说法有所不满，特别是对他谈论周用栗木是使人战栗的说法不高兴才说了这话。

既往不咎，比较富有可操作性，网开一面，旧账不可以算起来没完。用当代的说法则是，对于历史问题，宜粗不宜细。但孔子又有温故知新的教导，既往不咎则可，既往不温、不记载、不记取、不承认，是不可以的。

也许可以换一个说法，政治操作上，对过往的事件、过往的麻烦宜粗不宜细，学术研究、历史写作上，则要认真对待，温故而知新。

◦ 3. 22

子曰："管仲之器小哉！"或曰："管仲俭乎？"曰："管氏有三归，官事不摄，焉得俭？""然则管仲知礼乎？"曰："邦君树塞门，管氏亦树塞门。邦君为两君之好，有反坫，管氏亦有反坫。管氏而知礼，孰不知礼？"

王解：孔子说："管仲的器量（格局、素质）还是偏小（俗、浅）了些。"有人问："管仲算不算俭省的呢？"孔子回答："这位管仲拥有三处宅院（府库），各有专用，哪里能算得上俭省？"又问："那么管仲还是知道礼法的吧？"回答说："邦国的君王（才有资格）在自己府第的大门口修一堵墙，这位管仲也修这样一个照壁。邦君修筑置放酒器的土台子，为了宴请其他邦君的时候使用，管仲也修这么一个台子。如果这样做还算懂得礼法，那还有谁不懂礼法呢？"

评点：对于"三归"的解读种类甚多，都很有学问，不外乎是指一种僭越、一种摆谱、一种牛气与奢侈。故不赘。

《论语》中不乏对管仲的正面肯定，但这里就管仲的生活待遇标准方面的不够严谨、自律不够严格，而且涉嫌显摆、铺张、吹牛皮，称之为不俭也不知礼，所言在理。孔子这双眼睛还是相当老到的，他对管仲的评价着实不俗，不是他人能够做出的。

至今我也见过不少这样的人，人品不错，能力超众，也有政绩或业务贡献，但是总是显得浅薄狭小也就是如今口语所说的"小气"了那么一点点。真正的小气不在于吝啬，而在于浅薄，小气其实就是小器。或吹嘘摆功，或斤斤计较，或嘀嘀咕咕，或拘谨躲闪，或装腔作势，或僭越摆谱，总之，顺利的时候他架不住称颂提升；挫折的时候他架不住曲折艰难；高踞的时候他不能也不敢说人话；熊市的时候，他更做不到处之泰然。他们的特点是本人的格局分量小于他们的历史角色（职务、头衔、使命、资望），他好比一匹能拉动载三吨货物的胶轮大车的马，现在被套上了五吨大车，他一会儿气喘吁吁，一会儿得意忘形，他既做不到举重若轻，又做不到兢兢业业。

当然，另一方面也能看出孔子希望维护周礼，各种行为待遇都不能超标，否则国家社会会陷于混乱。这一点他很坚持，但事实上又很难做到，他的坚持中不无保守，他的唯礼论又需要与时俱进，他本应看到礼法保证秩序的一面，还要看到万事与时俱化，除了礼法，还有其他的秩序建构与发展的因素，尤其是法律与经济规律，也是一种秩序的积极因素。就是说，礼法与其他社会组织原则一样，一要坚持，二要发展改革，任何时候都是这样。

○ 3.23

子语鲁大师乐，曰："乐其可知也：始作，翕如也；从之，纯如也，皦如也，绎如也，以成。"

王解：孔子给鲁国的太师讲音乐，说："音乐是可以听懂的，开始的时候，要注意收拢凝聚起各种乐器的声响，接着要演奏得纯净和谐，节奏分明，发展延续，那就对了。"

评点：这是非常具有中华特色的整体化、一元化思路，说是讲音乐，也完全与讲政治、讲治国理政、讲御民相通。一个朝代开始，一个君王登基，先要从聚拢人气做起，人气聚拢了，指挥有效了，需要注意的是纯朴和谐，简单明快，少折腾，少生事，少无事生非。有舒缓也有紧迫，有连绵也有节拍，要能够做得到长治久安。

这个说法当然有相当的魅力。但以之论政论哲学则可，论音乐艺术则有开拓得更开阔的空间。

现代人会认识到，艺术之所以是艺术，恰恰因为它可以、它需要突破常规，艺术里虚拟实现的大悲大喜、大闹大嚷、上天入地、想入非非，直至颠三倒四、倒行逆施，有些时候是可以允许的，是对精神生活与创造性思维的一种试验与探索。如果艺术作品里每一步每一章都是聚拢、纯净、美好、节奏、延续，那是画地为牢，就是只要交响乐的第二乐章如歌的行板，不要奏鸣曲、小步舞曲，不要谐谑曲，不要变奏，不要狂想曲。

还有一个问题，音乐是可知的吗？当然，所以人们才讨论音乐，孔子也才能讲自己对音乐的看法。但对音乐、美术等艺术的知，与对于自然、社会、学理的知，应该有所不同。其他的知，往往指的是认知，即它的现象与本质，属性与结构，结构与逻辑，过往与将来，这样的认知主要是从感性认识上升到理性认识。而对艺术的知，主要表现为欣赏与感动，即从直感到感情与审美。有关音乐的知识固然重要，不知道一个乐曲的来龙去脉，不知道它的作者、演奏者、背景、创作动机、出现的环境、发生过的影响、演奏的目的……只要你听得进去，你听得如醉如痴，你听得醍醐灌顶，你仍然是好的知音。

○ 3. 24

仪封人请见，曰："君子之至于斯也，吾未尝不得见也。"从者见之。出曰："二三子何患于丧乎？天下之无道也久矣，天将以夫子为木铎。"

王解：守卫仪地的官员要求见孔子，说："君子人物来到这里，没有谁是我见不到的。"他被人引见，见过孔子出来，说："你们（跟随孔子的）几位年轻人，何必有什么失落感呢，何愁得不到官职呢？天下无道，不合章法已经很久了，（但或早或晚）上天终将会以孔子为章法法制的标准，以孔子作宣示政令的木铃标志呀。"

评点：世界上有两种伟大：一种是靠权力——职位，它有生杀予夺之威，从而有所作为建树；另一种是靠圣明，包括人格、智慧、学识、理论见解与发明创造，而获得感召力、说服力、推动力。

前者靠社会历史创造的某种条件，靠拥戴，靠已经形成的社会结构，靠气数或者运气，当然也靠自己过人的勇气、决策能力、执行能力、人格魅力使自己有了大展宏图的可能；后者靠自己，靠真理性与可认同性。前者明显而后者含蓄，前者强硬而后者具有弹性。前者立竿见影而后者渐行渐著。孔子在当时能得到仪封人这样高的评价，很了不起。"何患于丧"的名言也极有教益，真正拥有精神资源，有人格、见解、心胸、本事，手上也出活儿，是什么力量都夺不走的。而所有的官迷、公关迷、紧跟派与风派，都是无知无能的废物的表现。

或谓目前至少在南部新疆刀郎地区常用的乐器"萨帕依"，摇动使铁环相击出声的，最早源自西藏，本是宣读政令时用的，如同中国古代衙门的惊堂木与西方法院的法槌。那么所谓孔子将成为的木铎，也就是成为某些地区的萨帕依与法槌、惊堂木一类官方宣示符号，也就是说孔子的见解将成为社会的主导价值，成为主旋律，成为主流。

◦ 3. 25

子谓《韶》："尽美矣，又尽善也。"谓《武》："尽美矣，未尽善也。"

王解：孔子讲起《韶》乐来，说那是极善良也极美，既善良敦厚又赏心悦耳目的音乐。讲起《武》乐来，他说那是很美好却不够善良的，是赏心志而悦耳目却不能感化教育人的。

评点：可以解释为，《韶》乐既有思想性又有艺术性，既有娱乐性又有教化性，既有舒适性又有提升性。而《武》乐，有艺术性缺少思想性，有娱乐性缺少教化性，有舒适性缺少提升性。可能前者是严肃音舞、主流音舞、学堂音舞，后者是通俗音舞、休闲音舞、边缘音舞。

孔子对于文艺的判断很有浩然之气，同时有做结论的色彩，他的尽善尽美的说法至今仍影响着我国的文艺批评思潮，值得深思。当然，今天的人增加了"双百"观念、多元观念、互补观念与宽容观念，增加了文化民主自由的空间。音乐的风格，可能不会太统一了。

◦ 3. 26

子曰："居上不宽，为礼不敬，临丧不哀，吾何以观之哉？"

王解：孔子说："如果你居于高位而没有度量，你行礼如仪而没有虔敬，如果你面临丧事（或处于居丧期中）而没有悲哀，这样的人士还有什么可观可说的呢？"

评点：孔子的要求在于内心，他是要求苦下内功的。他要求的仁德圣明，正是人心人性、天良天理、良知良能的最自然最质朴最真挚的表现而不是相反，这一点，孔子甚至于可以说是纯真可爱。问题在于，事情往往没有这样简单，人性也绝不是尽善尽美。孔子的一生，并没有能够通过从政的事功来足够地证明自己的天理良心论能够迅速取胜，却恰恰证明了社会与历史的不尽合榫。

作为实行家，孔子碰了许多壁，至今有人称他（他自己并不否认）惶惶如丧家之犬。唐明皇也叹息他："夫子何为者，栖栖一代中……叹凤嗟身否，伤麟怨道穷……"但作为思想家，他的理念胜利了。他身后被发现了无与伦比的价值，乃被后世权力系统认同，又同时被黎民百姓认同。

孔子的要求是上要宽，礼要敬，丧要哀。宽了才能容人，敬了才能和谐秩序，哀了才能慎终追远、承前启后、永葆仁德。他的理论相当美好。

里仁篇第四

○ 4. 1

子曰："里仁为美。择不处仁，焉得知？"

王解：孔子说："居住在有仁德的地方，与仁人为邻，那是一个美好的体验。如果不懂得在选择居处的时候以是否与仁德仁人为邻作为取舍标准，怎么能算得上有智慧呢？"

评点：注意居住环境，古已有之。阶级差别、社区差别、文化教养的差别，君子与小人的差别，古已有之，于今尤烈，今日更有"高尚住宅区"之说。怎么办？颠而覆之，将上层人物打翻在地再踏上一只脚，是一个办法，痛快则痛快矣，代价大而效果也许适得其反。承认差别，让一部分人先发展起来，比较务实了，但不能不警惕两极分化。孔子主张居仁，很实惠，但这也就等于承认不仁居所社区的存在，仁找仁的结果，只能是放弃不仁，让不仁与不仁抱团，如果一个邦国仁与不仁干脆分裂为二，后果堪忧。老子的说法则是"高者抑之，下者举之。有余者损之，不足者补之。天之道，损有余而补不足"，值得深思。

○ 4. 2

子曰："不仁者不可以久处约，不可以长处乐。仁者安仁，知者利仁。"

王解：孔子说："你没有办法与不仁不义的人（或不仁的人们之间）长远地共度清苦的生活，也难以与之长久地共度安乐的生活。仁者，会因与仁者相处而感到安适；智者，会因与仁者相处而感到有益。"

评点：我的河北省老家，常常批评一些浮躁多变而又一无所成的人为"没有长性"。鼠目寸光、急功近利，正是一无所长、懦弱愚蠢的人的特点。他们耐不住挫折，架不住小胜小负，受不了委屈，禁不住抬举，看不到远景，全不会自我调整，既不能消灾免祸，也不会调动一切积极因素，既不可能拥有知交友人，也不懂得师法或跟随能人。这样的人多矣哉，谁能与他们长相处？穷了达了，贫了富了，谁跟他们在一起谁倒霉。

这一段是联系到前段所讲的"里仁为美"来解读的，还有另外的解读说法，是说不仁者自身，既不能长期处于简约清苦的生活，又不能长期处于欢乐享福的生活。那应该怎么办呢？没说，反正人要是没有起码的仁德，怎么活着他都别扭，好日子苦日子都难过。联想到孟母三迁的故事，似乎还是说要与仁者多相处，少与不仁者相处更易解。

但问题在于剩下的不仁者怎么办？放弃之？那正是直言不讳地树立仁德君子一方的对立面，培养自己的掘墓人……难知所云也。

○ 4.3

子曰："唯仁者能好人，能恶人。"

王解：孔子说："只有仁人才懂得应该如何喜欢别人，也才懂得应该如何去厌恶别人。"

评点：以仁为择友、择师、择人的标准，而不是以眼皮子底下的一点印象、一点情绪、一点利益交换来决定对于旁人的态度，说来简单，做起来太重要了。尤其对于政治家、君王、大臣们来说。

对于孔子来说，仁爱（善良、友好、互助）之心，是人之为人的主要品质。你是一个仁者，你有权利要求你的友人也是仁者，你有权利拒绝做不仁者的同谋。而如果你压根儿就不是仁者，你不具备仁人的基本品德，你无法与任何人建立可持续的友善关系，你没有权利、没有根据去喜欢任何人，同样没有权利、没有根据去厌恶任何人。

这就产生了一个疑问：有的地方，孔子对仁的标准阐释得相当高端，例如他认为成绩斐然的管子算不上仁，他的几个相当优秀的弟子也不能肯定是不是做到了仁，那是不是他们也就没有资格好谁厌谁呢？

◦ 4.4

子曰："苟志于仁矣，无恶也。"

王解：孔子说："如果立志追求仁、践行仁，也就不会作恶（被认为作恶）了。"

评点：一腔仁爱，一心向善，一意仁德，这就是天良，这就是纯朴，这就是免疫系统，这就是出淤泥而不染，这就是与恶绝缘，这就是最大的珍重与爱惜。

这似乎很简单、很容易，比起"人人皆可以为尧舜""人人皆可以为仁者"的劝谕更入情入理，更可亲可行。需要推敲的是为什么人们除了仁爱之心、善良之心、友好之心以外，还时有相反的心性——提防之心、争斗之心、嫉妒之心、嗔怨仇恨之心呢？

尤其是，为什么有些境遇底下，有些事情上，是为富不仁的、为权不仁的、居心不良的、"无毒不丈夫"的人取得了优势，而一心仁爱的人反而闹得惨兮兮的了呢？

志于仁，一心向善，不一定是那么简单的事，起码得经得住不仁反而富贵荣华的诱惑。

◦ 4.5

子曰："富与贵，是人之所欲也。不以其道得之，不处也。贫与贱，是人之所恶也。不以其道得之，不去也。君子去仁，恶乎成名？君子无终食之间违仁，造次必于是，颠沛必于是。"

王解：孔子说："富足与高贵（升官发财出名），是人们所希望拥有的。不符合道德与礼法规范的富贵，我们不可接受。贫穷与低贱，是人们所厌恶的。不符合道德与礼法规范的作为，即使能在去除贫贱上取得成功，也是我们所不能从事的。一个君子人，没有获得践行仁德、仁爱之道（的天良）的满足，只得到了一点名声又有什么意义？即使只是吃一顿饭的工夫，君子也不能有违背'仁'的行为与思想。即使是仓促与颠沛（窘迫）之中，也要坚守住自己的仁德大义。"

评点：看来，我们的"狠斗私字一闪念"，是有来历的。好处是孔子坚持仁的原则，仁的道德底线，在做人方面绝对不搞实用主义，不能因利忘义，不能伤天害理，不能失去对人的善良爱心。这里的义当作大道理讲。这精神值得我们继承，尤其是在今天。因为中华民族的历史经验太丰富了，我们善于讲道理，也善于随机应变，特别是在社会急剧发展转型的时期，人们会有一种价值困惑、价值歧义、价值失范。我们应该记得，人总要有一点不论什么样的情况下都坚持不渝的绝对理念。

当然，孔子的精神也可能受到质疑。老子讲"天地不仁"，讲"大道废，有仁义""失德而后仁"，老子的讲法很刺激也很令人警醒。孔子的讲法略显辛苦紧张，如临深渊，如履薄冰，时时刻刻警惕与防备。而老庄鼓吹的是自然而然地迎来一切利益与美好。老庄的讲法听起来很好，但一般人难于操作。孔子的讲法听起来有点用力，能在这方面用力总还是好的。

我说过，是说出来的话就能批驳。孔子强调的是价值的绝对性、文化性、自觉性与抗演变性。老子强调的是自然性、先验性、自发性、平常性。老子认为一种价值强调过分反而不美：乃争乃伪乃空乃兜售压制作秀，他说的"天下皆知美之为美，斯恶矣；皆知善之为善，斯不善矣"，就是这个意思。但老子的说法过于高超，比孔子的教训更难实用。

任何一种原则、一种理念，都不能代替具体操作，操作起来情况千差万别，不一定由提出原则的人来负责，但后人读起来倒是不妨翻过来掉过去地分析研究，以长见识，长聪慧，呼唤天良，激活精神资源，开拓自己的精神空间。

◦ 4. 6

子曰："我未见好仁者，恶不仁者。好仁者，无以尚之；恶不仁者，其为仁矣，不使不仁者加乎其身。有能一日用其力于仁矣乎？我未见力不足者。盖有之矣，我未之见也。"

王解：孔子说："我还没有见过自觉追求仁爱的人，也没有见过自觉厌恶、否定不讲仁爱的人。一个人懂得追求仁爱，可以说已经没有什么能够比这样更好的了。而否定不讲仁爱（的风气、习惯……）的人，他的仁德的表现，就是不让违反仁德的事情与风气出现在他自己身上。那么有没有谁用一整天的时间与力量来奋力于仁德的修为呢？不会有什么人没有这个时间与力量吧。其实这样努力求仁的人是有的，但我还是没见过呀。"

评点：孔子这里讲的还是内功、心功，在人格修为上苦下功夫。自古至今，讲仁爱（德性、泛爱、爱心、善良、利他、原则、信仰、价值……）的人多了，真正从心里使劲的人似乎并不常见，相反人们常常见到盘算利益、名声、权力、享受的人，正因如此，注重内心的仁爱高尚的人更加难能可贵。

孔子在仁当中又分为两等，一种是好仁即自觉地追求仁的人，一种是至少否定不仁不义不善不德的人。这个说法是有意味的，因为，怎样才能算是仁？仁是无限的。一个人表达仁爱之心，没有止境。比如一个地区发生地震了，你可以捐款，可以前往去做志愿者，可以参加援建，可以收养地震遇难者的遗孤，这并没有一个统一的标准，也难以以此来臧否一个人参与救济慈善、事项的表现。说一句无以尚之，也就对了。但一个人至少应该厌恶否定那些不仁不义不道德的事，例如在受灾后贪污救灾款项、发国难财，虚报灾情与救灾事迹，等等。

很多人并不注重自己的道德涵养与道德自律，孔子对此批评得比较婉转，原因是不想打击面过宽，他知道在一个争争拗拗、蝇营狗苟、拼拼杀杀、计计谋谋的时代，呼吁仁义道德，呼吁良善爱心并不容易，他是知其不可而为之。他的"盖有之矣，我未之见也"的说法里边，含着清醒的悲哀，流露着对于利与义、现实与理念的差距的遗憾，对于自己的理想难以落实的无可奈何，当然也还有几分厚道的苦笑。

孔子的悲剧感在于，他大力鼓吹的天理良心的仁德之心、仁爱之情，硬是得不到足够的响应，硬是看不到"能一日用其力于仁"的人。当然，几百年后，他的仁义道德成了中华民族的主流价值观，师表了近两千年，他的成功也就够可以的了。

至于说，他的学说完全不足以预防儒学的停滞，不能应对鸦片战争以来的各种挑战，那当然。

◦ 4.7

子曰："人之过也，各于其党。观过，斯知仁矣。"

王解：孔子说："人的过错，各有其类别归属性质。看看一个人有哪些过失，也就知道他是什么样的人啦。"

评点：孔子很聪明，他从不同的角度谈知人论世。甚至错误也是分类别的，伟人的过失与小爬虫的过失不可能是一类，蠢货的过失与智者的过失也各有特点，仁人志士的过失与低俗下流的衣冠禽兽的过失没有可比性，这个话充满生活气息，是经验与思考的产物。

但也有另外的思路：从法学观点来看，一件过失、一个案件、一个违法行为的判定，应该是在法律面前人人平等，不应该过多地考虑人的归属等级党派。对一个人的过错的把握太聪明、太细腻、太灵活了，法律干脆就没有办法制定了，国家就没有办法治理了。

◦ 4.8

子曰："朝闻道，夕死可矣。"

王解：孔子说："早上听明白了大道，晚上虽死无憾。"

评点：道是中华民族的概念神，它是源头与归宿，是主导与根本，是究竟与到底，是规律与法则，是统领与概括。或谓孔子讲过，他的道就是忠恕而已，那讲不通。既然孔子说的道不过是忠恕，他就不必如此以生死的激情抒发他对大道的追求与向往了。

能够讲得通的是：神可以不是一个具体的存在，不是一个同时具有人格与具象的存在，而是终极概念，是最高概念，是无处不在、无往不有、无形无量无边无难无缺的总和。大道，有时是道德概念，有时是哲学概念，有时是神学概念。到了二十一世纪，王某愿意指出这还是一个数学概念：道约等于∞，即无穷大，而无穷大的另一面则是零。在《道德经》中，道的哲学、神学、数学色彩突出。在《论语》中，道德与社会规范的色彩突出。但是此处孔子的朝夕之说中，表达了孔子的一种终极关怀、信仰激情，他认为，道比生命还要宝贵，甚至于可以说，这是《论语》中唯一的一句带有神学色彩的名言。

◦ 4. 9

子曰："士志于道，而耻恶衣恶食者，未足与议也。"

王解：孔子说："一个读书人，一个精英，有志于学习把握天下的大道，而将吃穿得不太满意、物质生活上标准还不够高当作自己的羞耻并为之焦虑，这样的人，就不配与别人讨论什么道不道的了。"

评点：追求道、追求修齐治平、追求规律法则、追求根本究竟的精英在世俗生活上不一定成功，这是事实，有一得就有一失，有一长就有一短。因此一个斤斤于享受级别待遇财产的人肯定不具备道性、悟性、灵性，知性也颇有限，很可能无法叫人看得起。还有，你想有所获得，就不能拒绝有所付出、有所延误、有所牺牲。所谓"占便宜没够，吃亏难受"的人，所谓利欲熏心的人，所谓"给他小碗他不要，给他大碗他害臊"的挑来拣去的人，没有出息，更与大道差之千里！

◦ 4. 10

子曰："君子之于天下也，无适也，无莫也，义之与比。"

王解：孔子说："君子对于天下，对于世界，对于环境，无所谓特别亲和者，无所谓特别反感者，无所谓亲疏远近厚薄之分，只知道按照道理，或者叫义理来衡量判断处置。"

评点：强调主观能动性，强调主体精神与理念至上，无适无莫，唯义之比，只承认精神的优劣是非正误，认为其他不足挂齿。这是很有意思的高论，至于现实生活，除了高论外，也难免有点低论小论，除了大是大非的选择，也还会有小是小非的选择。

◦ 4.11

子曰："君子怀德，小人怀土；君子怀刑，小人怀惠。"

王解：孔子说："君子惦念的是自己的德行，小人惦记的是自己的（一亩三分土）地。君子惦念的是法度的制定与施行，小人惦记的是自己能得到多少好处。"

评点：为自己的德行而努力，当然比为自己的生计而操心高明。君子操自己的德行之心，小人操自己的度日之心。显然这里，小人的说法并无贬义。问题在于君子小人分道扬镳，会不会成为一个社会分裂问题？高大哉君子，是不是也可以操操小人的土呀惠呀即生存权的心？不然，万一小人活不下去了，活得太不舒坦了，而小人又比君子具有数量优势，天下岂不生乱？

◦ 4.12

子曰："放于利而行，多怨。"

王解：孔子说："一味地按照有利无利的计算来做事，就会招致越来越多的怨愤。"

评点：孔子的逻辑是：利害是相对卑俗的，而义理原则才是高尚的，利是具体的所以是相互矛盾的，可能招致分裂冲突争拗，而义——大道理才能统一思想心气，提高人的德性，也能提高治国理政的理论性、精神性、高雅性，能在追求道德崇高境界的前提下实现安居乐业，和谐太平。

但义与利的分裂也会产生很多问题，权力系统与围绕在这个系统周围的君子们，如果不把小人们的具体利益放在心上，小人们的存在与不满会成为不稳定的根源。天命之谓性，率性之谓道，逐利是天命也是人性，其实人们无法彻底改变逐利之性，却可以以道德与法制来约束逐利中的非法度、非公正的负面行为，同时树立逐利中的社会规范与文化认知，把合理地谋利避害的观念与公正、法度、道德、贡献、互助、仁爱的观念结合起来。

孔子说，一味计较利，有问题。其针对性更像是对于君子、臣僚、君王的忠告，也许他讲的是一国一邦之利，君王朝廷之利，权力系统之利，而不是万民百姓之利；也许他讲的是，放弃教化引领、放弃仁德精神的培育，只剩下了利，反而会混乱多怨，不得安生。

至于当代中国，讲一讲唯利是图、唯利是瞻的危害，正是时候。

◦ 4. 13

子曰："能以礼让为国乎，何有？不能以礼让为国，如礼何？"

王解：孔子说："如果你能提倡推行，以礼让谦和的精神来治国理政，那又有什么困难的呢？如果做不到礼让治国，那要礼法又有什么用，把礼法又放到什么地方去呢？"

评点：一国之人，大家都彬彬有礼、谦逊退让，个个君子，人人绅士，这个国家成了君子国、道德国、文明国，那么这个国家就不会有贪腐、暴力、偷窃、暴政、颠覆等各种违法犯罪情况出现了。这个逻辑似乎很简单明了，也完全应该有这样的理想，但实际上做到很困难。因为人际关系中除了礼让以外，还有竞争，除了权利的平等还有阶级、等级、种族、信仰、品格、才能、学历、统治与被统治地位的差异，并从而有了矛盾冲突斗争；除了纯洁以外还有杂质与时时产生的污浊。想建立一个一潭静水、一潭清水的国家，那是美丽的礼让君子乌托邦。

钳制与取消竞争，以彬彬有礼的谦逊退让取代竞争与冲突，这个想法有可取之处，因为竞争当中会出现许多的人性恶的表现，会带来许多负面的东西。但取消了竞争，也就取消了发展与进步，取消了进取与创造，也就会使道德与礼让的提倡变得矫情，使礼让、道德在人性与社会发展面前显得力不从心。

正确的办法是，在市场上，恺撒的归恺撒，上帝的归上帝。许多社会生活领域，强调有序公平竞争，优胜劣败；在人际关系相处上，强调君子之风，礼让谦恭。

◎ 4. 14

子曰："不患无位，患所以立。不患莫己知，求为可知也。"

王解：孔子说："需要忧虑的不是没有职位，而是你到底靠什么（资源、能力、功业）在国家、朝廷、世上站住脚。需要忧虑的不是旁人不了解你，而是你有什么（本钱、资质、特长）能够提供给别人，需要他们来注意和理解。"

评点：讲得太好了。可惜，越是平庸小气粗俗无能的伙计，越是为自己的职位、财富，自己的不能彰显而牢骚满腹、怨气冲天。

◎ 4. 15

子曰："参乎！吾道一以贯之。"曾子曰："唯。"子出，门人问曰："何谓也？"曾子曰："夫子之道，忠恕而已矣。"

王解：孔子说："曾参呀，我的道义原则是始终如一、一贯坚持的。"曾子出来，其他门徒们问起来，孔子说的是什么意思呢？曾子说："老师讲的道义原则，不过就是忠与恕了。"

　　评点:曾子此说的优点是简明扼要，缺点是过于简易化了。例如中庸，例如乐生，例如礼让，例如敬笃，例如好学与自强……还是不能那么简单地用忠恕两个字就"而已"的喽。

　　一以贯之的说法则很重要。它让人想起马克思对女儿的"你的特点"的回答:"目标始终如一。"这表达了一个人的坚定性、责任心，不惧困难，不搞机会主义，表明了一个大写的人的内心的强大与自信。

　　而某些所谓的小人呢? 东张西望、左顾右盼、朝秦暮楚、朝三暮四、忽左忽右、投机取巧、奴颜婢膝、看风使舵……与一以贯之相反的成语，在咱们这里真叫多，估计这一类人与事不在少数。

　　还可以从结构而不是次序的意义上理解一以贯之，就是以仁为核心，解释夫子所主张的孝悌忠恕等一切美德与义理。

◦ 4. 16

　　子曰:"君子喻于义，小人喻于利。"

　　王解:孔子说:"君子会被义理所打动，小人会被利益所打动。"

　　评点:仍然是义利之辨，说得好。但我们同时需要的是高妙却又务实的义与利的统一观与和谐观。

◦ 4. 17

　　子曰:"见贤思齐焉，见不贤而内自省也。"

　　王解:孔子说:"见到有德有能的贤人，要想着向他学习;见到不贤不德的人，(应该拿他当镜子照,)要反躬自省，想想自己的欠缺。"

　　评点:这是紧密结合生活的学习之道、修为之道。

孔子的一大特点，是时时、事事寻找学习的机会、学习的途径、学习的榜样、学习的警戒即反面教员。学到孔子的这一点，终身受用无穷。

何况我们还有这样的经验，有的人不是见贤思齐，而是见贤思嫉，见贤而兴杀机。尤其是一些半吊子、一瓶子不满半瓶子晃荡的狭隘者，一辈子不是致力于学习提高发展，而是致力于挫败贤人、压倒贤人，认为这才是自我发展的法门。

至于见不贤而内自省，更难，更是少数大贤才能做到的清醒、自律、诚恳与明哲。我们可以先自省一下，这一生认真的内自省有几次。相信就是有这样的人，一辈子没有认真自省过一回。爱莫能助了。

◦ 4. 18

子曰："事父母几谏，见志不从，又敬不违，劳而不怨。"

王解：孔子说："侍候父母，（遇到什么问题有不同看法，）可以多次向父母进言提意见，如果父母明确表态不听你的，你只能表示尊重父母的想法，不可违背，即使为之忧虑辛苦，也不应有什么怨言。"

评点：强调尊卑上下，强调服从尊长。好处是不乱，坏处是不利于判清正误真伪，不利于家国社会、个人与集体，恐怕最后也不利于父母。

◦ 4. 19

子曰："父母在，不远游，游必有方。"

王解：孔子说："父母在世期间，不要到太远的地方去，如果出门到外地，也要说清楚所去之地的方位与安排。"

评点：安土重迁，平稳孝顺有余而开拓进取不足。

◦ 4.20

子曰："三年无改于父之道，可谓孝矣。"

王解：孔子说："父母去世了，三年之内不要改变父母习惯了的生活与做人方式，这就算是孝顺了。"

评点：合情合理，恰如其分。父母不在了，立刻立新规行新政，未免仓促，会给社会造成冲击，也会引起各种物议；而原地踏步，未免太拘泥呆板，不必要也不可能，只能误事。他提出个三年，当时来说，不快不慢正合适。现代化一出来，三年或许是等不到了，多半变得快了一点，但变得太快了也会有后遗症。

◦ 4.21

子曰："父母之年，不可不知也。一则以喜，一则以惧。"

王解：孔子说："不能忘记父母的岁数，一则是为他们的长寿而欣喜，一则是为他们的年事日高而恐惧。"

评点：合情合理，有生活气息，有点文学性，读之令天下之父母儿女落泪。

喜惧的说法有比父母之年话题更广泛的涵盖面，人生的许多成功发展，许多新的经验，许多大事好事，都可以说是"一则以喜，一则以惧"。还可以说是以惧制喜，免于过分张扬，以喜冲惧，免于胆小怕事与悲观绝望。

◦ 4.22

子曰："古者言之不出，耻躬之不逮也。"

王解：孔子说："古人不轻易说什么话，因为怕话说出了口，自己的行动却不能与之匹配。"

评点：现代社会，由于信息传播的飞速发展，说话常常会比做事更能让人迅速成功，不怪孔子早早地就有了复古好古的想法。一个人、一个国、一个党派都有一个危险：开始平平，说什么也没有什么人太上心，越是发展壮大，话语权越是膨胀，越是走向一言九鼎，言语与行为不匹配的情况也就越是显露了出来，于是渐渐转向反面，威望与公信力开始降低，失误渐多。其中过程耐人深思。

考虑到先秦诸子百家的为君王师的抱负，也可以将孔子此语解读为权力系统不要说话随意，许诺轻易，高调放炮，以免落实不了，影响自己的权威，造成三信（信仰、信用、信心）危机。

时逢放映电视连续剧《邓小平》，有陶铸夫人为陶的冤案找邓小平与陈云的场面。邓的话极少，陈云干脆不说话，以至陈云夫人向陈云提出："你倒是说句话呀！"令人深思。责任重于泰山，说句话硬是难于登泰山呀。

◦ 4.23

子曰："以约失之者鲜矣。"

王解：孔子说："一个人由于简约自律而发生了失误的，很少见。"

评点：也就是说，一个人铺张贪婪，容易出毛病。这里的简约既是物质上的，更是精神上的。

◦ 4. 24

子曰："君子欲讷于言而敏于行。"

王解：孔子说："君子要的是说话不妨慢条斯理，做事一定麻利漂亮。"

评点：多见的是由于假大空话过多而失误。祸从口出，自古已有这样的总结。

孔子是有自己的主张与坚守的，同时孔子非常善于总结生活经验，孔子的许多教训都很实在，都流露出生活气息。

◦ 4. 25

子曰："德不孤，必有邻。"

王解：孔子说："对于德行的讲究是不会孤立无援的，讲求德行，必然会赢得自己的同道与盟友。"

评点：要有这个信心，德最后能战胜恶，原因是民人要的是仁政德政，是仁义礼智信，不是暴政恶政，不是坑蒙拐骗压。德必有邻的反面就是恶必少援，恶必有羞，恶必有报。

◦ 4. 26

子游曰："事君数，斯辱矣；朋友数，斯疏矣。"

王解：子游说："在君王那里当差，太啰嗦了，必定招致君王讨厌而丢面子；与朋友相处，太唠叨了，必定使朋友疏远、离开自己。"

评点：这是孔子的经验之谈，也是孔子的无奈之叹息。孔子的处世学问很实在，对君对友，都不能烦琐絮叨，这是不移之论。但孔子一生却又是不厌其烦地讲说着推行着他的仁义道德化的政见与人生观、修身观。辱与疏的滋味他都尝过，他能从而不说或大幅度地少说吗？

原因在于世界上有比辱与疏更重大的失败与痛惜。如果不辱不疏的代价是不言、不思、不行、不做、无是非、无追求……那就宁可受辱被疏，仍然要做自己认定应该做的事。

公冶长篇第五

○ 5.1

子谓公冶长："可妻也。虽在缧绁之中，非其罪也。"以其子妻之。

王解：孔子说到公冶长："可以把女儿嫁给他，虽然他坐过监狱，但这不是他的罪过造成的。"于是他把自己的女儿嫁给他了。

评点：太好了。孔子不势利，不跟风，不盲从，不鼠目寸光，有自己的判断。为了秩序，他主张君君臣臣，主张事君要忠，指的是忠于职守，但他仍然保持着独立思考，并不是跟着权力与风向走。

○ 5.2

子谓南容："邦有道，不废；邦无道，免于刑戮。"以其兄之子妻之。

王解：孔子说起南容，他说："在邦国有章法讲道理的时候，他不会被埋没闲置；在邦国没了章法没了是非标准的时候，他不会触霉头受刑罚。"便将自己哥哥的女儿即孔子的侄女许配他为妻。

评点：很讲原则，也很实际。邦有道，即执政者的所为合乎道理走得正当至少是正常的时候，南容此人是有能力、有进取意识、有所作为的。而遇到邦无道，你这里乱了套啦，此人不会蛮干、冒险、走极端、找枪子儿撞。当然，舍生取义，孔子也不反对，虽然这是后来孟子提出来的，孟子比孔子火气似乎更大些。至少孔子也赞成知其不可而为之。但现在议论的是正常情况，不是一个政治行为的取舍，而是一个后辈女子的婚姻即终身大事，孔子这样说比较合乎常理。

我们有时候会犯一个"拎不清"的失误，以一个极端的例子来要求日常生活，例如我们可以举邱少云的例子，要求一个员工应该忍受难以忍受的遭遇。但我们至少应该拎清在什么条件下英雄人物才不声不响宁可让自己被火焰吞噬。

◦ 5.3

子谓子贱："君子哉若人！鲁无君子者，斯焉取斯？"

王解：孔子谈到宓子贱时说："这个人可是个君子人！鲁国如果没有君子的话，怎么可能有这样的人呢？"

评点：有一个君子，就证明必然还有别的君子，君子不党，不拉帮结派，但君子也不孤，不会是光杆司令。

真正的君子，有合群的一面，不会动辄搞独狼主义，不会动辄高呼众人皆浊我独清、众人皆醉我独醒，不会动辄号召战斗到最后一个人，也不会动辄提倡一个人与整个社会、整个民族、整个世界作战。

任何一个人物的出现，不管是政治或精神领袖，是万世师表，是科学家、发明家、思想家，是体育冠军，是国际名人……都有他或她的个人条件，同时也有一定的历史与社会环境背景。它既是个人的事，又是历史、社会、国家、地域与族群的事。鲁不是无君子，而是有君子，这是一种文化自信，这是一种文化爱国爱乡主义，也寄托了孔子对于构建一个君子之国而不是小人之国的期许。孔子有厚望存焉。

◦ 5.4

子贡问曰："赐也何如？"子曰："女，器也。"曰："何器也？"曰："瑚琏也。"

王解：子贡问孔子："我这个人怎么样？"孔子说："你吗，算个材料（器件）喽。"子贡问："我是个什么材料呢？"孔子说："一件宗庙贵器吧。"

评点：据专家的解释，子贡在外交、辞令、文章上很能干，但没有在道德修为上狠下功夫，没有突出的人格与德行，故而孔子对他的评价不高不低。

也就是说，有才，有能力，有执行力，称得上是好材料；有德行，有仁爱，有奉献精神，才是真正的君子风范。

孔子对弟子很坦诚，不随意夸奖拉拢，但又很轻松亲切，实话实说，恰到好处。这里有一个前提，弟子都十分敬重与信赖他，否则，他不可能这样说话。

◦ 5.5

或曰："雍也仁而不佞。"子曰："焉用佞？御人以口给，屡憎于人。不知其仁，焉用佞？"

王解：有人对孔子说："冉雍这个人虽然心存仁厚，但是不太会说话（来事儿）。"孔子说："用得着会说话吗？花言巧语地与人辩驳，这样的人反而招人讨厌。冉雍是不是仁厚，我倒是不怎么清楚，但是我认为，用不着以会不会说话、会不会来事儿来要求他。"

评点：问题是，评价一个人的说话来事儿易，评价一个人的仁德心术难，古往今来，仍然常常是会干的不如会说的，会说的不如会不停地表态效忠的，会表态的不如会拍马溜须的。但最后呢，时间一长呢，仅仅靠言语取宠，靠拍马求上进的坏人，必定露馅完蛋。

◦ 5.6

子使漆彫开仕。对曰："吾斯之未能信。"子说。

王解：孔子让他的一个姓漆彫名开、字子开的学生去做官。漆彫说："我不太相信有这个可能呀（或我对此没有什么信心呀）。"孔子听了很高兴。

评点：这就是国情，这就是孔子言论对于国情的巨大影响，或者是国情、国风、民俗对孔子的巨大投射。孔子喜欢的是谦逊礼让，是小心翼翼，是战战兢兢、深渊薄冰的人，而不是锋芒外露、信心满满、争强好胜、张扬自我的人。这样的道德规范，客观上起着约束竞争的作用，有利于学习、团结、统一、掌控，但有时不利于创造、维新、突破、进取。

◦ 5.7

子曰："道不行，乘桴浮于海。从我者，其由与？"子路闻之喜。子曰："由也好勇过我，无所取材。"

王解：孔子说："我所主张的大道理大原则如果得不到采纳与实行，我就坐一个小木排去海上旅行，谁能跟随我去呢？我看多半是子路吧。"子路听说，十分快乐。孔子说："子路那种愿意当勇士的劲头超过了我，别的倒也没有什么特别可取之处。"

评点：孔子说，道走不通了他坐小船去游海；庄子说，大葫芦在日常生活中没有什么用处，那就坐着它去游江湖；李白说"人生在世不称意，明朝散发弄扁舟"。中国就是中国，孔子就是中国，他是主张入仕的，但他也时时有闹不成的准备：他是一颗仁心，两手准备。

孔子说自己的学生，都是两分法、两点论，有长处也有局限，有品德也有不足，算是中国的传统教育学与"做人学"吧。不要把话说满。

○ 5. 8

孟武伯问："子路仁乎？"子曰："不知也。"又问。子曰："由也，千乘之国，可使治其赋也，不知其仁也。""求也何如？"子曰："求也，千室之邑，百乘之家，可使为之宰也，不知其仁也。""赤也何如？"子曰："赤也，束带立于朝，可使与宾客言也，不知其仁也。"

王解：孟武伯问孔子："子路这个人算是仁人吗？"孔子说："不好说。"又接着问。孔子说："仲由（子路）这个人，在一个有着一千辆兵车的大国，他可以管理兵赋行政，但是我不能肯定他是不是一个仁人。"再问："那么冉有呢？"孔子说："一个有千数户、上百辆兵车的地区，冉有可以当行政头目，但是我也不能肯定他是不是一个仁人。"再问："那么，公西赤这人怎么样呢？"孔子说："这个公西赤呀，可以穿上正装，站立在朝廷之上，接待来访的国宾，但是我不能肯定他是否仁人。"

评点：敢情知其心比知其人还难。不知道孟武伯是不是做人事工作的，他怎么这样广泛地来考察孔子的学生们？孔子很清楚他的弟子们谁能干得了什么，但仍然不能肯定深藏在每个人心中的善恶、仁暴、贤与不肖。

第一，这是事实，与知道一个人的心术相比，知道他的才干能力是否符合工作需求比较容易。

第二，仁的要求是一个极高的要求，是一个对内心对灵魂的要求，不可以随便为旁人打保票。

第三，正像不能肯定一个人是仁人一样，也切不可说一个人不仁。孔子这方面连用"不知"，而不说清楚，这是很有分寸的。

能做事固然好，能做人就更深邃，内心的要求是无限的，内心的标准是至高的。但是这里也有一个问题，仁爱、仁德、仁人的标准就是那样地高不可攀吗？不是有另一面吗？不是能够孝悌就能够做良民的吗？《论语》的后几章里也有把仁说得相当简明亲切的语录。

也许孔子此段讲的仁更多的是针对统治者、针对君王臣子与候补臣僚的，他说的几个学生的能力都是指参与政事，而不是讲技艺、生产劳动经营，不是讲自食其力与发家致富的。仁，对于孔子，首先是对于权力系统即治人系统人员的要求，是对于古代"领导"的要求，无怪乎不能轻易下肯定的判语呢。

那么今天呢？今天的君子、领导，有谁能够认真地省察自身，敢于宣布知道或不知道自己的仁或不仁呢？

○ 5. 9

子谓子贡曰："女与回也孰愈？"对曰："赐也何敢望回？回也闻一以知十，赐也闻一以知二。"子曰："弗如也；吾与女弗如也。"

王解：孔子问子贡："你觉得你与颜回哪一个更出色些？"子贡回答说："我哪里敢与颜回相提并论？颜回是得知了一，就明白了十倍的道理与学问，我呢，得知了一，能明白两倍的道理和学识就不错了。"孔子说："你是比不上他。我跟你，这方面都比不上他。"

评点：这里讲的，初看，不是人格而是学习问题。颜回的学习是一以当十，子贡的学习是一以当二。这里有智力问题也有心地、心胸，所谓明白人与糊涂人之辨的问题。又不仅仅是学习的速度与数量问题了。智慧也影响品格，信然。

好学、善学、清晰、明达，一以知十，其实不仅是一个智力问题，更是品质——人格问题。好学，起码说明一个人虚怀若谷、努力上进、倾心仁德大道，而绝非斤斤于蝇头小利。善学，起码说明一个人不自以为是、不执拗较劲、不故步自封，肯于延伸与调整知识、动脑用功、做有心人，注意汲取营养，懂得与时俱进。清晰，是由于拎得清轻重缓急，不被低俗的功利得失计较所左右，遇事抱理性态度，不陷入个人情绪化的好恶。明达，更是心胸阔大、目光长远、不抱成见、不纠缠于一己的表现。无怪乎《论语》中孔子多次以最高的评价讲起颜回来。

最可悲复可厌的则是愚而诈，傻而坏，位高却又鼠目寸光，沉溺于自恋与小算盘的人。这样的人呼之欲出。

◦ 5. 10

宰予昼寝。子曰："朽木不可雕也，粪土之墙不可杇也；于予与何诛？"子曰："始吾于人也，听其言而信其行；今吾于人也，听其言而观其行。于予与改是。"

王解：宰予大白天睡觉。孔子说："糟朽的木头，是无法加工成材料的，粪土砌成的墙壁是无法抹平整的，对于他这样的人我已经无话可说。最初，我对旁人是听了他们说的话就相信他们，后来呢，光听说话不行了，我还得看看他们的行动。是宰予让我学乖了。"

评点：仅仅一个昼寝，似乎不至于将孔子气成这样，还有没有别的背景，不好说。或谓，宰予夸夸其谈，而为人懒散，可能。孔子在各种缺点毛病中痛恨懒惰，由此可见一斑。

听其言、观其行，则成了普遍适用的至理名言，对宰予需要这样，对别的很多人也需要这样。如在外交上，也常常讲要"听其言、观其行"。

◦ 5. 11

子曰："吾未见刚者。"或对曰："申枨。"子曰："枨也欲，焉得刚？"

王解：孔子说："我没有怎么见过刚强坚定的人呀。"有人说："申枨是刚强坚定的人吧？"孔子说："申枨这个人私欲太多，私欲多的人怎么可能刚强坚定呢？"

评点：这是成语"无欲则刚"的由来。人怕就怕在有所贪，有所求，有所私。孔子在这一点上看问题，有点厉害劲儿！他看得太透啦！

孔子的话帮助我们认识判断一个人，不管他如何装腔作势、以大帽子压人，只要张口闭口我我我、围绕着我转悠，只要嘀嘀咕咕于私利、私欲、个人意气，只顾争一日之短长，只要整天怨气、冤气、斗气，他就不是一个刚强者，而是一个外强中干的可怜虫。

◦ 5. 12

子贡曰："我不欲人之加诸我也，吾亦欲无加诸人。"子曰："赐也，非尔所及也。"

王解：子贡说："我不愿意别人强加于我的事情，我也绝对不强加于人。"孔子说："你呀，你未必就做得到啊。"

评点：有些最简单的道理，人硬是做不到。问题在于，被强加是极不愉快的，多数人都明白。反过来说，你拥有某种权力、实力、影响力，能够勉强他人、满足自己，对于未能免俗的人，却有快感乃至成就感。这反映了人做到推己及人与换位思考其实不易。

还有一点，"己所不欲，勿施于人"，认同这八个字不难。那么

"己所欲，（必）施于人"呢？现在甚至有这样的商业广告。己所欲就
施于人，更不要说必施于人啦，怎么得了？你欲，别人就欲吗？你想
做爱，你的欲是性欲，对方不愿，你就强暴吗？这不成了霸权主义与
强奸犯的逻辑了吗？

◦ 5.13

子贡曰："夫子之文章，可得而闻也；夫子之言性与天道，不可得
而闻也。"

王解：子贡说："老师整理讲解的文章经典（或老师的言语、思
理、文采），我们是可以接受，也可以得知的；老师说到天性与天
道的话，我们很难接受得到也很难得知明白。"

评点：这里的"闻"，应该不仅是听到的意思，而是接受得知的意
思。在北方方言中，"闻"本来也是指嗅觉的运用。再有，天性、天
道，太深奥，不像人间、人事那么容易掰扯，但一说到此类带有终极
眷注即宗教色彩的题目，又是如此引人入胜。一个大学者如果想象力
与认知体系达不到天性、天道、源头、归宿、生死、永恒与无穷的高
度，未免遗憾。

这一段子贡的言语，还透露了一个信息：孔子可能有比现今《论
语》上记载的更多地终极眷注思想见解，但他的弟子们，"不可得而
闻"，没有注意听取，或者是悟性够不着那些话题，使得整理记载遗留
给后世的这方面的记录比较稀少。

◦ 5.14

子路有闻，未之能行，唯恐有闻。

王解：子路接触获得了一些教导，但是不好操作，或者是标杆太高，未能付诸实践，他自己做不到；干脆，他不希望再听到那些不能操作、落实不了的教训了。

评点：可以理解为，子路接受获得的教导，正是前面子贡接受不到的那些终极话题。可以理解为，子路太强调学识教训的经世致用意义了，他不注重纯学理、纯思辨、纯境界方面的讨论与研究。还可以理解为，子路心眼实在，宁可少知，不愿知而不行。

实际生活当中，却需要有所区分，有的学问是实用性的，有的是规范性的，有的是参考性的，有的是纯思辨、纯研究、纯认知性的，有的干脆是智力游戏性的，有的则是宗教性、形而上、"六合"之外的话题，虽不实用，但事关宇宙观人生观、安身立命、终极眷注。不能要求它们都"能行"，更不必拒绝，不要怕闻得太多，只要自己拎得清，见闻信息思考，多多益善。

抵御有害或无用信息，这个带有后现代色彩的话题，早在我们的先秦时代就产生了。老子也是主张"不出户，知天下；不窥牖，见天道"的。

◦ 5.15

子贡问曰："孔文子何以谓之'文'也？"子曰："敏而好学，不耻下问，是以谓之'文'也。"

王解：子贡问："那个被称作孔文子的卫国孔圉大夫，他的'文'表现在什么地方呢？"孔子说："聪灵敏锐，喜爱学习，遇到不知道的事不怕放低身段多多打听、询问，这就是文质、文品、文采的表现喽。"

评点：虽然孔子强调质胜于文，强调讷于言而敏于行，但他对于文采、文章、文质、文化的表现还是执肯定乃至赞赏的态度。对于文子，他说的都是正面的话。

○ 5. 16

子谓子产："有君子之道四焉：其行己也恭，其事上也敬，其养民也惠，其使民也义。"

王解：孔子讲到子产说："君子之道，可以从四个方面来讲：一个是他的行为举止谦恭谨慎；再一个是他侍应长上尊敬服从；还有一个是管理安排子民的生活注意维护他们的实惠利益；最后是使用民力支配民人公正合理适度。"

评点：第一条是讲君子的精神状态与风度；第二条是讲侍奉长上应该乖乖地、服服地敬畏有加；第三条是讲要给老百姓点实惠，不要任意侵犯民人利益，不要欺压祸害扰乱折腾百姓；第四条是讲使用民力也要讲究章法道理，不能一味颐指气使、压榨蹂躏。孔子那时候不大可能从法制与民权的角度提问题，但是从政治道德上讲，他的想法是长上应该有长上的规范，有对自己的要求与自律，尤其是协助君王的君子，对上对下，要讲点规矩界限分寸，万不可猖狂张扬、不可一世。

这样的教育，至今仍然需要，乃或尤为需要。正因为权力运作日益精密有效，就更需要用政治的文明与道德原则、法制（当年孔子讲的则是礼制）原则来规范改善权力的运用。

○ 5. 17

子曰："晏平仲善与人交，久而敬之。"

王解：孔子说："晏平仲（晏婴——晏子）这个人善于与人交

往，历久而与友人更加相互敬重（或虽久而无失敬）。"

评点：朋友相交，一个是久了容易轻忽大意，粗疏急躁，暴露弱点。如能一直注意彬彬有礼，很宝贵。一个是路遥知马力，日久见人心，越是与友人结交得久，越是显现了友谊的珍贵。晏君的可爱，两者都通。还有说是晏被尊敬，或说是晏敬其友，我愿意解释为互相尊敬。

其实不仅朋友关系是这样，互相尊重是人际关系的普适原则，上下（君臣）、父子、夫妻、师生、中外……都是这样。

◦ 5.18

子曰："臧文仲居蔡，山节藻棁，何如其知也？"

王解：孔子说："臧文仲给大龟盖房子，建筑得很讲究，他的这个智慧到底是怎么一回事呀？"

评点：给龟盖房子，与智商关系有限，问题在于信仰，以为龟如何之灵异神圣。信而过分，就会做蠢事。孔子对这一类迷信，采取一种常识性的忽略态度，他不太用力去反对纠正，但也全不赞成，这是一种明白人对待糊涂人的正确态度。明白人不可能跟着糊涂人起哄，明白人也不会与糊涂人一般见识，急赤白脸地去辩论、取缔。糊涂人做了糊涂事，明白人摇一摇头，在尚未造成严重后果的时候付之一个不无揶揄的苦笑，敲打一下他的智力。否则还能怎么样呢？

◦ 5.19

子张问曰："令尹子文三仕为令尹，无喜色；三已之，无愠色。旧令尹之政，必以告新令尹。何如？"子曰："忠矣。"曰："仁矣乎？"

曰："未知。焉得仁？""崔子弑齐君，陈文子有马十乘，弃而违之。至于他邦，则曰：'犹吾大夫崔子也。'违之。之一邦，则又曰：'犹吾大夫崔子也。'违之。何如？"子曰："清矣。"曰："仁矣乎？"曰："未知。焉得仁？"

王解：子张向孔子请教："子文老爷多次当了高官，并没有显现出得意；又多次下台罢官，也不见什么懊恼。新的官员来了，他作为前任，将旧日政事原原本本地介绍给新官。他这样表现，您看怎样？"孔子说："够忠于职守的了。"问："算不算个仁人呢？"孔子答："我还不知道哇。有什么根据说他是仁人呢？"子张又问："崔杼杀了齐国国君，有十部马车的陈文子（不愿意与这样的人在一起），去他国了。去他国以后，说'原来这里也有崔杼式人物'，就又离开了那里。到了另一个邦国，还是说'仍然是崔杼这类人的天下'，再走。这样的人怎么样？"答："够清高的了。"问："算不算仁人呢？"答："不好说。从哪里能看出他的仁德来呢？"

评点：忠于职守，明白自己的责任，对接任者抱负责态度，不等于做到了仁德。问题是有些卸任者根本做不到令尹文子的标准，卸任后想方设法地找后任者的麻烦，也不足为奇。避开无道弄权乃至弑君者，一避再避，够清高的了，仍然不足言仁。或者是恪尽其责，或者是远离是非，都还没有达到仁德的要求，那么应该怎样才算仁人呢？是不是指应该更加鲜明地宣扬与实践自己的仁政主张，并且能帮助需要帮助的人呢？

○ **5.20**

季文子三思而后行。子闻之，曰："再，斯可矣。"

王解：季文子做什么事都要反复思考斟酌多次才决定。孔子听说后，评论说："思考一下，再思考一次，也就行了。"

评点：前贤在他处都把"三"解释为多，我觉得此处也以解释为多更好，什么叫思考一遍？我至今不明其义。一事定下来时可能毫不犹豫，一听或一想就干，其实在脑子里此前已经酝酿过不知多少次了，或者已经有思想准备、认识基础了。定不下来时，更是一想就是许多遍，一百遍也不算多。再说，不同的事，有不同的处理过程，其思考、商量、改变、修正、完善过程算多少遍都行。三遍又有什么多的呢？

也许这一句话反映的是孔子的实行精神，虽然他不遗余力地提倡恭敬谨慎，但是他同样主张力行，不赞成犹豫不决、犹豫误事。

孔子确实注意行事时对于度的把握，即使是三思后行这一类不易量化的话题，夫子也认为适可而止最好。

◦ 5. 21

子曰："宁武子，邦有道，则知；邦无道，则愚。其知可及也，其愚不可及也。"

王解：孔子说："宁武子，遇到邦国有章法、有条理、合乎道的时候，他就显出了聪明智慧，（能够参政议政了；）而遇到邦国混乱，君王无道的时候呢，他就傻了，（远离政事啦。）他那个聪明劲儿，别人或者能够赶得上；他那个傻劲儿，恰恰是他人望尘莫及的。"

评点：这是全部《论语》中最智慧、最富想象力也最幽默的一段。此前谈南容时已经有所表露，此段说宁武子的时候则概括得尽得天机，一语千金。它透露了韬光养晦的谋略，同时也是治世兼济天下，乱世独善其身的明哲。这是中国式的有理、有利、有辙、有节的独特思路，是以退为进，以愚为智，以无为立于不败之地的做人与从政艺术。事事聪明、处处争先，不是真精明，而是浅薄、幼稚、鄙俗、廉价。该灵则灵，该钝就钝，该明则明，该暗则暗，方能自保，方有原则，方有人格与光辉，但并不容易。太妙了。

　　"愚不可及"成语的出处在此，"文革"中批孔子认为劳动人民"愚不可及"，简直就是南辕北辙，张冠李戴，读都读不懂，却怪声怪气地批孔，真是陷自身于无可救药的"愚不可及"的田地喽。

◦ 5. 22

　　子在陈，曰："归与！归与！吾党之小子狂简，斐然成章，不知所以裁之。"

　　王解：孔子在陈国受困，他说："回去吧，回去吧。我的这一帮子学生徒弟，志气宏伟，文采斐然，（遇此困厄，）我不知该如何对他们进行调教（或为之定夺）。"

　　评点：学生都非常优秀，老师之高明可想而知，但也有受困遭难之时，这就是命运、际遇，不得不打道回府。读到这儿，是不是有点凉快感？《论语》之妙就在于它不仅教给你仁义道德，孝悌忠信，也告诉没辙了你别犯傻，不妨打道回府。

◦ 5. 23

　　子曰："伯夷、叔齐不念旧恶，怨是用希。"

　　王解：孔子说："伯夷、叔齐二人不记仇，不死咬对立面，使得怨恨矛盾事件与情绪有所减少。"

　　评点：所以至今强调顾全大局，强调有容乃大，强调善于团结，讨厌与轻蔑鼠腹鸡肠，抠抠搜搜，嘀嘀咕咕，神神经经。

　　这是中国式的价值观，后果比本身的是非曲直重要，和谐比争执重要，大局比鸡毛蒜皮的计较重要。

○ 5. 24

子曰："孰谓微生高直？或乞醯焉，乞诸其邻而与之。"

王解：孔子说："谁说那个微生高直爽耿介呢？有人向他讨醋，他不说自己没有，而是从邻居那里要来再转交讨醋的人。"

评点：孔子不认为人应该活得过于细致、过于曲折，人际关系也只能建立在相互坦诚直率，而不是曲意迎合的基础上。

○ 5. 25

子曰："巧言、令色、足恭，左丘明耻之，丘亦耻之。匿怨而友其人，左丘明耻之，丘亦耻之。"

王解：孔子说："花言巧语、装模作样、逢迎讨好，左丘明认为这样做是可耻的，我也认为这样做是可耻的。把怨怼和不同见解隐藏起来，去与你本有微词的人交友，左丘明认为这样做可耻，我也认为这样做可耻。"

评点：孔子提倡真诚，否定虚伪，于此可见一斑。

此段可与5.23对照，二者互补。有些时候需要有顾全大局、不念旧恶的肚量。但又不能太过，不能陷于伪佞。孔子的特点是不只讲一面的理，而是求面面俱到。

王某的经验则认为这个火候的掌握往往是一个过程，标志在时间的纵坐标上。对任何人，你有不中意，第一步应该是人不知而不愠，根本不予计较，一笑置之可也。第二步，他小里小气地找你的碴儿，有加害于你的表现，你可以试试晓以大义，学学蔺相如。第三步，有的人硬是下毒手，只要自己无懈可击，坦荡有加，也不妨有所回敬，但不值得费心费力，因为，你有更重要、更有意义、更长学问的事干。

◦ 5.26

　　颜渊、季路侍。子曰："盍各言尔志？"子路曰："愿车马衣轻裘与朋友共，敝之而无憾。"颜渊曰："愿无伐善，无施劳。"子路曰："愿闻子之志。"子曰："老者安之，朋友信之，少者怀之。"

　　王解：颜渊、季路二人服侍着孔子。孔子说："何不谈谈你们各自的志趣呢？"子路说："我希望车马、衣服、皮衣都与朋友共享，用坏了也不介意。"颜渊说："我希望能做到做了好事不夸口，受了劳累也不唠叨。"子路说："我们也想知道老师的志趣。"孔子说："我希望能做到，让老人安适，让朋友信赖，让年轻人惦记怀念。"

　　评点：与现代人动辄将"志"定义为职业选择或事功成就不同，这里的"志"主要是指做一个什么样的人，即人格、人的价值取向、精神走向。子路的追求是慷慨友善。颜渊的追求是高雅格调。孔子的追求是有益：利于方方面面，取信于方方面面，当一个最大公约数。

　　三人的志都倾向于利他，同时严于律己。

◦ 5.27

　　子曰："已矣乎！吾未见能见其过而内自讼者也。"

　　王解：孔子说："还能说什么呢？我还没见过发现了自己有错就在心里责备控告自己的呢。"

　　评点：人多自恋，人多自诩，人多原谅、辩护、欣赏直到放纵。一个能够清醒地判断与要求自己的人，难能可贵！

○ 5. 28

子曰："十室之邑，必有忠信如丘者焉，不如丘之好学也。"

王解：孔子说："在一个哪怕只有十户人家的居住区，肯定有孔丘这样忠实诚信的人，但他们未必能像孔丘一样地爱学习，会学习，能不停地长进。"

评点：好学比诚信还难以做到，因为不会学习，不会消化，不能把学问化为人格的人，算不上好学。我们有许多学术八卦型、冬烘型、空谈型、掉书袋型、荨麻疹型（有点疙里疙瘩的知识，不能消化，成为肿块）、苦肉计型（悲情型）、吹牛型、大言欺世型的学者，但他们算不上好学呀。

诚信可以是一种质朴的人性，好学则要把天良提升到文化的层次，把一个人的自己之正派老实扩展为一种价值、一种风气、一种社会秩序与礼制。所以好学是重要的。这与老庄的想法不同，老庄更珍视的是天性、天良，反而怀疑与警惕一种美德进入了文化层面以后变质的可能。

雍也篇第六

○ 6.1

子曰："雍也，可使南面。"

王解：孔子说："冉雍这个人可以做独当一面的大官。"

评点：孔子此言，像是吏部尚书说的话，如果不说是像君王的话。问题不在于孔子以多大的权力自居，而在于先秦时期，诸子百家多以辅佐王室、经世致用为学问的目的。孔子善于识人，善于分析人的优劣长短特色和判断某某人在权力系统中能够胜任的角色，孔子以为他有这样的使命。

还有一个问题，孔子同样清醒地论述过"不在其位，不谋其政"的道理，那么雍也之语，是不是涉嫌太直、太实、太具体乃至僭越了呢？

可能不是，因为孔子虽然正如一些专家指出的从不承认自己是圣人，但仍有不一般的使命感与自我期许，他自信，他自觉，他在这个混乱时代来到这个世界上，有自己的绝对历史任务：兴灭国，继绝世，举逸民，克己复礼。

○ 6.2

仲弓问子桑伯子。子曰："可也，简。"仲弓曰："居敬而行简，以临其民，不亦可乎？居简而行简，无乃大简乎？"子曰："雍之言然。"

王解：冉雍问孔子对桑伯子的看法。孔子说："这人可以，他做事简单明快。"冉雍说："自己独处，他恭敬谨慎；做起事来，面对百姓，处理问题，他简单明快，这能说不好吗？如果他不论是独处还是做事，都简单从事，就失之于简了。"孔子说："雍这个人讲得对呀。"

评点：思虑要周到，做事要简明，这讲得有理有趣。其意义在于，思虑不厌其周详、统筹兼顾、面面俱到。做事，针对百姓民人，搞复杂了只能让人糊涂，不可因一个掌权者的犹豫不决来制造民人的众说纷纭与莫衷一是。我们已有这样的经验。人的一生也是这样，独处的时候不怕你掂过来量过去；该做决定的时候切不可畏首畏尾、胆小怕事、左右为难，而要的是敢想敢干，勇于担当，选定了就做，知道错了就改。

中华传统文化中还有一个出自东汉时期的说法：多谋善断。历史证明，多谋绝对不是委决不下的原因，越是主意多，才越能从中做出最好的选择判断。而越是一筹莫展，越是热锅上的蚂蚁，就越没着没落。

读书做事，从政从商，选定课题，构思新篇，都有一个简与繁、周详与明快、风险与慎重的问题，能不能好好掌握，全在一心。

◎ 6.3

哀公问："弟子孰为好学？"孔子对曰："有颜回者好学，不迁怒，不贰过。不幸短命死矣。今也则亡，未闻好学者也。"

王解：鲁哀公问孔子："你的弟子当中，谁称得上学得好的呢？"孔子说："那个颜回是学得好的人喽。他不会迁怒，也不会重复犯一种错误，不幸的是他已经死去了。他死后，还没有发现那样学得好的人啦。"

评点：这段话证明了我在解释上的三个设想：一个是好学的内涵在于学好。我幼年时候，父母师长强调的不是好学，而是学好，学什么，首先是学当好人，走好路，立好心，做好事。好学要义在于学好。第二，好学是指善于学，学得好，否则，那么多弟子，怎么能说是没有喜好学习的人呢？第三是闻，在这里当感知、认知、得知、发现讲。不迁怒，不贰过，说的是一种自我控制的功夫。不迁怒，说明管得住自己的脾气；不贰过，说明是记得住自己的经验教训与所受到的教诲，这都与喜好不喜好学习关系不那么直接。只能解释为，孔子之学主要是人格塑造、人格修为，是学好，就合理了。

○ 6.4

子华使于齐，冉子为其母请粟。子曰："与之釜。"请益。曰："与之庾。"冉子与之粟五秉。子曰："赤之适齐也，乘肥马，衣轻裘。吾闻之也：君子周急不继富。"

王解：子华出使齐国，（管家）冉求为子华的母亲申请粮食补贴。孔子说给她一釜（约六斗）吧。冉求请求再多一点。孔子说，加上一庾（二斗多）吧。结果冉求给了五秉（约八百斗）。孔子说："子华出使齐国，乘着肥马，穿着高档裘皮。我听说过的，君子人注意的是周济急需，而不是给富人锦上添花。"

评点：孔子在财务处理上，也是唯道德论，即首先是帮助困难户，帮助弱势家庭，与老子讲的天之道是"损有余而补不足"是一致的。但财务管理上常常发生倾斜于先进、倾斜于发达、倾斜于富裕的现象。一个地方成了先进单位，一个人成了先进人物，有了先进事迹，于是各方主管各路豪杰都来视察、总结、取经、推广、开现场会议、上头版、上联播、写报告文学……随之各种投资、项目、奖励、扶持，一直到慰问演出都来了，最后形成旗帜，上下左右都有义务保证旗帜不倒……这里不必细谈，有趣的是孔子早就碰到了这一类现象、这一类问题。

◦ 6.5

原思为之宰，与之粟九百，辞。子曰："毋！以与尔邻里乡党乎！"

王解：原思当了孔子的家邑宰，能得到九百斗粮食的俸禄，他推辞不要。孔子说："不必。你可以给你的邻里乡亲们嘛。"

评点：孔子显得比原思老练乃至世故得多，合法的物质待遇不是放弃不放弃的问题，而是如何使用的问题。道德至上不是拒绝物质利益，而是最佳利用物质资源。

◦ 6.6

子谓仲弓曰："犁牛之子骍且角，虽欲勿用，山川其舍诸？"

王解：孔子对仲弓说："一头普普通通、毛色一般的耕牛，它的下一代照样可以毛色纯净，牺角端正，就算你不给它派祭山川神祇的用场，山川神祇能放弃它吗？"

评点：孔子其时已经提出了用人不应拘泥于出身门第的问题。

孔子这里还透露了一个对于"被用"的认同。毛色好、牺角好，必然"为世所用"，用去牺牲祭奠，那是天意，是山川的要求，也是伟大使命，反正谁也不能白活一遭。如后世李白的诗："天生我材必有用"。而庄子鼓吹的是被用的灾难性，说法大异孔子，《庄子·外篇》中讲，楚威王派人邀请庄周当官。庄子说宁可当泥泞里打滚的活龟，也不愿意堂堂皇皇进入庙堂当占卜用的死龟，他坚决拒绝了被"用"。

◦ 6.7

子曰："回也，其心三月不违仁，其余则日月至焉而已矣。"

王解：孔子说："颜回的内心是长久地不违背仁德的，别的人啊，个把月、个把天能做得到就不差了。"

评点：为什么做到仁那么不容易呢？说明内部外部，都有大量的欲望、私利、愚蠢……用佛家的说法，则是贪嗔痴怨……破坏着一个人的仁德。而内心的修为，又是永无止境的。一个人能够时时狠斗不仁一闪念，时刻不放松，也殊不易。

◦ 6.8

季康子问："仲由可使从政也与？"子曰："由也果，于从政乎何有？"曰："赐也可使从政也与？"曰："赐也达，于从政乎何有？"曰："求也可使从政也与？"曰："求也艺，于从政乎何有？"

王解：季康子问："可以让子路从政吗？"孔子说："子路做事果敢，从政对于他又有什么可说的呢？"问："子贡呢，能让他去从政吗？"孔子说："子贡明白通达，从政对于他又有什么可说的呢？"问："冉求呢，能不能让他去从政呢？"答："冉求有本事有方法，从政对于他又有什么可说的呢？"

评点：从政不难，问题在于你有没有一方面的长处，如果你一无所长，而是因人成事或者只会钻营，你的政务经历或者是陨落消逝，或者是狼狈窝囊，或者是身败名裂，怨不得旁人的。

还有，这一段透露出孔子对自己的教育成果的肯定：我培养出的从政人才有的是!

孔子认为从政需要各类型人才,不限一种,不拘一格。

◦ 6.9

季氏使闵子骞为费宰。闵子骞曰:"善为我辞焉!如有复我者,则吾必在汶上矣。"

王解:季氏想让闵子骞去当费地的主管官员。闵子骞说:"替我婉转妥善地推辞掉吧。如果再对我说这事,我可就逃到齐国的汶水之上去了。"

评点:很好,孔子那时候做事并不千篇一律,孔子的弟子也并不是事事依照孔子的标准答案办。

◦ 6.10

伯牛有疾,子问之,自牖执其手,曰:"亡之,命矣夫!斯人也而有斯疾也!斯人也而有斯疾也!"

王解:伯牛(弟子冉耕)得了重病,孔子隔着窗户握住他的手,说:"不行了,这是命呀。这样的人竟然得了这样的病,这样的人竟然得了这样的病!"

评点:孔子也是常人,他很动感情,他遇到无法解释的情况和你我一样,只能怨命运,但他的抱怨到此为止:这样(好或这样善良、这样聪明)的人竟然得了这样的(重症、绝症)病。他不能因之就恨天仇地。

◦ 6.11

子曰："贤哉，回也！一箪食，一瓢饮，在陋巷，人不堪其忧，回也不改其乐。贤哉，回也！"

王解：孔子说："真是贤良啊，颜回！一篮子饭，一葫芦瓢水，住在破败的巷子里，（这样的生活水准，）旁人受不了这种忧苦，颜回却完全不改变他的乐观心态。真是贤良啊，颜回呀！"

评点：不应该贪图富贵，而应该追求德行与真理，古今中外的主流价值观都不例外。而孔子这里，还表达了这样一个观点，贤者是乐观的，越贤就越少有失败，即使败了一回，或是虽败犹荣，或是失之东隅、收之桑榆，而且谁也不能损害他的选择与信念。贤者常乐，这可真是一个好话，那么人调节自己的心态，使自己常常乐观地努力，便正是使自己做到贤明完美的努力！

◦ 6.12

冉求曰："非不说子之道，力不足也。"子曰："力不足者，中道而废。今女画。"

王解：冉求说："我不是不喜欢老师的道理，是我的力量不足以达到您的教导。"孔子说："如果是力量不够的问题，你应该是走到半道上停下了脚步。现在呢，是你还没有起步。"

评点：妙。不止一位年轻的朋友称道我："你外语学得太好了。"我告诉他们，我开始认真学外语的时候比他们对我说这话的时候年龄更大，也就是说，他们与其夸奖我不如自己去学。他们说："你有基础呀。"其实基础也是学来的，在学习上，有什么好临渊羡鱼，却硬是不肯退而结网的呢？

与孔子的这一段话同理，请至少先起步，再说学得成学不成啊。

没有比先肯定自己学不成更"不成"的啦。

◦ 6. 13

子谓子夏曰："女为君子儒！无为小人儒！"

王解：孔子对子夏说："你要当君子——大人物式的儒者，不要当眼界狭小——平庸卑俗的儒者（念书的人）。"

评点：专家对于儒、君子、小人的释义有所不同，我宁取此时的说法。如果这里的"儒"可以解释为读书人，解释为学衔、职称、身份，君子与小人可以从格局境界层次上理解，此段话就太有意义了。书读了很多，知识积累了很多，但无益于提高自己的精神高度，甚至仍然很委琐、阴暗、狭隘、低下，这样的"儒"，这样的博士、教授、学人、名家并非罕见。

◦ 6. 14

子游为武城宰。子曰："女得人焉耳乎？"曰："有澹台灭明者，行不由径，非公事，未尝至于偃之室也。"

王解：子游当了武城的主管官员。孔子问他："你得到什么人才了吗？"子游说："有个叫澹台灭明的人，从来只走大路，不走小径，没有公事，他从不到我住室或办公室这儿来。"

评点：虽然我们不能确定孔子那时候是不是就有所谓走后门的说法，这一段话仍然令人莞尔。老子也从负面的意义上讲什么"民好径"，就是说老百姓喜欢走小道。我猜想那时候大路是官家承认与划出来的，而小路多是田间胡乱走出来的，走小路会伤害他人的利益，而且不安全，但是会快一些。实打实地谈行路，也不应走小道。如今办事，大家对歪门邪道不认同，都认为应该公事公办，有趣。没有公事不要到主管官员的房间去，这话也在理。

◦ 6. 15

子曰："孟之反不伐，奔而殿，将入门，策其马，曰：'非敢后也，马不进也。'"

王解：孔子说："孟之反这个人从不自夸，撤退的时候他走在最后，快到城门了，他鞭策他的坐骑，并且说：'不是我大胆留在后头，是马不肯走。'"

评点：进攻时冲锋，撤退时殿后，都是拣困难上，不怕危险。轻描淡写地说成是马没跑快，可爱则可爱矣，谦虚则谦虚矣，但有点不实事求是，也会影响功过是非的认定。怎么说好呢？

◦ 6. 16

子曰："不有祝鮀之佞，而有宋朝之美，难乎免于今之世矣！"

王解：孔子说："如果一个人没有祝鮀那样的花言巧语，却有宋朝那样的美貌，生活在今天的世道中，很难免于灾祸喽。"

评点：竞争与战祸当中，有德行与学问未必能保全自己，还不如油嘴滑舌或脸子漂亮管用。

或者理解为，越是相貌美好者（或才华过人者）越是需要会当佞人。相貌美好，才华超众，权力者希望拥有，被权力看中，而你居然不佞，不是要找倒霉吗？

红颜薄命，这句话的概括力可不限于美少女。孔子许多话中正和平，反求诸己，很少愤世嫉俗，但此话例外，有批判性与杀伤力。

◦ 6.17

子曰："谁能出不由户？何莫由斯道也？"

王解：孔子说："谁能走出房舍而不经过门户，为什么他们不走我指出的大路呢？"

评点：诸子百家都认为自己指出了明明白白的光明大道，是大道，也是唯一的毫无疑义的必经门户。人们，尤其是有权力者硬是不走大道，不走必经门户，而要走捷径乃至歪门邪道。包括孔子，何不想想你的道路指示有没有不实际、难操作的地方呢？

尤其是政治运作上，理想主义与现实主义，道德主义与实用主义，在野时的纲领理念与在朝时的权力法则，中间出现的分离，是太多太多了啊。

◦ 6.18

子曰："质胜文则野，文胜质则史。文质彬彬，然后君子。"

王解：孔子说："质地、内容很好，外观、形式不好，未免生粗野之感；外观、形式很好，质地、内容不怎么样，也会令人感到只不过是夸饰而已。内外都好，文质俱佳，然后才能算一个君子。"

评点：一是谈何容易？二是各人心目中的文野之分，虚实之分，什么胜过了什么，并不相同。连一本书、一首歌，你都说不透彻，何况一个或一批人呢？

孔子希望文与质匹配，希望造就更多的文质彬彬的君子，则是关于人品的美好理想。

○ 6. 19

子曰:"人之生也直,罔之生也幸而免。"

王解:孔子说:"人生来应该是正直的,不正直的人也生存着,他们那是侥幸免于祸患而已。"

评点:令人想起延安时期领导人爱讲的一个话,我们要靠马克思主义吃饭,靠实事求是吃饭,不是靠装腔作势、借以吓人来吃饭。问题是社会现象的显露真情与得到报应需要一段或短或长的时间。不正直,不但无祸,而且得意扬扬几十年好几代的,也有的是。碰到了曲佞诬罔之人纷纷春风得意的世道,你还能不能坚信世界仍然是只有直道可取呢?这才是要紧处。

○ 6. 20

子曰:"知之者不如好之者,好之者不如乐之者。"

王解:孔子说:"知晓一个东西、一个观念的人,不如喜爱它们的人,而喜爱它们的人不如享受它们的人。"

评点:从常人来说,孔子的说法很精彩。譬如生活,你理解不了它的意义真谛也好,你要能热爱它,你更应该因享受它而快乐感恩。一个享受生活,因生活而快乐的人,他或她已经很值得羡慕了。

但是作为一种文化精英,乐之者就不如知之者了。世界的物理、化学、生物、生命、材料信息规律的知之,远远比好之乐之重要得多、高级得多。平常人食欲很好就够福气的了,学者就应该对于食物、对于营养、对于消化系统的生理与病理知道得更多。人类的历史，恰恰不是一个满足于好之乐之的历史，而是一个从不知、少知到知识越来越多的历史。

我们可以设想：对于苏格拉底、老子来说，乐之不如疑之、辩之、论之、提升之。对于牛顿、爱因斯坦来说，乐之不如知之、疑之、思之、求之、证之。对于耶稣来说，乐之不如爱之、承担之、献身之、拯救之、宽恕之。对于佛陀来说，乐之不如悲之、度之、舍之、遁之。对于穆斯林来说，乐之不如纯洁之、清真之、规范之、守护之。对于一切宗教来说，乐之不如信仰之。对于马克思、毛泽东、格瓦拉来说，乐之不如怒之、恨之、颠覆之、再造之。对于许多作家、艺术家来说，乐之不如哭之、笑之、仿之、戏之、疯狂之。乐感文化毕竟不是那么足够的啊。

而荷兰哲学家斯宾诺莎的名言是："对这个世界，不哭，不笑，而要理解。"意为哭之者、乐之者，不如知之者。

孔子的说法显现了中华情感文化、乐感文化的特点，同时在大步走向现代化的今天，我们可以补充它以更多的科学精神、求索精神、实证精神、民主精神与终极探索精神。

◦ 6.21

子曰："中人以上，可以语上也；中人以下，不可以语上也。"

王解：孔子说："对于中等以上的人，可以讲讲上等的知识与道理；对于中等以下的人呢，就不必讲那些上等之论了。"

评点：如果是讲教育的循序渐进，就是对的，上了高中，讲讲大学里应该学些什么，当然靠谱，小学还没有上完，您当然不必急着考虑他的高等教育安排。如果是讲整个社会的教育与精神生活呢，就过于明确人的三六九等了。人确实是分三六九等的，怎么分，怎么讲，则不能太简明，否则就会出现人为的、过分剧烈的阶层分化。

　　与现代人强调平等不同，孔子更强调的是秩序，讲秩序就必须承认人的层次的分别，至少分个上中下，还可以笼统分为君子与小人，现代还有什么精英与群氓的说法。秩序讲过分了，不平等、不民主、激化阶级斗争。平等讲过分了，无秩序，乃至出现所谓多数人的暴政。这些东西说着容易，做着难。

◦ 6. 22

　　樊迟问知。子曰："务民之义，敬鬼神而远之，可谓知矣。"问仁。曰："仁者先难而后获，可谓仁矣。"

　　王解：樊迟向孔子请教什么是智。孔子说："多做对民人有意义、被民人认为是有道理的事，至于鬼神，要恭恭敬敬地对待，但不要陷在鬼神之事上，要与鬼神之说保持一些距离，这才是聪明有智能。"再请教仁。孔子说："遇事把困难留给自己，把好处与收获先给别人，后给自己，这就叫仁了吧。"

　　评点：只能说是孔子举例以明之，并不是孔子从理论上下全称的定义。鬼神之说之事，有信仰的激情，无逻辑与实用的必然。恭恭敬敬对待，符合民意，符合本人的敬畏天地正义之良知。不能掉以轻心，不能"二溜八蛋"或油腔滑调。但又不能与之纠缠不休，因为鬼神之说之事，既代表了人类的信仰与敬畏，又常常与愚昧无知混淆在一起，远之，既不是纠缠之、忽悠之、狂热之，也不是斥之、灭之、挑战之、决裂之，当然是最最聪明智慧的选择了。

　　《论语》上孔子说仁，有的地方谈得很艰难深邃，包括一些大人物与他的好门生，他都说不知道他们算不算仁爱。但这里又简单，先难，后获，就是仁。说明孔子很重视一种良好的品德教养的内敛性、深潜性、礼让性，他不喜欢的是自吹自擂、飞扬跋扈。

◦ 6. 23

子曰："知者乐水，仁者乐山。知者动，仁者静。知者乐，仁者寿。"

王解：孔子说："智慧的人喜爱（活泼的）水，仁厚的人喜爱（庄重的）山。智者好动，仁者静安。智者快乐，仁者长寿。"

评点：这是《论语》上最常被传诵吟咏、最普及也最美好的话语之一。这里，说到了山、水、仁、智、乐、寿、动、静，一些最大也最抽象、最常用也最生动的范畴。它们是人生的范畴，也是天地自然的范畴；是主观世界的范畴，也是客观世界的范畴；是各自存在的范畴，也是似乎有什么关联的范畴。而孔子说起它们来很亲和、很在理、很简明、很顺当、很容易接受。这里把人生与天地、内与外、形象思维与逻辑思维、道德感悟与文学感觉结合了起来。你可以认为这只是随口一说，既不能证明也不能证伪。你也可以说这是一种通达天、地、人、山、水、仁、智、乐、寿、动、静……的大境界、大觉悟、大圆满、大欢喜。

我们还可以说，见到此语，我们不能不想起一个说法：万物（万象、万德、万觉、万态）皆备于我。中国读书人讲境界，无境界者永远也体会不到这种皆备于我的境界。

◦ 6. 24

子曰："齐一变，至于鲁；鲁一变，至于道。"

王解：孔子说："（急功近利的）齐国变化一下，可以变成（小康的、崇文好礼的）鲁国；鲁国再变化一步，就近于周公的治国之道了。"

评点：齐国强大，因之更加注重强大，个个心里揣着一个"强"

字，自然注重物质与实力，失于浮躁。鲁国不强大，但有周公遗风，追求的是文明，是儒家的礼与义，即规范与道理。从更抽象也是更高远的无所不包的道的观点来看，则是宁可短缺强大，不可短缺文明。这与近现代以来懂得了物竞天择、适者生存的竞争法则后的国人，其思路距离较大。即使先秦时期，孔子的文化理想主义、礼治与泛道德主义也很难落实，但对于个人来说，它有一种吸引力与高尚感。

虽然政治史中难以找到孔子思想的成功范例，但是他的主张已经在中华大地上深入人心，成为一个民族的仁义道德之梦。

◦ 6.25

子曰："觚不觚，觚哉！觚哉！"

王解：孔子说："这个盛酒的觚，怎么不像个觚呀。它们是觚吗？是觚吗？"

评点：春秋战国，天下大乱，许多事物的发展变化都与孔子心仪的西周时代不一样了，孔子慨叹并且无奈。这一类的哀叹，至今也是真切的。我们可以叹息如今存在一些老师不像老师，学生不像学生；男不像男，女不像女；工不像工，农不像农的现象。而你看到某些大吃大喝、脑满肠肥的追逐享受的官员，你可能也会叹息如今有的革命怎么不像革命、有的共产党员也不像共产党员啦！

但也有另一方面的情况，万物与时俱化，万物处于变动不羁之中。"江山代有才人出，各领风骚若干年。"觚不会老是一个样子，酒也不会老是一种酒，喝法又时有变化。文化的特点一在时时积累沉淀固化，一在时时褪色淡化消失。谁不喜欢怀念童年？谁不沉醉于初恋？觚不觚了，爱情不像是当年的初恋了，童年已经是一去不返了，喝酒的人也不是当年的人了，做文学性的叹息则很自然，制订回到童年、回到初恋的行动计划则大可不必。

文化的另一个特点是历久弥珍，科学技术上常常是新以代旧、新以汰旧、新陈代谢；而文化上常常需要保旧迎新、存旧立新、惜旧出新。文化上常有新了半天再也赶不上旧的情况，例如诗歌，新东西再需要，能代替《诗经》、楚辞、唐诗、宋词吗？发思古之幽情，叹叹觚不觚，也很美好。

政治、经济、社会、组织上，则不可一味思古。

◦ 6. 26

宰我问曰："仁者，虽告之曰：'井有仁焉。'其从之也？"子曰："何为其然也？君子可逝也，不可陷也；可欺也，不可罔也。"

王解：宰我问："如果对一个讲仁的人说，井里掉进人了（或者仁德就在井底），他是不是也要随着跳下去呢？"孔子说："这算什么说法？对于一个君子人，可以要他干点什么，但不可以陷害他，可以欺（之以方，让他多辛苦、多奉献一下什么的），但不可以平白无故地忽悠他呀。"

评点：有些个坏人、小人、愚人，不理解不接受道德自律、道德追求的精神需要，便凭空做一些匪夷所思的假设，来为难追求高尚精神的人。你勇敢，你敢在海啸时分往大海里跳吗？你无私，你愿不愿意将月薪全捐给我？你尊重残疾人，你干脆娶个智障女做老婆吧之类。宰我实际上是不接受仁者见困难先上、见果实先让的原则，就胡思乱想，提这种小儿科的问题来为难孔子。怪不得孔子不喜欢宰我。

◦ 6. 27

子曰："君子博学于文，约之以礼，亦可以弗畔矣夫！"

王解：孔子说："君子读书学文，博古通今，又能以礼法来约束规范自己的行为，这样的话，也就不会做出什么悖谬的事儿了。"

评点：第一要学习，愚昧无知容易滑向悖谬乃至罪恶，例如暴恐。第二要规范，学问大也要对己有所规范，例如贪官，就是因不知规范而自取灭亡。第一条说的是要求上进，不是名利位上的上进，而是通过好学、学好来提高自己的精神境界与人格品质，当然也提高扩展自己的智慧。第二条说的是要服从礼制的约束，不论你有多么伟大，绝对不可以任性胡为。

博学与文是外在的，看得见的，弗畔矣夫，是内里的，事先是难以知晓的。一方面是诚于中而形于外，另一方面是由表及里，由上课学习与训练礼仪到内心的无咎无畔（叛）化。

◦ 6. 28

子见南子，子路不说。夫子矢之曰："予所否者，天厌之！天厌之！"

王解：孔子去见了（名声可疑的美貌的君王宠幸的）南子，子路因此感到不快。孔子矢口否认自己有什么不正当的表现，他说："如果我见南子时做了什么非礼的事，让老天处罚我！老天会惩罚我的！"

评点：说明见南子一事，在当时确有可非议的空间，也像是超出了孔子平时的无懈可击的谆谆教导。无懈可击的导师，做了有懈可击的事儿，使得孔子一变他进行面面俱到的教诲时的游刃有余与自信满满的口气，急赤白脸地发起恶誓来。

可爱的是，这么伟大的孔子老师，竟也有让弟子质疑与不高兴的时候，弟子敢于表现出来，老师不得不郑重申辩，说明孔子是允许弟子质疑、弟子不悦的，这是一种民主教育，虽然当时没有"民主"一词。

◦ 6.29

子曰:"中庸之为德也,其至矣乎! 民鲜久矣。"

王解:孔子说:"作为一种德性的中庸是极端重要的了。老百姓里很久没有讲究这个了。"

评点:中就是准确,庸就是正常。先秦时期,政治斗争搅动天下,斗红了眼、拼死拼活时期,谁还顾得上中庸? 民人百姓,更容易被煽动得"刺刀见红",双目喷血,中庸可不是鲜(久违了)矣。但孔子的逻辑应该是诉诸君子,民不中庸,责任在权力系统。尤其是君子们,君子们也不中庸了,君子复有什么君子性可言? 这也是觚不觚了呀。

◦ 6.30

子贡曰:"如有博施于民而能济众,何如? 可谓仁乎? "子曰:"何事于仁! 必也圣乎? 尧舜其犹病诸! 夫仁者,己欲立而立人,己欲达而达人。能近取譬,可谓仁之方也已。"

王解:子贡说:"如果有人能够广施恩惠、奉献万民,而且帮助四方、周济众人,怎么样? 他可以算作仁人了吧?"孔子说:"岂止是仁人,这肯定是圣人了。尧舜也不能说这方面已经完美无缺。什么是仁呢? 自己希望能够自立,那就帮助众人做到自立;自己希望有所发达,那就帮助众人发达。从眼前切近的事情做起,完成范例榜样,这正是仁的方向与原则啊。"

评点:有的人,孔子似乎很吝啬给他们以仁的评价,那多是一些在权力系统做事当差,显示了才干、做出了成绩的人。而子贡此处讲的是对老百姓的好处，是给万民人众带来好处的精神与实践，孔子立即毫不犹豫地予以肯定，激动之状如在目前。从这里可以看出孔子的重民亲民思想，发展到今天就是为人民服务的思想。而著名的"己欲立而立人，己欲达而达人"的提法，甚至让人想起共同富裕、均富、社会主义、集体主义、一大二公等现当代的说法。中国梦、世界梦、人类梦……并不是半路上杀出来的程咬金，而是盖有年矣，源远流长，一脉相承。

　　"能近取譬"的说法也值得研究。如前所述，孔子注意心术、心功、内功，但也注意实践、实习，从切近处做起。你追求仁吗，太好了，从给百姓带来好处做起。这里的仁，更多的是指仁政。这里的譬，则带有树典型、做榜样的含义，而不仅是一个修辞学范畴。

述而篇第七

○ 7. 1

子曰:"述而不作,信而好古,窃比于我老彭。"

王解:孔子说:"我传述讲解已有的(学识、史实、经验、法度……),却不去制作(杜撰、创造、发明……)标新立异的东西。我诚信负责,尊崇古道,自比于老(子)彭(祖)。"

评点:做学问,当老师,无一字无来历,无一句无出处,有它的魅力,好比内联升的布鞋、同仁堂的药丸,老字号的商品容易被消费者接受。也许对于教学来说,这是可取的。而对于科研进展,能不能提倡"述而不作"呢?难讲。

古人做文章写诗,甚至也要这样,用一个词一个字,如同长一片树叶,必须有出处才觉得古雅,才能与源远流长的中国诗文巨树相匹配,读来有见一斑而得全豹之感。不足之处也毋庸赘言,陈陈相因,能不落后停滞?

问题是孔子恰恰生活在一个权威尚未形成、百家争鸣、标新立异、人人待贾兜售的时代。道家、名家以奇绝深邃胜,法家以务实、到位与力度胜,儒家恰恰以自己的中庸、仁厚、不偏不倚、合情合理、古已有之、根深叶茂自诩。儒家的锋芒不如别人,但儒家的亲和性、正当性与常识性、通俗性,无与伦比,它被接受的面最宽。

"述而不作,信而好古"的含义还包含着对于已有的传统与经验的重视，声明我这里是靠得住的，是老年间传下来的精华名牌，我这里没有巧言令色、坑蒙拐骗，我这里最稳妥，不出幺鹅子。

顺便讲一下，幺鹅子不能写成"幺蛾子"，"幺鹅子"语出斗纸牌，"幺鹅"相当于后世麻将牌中的幺鸡。

◦ 7.2

子曰："默而识之，学而不厌，诲人不倦，何有于我哉？"

王解：孔子说："默读默诵而记下来明白过来，不烦不厌（津津有味）地学习知识，从不疲倦（循循善诱）地教导学生，（做到了这，）还有什么可说的呢？"

评点：孔子的理想是造就一个爱学习、重教育的全民学习型、学校型社会。把中国变成一座大学校，这种理念古已有之，至今不衰。而且，这里最重要之点在于，把教化看作治国理政的重要内容，把通过教化聚拢与驾驭民心看作权力运作的一个目标、一个最重要的手段。

学而不厌，诲人不倦，已成名言。默而识之，则没有传开。其实十二个字是整体，默而识之说明的是自己时刻都在学习，无条件地、便宜行事地学习；不厌是坚持与不间断地学习，不倦是帮助他人学习及与他人交流。何有于我哉，《论语》中多次出现这类句子，用现在的俚语来说，就是做到了这些，也就齐活了您哪。

◦ 7.3

子曰："德之不修，学之不讲，闻义不能徙，不善不能改，是吾忧也。"

王解：孔子说："不下功夫修为道德仁义，不讲求学习提高扩充，懂得了道理却不去践行，知道了什么地方不好却不去改掉，这是我所忧虑的啊。"

评点: 孔子之忧是为天下而忧，是后世范仲淹的"先天下之忧而忧"的源头，是对权力中人、尤其是君王大臣的忠告：想想吧，你们的"天下"，首先是你们权力中人，做没做到德修、学讲、义徙、善改呢?

世风日下，人心不古。几千年来，神州大地上这样的忧虑从来没有停止过。至今，孔子"忧也"的这几条，也不像有什么根本性的变化，咱们仍然与孔子同忧。

这说明改造人、培养新人、培养骨干与接班人，这样的修德徙义、灵魂工程，比打仗、建设、 GDP、呼风唤雨等轰轰烈烈的丰功伟业更难。仅仅靠道德讲授来提高素质造就人品，收效有限，只有把品德教育和发展生产力，完善生产关系，完善体制建设、法制建设、公共管理，提高文化层次结合起来，才能有效，才能改变孔子传下来的两千年之忧。

当然，如果经济建设、改善民生、发展是硬道理，已经获得高度认同，民主法制、科学管理也已经摆放在议事日程上了，如果在社会转型时期出现了某种价值困惑与信仰迷失，如果上上下下都显示了德之不修的警示，此时我们回顾一下几千年来已经深入人心的道德主义、教化主义、仁政主义与劝学传统，充分挖掘开拓我们民族的精神资源，使之与现代文明接轨，正是说到了点子上。

○ 7.4

子之燕居，申申如也，天天如也。

王解: 孔子闲住在自己家里的时候，衣帽整洁，什物条理，平缓从容（过得文雅而且舒适）。

评点：孔子会教育人，能够为修齐治平操心，同时他也很会生活，他不是苦行僧，他不是工作狂，他毫无偏颇变态，他心态健康、生活正常、自我控制与自我调整能力很强，拒绝咋咋呼呼、仓仓皇皇的歇斯底里。

○ 7.5

子曰："甚矣吾衰也！久矣吾不复梦见周公。"

王解：孔子说："我老得已经这样厉害了，很久以来，我竟然没有梦见过周公了。"

评点：流露了道德礼法的传承观念，已经有了天不变道亦不变的意味了。更流露了孔子扭转世风、挽狂澜于既倒的使命感，表达了孔子作为周公传人的自诩、自居、自信。孔子强调礼让，但在自己的使命与历史角色问题上，孔子的态度是当仁不让。

任何一个有志者、有为者，都有一种当仁不让的气概，然后才能有追求、敢奋斗、不怕牺牲代价、克服常人克服不了的困难，终于有所成。

孔子梦是回到周公时代，今天的梦则是创造新的历史。新历史新面貌，与孔子梦仍然有延续承接的关联。

○ 7.6

子曰："志于道，据于德，依于仁，游于艺。"

王解：孔子说："（我或人们的一生一世，应该是）志向在于大道，根基在于德行，依仗在于仁爱，愉悦在于六艺。"

评点：《论语》的重点与其说是在治天下，不如说是在于做人，治自己。

志于道，就是志于天地人的根本，修身齐家治国平天下的根本，这才叫志存高远：其志不仅在于事功的层次，而且在于哲学层次、人生层次、理念层次。

据于德，这里的德既是道德自律的概念又是造福百姓的利益与功能概念。一个人仅仅有大志不行，还要有实在的努力，带给人民以福利。

依于仁，内心的仁爱是基础。爱亲，是孝；爱君，是忠；爱民，是仁；爱臣，是礼；等等。

游于艺，通晓于、熟谙于应该具备的本领：礼、乐、射、御（驾御车马）、书、数。

志趣中求道，行为上积德修好，心中充满仁爱，手头有活儿。

◦ 7.7

子曰："自行束脩以上，吾未尝无诲焉。"

王解：孔子说："遇到自己带着十条干肉的学费来我这儿（报名求教）的人，我没有不（认真）教导他的。"

评点：第一，孔子对接受学生并没有什么特殊的条件，不是专收优秀生或有背景的子弟，比现今的重点学校、名校更开放。第二，你得缴学费。孔子很老实，他个人不可能像现今的国家搞义务教育，而且，现今的义务教育到底是不是绝对义务，也还待考。

◦ 7.8

子曰："不愤不启，不悱不发。举一隅不以三隅反，则不复也。"

王解：孔子说："不努力思忖，他不会得到启悟；不憋闷不苦思，他不会有很好的表述发挥。给他讲了一个角度的道理，他不能联系到另外三个角度，就不必给他反复地讲了（要让他自己去探求体会那没有讲的三个角度的道理）。"

评点：孔子强调的是教育并不是一味单向灌输，而是要促进学子的学习愿望，调动学子的智能、能动性，教学相长。

孔子认为，教育过程是一个发展精神能力、突破精神关隘、开拓精神境界的过程，奋力一搏，应该通向精神的开启，悱然苦思，通向的是豁然开朗，知道了一个角度，通向的是对于所有的角度的探索和把握。

教育不仅仅是增加知识与信息，教育的要义在于提高与开拓受教育者的精神空间、精神品质、精神能力，特别是攻坚克难、举一反三、融会贯通、综合分析、比照探索的能力。

○ 7.9

子食于有丧者之侧，未尝饱也。

王解：孔子在办丧事的人家附近吃饭，从来没有吃饱过。

评点：也是推己及人的意思，别人正因为丧事而痛苦，孔子亦为之悲伤，怎么可能你哭你的丧，我啖我的美食佳肴？网民从陕西安监局原局长杨达才在发生重大交通事故后的笑容中发现问题，穷追猛打，终于查出了贪腐的"表叔"，使杨获刑十四年，这件事情也许会令人想起《论语》的这一节与后一节来。

如果抬杠的话，就得两说着，如果你在北京八宝山一带工作，如果你干脆就职丧葬服务公司，难道就不吃饭了？

孔子的说法是中华文化强调的整体论，你中有我，我中有你，你就是我，我就是你。但也还可以认识世界上的区分论、个体论，内科就是内科，外科就是外科，你有丧事该怎么悲伤就怎么悲伤，我忙于日常事务不可能因你的丧事而停顿，当然，适当的举止礼貌慰问同情，必不可少。

◦ 7.10

子于是日哭，则不歌。

王解：在附近有丧礼的那一天，孔子也随着哭泣，不唱歌。

评点：具体措施应该允许有别，从内心来说，应该民胞物与，同情一切有丧事、有不幸的人。孟子称此为恻隐之心，即仁心。

感同身受，换位思考，心连心，是之谓也。这样的仁德与情商，怃然动人。估计这与该时人口稀少、自然经济有关，如果住处在一个公寓楼里，难以如此作为。

对于丧事，今天的态度是为之悲哀，为之严肃，如《庄子·德充符》中描写的孔子名言"死生亦大矣，而不得与之变"（死生之事够重大的了，但它不能改变一位贤者），同时丧事应该使后死者更加珍惜自己的有生之日，恪尽一个生者的义务，辉耀生命的分分秒秒。

◦ 7.11

子谓颜渊曰："用之则行，舍之则藏，惟我与尔有是夫！"子路曰："子行三军，则谁与？"子曰："暴虎冯河，死而无悔者，吾不与也。必也临事而惧，好谋而成者也。"

王解：孔子对颜渊说："朝廷用咱们呢，咱们就启动做事；不用咱们呢，咱们就收拢归隐。只有我与你能做得到吧。"子路问："如果您是统率三军的呢，您愿意跟谁在一起呢？"孔子说："赤手空拳打老虎的人，无船无楫靠两条腿蹚水过河的人，死了也不在乎的人，我不能与他们结伴。我要的是遇到事能有所畏惧，从而做到谨慎周密，好好谋划而争取成功的人。"

评点：用行舍藏，是在中国很有名的话，特别是有志于或有机会在仕途混迹者，不是一条单行线而是双向准备，不一味求进而是两手准备，可进可退，才能立于不败之地。

这就是中庸，不蛮干，不轻易拼小命，考虑到不止一种可能，凡事都能胜任愉快。

子路的话不知道是不是针对前面孔子与颜渊的话说的，孔子从人生战略上谈他与颜渊的共识，用行舍藏，能屈能伸，能静能动，自有处置。子路提出老师统率三军的话将选择什么样的伙伴，实际是想说自己的忠勇才是上等人选。孔子说的不愿与莽撞者结伴而行，实际上是劝喻子路，做人做事只一个勇字，不够用。

○ 7. 12

子曰："富而可求也，虽执鞭之士，吾亦为之。如不可求，从吾所好。"

王解：孔子说："能够（正当地、有把握地）达到富贵发达的事由，就是当'催巴儿'我也可以干。如果没有这样的机缘，我就干点我自身感兴趣的事情吧。"

评点：先贤将"求"解释为道，不知道为什么不是追求、需求，解释成追求也不会降低孔子的形象。孔子对于平安、发达、富贵，并不排斥，当然他也多次讲过不义而富且贵，于我如浮云。孔子讲原则讲义理，但孔子也讲在符合义理原则前提下的实效与功利。

其实古今中外，莫不如是。就说择业吧，首先得选有发展前景的，同时要选合法的、不违背乡风民俗正当舆论的，但这却未必是你个人真正喜爱的。找不到兴旺发达的阳光职业，或虽有某种就业可能却违背公意，您在求职或创业上失败以后，好了，还不如退而搞点兴趣至上的呢。发展，是要以满足社会需要为前提为代价的，兴趣，则是满足自己的快乐需求。

孔子的此话使我想起德国诺贝尔文学奖得主君特·格拉斯回答法国《世界报》的说法，他说他所以从事文学创作，是由于"别的事都没做成"。就是说，"从吾所好"，是由于别的大红大紫、翻天覆地、大刺激事情不可求，连执鞭的"催巴儿"也没当上。除去调侃因素，也表现了本人的清醒与谦和。与孔子一样，没有那种精神贵族、精神霸主的牛气烘烘。

而孔子的不可求三个字可能包括"求不成"，也可能包括"不能去求"的含义。如果为了事功而去干一些违背自己做人底线的事情，可求也就变成了不可求。可求的条件之一是正当性，之二是可能性，之三是非危殆性即安全性。正当性就是道性，但求不仅仅是道性。

◎ 7.13

子之所慎：齐、战、疾。

王解：孔子小心翼翼地对待人生中的三件事：一个是斋戒，一个是打仗，一个是疾病。

评点：打仗与疾病，是生死问题，谁敢掉以轻心？斋戒，则牵扯到孔子的古道热肠理念、核心理念、核心价值，同样是生死攸关。

《论语》反复地讲恭、敬、谨、慎，这是常规的从而是最普及的成功学。

老子则更多地从另一个思路来谈成功：无为、无争、无咎、无私、勇于不敢、柔弱……那是天才的众妙之门的成功学。

◎ 7.14

子在齐闻《韶》，三月不知肉味，曰："不图为乐之至于斯也。"

王解：孔子在齐国听到了《韶》乐，（沉醉其中，）三个月吃肉都尝不出味儿，说："想不到一个音乐的演奏，能达到这样的极致。"

评点：孔子的精神追求是以善为统领的真、善、美的整合。他能被《韶》乐感动到三月不知肉味的程度，说明他具有一种与世界观、人生观、价值观，相重叠的审美观、艺术观和音乐审美能力。让我们发明一个词吧，与智商、情商一道，人应该具有"美商"。在《韶》乐中，孔子体会到完美，体会到善良，体会到均衡、秩序与力量。《韶》乐的声音与他的全部理念、追求、人格融合为一。这又是中华文化的整体主义传统，是孔子的"吾道一以贯之"，是对一的崇拜。

这么说，《韶》乐应该是宏大完美与理性光辉型，不是向隅而泣型，不是委婉曲折型，不是谐谑游戏型，不是癫狂躁动型，甚至也不是浪漫沉迷型。在今天的器乐中，应该属于贝多芬的作品，肖斯塔柯维奇的作品也沾一点边儿。其他，反正约翰·施特劳斯的不行，瞎子阿炳的也不中。

《韶》乐到底是啥样呢？可以不梦周公，可以不梦黄粱，可以不梦情天恨海，真希望梦一梦《韶》乐呀！

◦ 7.15

冉有曰："夫子为卫君乎？"子贡曰："诺，吾将问之。"入，曰："伯夷、叔齐何人也？"曰："古之贤人也。"曰："怨乎？"曰："求仁而得仁，又何怨？"出，曰："夫子不为也。"

王解：冉有问子贡："老师会为卫王做事吗？"子贡说："好的，我去问一问。"子贡问孔子："伯夷、叔齐算什么样的人呢？"孔子答道："是古代的贤人啊。"问："他们会怨怼不平不甘心吗？"答道："他们追求的是仁的理念，他们获得的是仁的完成，还有什么可怨的呢？"子贡出来告诉冉有："老师不会为卫王做事的。"

评点：当时的卫国，卫君与他的父亲争权，子贡不想直接问询孔子对卫国政争的看法，拐了个弯问伯夷、叔齐的事，伯夷、叔齐是兄弟俩，二人互让权力，又因为耻食周粟而双双在首阳山饿死。子贡问孔子以伯夷、叔齐的话题，目的在于弄清孔子对待原则义理与实利关系的态度，从孔子对伯、叔二人的说法上，子贡感觉到孔子的理想主义的一面，乃断定老师不会掺和卫国的乌烟瘴气的政事了。

求仁得仁也是孔子大义凛然的名言。求仁的目的是得到仁，不是功利，不是名位，不是安泰，不是享受，而是树立仁的标杆、仁的范例，因此，真正为了仁而牺牲的人，他们没有怨怼，也没有不平，没有不甘，他们是胜利者、成功者，他们求仁得仁。

我想起了年轻时候的曲折遭遇，确有一位同命运的朋友说，他是求仁得仁。当时，我闻之而肃然，我体会到了这句话的分量。

还有一点令人思忖：子贡果然适合搞外交，他不去直接问夫子去不去卫王那边，而是去问对于伯夷、叔齐的看法，何等地婉转高雅！但作为今人，王觉得颇不牢靠，万一老师称颂伯夷、叔齐是一回事，对待卫王的态度是另一回事呢？如果是今人，你问问他怎样看待某个道德标兵，你就有把握他会怎样处理眼皮子底下的具体事务啦？

○ 7. 16

子曰："饭疏食饮水，曲肱而枕之，乐亦在其中矣。不义而富且贵，于我如浮云。"

王解：孔子说："吃点粗粮淡饭白水，枕着胳臂歇息，（这简单的生活）已经使我满足而且快乐了。不符合正道而取得的财富地位，对于我来说，不过是天边的浮云（不着边际，转瞬即逝的幻象）罢了。"

评点：仍然是精神大于物质，原则重于实利，理念高于感官的享受。天边浮云，固然是贬低，却并不是恶骂诅咒，虚妄中不无些许的美丽。孔夫子的修辞功夫着实了得！

孔子一贯强调质比文更重要，他不喜欢花言巧语，他甚至提倡讷于言，但他本人绝对不是讷于言。他的这二十七个字要多漂亮有多漂亮，质朴的漂亮，自然而然的漂亮，清悦放松的高级漂亮，随随便便就做到了高端大气、不瘟不火的漂亮。

质比文重要，有文无质就成了矫饰。是的，但另一方面，质的高端大气有利于文的高端大气，质与文并不总是分离的。孔子恭谨成性，他率性即成仁爱、成大义、成优雅、成清高。不义而富且贵，于我如浮云，四两拨千斤，为多少有识之士吐出一口鸟气，而且留下了一个君子微笑的剪影。

同时，"玉不琢，不成器；人不学，不知义"（《三字经》），文的琢磨也不尽然是为了装饰乃至矫饰，如切如磋、如琢如磨，既是对文的讲究也是对质的完善。如果孔子的文风是八股体、冬烘体、套话体、洋博士体，还有《论语》的高雅迷人的魅力吗？

《论语》中的许多段落堪称优美睿智的微型散文。这一段正是如此，儒雅、温婉、清纯，连责备否定"不义而富且贵"，也说得那样文明宽厚高贵，令人击节赞赏，怡然享受。原来我中华神州，早在两千五百多年前已经有孔子这样的教养与风度，有孔子这样的东方绅士……后世怎么会出现那么多戾气、流氓气与粗蛮气呢？

还有一个启发，一个社会把君子与小人对立起来，贬低大多数为无德、无能、无知、无权的小人，这当然不足为训，但孔子的"君子"之命名，对君子与小人的区分，要求君子具备一种更高档的文化属性与道德品质，精神境界与人格成色，它事出有因，在当时不无正面的意义：正如共同富裕不等于同时富裕，要允许一部分人先富起来一样；有教无类也不等于全民同一类，有可能需要提倡一部分人先仁起来，他们应该具备更高得多的精神品质。所谓精神贵族，如果是真贵族而不是小流氓山寨贵族的话，不一定是坏词儿。

◦ 7. 17

子曰："加我数年，五十以学《易》，可以无大过矣。"

王解：孔子说："再给我几年时间，到了五十岁的时候，我要好好学学《易经》，就能（知天命）不会犯大的过错啦。"

评点：第一要学《易经》，要研究万物变化消长的法则，要关心胜负、兴亡、荣辱的规律。第二，太早了，学也白学，读也白读，没有相当的人生经验、阅历、甘苦的体悟，你读不懂《易经》，你闹不明白天命的。

孔子重视书，所以要读《易经》；孔子更重视人生经验，所以要五十岁再读。

◦ 7. 18

子所雅言，《诗》《书》、执礼，皆雅言也。

王解：孔子有时要讲"雅言"，即文雅的书面语言或标准的官话（普通话），读《诗经》《尚书》，还有主持礼仪活动时，都用雅言。

评点：方言与普通话的区别，土话与官话、口语与书面语言的区别古已有之。

孔子重视语言，讲究语言。当年，他老掌握不止一种风格韵味的语言。语言与内容、情调密不可分。

◦ 7. 19

叶公问孔子于子路，子路不对。子曰："女奚不曰，其为人也，发愤忘食，乐以忘忧，不知老之将至云尔。"

王解：叶公向子路打听孔子的为人，子路没有回答。孔子知道了，说："你为什么不说，他这个人啊，永远在努力奋斗，来了精神，连吃饭都不顾，他陶醉在自己的事业里，只知道快乐，不知道忧愁，也不知道年岁渐长，快要衰老了，如此罢了。"

评点：讲孔子的心态，非常正面。使自己经常具有最端正、积极、乐观、充实的心态，这当然也是做人要义，是令人赞美与羡慕的。

乐观离不开目标、事业、有为的奋斗。有为的人生充实，这是乐以忘忧的基础。忘忧的原因不在于乐不乐，而在于充实不充实，忘忧以后不是去乐，而是去发愤忘食，发愤是为了目标、事业、作为。乐是副产品，乐又是一个对人生的阳光照耀的态度。

○ 7. 20

子曰："我非生而知之者，好古，敏以求之者也。"

王解：孔子说："我并不是生来就有知识、有见解的人哪，我是喜爱古礼古道，勤于、灵敏于学习长进的人。"

评点：孔子现身说法，坦承自己是靠后天努力，靠肯于也善于学习才追求到一些精神品质与精神能力。至于好古云云，今天可以从重视已有的人类经验的角度理解。所谓学习，严格地说，都是在学已有的、已经很古的或正在变古的知识学问，而学到手了，消化了，化为自己的血肉了，也就能够在新生活中进行新的创造与革新了。

○ 7. 21

子不语怪、力、乱、神。

王解：孔子从来不谈什么奇闻怪论、气力、特殊功能、胡乱八卦、神魔迷信。

评点：要了解孔子不谈什么，要点在于了解他喜欢谈什么，他喜欢谈的是做人，是正名，是秩序，是仁与礼。他谈自己知道、自己坚持、自己确信的正正经经的话题，而不谈云山雾罩、信口开河、不着边际、不负责任的话。这很正常，很负责，却也可能少了些想象与趣味。盖，人的一生，总要说些没用而有启发、有魅力、有趣味的话嘛。

此话放到今天也有意义。今天就好比不谈荒唐段子，不谈特异功能，不谈邪教歪门，不谈占卜相面，不谈鬼神下凡。这也是一种文化定力，在当时，有所言有所不言也就很好了，从今天的观点看，对于一切荒诞无稽，也可以言，要分析它们的成因，它们的市场，它们的后果，它们可能有的歪打正着，怪力乱神也有可能从侧面或者反面给人以启发。何况还有艺术呢？艺术不排斥怪力乱神，文学也不排斥，没有怪力乱神的文艺，不是自缚手脚了吗？

怪力乱神，其实视作一体来讨论就行，是指那些没有事实依据，没有数据图表，没有证明证伪，无关世道人心的胡思乱想、奇谈怪论。

窃以为怪与乱似有贬义，力与神则无贬义，也不妨研究一下怪异的力量与胡乱编造的神祇。那至少也是文化现象，仅仅不语可能还不够。

◦ 7.22

子曰："三人行，必有我师焉。择其善者而从之，其不善者而改之。"

王解：孔子说："三个人走在一起，中间一定有值得我师法的人物。谁有什么长处好处，我就按他的样儿办，谁有什么不好的地方，我就对照借鉴，把自己的同类毛病改掉。"

评点：以书为师固然很好，以人为师更胜一筹；以善者为师固然很好，以不善者为反面教员尤其难得。此师彼师，世界是最大的老师，生活是最活的老师，人众是最切近的老师，以这样的态度学习，才是真正会学习、学得高妙的人啊。

（择）其不善者而改之，还给人一个启发，看到他人的不善之处的人太多了，议论他人的不善者太多了，哪个人前不说人，哪个人后无人说？看到别人的不善之后首先想到自己的不善，这庶几是圣人风范喽。

◦ 7.23

子曰："天生德于予，桓魋其如予何？"

王解：孔子说："上天把其恩德赐予了我，一个恶意的官员桓魋能奈我何？"

评点：仁德能够增强信念，才能能够鼓舞人心，学问能够放宽胸襟，智慧能够减弱压力，一个对自己的选择与品格充满信心的人，绝不憷头。

王某同感。没错，一个打算刨树杀人的桓魋，装腔作势了半天，您还能咋着孔圣人呢？

◦ 7.24

子曰："二三子以我为隐乎？吾无隐乎尔。吾无行而不与二三子者，是丘也。"

王解：孔子说："几位学生以为我向你们隐瞒了什么吗？没有，我没有隐瞒什么，我的一切行为都与你们在一起，这才是孔丘啊。"

评点：是啊，一个文教人士，或一个社会活动家，一个有了相当大的动静的公众人物，他的隐私权就会受到限制乃至剥夺。谁让你那么有名，那么社会，那么公众呢？我也有同感。

听德国的一位总理说过，当了总理就变成了养在玻璃鱼缸里的热带鱼，一举一动，从头到脚，都在公众的视野以内。

有时候是旁人完全无法设想的困境与挑战，你居然举重若轻、游刃有余、屡败屡战、败而大胜。

某些俗人当然认为、只能认为，你有"隐情隐技隐术"，你有什么奇门遁甲、秘籍神功，要不你就是谋略通神、魔法障眼……没辙，一个俗人、一个孔子的小小弟子，怎么可能理解你的大道无术、大智无谋，不设防而固若金汤、无为而无不为的道理与奥妙呢？

智者、仁者、高士、圣贤都会有一个不被理解的悲哀，他们的心胸境界、智商情商、责任使命超出常人太多。人站得越高，越容易被误解为有诈，也确是令人哭笑不得的无奈。

○ 7. 25

子以四教：文、行、忠、信。

王解：孔子的教学有四方面的内容：文章典籍、社会实践、忠实恭谨、诚信可靠。

评点：四个字的次序有点意思。上学，只能先读书，读书是就学的开始，也是最切近的教授。然后带上弟子出游，推销儒学，寻找机会，锻炼了孔门弟子。学识上、经验上上去了，得锻造品格、陶冶心性了，要讲忠信为本了。

教学，古今中外都是从读书识字开始，但孔子从一发蒙，就注意对忠信品德的培育。

○ 7. 26

子曰："圣人，吾不得而见之矣；得见君子者，斯可矣。"子曰：

"善人，吾不得而见之矣；得见有恒者，斯可矣。亡而为有，虚而为盈，约而为泰，难乎有恒矣。"

王解：孔子说："圣人，我是看不到了，能见到君子，也就行了。善人，我是看不到了，能见到有恒心能坚持做好事的人也就行了。以无作有，以空虚作充实，本来贫乏，却要闹腾个牛皮烘烘，这样的人，能够坚持住点什么呢？"

评点：一方面是降格以求，不再幻想传说中的圣贤巨人，只求人们能保留住君子之风，能坚持住善良之意；另一方面针砭当时的吹牛冒泡、装腔作势、借以吓人的不良风气，说得很像现今啊。

对善人的解释，王某有点跃跃欲试："善人"除了解为善良的人、好人以外是否也还有能人大师巨匠的意思？古代文言中"善"当然也含有能干智慧、专业精良的意思吧。

"得见有恒者"之说有意思，没有真本事、真货色，一时之间，大红大紫，热闹非凡，是可能的。二十年后看看，他还行吗？三十年呢？四十年呢？

◦ 7. 27

子钓而不纲，弋不射宿。

王解：孔子钓鱼，不用大绳渔网；孔子猎鸟，不射夜宿枝头的鸟儿。

评点：孔子的仁心及于鱼鸟，反对搞凶狠的赶尽杀绝。他虽然是从道德层面来考虑问题，却完全符合当今保护环境与生态的要求。诚然，在一定的层次上，科学、福祉、仁义、美感、哲理是相通的。

◦ 7.28

子曰："盖有不知而作之者，我无是也。多闻，择其善者而从之，多见而识之，知之次也。"

王解：孔子说："现在颇有些人没有相关的知识，却也生编硬造，生拉硬扯，虚说妄议，瞎忽悠。我可不是这种人。我是尽可能多听多知道一些有关资讯，再选择最好的来接受；多看而且记住它们，倒还是第二位的事（或，由于我的智力只是第二等罢了，我做不到生而知之）。"

评点：孔子相信有生而知之的圣贤，如果他不相信就无法解释圣贤的存在或曾经存在了。但是他坚持自己是次一等的，是需要多闻多见的，然后从中选择或从中记住的。这样的次一等的自我估价，恰恰是第一等的聪明正确。知识骗子、学问骗子、文艺骗子，假不知以为知，连蒙带唬，连扣带抢，摆虚架子，练虚拳脚，从先秦就有，就被孔子识破，至今不见减少，仍是一拨又一拨，一窝又一窝。

◦ 7.29

互乡难与言，童子见，门人惑。子曰："与其进也，不与其退也，唯何甚？人洁己以进，与其洁也，不保其往也。"

王解：互乡人有些"各（读上声）"，与他们难以交流沟通说话。孔子会见了他们那里的一个学生。孔门弟子们不解。孔子说："我是欢迎他们到来求教的，不等于我能确保他们走了以后如何如何。人家恭恭敬敬、洁身而至，求教我们，我首肯他的洁身恭敬，不是保证他此后会怎么样发展。"

评点：孔子宁愿多接触一些人，哪怕引起弟子的困惑，前面说过子见南子引起了子路的不满，这里又说起子见互乡童子引起门徒们的不解。结果孔子还得给门徒们解释与自我辩白，呜呼，心胸广大的人为狭窄者所不容，层次高超的人，为层次一般的人所质疑，叫人说什么好呢。

◦ 7.30

子曰："仁远乎哉？我欲仁，斯仁至矣。"

王解：孔子说："仁离我们遥远吗？你只要想做一个仁者，你也就达到仁了。"

评点：内心的修为，说难则难，说易则甚易，叫作不外乎一念之差。此前孔子说到一些具有某方面美名的人物，都说是自己不能认同他们就是仁德之人。这里又说，你要仁，自然就会仁，也就是说，如果你不仁，不是什么学习积累锻炼的问题，只有一个原因，你不欲仁，你缺少求仁的天良，你受到了凶恶贪婪的影响，你压根儿不想做仁德之事。

这里，斯仁至，就是斯至仁，说人达到了仁，与说仁来了也同义，但仁来了的说法有点像童话，我们达到了仁，更像孔子。

◦ 7.31

陈司败问："昭公知礼乎？"孔子曰："知礼。"孔子退，揖巫马期而进之曰："吾闻君子不党，君子亦党乎？君取于吴，为同姓，谓之吴孟子。君而知礼，孰不知礼？"巫马期以告。子曰："丘也幸，苟有过，人必知之。"

王解：陈司败问："鲁昭公懂得并遵守礼法吗？"孔子说："是

的。"孔子离开后，陈司败给巫马期作了个揖，向他进言说："我
知道君子人是不会偏私袒护自己的同党的，莫非君子（孔子）也
有偏有向吗？昭公娶了吴国的同姓女子，称之为吴孟子。这样违
背礼法的事都做出来了，如果说这样的国君知礼，世上就没有不
知礼的了。"孔子说："我算是幸运的，如果有错，人们就会指
出来。"

评点:先贤都认为是孔子在两难情况下会来事儿。昭公与同姓婚，
违礼。孔子要为尊者讳，硬说他知礼。被指出来，他说自己是"苟有
过，人必知之"，仍然没有明确承认自己是否有过，亦即没有明确指出
昭公是否违礼，他太周到了。当然也可以撇开昭公婚配的合法（礼）
性争议而谈孔子对于不同意见的态度，遇到有人指出谬误，他表示欢
迎，闻过则喜是也。做到这一点并不容易。

◦ 7.32

子与人歌而善，必使反之，而后和之。

王解:孔子听人唱歌唱得好，一定要求他再唱一遍，同时在后
一遍与他合唱或自己应和一遍。

评点:孔子活泼亲切的一面油然而见。绝对不是后世道学先生那种
呆木死硬的样子。尤其是在集体生活中，孔子这样的人多么可亲
可爱！

敢情孔子是个合群的人。伟大的人不可能完全合群，合群的人，
难以非常伟大，因为群则难伟，伟则不群。杜甫写李白就是"白也诗
无敌，飘然思不群"。像孔子这样能保持自己的不群，同时又尽量做到
合群，实在是恰到好处。

。7.33

子曰："文，莫吾犹人也。躬行君子，则吾未之有得。"

王解：孔子说："读书学文，我也就是一般般。如何认真践行，我也没有什么值得称道的成绩。"

评点：孔子屡屡强调，他是普通人，不是天才（生而知之者）也不是圣人，正因如此，才彰显了后天努力与苦学恭行的必要。把孔子高高悬空供养，正说明了俗人自己的不肯努力，没有出息。

。7.34

子曰："若圣与仁，则吾岂敢？抑为之不厌，诲人不倦，则可谓云尔已矣。"公西华曰："正唯弟子不能学也。"

王解：孔子说："如果讲什么圣明与仁德，我岂敢妄自尊大？也许我是坚持努力，并且始终耐心地教诲他人，最多也不过是如此罢了。"公西华说："就这也正是我们弟子没有做到的呀。"

评点：老师谦逊：我只做到了一小点。学生谦逊：我们连这一小点也做不到。太谦逊了可能对上进与竞争产生负面影响。

这是一个好题目："中国人的谦逊"或"谦逊与国情"。研究国情，必须研究孔子，孔子是中国国情的归纳者、缔造者与奠基人。就冲孔子与其弟子们的谦虚劲儿，就够我们学习一大阵子的了。

孔子对自己的总结一个是坚持行动——为之不厌；一个是坚持宣扬——诲人不倦，这也是一以贯之喽。

◦ 7.35

子疾病，子路请祷。子曰："有诸？"子路对曰："有之。《诔》曰：'祷尔于上下神祇。'"子曰："丘之祷久矣。"

王解：孔子病重，子路要为他祈祷。孔子说："有这个讲究吗？"子路说："有哇，《诔文》上就说了：'为了病人向各路神祇祷告。'"孔子说："我自己已经祷告很久了。"

评点：先贤们用力分析孔子是相信鬼神还是不相信，以及他这样说话的用意；窃以为涉嫌过度解读。有神论、无神论、别的论，生了重病，冥冥中表达对于早日康复的期盼，正常人的正常心理，叫作人之常情。人之将终，悲欣交集，友好为之祈祷，他说我早就祈祷过了，犹如一个苦笑，孔子的反应极正常，不是微言大义，不是谆谆教导，也不是发布世界观说帖。如果因为圣人伟大，搞成一言一笑皆有深意，搞成口吐莲花，一句顶一万句，那叫什么事！

◦ 7.36

子曰："奢则不孙，俭则固。与其不孙也，宁固。"

王解：孔子说："奢华铺张的人不懂礼让谦逊，俭朴节约的人固执呆板。与其不讲礼让谦逊，宁可固执呆板。"

评点：任何性格与选择都有正反两面，孔子对人性与行事风格的理解相当深透，他是一个世事洞明、人情练达而又拎得清的人。

奢是放肆的表现，当然不谦逊，讨厌、造孽，容易捅娄子。俭是古板的表现，当然容易老八板儿，欠灵活。比较起来，宁当老八板儿，不当牛皮烘烘；宁当保守派，不当冒险家；宁失之俭，不失之奢，可以理解。

这点也与老子一致："一曰慈，二曰俭，三曰不敢为天下先。"

○ 7. 37

子曰："君子坦荡荡，小人长戚戚。"

王解：孔子说："君子人襟怀坦白宽阔，大大方方；小人则是患得患失，嘀嘀咕咕。"

评点：君子顾忌甚多，多有不为；小人则易于怪恶损阴、诸招齐上。君子善人的有所不为，往往在小人阴谋诡计的满汉全席面前难以招架。但君子的最大优势是他的坦荡荡，他的精神境界高远阔大，他可以做到对那些明枪暗箭、蚊蝇骚扰、眼药水花露水不予置理，他的精神空间是小人的百倍千倍万倍。小人之小，首先是境界小格局小，鼠目寸光、抠抠搜搜、计计较较、委委曲曲、窝窝囊囊，能不丢人吗？能不在君子面前完蛋吗？

○ 7. 38

子温而厉，威而不猛，恭而安。

王解：孔子温和敦厚而又坚定明确，威严而不凶猛，恭谨而又安详。

评点：做人的辩证法。其实时刻做到面面俱到是不容易的，从长远来看，一个人总会有几个方面。做人，也是求其平衡、均衡。

温和好，失去了坚定性与原则性就不好了，所以还要补上厉。威严是必要的，太凶猛莽撞了就伤人害人了，提醒您悠着点，别那么猛恐怕是必要的。几十年"政治运动"中表现威猛的作家就有几个，他们的经验值得记取。恭敬小心，如果变得哆里哆嗦，进退失据，闹心乱意，当然也是走向了反面，您还得安详踏实些。

泰伯篇第八

8.1

子曰:"泰伯,其可谓至德也已矣。三以天下让,民无得而称焉。"

王解:孔子说:"泰伯,他的道德修为,那是真正到位了。他三次谦让自己的君位,百姓简直不知道用什么话来称赞他。"

评点:正当竞争是一种美德,有利于秩序发展和发挥人的能动性、积极性。但竞争也会诱发矛盾冲突。礼让不争,向后捎,在中国古代被认为是崇高的美德,有利于秩序、和谐、安居乐业。这样的以礼让为主流价值的做法,是中华文化长期稳定、自成一家、光辉千古的一个重要缘故,但或有不利于发展的侧面,可以比较推敲一番。

还有一个问题,如果大家公认礼让是最高美德,就可能出现以礼让的标榜来互争。就是说,可以在仕途上、钱财上表示礼让,但在谁更礼让的道德评比问题上绝对不礼让,变成了不是在体育场上赛跑,而是在体育场上赛让。你让三分,我让三丈,我就胜过了你。以让为争,争于相让。这就成了老子所讲的"皆知善之为善,斯不善矣"。

再回过头来看孔子的时代,自然经济、农耕文明,劳动生产率、技术上的竞争尚不明显,诸侯国家的领土权力之争恶劣血腥,"士"们的自我宣扬兜售、口舌之争千奇百怪,孔子能认识到恶性竞争的无益,才提出了"谦让至德"的命题。其实老子之提倡"不争"更加彻底,老子主张的是取消价值判断,因为很多争表现于价值判断之争。

从当时的情势看来，礼让的美德性毫无疑义。到了西方产业革命，进入工业社会以后，我们渐悟正当竞争的不可或缺了。

◎ 8.2

子曰："恭而无礼则劳，慎而无礼则葸，勇而无礼则乱，直而无礼则绞。君子笃于亲，则民兴于仁；故旧不遗，则民不偷。"

王解：孔子说："恭敬而不知礼法，是徒劳无益；谨慎而不知礼法，是畏缩不前；勇敢而不守礼法，会扰乱秩序；直率而不懂礼法，会伤害刺人。（上层的、协力于权力系统的）君子做到了对于亲友的挚爱敦厚，老百姓也就渐渐养成了仁爱提携的风气；君子不忘记照顾故旧，老百姓也就不会对人冷漠。"

评点：孔子注重心功、心教，提倡恭呀慎呀勇呀直呀的品质，但一切品质都离不开礼法的具体规范，离开了具体的规范，美德也可能显现出过分乃至荒谬的一面。这说明礼制帮助一个人做到中庸，而不是过分。

没有了礼制标准，恭敬成了疲劳烦琐，谨慎成了畏首畏尾，勇敢成了乱局乱象，直率成了伤害的利刃，什么好事好词都走到了反面。

此语客观上说明了泛道德论需要法制之补充，没有强调法制之前有个礼制也很好。道德概念的力量在于它的美好，它的人性化、主体化，即它是人的主体趋向，是人的主动，而法制、礼制带有社会契约性质，某种强制性质。泛道德论的不足是它的弹性内涵，可多可少，可弱可强，可浓可淡，不好把握：太轻飘了未必有效，太夸张了走向反面——走向名教杀人，如对于女性的道德要求。

以德治国，重在教化，掌握权柄的人不仅是生杀予夺的头人，而且应该是事事垂范的教师与榜样，这是中华文化的一个有特色的主张。但笃于亲与故旧不遗，几千年下来，出现了败落腐朽的征兆，情面文化的过分发达，达到的不是普遍的仁爱，而是圈子的利益占有，反而会形成纲纪的松弛与认真精神的缺乏。

◦ 8.3

曾子有疾，召门弟子曰："启予足！启予手！《诗》云：'战战兢兢，如临深渊，如履薄冰。'而今而后，吾知免夫！小子！"

王解：曾子病危，叫弟子们过来说："放好我的脚，放好我的手。《诗经》上说过：'战战兢兢，如同面对深渊，如同走上薄冰。'今后，我就解脱了，孩子们。"

评点：活着就要规规矩矩，死了才能解脱。噫！

◦ 8.4

曾子有疾，孟敬子问之。曾子言曰："鸟之将死，其鸣也哀；人之将死，其言也善。君子所贵乎道者三：动容貌，斯远暴慢矣；正颜色，斯近信矣；出辞气，斯远鄙倍矣。笾豆之事，则有司存。"

王解：曾子病重，孟敬子向他请教做人的道理。曾子说："鸟快要死了，它的鸣叫十分悲哀；人快要死了，他说的话语十分善良。君子重视的有三个方面：一个是重视自己的仪容面貌，不要有粗暴怠慢的表现；一个是注重自己的表情气色，才能显出自己的诚恳可信；一个是注重自己的言谈语气，免得有什么粗鄙失当。至于某些细节，自有主管的人料理（不必过问太细）。"

评点：曾子说的外在的修身功夫看起来不那么根本，实际上也很重要，这些应该从幼儿园学起的，可惜今人常常忽视轻慢，弄出一批语言无味、面目可憎、粗鄙丑陋的形象来。

内容规定形式，但形式也影响内容；心术规定容貌，但容貌也影响环境对你的反应反响，反响当然也影响到你的心术、心境。再说，一些坏毛病，在造成丑恶的外表的同时也必然泄露了自己的愚蠢、蛮横、自负、卑劣。

孔子这一派很重视容貌、气色、谈吐，尤其是重视容气谈中的敬的表现，示敬，是礼的核心，也是礼仪的一个重要部分。

鸣哀言善之说，脍炙人口，这是一种文学性极强的生命体验，同时仍然有一种对性善论的笃信。它不能成为一种人生教训，然而着实感人。《论语》的好处在于它入情入理，情满于理。

○ 8.5

曾子曰："以能问于不能，以多问于寡；有若无，实若虚，犯而不校。昔者吾友尝从事于斯矣。"

王解：曾子说："以自己的多才多能却甘向无能的人请教（相信各有所长，他们仍能在某方面指教自己）；知识丰富的人向一个知识贫乏的人请教（相信他们仍然能具有自身没有的知识、智慧，相信与许多人有互补的可能与必要）；自己明明有丰盈的见解，只像是一无所有（注意聆听汲取他人的见识）；自己明明有实在的依据，只像是空空洞洞（注意面对不同的说法）；被侵犯了也不争论辩白（不必为自己而争）。过去我的一个友人就是这样做的。"

评点：礼让谦逊的本质是自己充满自信，从而更加尊敬与愿意请教别人，正因为自己已经掌握了大量信息，不怕旁人忽悠，不怕旁人轻蔑。愿意汲取一切合理的哪怕是不同的意见，正因为自己胸有成竹，心如明镜。一个人越是处于优势，就越可以礼让三分。而对于小小不言的误解、鸡毛蒜皮的争执、意气用事的攻讦，根本不屑一顾。这些话讲得提气给力。

这一段话很有老庄的意趣。犯而不校、问于不能，尤其是实若虚，有若无，太老庄了。尤其是犯而不校，太有底气了，根本不顾忌小人们的叽叽喳喳。

但太强调这一面会有些过，符合礼让原则了，却不符合效益原则，可能误事，可能虚伪。不论怎样仁义、道德、谦虚、礼让，都不可离开实事求是。

◎ 8.6

曾子曰："可以托六尺之孤，可以寄百里之命，临大节而不可夺也。君子人与？君子人也。"

王解：曾子说："可以将幼小的国君托付给他，可以将国土百姓交代给他，遇到大的危难变化，有足够的担当，不轻易屈服于外来的压力。这是君子人（的担当）吗？当然是君子人（的担当）呀。"

评点：这里讲的是责任担当，每个君子，都应该以能够担当这样的责任来要求自己。

君子最初指的是统治系统、权力系统中的男子，是一种地位、身份的概念。正是《论语》，从那个开宗明义的"人不知而不愠，不亦君子乎"开始，赋予了君子以后来的受过教育、有相当的文化涵养文化品质的含义。君子，有地位也有文化教养，但不一定个个都有明确的官职与责任。他们有的是候补官员，有的是正在打拼的说客，有的还需要论证自己确是君子，即尚是候补君子，有的是仕途上退出的或落败的前官员；有的做官，有的清谈，有的帮闲，有的鸣于诸子百家，有的只有虚名；有的教书，有的归隐，有的被邀做官赶快洗耳朵以示清高；有的人诗词歌赋，有的人琴棋书画。曾子这一段大义凛然的讲话是说，每个君子都要"时刻准备着"担当惊天动地的大业，应该可以接受托孤，掌管邦国，承担一切，经得住一切艰难灾异的考验。这称得上是赤胆忠心、义正词严喽！

◦ 8.7

曾子曰："士不可以不弘毅，任重而道远。仁以为己任，不亦重乎？死而后已，不亦远乎？"

王解：曾子说："一个读书人、一个精英应该强大坚毅，他的任务重大，道路长远。他以实现仁政、推选仁德为己任，能说不重大吗？他死了以后才可以停止自己的奋斗，能说不长远吗？"

评点：遍读《论语》，曾子的调子相当高，至少在词句上，比孔子调门略高。

◦ 8.8

子曰："兴于诗，立于礼，成于乐。"

王解：孔子说："（一个人的成长）启发于诗，树立于礼，完成于乐。"

评点：又是中华文化的整体性、一体性与感情性的一例。孔子主张：诗歌、礼制、音乐，是一揽子的人生教化三部曲、人生结构三元素。

诗是最原生态的人性，它以童谣、民谣、儿歌、情歌、劳动号子、婚丧嫁娶喜（哀）词语、流行歌曲、士人写作酬酢等形式最早地告诉你人生的丰富性、多情性与伦理道德性，启动激活了一个人的思想情感：仁爱、孝悌、友朋、乐生、哀别离、哀死亡、愤腐恶等。而根据孔子的理论，相对正面的情绪，可以发育成为滋养个人、社会、家国、天地的美德，如仁义礼智信、温良恭俭让等。相对负面如哀怨愤懑的情绪，也可通过诗文予以引领调理，使之不怒、不淫、不伤、不走火入魔。这叫作兴于诗。

礼是一个儿童、青年成长中必经的教诲与熏陶，小孩当然要学规矩，古今中外莫不如此，要使自己的一言一行、一颦一笑有所规范，也就树立起了种种合乎礼仪的容色、行止、程序、模式。人际关系从而和谐有序，社会生活从而正常运转，家国治理从而有道合理，仁德的情性理念从而化育众人。这叫作立于礼。也等于告诉你，个人与家国社会，会坏于非礼，坏于礼之崩溃。

音乐不像诗歌那样借助言语易于传播，而具有某种抽象性与纯粹性，它带有更多的精神性乃至形而上性，它有更大得多的解读与接受空间，它标示的是精神生活的深刻化与成熟，是生活的欣赏与浑然归宿，同时它是礼制与仁德的凝结与升华，是礼制与仁德的节律化、完美化、演奏化、辉煌化。这叫作成于乐。

人的一生，始于民谣、儿歌、情歌，致力于文明、礼制、规则、法度，完成为艺术的完美无瑕、潜移默化，归结为人生的接受美学——其乐无穷、其味万千。不赖！

还可以说，最初，人生如诗：美丽多情诚挚，辗转反侧，君子好逑，何等地动人心扉；其后，人生如礼：揖让进退、颜色应对、规矩礼法、遵命照办，好不辛苦，却又井然有序、斐然成文、灿然为章、肃然起敬；最后，人生如音乐：慷慨激昂、幽雅婉约、余音绕梁、三日不绝、百味俱陈、清纯恬淡、如泣如诉、如怨如慕、若有所思、若有所忆、不着边际、热泪横流、人之言善、鸟之鸣哀、非有非无、不知所终。呜呼！

○ 8.9

子曰："民可使由之，不可使知之。"

王解：孔子说："民人可以让他们听喝，让他们跟着干，不可以（用不着）让他们知道详情。"

评点：对于今天的民主主义来说，此话触目惊心，"反动透顶"。但这样的思想与实践实际上存在了几千年，至今也没有绝迹。就因为从理论上，民主、平等、自由都是理想，都是极好甚好。实际上，人与人千差万别，相距甚远。体力、智力、寿命、教育、机缘、背景、资源都可能有不小的差别。而社会的运行，离不开管理与被管理，权威与服从，引领与跟随，制定、改变与遵守照办，在历史上的主动性与被动感。迄今为止，真正的心甘情愿的尊卑上下秩序并没有当初那么牢固，真正的民主、平等、自由也没有怎么落实。说来话长喽。

有一种解释："民可使，由之。"老百姓听使唤，随他们去。"不可使，知之。"百姓不听使唤，要给他们讲道理，要沟通信息，或者干脆是你自己掌握一下情况就对了。非常有趣，这是汉字汉语的文字弹性游戏，优雅动人。唯不像正解，仍然赏心悦目益智。

读诗文，如有怪解异见，只要能自圆其说，即可鼓掌赞美。这是中华文人的一乐，甚至是福气，还是古代经典的可读性之一脔。

◦ 8.10

子曰："好勇疾贫，乱也。人而不仁，疾之已甚，乱也。"

王解：孔子说："勇于挑战，不平（忧患、愤懑、痛苦……）于贫贱，就要出现乱局了。遇到某些做人不讲仁德的人，对这种人仇恨太过，也要出现乱局了。"

评点：此话带有预见性。好勇疾贫，疾之已甚，这就是阶级斗争、贫富矛盾的激化与恶化啊！

群众的道德舆论、道德审判、道德制裁，如今是网上的人肉搜索，有可能造成乱象乱局。此语语重心长，英明犀利，良药苦口，值得警惕。孔子说在数千年前，更是令人赞美。

为什么？我们提倡以道德律己，我们尊崇有德之人，我们希望社会上的精英们、掌权者们能够以德治国，做道德教化的模范，很好，但也可能以道德做相争斗的武器，以道德批判煽情点火，如此则很糟。人而不仁，你可以疾之患之乃至有所不快，但不能疾之已甚。仁德当然重要，从修身上说重要，用以判断识别他人则不能过分，你毕竟没有一个度量衡来搞清谁的仁德具备几钱几两。再说有人不怎么仁爱，你就疾之已甚，你就恨之入骨，首先证明的是你的不仁，仁者爱人，应该包括爱那些自身没有做到足够满意的仁的人，轻易与夸张地疾患他人者，不是仁人。

勿为已甚，这是中庸之道的一个根本原则。尤其在对待那些有缺点、有短处的人上，太苛刻、太严厉了，绝不是君子之风。

◦ 8. 11

子曰："如有周公之才之美，使骄且吝，其余不足观也已。"

王解：孔子说："哪怕你拥有像周公一样的才华俊美，如果你骄傲鄙吝，别的什么也谈不到了。"

评点：现在的说法是需要"德才兼备，以德为先"。

而人生经验告诉王某，真正有周公之才之美的人，如果骄且吝，常常会发生不幸的悲剧，但他们毕竟还留下了一些思想，留下了一些事迹，留下了一些作品，留下了一些遗憾和叹息。问题是，容易甚至是急于表现出骄傲鄙吝的，恰恰既无才也无美意，说不定是一些獐头鼠目、愚蠢窝囊、实在提不起来的货色，他们的表现是喜剧？是闹剧？是荒谬还是误会呢？

8. 12

子曰："三年学，不至于谷，不易得也。"

王解：孔子说："学习长进了三年，还得不到俸禄，够难为他的了。"

评点：不易得也，可能是指此人的清高，指他学习不是为了升官发财。更可能是指学习上进的不易，即使读够了三年，上不去照样是上不去，待业照样是待业，功名照样是够不着。

8. 13

子曰："笃信好学，守死善道。危邦不入，乱邦不居。天下有道则见，无道则隐。邦有道，贫且贱焉，耻也。邦无道，富且贵焉，耻也。"

王解：孔子说："诚笃守信，喜爱学习（或努力学好），誓死也要走善道、正道、光明大道。处于危局的邦国，不随便进；处于乱局的邦国，不在那儿安家落户。邦国有章法讲道理，可以现身，有所表现；邦国没了章法也不讲道理（只讲歪理），就干脆躲藏隐蔽起来。邦国有章法，而你贫贱狼狈，是你的羞耻。邦国不讲章法道理，你居然又富又贵，那也是你的耻辱。"

评点：在中国，从事官务活动，企图有所作为，不但要知道自己能做什么，更要知道自己不能做什么，必须不做什么。不但要表现自己，积极进取，努力做事，还要懂得躲避隐藏，懂得销声匿迹，懂得保全性命与名节。不但要有争取富贵荣华的人之常情，还要懂得在邦无道的情势下富贵荣华是奇耻大辱。这一点远远比认为在邦有道的情况下自己贫贱，耻辱困难稀罕得多。要警惕，争抢末班车闹不好，会抢到了下不来的贼船上。要知道无道情势下频频出镜的效果是"天厌之，天厌之"。现今，只要经历过"文革"的人，就会对此获得刻骨铭心的体会。"文革"中"一显身手"，后果如何？呜呼哀哉是也。

还有，诚信、好学、坚守，正确地判断选择，符合道德原则，也符合安全原则。最正确的生活之路、从政之路，一般情况下，应该也是最有效的安全护卫之路。有是非、正误、仁与不仁、义与不义的原则的人，恰恰较能保护自己。而投机取巧、无耻紧跟、舐痈吮痔、助纣为虐、浑水摸鱼的人，一定会自毁其名，自毁其身。

◦ 8.14

子曰："不在其位，不谋其政。"

王解：孔子说："不在那个职位上，就不要对那个职位的政务事宜思谋言语过多。"

评点：孔子是讲进退、用藏、舒卷，智与不智、荣与不荣的，他并不较劲。这里的说法甚至与老庄相通。

但这与陆游诗中所说的"位卑未敢忘忧国"的情怀相悖。当然，也可以说，忧国不等于谋其政。谋其政，太具体也太过分啦，而忧国云云，只是表达一种家国情怀而已。

◦ 8.15

子曰："师挚之始，《关雎》之乱，洋洋乎盈耳哉！"

王解：孔子说："太师挚开始了演奏，到了《关雎》这里一片活跃，洋洋洒洒，耳朵里全是音乐喽。"

评点：喜爱与如此推崇音乐，孔夫子的可爱又进了一步。

或谓"《关雎》之乱"是以《关雎》结尾乐曲之意，我这里想象它是指一种活跃状态，更好理解，也更与乱的今义靠拢。

8. 16

子曰："狂而不直，侗而不愿，悾悾而不信，吾不知之矣。"

王解：孔子说："一个人如果狂妄却又不肯直截了当，无知却又不实实在在，无能却又不讲信用，我是拿他毫无办法了。"

评点：本来狂妄的人多半会直性子一些，无知的人多半会实在一些，无能的人至少会憨厚一些，偏偏你同样会遇到狂而诡、愚而诈、笨而奸的人，只好叹一声"不可救药"喽。

8. 17

子曰："学如不及，犹恐失之。"

王解：孔子说："学习的时候老觉得自己跟不上，弄不好就啥也没有学到。"

评点：天真犹存，童心未泯。学习精神，如饥似渴。还有就是努力学习高深的东西，把对学习的要求标杆提高再提高。

学习是"不亦说（悦）乎"的。学习又是有压力、有紧迫感的。一年级的基础，你要努力学二三四年级的学问，没有一点压力与奋斗，你能有什么长进？

在学习上，永远不要姑息自己、放任自己，要有严要求、高标准。

○ 8. 18

子曰:"巍巍乎,舜、禹之有天下也,而不与焉!"

王解:孔子说:"虞舜与夏禹的拥有天下是何等崇高伟大,他们自己并没有去追求索要啊。"

评点:如今也有一个说法,伸手要官的,一律"不给"。另一方面我们却也看到了,自古至今,为官位奔走者,蝇营狗苟者,不绝。还有一个问题,舜与禹没有要权,何以知之呢?

仍然有有价值的意味:为掌权而掌权的人,境界太一般、太流俗,高度不够,难有大德、大功、大智、大勇。相反随时有贪赃枉法、顾此失彼,偶然投中一机,随后麻烦缠身,终于身败名裂的危险。认真讲奉献讲理念的人,志存高远的人,真才实学的人,满腹经纶的人,绝对不可能伸手要官、蝇营狗苟,这样的人确是更伟岸得多。

问题在于君王,你是喜欢那贴上来的奸佞弄臣,还是堂堂正正的光明型人物呢?

还有另一种权力中人物,专门嫉妒高风亮节的君子,专门嫉妒一心向学、前途无量的年轻人,他们的特点是仇恨未来,扼杀希望,与春秋大义不共戴天。

○ 8. 19

子曰:"大哉尧之为君也!巍巍乎!唯天为大,唯尧则之。荡荡乎!民无能名焉。巍巍乎其有成功也!焕乎其有文章!"

王解:孔子说:"唐尧当皇帝当得是多么伟大呀。高尚伟大,谁也赶不上苍天！只有尧，他的行为是按照天道走的。阔大雄浑，无所不有！民人找不到词儿来形容他的伟大。他的成就像高山一样宏伟，他的光彩像文章（大自然的纹络）一样壮丽！"

评点：孔子只有说起古代君王时才使用这种巅峰词语。好处是给后代树立一个理想的丰碑，激励后人以之为榜样，同时也在客观上等于用文化记忆监督当世的权力之人，向后世的权力人物提出："你做得有唐尧那么好吗？"这一问是有点文化压力、道德压力的。

坏处是不一定实事求是。脱离实际的标杆，脱离开前人的语境，长期反复传诵普及推广以后，有可能变成某种高调套话，有其利也有其弊。最大的弊就是会有成事不足、败事有余的人以理想为标杆要求别人，否定别人，高调搅局，还有可能引起失望、怀疑和审美疲劳，造成某种疲沓心理。政治上的调子太高了，歌功颂德的语言太煽情了，事物就会开始走向反面。老子早就指出了这一点："物壮则老，是谓不道。"

○ 8.20

舜有臣五人而天下治。武王曰："予有乱臣十人。"孔子曰："才难，不其然乎？唐、虞之际，于斯为盛。有妇人焉，九人而已。三分天下有其二，以服事殷。周之德，其可谓至德也已矣。"

王解：舜有五位良臣，而后天下大治。周武王说："我有能干的臣子十个。"孔子说："人才难得，不正是这样的吗？唐、虞之后，到了武王说话的那个时候，人才涌现，达到了一个高峰。其实其中还有一个女子，可以说武王实有的良臣是九个人。直到周拥有了殷商的三分之二国土，对商仍然俯首称臣。周的这个德行，是真正到位了。"

评点：孔子以及老庄，都认为古胜于今，虽然他们心目中的古各不一样。孔子心中的古是相对晚近的"周礼",老子没有明说,但原则上设问:"能婴儿乎?"庄子则干脆只向往神农氏前,他连黄帝也否定。

这里,首先,历史的长期积淀与时间距离,使历史比当前更丰富也更经过了时间的考验,历史的冷效应常常比当今的热效应更有说服力。这也是一种间离审美效应。例如高等教育中的学识传授,似乎讲得越古学识越靠得住,研究古典的人似乎比研究当代的人学问更大。

其次,人类社会的发展是由简而繁,由粗而细,由直而曲,由混沌一团而条分缕析。生产力的发展,科学技术的发展,智力的发展并不总是与幸福指数、道德风尚的优化同步。一些读过书、知道历史的人士,不能不为当初的质朴憨厚而神往。

最后,这恰恰如人的个体的发展,儿童时代,无知无识,无忧无虑,无计无谋,无善无恶,其乐何如,其纯真何如?

可惜,无论你的主观好恶如何,人的历史不会从先秦向西周转弯,人的个体也不会倒着成长,能婴儿乎?回答很简单:不能。

○ 8.21

子曰:"禹,吾无间然矣。菲饮食而致孝乎鬼神,恶衣服而致美乎黻冕,卑宫室而尽力乎沟洫。禹,吾无间然矣。"

王解:孔子说:"对于禹,我没有什么不能接受的喽。他自己吃得很菲薄,却堂皇地祭奠祖先;他穿得很粗劣,但冠冕礼服很讲究;他的宫室是低标准的,但到处兴修水利。禹啊,我对你没有什么难以认同的喽。"

评点:孔子口中的夏禹有三条美德:第一条是看待祖先比看待后人为重;第二条是看待礼仪比看待本人的享受为重;第三条是,对待民人公众事务比对待自己的排场威风看得重。这三条虽然不能照搬，但是至今仍有研讨学习的必要。今天的领导人，同样要考虑尊重先辈前辈与传统的问题；一心为公为民，少搞楼堂馆所的问题；多搞公务活动的应有礼仪与个人生活的简朴化问题。

子罕篇第九

子罕言利与命与仁。

王解：孔子很少谈利益、命运、仁爱这三个话题。

评点：谈得多或少，一是没有绝对的标准，二是没有明确的含义。谈得多是重视之，不等于喜爱之。谈得少的原因也有多种可能，不一定是厌恶否定。例如《论语》中孔子没谈过婚室、男女之事，没有或很少谈及天象、地貌、资源、经贸……不等于他否定这些东西。

还有一种解法，就是孔子少谈利，因为他虽不否定利益原则，却认为利益原则应该服从于义理、正义原则。其实孔子重视安全与自我保护原则，所谓邦有道则智，则不被埋没；邦无道则愚，则保护自己免于牢狱之灾，即使作为义理的原则也仍然可以同时算作是利益的原则。

少谈命也好理解，孔子认为五十知天命，应该是指五十了也就齐活儿了，不要再与天命对着干了，你得认命，别的时候，你应该尽最大努力，复礼也罢，求仁也罢，接受托孤也罢，孔子愿意多谈的还是个人的修身做人。

但毕竟孔子更推崇更多谈的是仁。有人认为此段句读（标点）应该是"子罕言利，与命与仁"然后解为少谈利，推许命和仁。道理有，断起句来有点出乎意表，不无吃力之感。反过来说，仁是指一种统领性的心性，重要，但不好说得一清二楚，孔子不想详谈，只想点题，不想做文章，谈得少也说得通。

随便吧，反正这一段引起了我们对于孔子的义利观、天命与主观努力观、仁德观的兴趣。在这些观念上，我们对孔子的接受并无大麻烦，拼命猜古代经典的字句之谜，倒也不必非让读书人窘死不可。

9.2

达巷党人曰："大哉孔子！博学而无所成名。"子闻之，谓门弟子曰："吾何执？执御乎？执射乎？吾执御矣。"

王解：达巷的居民们议论："孔子真了不起，他是博大宽泛的，却没有精深专一的名气。"孔子听说了，对自己的徒弟说："那我怎么办呢？我去驾车？要不去射箭？我还是去驾车吧。"

评点：孔子是思想家、教育家、社会活动家，他不是某个特定行业的师傅。有人分析驾车一行比射箭一行更宽泛游走，射箭一行则更专注静穆些。这样分析也费点劲，我宁愿认为这是孔子以此自嘲，并通过这种自嘲表明自己与御、射之类的行业师傅相比是另类。例如如果有人评论郭沫若不如齐白石业务精湛，郭也许会说："我怎么办呢？去刻印还是画水墨画？要是这两样让我挑选，我还是画画去吧。"

放到今天，无所成名也可以解释为知名度不足够，知名度中有道德文章的因素，有功业贡献的因素，还有传播的因素。如果今天议论孔子的成名，他也许会说："我怎么办呢？上春晚还是上汉字英雄？还是上汉字听写吧。"

9.3

子曰："麻冕，礼也；今也纯，俭，吾从众。拜下，礼也；今拜乎上，泰也。虽违众，吾从下。"

王解：孔子说："过去戴着麻织的礼帽（参加祭祀活动），这是一种礼制；现今的人们则习惯于用丝织的纯帽，比较俭便，我也就随大流用纯帽了。跪拜，也是礼制，过去先在堂下拜，现今改成只在堂上拜了，比过去更张扬了。即使违背了多数人的习俗，我还是坚持在堂下拜。"

评点：习惯风俗礼制，都是相对稳定的，不宜轻易变动，但也绝对不是一成不变的。所谓"逝者如斯夫！不舍昼夜"的子在川上曰中，应该有万事包括礼制变动不羁这方面的感叹，而不仅是水流之叹。如果万物无变化，时间的流逝也就失去了意义与可感知性。对于变化，孔子虽然好古，不能一律否定，不能搞不承认主义，他希望由自己进行一些选择，宁选择繁复变为简朴，不选择单纯变为复杂张扬。看看世界各地，繁文缛节，也是往简化上走。

◦ 9.4

子绝四：毋意，毋必，毋固，毋我。

王解：孔子的自我要求是，绝不沾染下列四种毛病。就是说，不要任意妄想、意气用事；不要死认一个道理，搞绝对化；不要僵硬呆木、故步自封；不要自我中心、刚愎自用。

评点：孔子的四绝论与当时的背景有关，那时的大人物都在争权夺利，都企图覆盖包圆独吞天下，都以为己方必胜。四绝四毋的核心是毋我，一旦突出了膨胀了我，就必然会妄自尊大，就必然只认一方面的理，就必然僵硬呆木，拒不改革开放。

四绝的说法还有一个重点，人——君子们应该聪明通达、与时俱化，不要死板呆木、钻牛角尖、墨守成规、四处碰壁。

　　所以至今这四绝仍有意义，我们希望从《论语》中挖掘出有利于心智发展、改革开放、发展进步、安居乐业的精神资源，而不是要子曰诗云、死记硬背、汉服扎靠、回到古代。而今天常说的批判私心杂念、独断专行、停滞不前、骄傲自满，也可在《论语》的此段中，在孔子的教导中找到端倪，并引导它们与好学敏求、见贤思齐……这些完全能够通向世界、通向未来、通向现代化的儒学精华接轨。

◦ 9.5

　　子畏于匡，曰："文王既没，文不在兹乎？天之将丧斯文也，后死者不得与于斯文也；天之未丧斯文也，匡人其如予何？"

　　王解：孔子在一个名匡的地方被囚禁起来了，他说："周文王去世了，文化的脉络传承到了我们身上，是不是天要让文脉断绝呢？如是这样，后人就得不到斯文的传承了；只要天意不是要灭绝斯文的话，也就不怕匡人会把我们怎么样怎么样了。"

　　评点：孔子有一种使命感，因此他认为他的命运遭遇下场不仅仅是他个人的事，也是家国大事、历史大事、天地大事。这一点，在《论语》中屡有流露，孔子绝不自谦。他认定，有某种更巨大、更根本、更重要，而尚未弄清的法则、天意、天命，有某种形而上的东西在起作用，在主宰着他的命运。在这里纠缠于孔子是否持有神论是没有太大的意义的。人，尤其是一个士、一个读书人、一个学人，他不可能没有终极关怀、终极考问、终极期盼即终极愿望。这个终极，宗教徒认为是自己信奉的神祇，唯物论者认为是物质世界的规律，唯心论者认为是精神，历史唯物主义认为是历史规律，老子认为是道，孔子认为是道或仁，孟子认为是义，拜火教认为是火。反正一个个体并不仅仅是一个独立孤立的个体，他与世界，与自然，与天地，与冥冥中的某种法则或力量联结着、互动着。这样，他个人的遭遇就不完全是他个人的事情，他可以、他不免寄希望于最高最大最强的终极。甚至于，我们可以说，哪怕他是悲观主义、颓废主义、机会主义、享乐主义者……他也仍然有所寄托，他寄托的可能是撞大运，可能是得过且过，可能是活着干死了算，可能是醉生梦死……当然他们也没有孔子与一切天降大任的人物的底气。

当然，理念也是信仰，但又不仅仅是信仰，也是通向真理的过渡，是智慧，是善良，是光明与温暖。

正是在孔子遇难之时，他的底气，他的自信自命，他的强大无比的一面显露无遗。

◦ 9.6

太宰问于子贡曰："夫子圣者与？何其多能也？"子贡曰："固天纵之将圣，又多能也。"子闻之，曰："太宰知我乎？吾少也贱，故多能鄙事。君子多乎哉？不多也。"

王解：太宰问子贡："你的老师是圣人吧？他如何拥有这么多的技艺能为呀？"子贡说："是上天让他成就圣人的，既是圣人也就什么都懂都会了。"孔子听说后，说："太宰对我能理解多少呢？我从小生活在下层，所以学了好多低层百姓从事的事。君子会视这些东西为多余吗？不会的，不嫌多。"

评点：多么可爱，孔子不是人家说他胖他就喘，不是抓住机会吹嘘显摆，他不承认任何夸张忽悠，而是从最平常、最基础、最切实处说事：少也贱，故多能鄙事，合情合理，稀松平常，艺不压身，多乎哉不多也，淡定中显示了伟大的诚恳与谦虚，清醒与温。他是做得到老子提倡的"上善若水"的。老子当然是大思想家，但李耳自己的文风并不若水，而是若高天、飓风、惊雷、闪电。恰恰是孔子提供了一个亲切自然、入情入理的老师形象。与老子比，他可以不算太了不起的思想家，但他确是万世师表，是良师益友，是水源与清爽的空气。

有的读者喜欢讨论孔子是不是圣人。从这里可以看得出，孔子不认为自己是圣人，更有意地用平常心谈论自己。他自认为不是圣人，但是是一个有不同使命感的人，是一个大人物：大期许、大使命、大境界、大理念、大自信、大自命、大气派。然后可以谦虚，可以辞让，可以心安理得地讲自己的"少也贱""吾不试""非生而知之者"了。

后来呢，圣人的定位是历史造成的，他当然是被高度认同的中华圣人第一，唯一。

◦ 9. 7

牢曰："子云：'吾不试，故艺。'"

王解：一个名叫牢的人说："孔子说过：'我（很长一段时间）没有进入过仕途，所以才学会了不少技艺。'"

评点：用现在的话来说，长期当领导，就会荒疏自己的专业。领导忒外行了，当然不够好，所以要提倡干部的变外行为内行与专业化。有时，忒专业化了也不好，一个是无法发挥众多专家的作用，一个是容易陷入纯业务的争执，陷入行业性的山头，陷入同行是冤家的怪圈，而且有用权力去干预业务的方便，许多事说不清楚。反过来说，如果你当不上领导，又没有一技之长，只能给领导抬轿，给领导当耳目，跟着上头起哄，后果似也不怎么样。即使一个专家当了领导，最好也能不断地学习新的技能、新的专业知识，有点专业的货色，有点技能本事，多乎哉？不多也，至少能帮助自己与别人，使自己更自信也更开阔。我早就说过，专业与管理，都要懂一点，不要弄得最后是"武大郎盘杠子——上下够不着"。

孔子自信，所以坦然，所以他不怕说自己本来是个"业务干部"，后来才以扭转世风、修齐治平、挽狂澜于既倒为己任。

◦ 9.8

子曰："吾有知乎哉？无知也。有鄙夫问于我，空空如也。我叩其两端而竭焉。"

王解：孔子说："我能算是有知识的吗？没有多少知识啊。有时一个乡巴佬向我提一个问题，我硬是回答不上来，肚子里空空。从头到脚，从这头到那头，思前想后，我使尽了（吃奶的）力气。"

评点：一个大家、一个师长，硬是回答不了一个鄙夫的提问，太不奇怪了，太司空见惯了。因此任何教授、博士、领导、首长请不要以无所不知无所不能自居。何况这里也表现了阶级、层次、学问、智力的差别。孔子怎么可能是万事通、万能人呢？孔子说的是实情，其次才是他谦虚或者不谦虚，为什么说也可能是不谦虚呢？他先说了是鄙夫，给人家定了性，后说在鄙夫面前他的自我感觉是空空如也，是叩两端而竭（穷尽），他一定是谦虚吗？

竭的含义并不确定，穷而尽之，可能是终于明白了，找到了答案，可能是完成了一个求索的阶段性过程，并无所获，最多是将信将疑。也可能恰如王解中说的，是使尽了吃奶的力气。

孔子连续强调自己的一般性、庸常性。他不是什么气功大师，绝不卖弄家传秘方与特异功能，更显宏伟！

◦ 9.9

子曰："凤鸟不至，河不出图，吾已矣夫！"

王解：孔子说："祥瑞的凤鸟不见踪影，黄河里也不出现神异的图像，我也再无办法与希望了。"

评点：生不逢时之叹，时运不佳的牢骚，人皆有之，孔子也未能免俗。孔子当然想不到后世他有了那么大的影响。"牢骚太盛防肠断，风物长宜放眼量"，这不但是宽慰的话，也是老实话。孔子说这话的时候总体情绪虽有苦恼，但也包含着认命的含意。凤鸟究竟出来不出来，河图到底现形不现形，毕竟不是他的事也不是君王权贵们的事。天道如此，奈何奈何？

◦ 9.10

子见齐衰者、冕衣裳者与瞽者，见之，虽少，必作；过之，必趋。

王解：孔子见到穿着丧事服装的人、衣冠整齐着正装的人、视力受损或丧失的人，即使他们年轻，也一定起立为礼；经过他们的时候，一定要弓腰快走。

评点：文明，就是文明，要特别尊敬照顾居丧者、从事官方或正式活动者、残疾者。对特殊状况下的人，有特殊对待，表明的是你不仅关注自己，也关注尊敬照顾他人。为什么几千年过去了，我们的同胞有时做得竟是那样差？

孔子非常懂得尊重旁人，所以能尊重自己。能尊重旁人的角色、处境、困难，所以能理解与照顾人生的方方面面的境遇与可能。他很周到，很文明，堪称师表。

◦ 9.11

颜渊喟然叹曰："仰之弥高，钻之弥坚。瞻之在前，忽焉在后。夫子循循然善诱人，博我以文，约我以礼，欲罢不能。既竭吾才，如有所立卓尔。虽欲从之，末由也已。"

王解：颜渊慨叹有加地说道："老师的人格与教导，越是仰天观看越是觉得它崇高，越是钻研掂量思考越是觉得它颠扑不破、固若金汤。有时候我觉得他就在我的前边，忽然又觉得他是在后面跟随着、注视着你。（他在各个方位，从各个方面引领着你，督促着你，帮助着你，扶持着你。）老师循序渐进地、好声好气地引导着你，用文章典籍充实丰富你，用礼法秩序规范约束你。跟随他学习长进，你想休止也停不下来。我尽了全力，我觉得自己学得很不错了，站得住脚跟了，想真正跟得上他，仍然觉得没有把握。"

评点：讲得真切感人，主要是人格的魅力，是学问与见识的高超，是身教与高大形象乃至若神若圣的力量的自然生成，是影响的深得人心、深入徒心。孔子的教诲与示范全面深刻、无所不在、无时不在，无事无时无语不令你心服口服。必须承认，人与人是有格局、心术、境界、学识、见地、威信、仪态、行止、言语、应对各方面的等级差的，与非同凡响的高人、大师、圣贤在一起，你的受用是说不完的，你的赞扬感动是表达不尽的。

◦ 9. 12

子疾病，子路使门人为臣。病间。曰："久矣哉，由之行诈也！无臣而为有臣。吾谁欺？欺天乎？且予与其死于臣之手也，无宁死于二三子之手乎。且予纵不得大葬，予死于道路乎？"

王解：孔子病重，子路让他的学生们以较高的级别规模组织治丧机构、筹备丧事。后来病好了一些，孔子说："子路这个人，用的这些虚假手段也未免太陈旧了。我（早已不再担任官职）不应该有家臣有治丧机构，子路却弄出个莫名其妙的机构样子，我这算是蒙骗谁呢？骗老天爷?再说，与其死在治丧机构手里，还不如死在几个门徒学生手里呀。就算我的丧礼规模不够宏大，也不至于是死在路途上吧?"

评点:孔子求实，不求表面风光;孔子求真，反对僭越作伪。现如今这一类的弄虚作假、以小求大、冒名扩张、虚礼排场、装牛摆架子之事比比皆是。一个芝麻官儿也要盖土豪办公楼，坐大排量汽车，给自己修"白宫"建"天安门"，搞形式主义、装腔作势、借以吓人的人与事，时而有之。怎么咱们的美丽文化在一代代传承至今、并未间断的同时，咱们的毛病、咱们的"劣根性"也是这样源远流长、百世不绝呢?

◦ 9. 13

子贡曰:"有美玉于斯，韫椟而藏诸?求善贾而沽诸?"子曰:"沽之哉!沽之哉!我待贾者也。"

王解:子贡问:"有一块美好的玉石在这里，弄个匣子收藏起来呢，还是卖给善于做生意的商家好呢?"孔子说:"卖掉吧，卖掉吧。我就是等待着识货的商家呢。"

评点:孔子连说两次卖掉，他的经世致用之心是急切的，坦诚的。孔子在出仕的问题上坦率光明，他是为了使命抱负，不是为了一己的蝇头小利。

同时不要忘记孔子讲的:无道则愚、用行舍藏、不同条件下不同的富贵荣辱的道理。

◦ 9. 14

子欲居九夷。或曰:"陋，如之何?"子曰:"君子居之，何陋之有?"

王解：孔子想住到边远地方去。有人说那里条件太差。孔子说："君子住到了那里，它又有什么条件差可讲呢？"

评点：不以物质环境与经济发展程度判断地域层级，而以有没有值得尊敬的高层次人物在那里居住为准，这也是以人为本，以人为准，有点意思。

俺住到那儿去了，那儿就不会鄙陋，这份儿信心着实了得。

◦ 9.15

子曰："吾自卫反鲁，然后乐正，《雅》《颂》各得其所。"

王解：孔子说："我从卫国回到鲁国，然后整理编纂了有关乐章，使《雅》《颂》各得其所。"

评点：《论语》不知提供了多少成语，所以说《论语》教会了国人说话与思考，"各得其所"是个中之一，不需翻译。

◦ 9.16

子曰："出则事公卿，入则事父兄，丧事不敢不勉，不为酒困，何有于我哉？"

王解：孔子说："到外头，好好侍奉公卿大人；回家来，好好侍奉父兄长上；办丧事不敢不尽心尽力；喝酒从不过量，还能要我怎么样呢？"

评点：这也是人皆可以为尧舜的意思。做好人一点也不难，难的是你不愿意做。

出事公卿，入事父兄，做人，道德是尽人的义务，这可以称作人（义）务思想，与从西方引进的人权思想可以有所比照切磋。

○ 9.17

子在川上曰："逝者如斯夫！不舍昼夜。"

王解：孔子在河上说："时间就像河水一样地流逝着，不分白天与黑夜。"

评点：自从孔子说完了这话，《论语》记载了这话，全中国有多少人重复过这个思路、这个喟叹、这个句子呀。你想说否定就否定，想抹掉孔子，可能吗？

有些话要说全说尽，有些话点一下即可。此语包含的人生无常，更需要努力，天地无穷，岂能不敬畏有加，还有渺小伟大、暂时永恒、自然人事、感叹不尽之意，已经洋溢，已经婀娜多姿。

《论语》的魅力来自它的教化性与人生性、生活性、生命体验性的结合，来自文学性、语言性、修辞性与道德性、唯善论的结合。当你想起孔夫子在河上（是不是桥梁上、船上、大川的源头处？反正不一定解释为河边）叹息"逝者如斯夫！不舍昼夜"的时候；当你想象着那被孔子慨叹过的川江之水，终于奔流到了你的眼前的时候；当你体会了川江之水，孔子代表的中华文化之河流是如何地源远流长、奔腾不息，历经劫难，仍然不舍昼夜地流淌闪光的时候，也许你会感动得潸然泪下。这么简单，这么深沉，这么优美的一句话，九个字，家喻户晓、深入人心，浸透了几千年来中华士人的灵魂，一直影响到引车卖浆者、贩夫走卒，进入永恒，当非偶然。

○ 9.18

子曰："吾未见好德如好色者也。"

王解：孔子说："我没有见过好德行像好女色一样的人。"

评点：小时看过苏联人的一首诗，有句云："爱祖国像爱女人"。此话虽好但总觉得不伦不类。又想，我们是不是太重视天理与人欲之辩了。无非说那个热烈与难舍难分的劲儿。然而，我仍然对此种类比觉得不敢奉承。

当然也不必截然对立起来。至少爱祖国也包括了爱你的父母，你的情人密友，你的子女……

◦ **9. 19**

子曰："譬如为山，未成一篑，止，吾止也。譬如平地，虽覆一篑，进，吾往也。"

王解：孔子说："比如堆山，只差一筐土就堆成了，却停止了，那是自家把它停掉，从而搞不成的。比如在平地上，刚刚只倒了一筐土，如果要继续做，也就能够努力做下去了。"

评点：意思似指人间诸事关键在于你自己干不干，尤其在于你能不能继续干、坚持干到底。功亏一篑，说明哪怕只剩一点点就可大功告成，如果不干了，也做不成；而如果只开始了一点点，有决心继续下去、坚持下去，照样能成就一番事业。

作为成语，功亏一篑，仅仅表示差一点硬是没有做成，所谓行百里者半九十，那最后的十里地的意义相当于前九十里，也就是说做事越到后期，越要坚持继续做好，否则功亏一篑，其憾何如！

但孔子这里讲的侧重点不在于善始善终，而在于人的主体性责任感。这甚至是讲人的自由选择。这甚至让人想到了萨特的自由选择与对于选择后果的责任学说，至少孔子在这里触及了这个问题。

差一篑就完成了，你不想干了，你完全有可能硬是叫它功亏一篑、功败垂成。只倒上了一篑土，你硬是想让它完成，最后反而能够千里之行，始于足下，积少成多、从坚持中得到伟大的胜利。成败利钝，全在一己。谁一事无成也不要拉客观，怨环境，靠背景，盼侥幸。人与人的境遇不同、机会不等、时运有别，但个人的主观努力决定你的一生，做下去还是不做，你的选择是自由的，这至少百分之九十九是对的。

知其不可而为之，这也是一种选择。伯夷、叔齐，求仁得仁，这也是种选择，甚至是最伟大的选择，目的不在于具体的山峰是否矗立，而在于你在奋斗中对于人生意义、对于自己的自由选择的意义的满足，你其实也是树立了一座高山——你的精神与道义的高峰。

◦ 9. 20

子曰："语之而不惰者，其回也与！"

王解：孔子说："你对他说了什么事，他绝对不会犯懒（拖延、搁置、误事），那不就是颜回吗？"

评点：孔子喜欢讲道理，更重视实践，不能勤于践行，你懂了多少义理，也是鸦鸦乌。

还可以解读为，他听老师的教诲时，从无懈怠之状。与此后的一段落联系起来，可以说，孔子高度喜欢颜回的一个重要原因是，颜回在精神层面上是高度奋进不已的。而太多的人，在精神生活上，肤浅、懈怠、松弛、贫瘠、苍白、呆滞，硬是让人爱莫能助哟。

◦ 9. 21

子谓颜渊曰："惜乎！吾见其进也，未见其止也。"

王解：孔子讲到颜回时说："（颜回的死）太可惜了！我看到过

他不断前进，没见过他停息止步。"

评点：当然有这样的人，一辈子活到老学到老，精进不止，对于这样的人来说，时间就是积累，积累就是奇迹。

世上有两种人：一种人，几十年原地绕圈、依然故我、瘸驴瞎磨，却又永远吹嘘，永远牢骚满腹，永远怀才不遇；一种人，天天有进展，天天有精进，天天有新意。确实如此，俺愿意为《论语》做证。

○ 9.22

子曰："苗而不秀者有矣夫！秀而不实者有矣夫！"

王解：孔子说："谷子长出了苗，却没有长叶开花，这样的事情是有的。长了叶子也开了花却结不成穗实，这样的事也是有的。"

评点：有很多学子，有很多可取处。有的来势很不错，能记能背诵，能复述，就是不见消化长进。有的学会旁征博引、五行八卦、夸夸其谈了，仍然没有消化、没有由此及彼的感悟与发挥。有的已经从博闻强记发展到著书立说了，一套一套的了，仍然没有自己的系统与逻辑，没有自己的判断、取舍、选择，更没有创造与新意。找一个好学生，谈何容易！而只出苗不长叶、只长叶不结籽、结了籽实仍属劣等的，何其多也。

苗而不秀，秀而不实，当然这不仅可用来评论学子，也可以用来评论教授、学者、作家、导演、艺术家，还有官员。想想吧，你会想起很多人。

○ 9.23

子曰："后生可畏，焉知来者之不如今也？四十、五十而无闻焉，斯亦不足畏也已。"

王解：孔子说："后生小子，前景惊人，谁敢说后生们成长起来赶不上今天的精英人士！四十岁五十岁了，如果仍然没有什么大动静，也就不用太在意他了吧。"

评点：或者将"无闻"解释为这些一上来颇生猛的学子直到四五十岁了还没有学到真正的道理。但不太自然，没有学到真正道理，是谁的问题呢？没碰到好老师？成才的环境太恶劣？归根结底，成不成才，可敬畏还是不必敬畏，关键在于个人，同样的恶劣环境、遇师不淑、遇人不淑，可能贻误庸才，却也可能造就了奇才大才。所以宁取"四五十岁了仍无可圈可点处的话，也就算了吧"之解。

后生可畏云云，说得老实朴厚，一语中的，也说得乐观向上，具有活力。孔子好古，好周公，好周礼，或认为孔子保守复古，但一句后生可畏，就说明了以孔子之明晰宽阔，他对未来对今后，仍然大有期待。

立马补上一句，如果到了四十五十还无闻，也就不可畏了，这是勉励后进：时不我待，赶快加油！

◦ 9. 24

子曰："法语之言，能无从乎？改之为贵。巽与之言，能无说乎？绎之为贵。说而不绎，从而不改，吾末如之何也已矣。"

王解：孔子说："正式的，意在教导你、规范你的言语，能不好好地听从吗？听了以后对照与校正自己，这才宝贵。符合心思的话语，听着能不高兴吗？分析分析，发挥发挥才宝贵。如果听到好听的不知道分析，听到教导的不知道校正，我还能把他怎么样呢？"

评点：教学要给学生讲很多话，一类话是校正型的，其作用在于请学生们听了以后有所改进。一类话是表彰夸奖型的，其作用在于让学生们增加信心，再进一步。所有的教诲，只有通过学生自身的努力领悟践行，才有意义。

听讲话的学问，很少有人提及。有人听讲只是为了照办具体事务。有人只是因为老师或老板训诫，不能不听。有人听点八卦，可充谈资段子。有的借听讲话，捕风捉影，想入非非，获取资讯。有几个人听了批评不是想辩白而是对照校正自身？有几个人听了表扬，不是一心以为鸿鹄将至而是能够演绎发挥，更进一步？

尤其好学者，读书是好学，听别人说话尤其是有道行的人说话，有时是更重要的学习，咱们会学了吗？

∘ 9. 25

子曰："主忠信，毋友不如己者，过则勿惮改。"

见《学而篇第一》 1.8。

∘ 9. 26

子曰："三军可夺帅也，匹夫不可夺志也。"

王解：孔子说："你可以剥夺三军的主帅，你无法剥夺一个普通人的意志。"

评点：三军之帅，"帅"在他的指挥权上，他的指挥权并不是他一个人的事，需要君王的任命，需要下属的支持，需要敌方未能破坏他的有效指挥权威与必要手段。如果君王见疑，如果下属不服乃至下属背叛，如果敌方实行斩首战术，成功摧毁了他的通讯、情报、参谋系统，甚至将他击伤击毙，他这个帅就被剥夺了。而一个小小百姓，志在我心，是非、善恶、友敌、纳拒的判断，全在我心，你拿我有什么办法呢？

这在《论语》中，是相当高调的话，同样反映的是孔子重视心功，重视人的内在修养与自由选择。这话鼓舞人心，叫作内心的选择自由不可剥夺：即使你将我押上了刑场，我坚信你是十恶不赦，自取灭亡，我仍然傲视你，不把你放在眼里，无数英雄、义士、志士、革命领袖、宗教领袖都有这个气度。与此同时，一些唯权唯利论的人，一心要做的是千方百计夺匹夫之志，夺而得之或夺而不得的事例都很多。令人叹息。

◦ 9. 27

子曰："衣敝缊袍，与衣狐貉者立，而不耻者，其由也与？'不忮不求，何用不臧？'"子路终身诵之。子曰："是道也，何足以臧？"

王解：孔子说："穿着破旧的袍褂，与穿讲究的裘皮衣装的人站在一起但并不自惭形秽的人，不正是子路吗？子路见到处境比他好的人，'不嫉恨也不眼馋'（《诗经·雄雉》），做到这一步了，还有什么会做不好呢？"子路常常讲起老师对他表扬的这一段话。孔子说："就这么两句话，虽然也是道理，但是并不足够啊。"

评点：好人、正人君子，应该自信，应该超拔于俗务得失，永远不必因为衣不如人之类的计较而自惭形秽，永远要懂得不必嫉恨也不必追赶既得利益者。同时不应该满足于自信，还要有功业，有影响，有利国利民直至流芳百世的成绩。孔子思想的特点在于既切实又高远。他教育学子，既鼓励又鞭策。

现实一点说，你混得不怎么样，却能不嫉恨羡慕混得好的人，也并非易事。有几个人能彻底摆脱名利场的羁绊呢？社会结构实际上正是利用了人类的追名逐利心理，而形成了种种体制啊。

《论语》中的孔子说话可真全面，他热烈地表扬了子路，却又说并不足够。好老师啊。

◦ 9.28

子曰："岁寒，然后知松柏之后凋也。"

王解：孔子说："天冷了，你才看得出松树、柏树并不因冬天而凋谢。"

评点：千古丽句，简明、动人、深邃、丰满，而且过目则不能忘。孔子多么会说话！今日又有多少笨伯，他们的念念有词的效果是适得其反！

◦ 9.29

子曰："知者不惑，仁者不忧，勇者不惧。"

王解：孔子说："智慧者不困惑，仁爱者不忧虑，勇敢者不惧怕。"

评点：智慧者也有解决不了的问题，他的不困惑不是因为他是万能博士，而是因为他拎得清哪些他可以想可以做，哪些他只能敬谢不敏、回春无力，更有哪些他永远弄不清楚。智慧的特点在于清晰地明白自己的智慧的局限性，明白所谓主观能动性的某些非能动性。

仁爱者也不是没有忧愁，他的特点是不因为对别人的恶意的过敏反应而忧愁，遇到人间诸事，他宁可从好处想，从好意上估摸自己尚未完全理解的人和事，乃至当真做到化敌意为善意，化逆境为顺境。而恶人的特点是己恶人恶、你恶他恶我恶，天恶地恶，以恶求恶，以恶兴恶，因恶而恶化一片再一片。

与恶人相比，仁人少忧，勇者不怕的道理也是同样，勇者分得清哪些是虽险而必须向前冲锋的，另外一些则是知其不可而为之的，还有哪些必须是观察与等待的，乃至如老子所说是需要"勇于不敢"的。例如在某种煽情与起哄的背景下，你能不能不跟着哄闹，能不能坚持理性与渐进，这当然是需要勇气的。

所以我说过：大勇无功。大勇不是血气方刚之勇，不是匹夫之勇，不是极端性、破坏性、情绪性之勇，而是与更深刻的思考缜密的头脑负责的态度相结合起来的勇。

还有一个问题值得考虑。我们的很多先贤，是提倡忧国忧民、忧患意识的，忧与不忧，还得具体分析。

语言的作用是表意，但说出来了，它常常会是顾此失彼。如果我们偏说智者惑，因为他想得太深；仁者忧，因为他爱得太广，他谁都关心惦记；勇者惧，因为他的责任太重，他不能血气方刚，只靠一冲一闹。应该说，也说得通。

然而无疑，孔子提倡的是坦荡荡，是无忧，是乐山乐水，是人不堪其忧，我不改其乐。这个提倡在某种意义上，比提倡忧似乎更可爱些。

◦ 9.30

子曰："可与共学，未可与适道；可与适道，未可与立；可与立，未可与权。"

王解：孔子说："（你与某人）可以共同求学，但不一定对道有同一的理解与选择；可以有许多同样的理解与选择，但未必能共同站住脚跟；可能都站住脚了，但是未必都使用同样的权谋手段。"

评点：孔子强调人与世相的多样性、区别性。一起学习容易，共同选择难，共同标榜理念难。共同选择理念、共同起步、共同创业容易，共同成就事业实现自我难。共同成就、共同实现自我易了，遇到一些小事情，共同处理具体问题难。

孔子的想法是越具体越分歧，时间越长分歧越见，这似是经验之谈。读读我国的近现代史，您就明白这段话的语重心长、经验之谈喽。

◦ 9.31

"唐棣之华，偏其反而。岂不尔思？室是远而。"子曰："未之思也，夫何远之有？"

王解：有诗句说："唐棣的花朵，摇曳多姿，哪里是我不想念你呢，你离我实在是太遥远了啊。"孔子说："你没有想念那花儿嘛，否则又有什么远的呢？"

评点：孔夫子教导的是，世间一切美好的事物情操，都离我们并不遥远，问题在于你是不是去追求、努力、行动。你希望仁爱吗？从你开始对世界仁爱些，于是仁爱就到来了。你希望美丽？从你开始让自己显现内外表里更美丽些，于是世界因你的美丽而美丽些了。你希望生活更光明吗？好的，请从你那里开始，多传播一点光明，少散布一些阴冷黑暗。唐棣树的花朵是那样动人，你想念它，它的美丽就与你同在，怎么可能是遥远的呢？

孔子教导我们，美好在我们每个人的心里，让我们从自身努力扩充美好、压缩丑恶吧。

即使丑恶永远不会压缩到无影无踪的程度，我们能停止我们对于美好的思念吗？只是这样一想，不是已经离美好近了一些，离丑恶远了一些吗？

太漂亮了，太感人了，太实在了。这一段话令人落泪。正因为孔子生活在战乱纷纷、你争我夺、政治书面与社会环境不理想的东周时期，他仍然体悟到了这样美好的信念，说出了这样美好的句子。他告诉我们，一切美好的事物、美好的理念，只要是思之，只要是向往它思念它，它就是"何远之有"。如果你一脑子的一心的丑恶仇恨，你当然觉得美好离你很远。如果你对于美好的希望与期待没有泯灭，美好已经在你的心里生根发芽成长，美好对于人们，何远之有？

　　这四句诗，充沛美善。它讲的是"室是远而"，是实在很远。读起来，这是用比兴的手法来写对情人的思念，是爱情诗。孔子在诗学上也是登高望远，他硬是从一首情诗上看到了一切美好的理念，包括政治与社会、人性与道德的美好理念；他是诗学上的哲理派、道德主义、性善论、劝善教化主义派评论家；他的解诗，也是崇高宏伟、阳光万道的一代宗师风范。

乡党篇第十

○ 10. 1

孔子于乡党，恂恂如也，似不能言者。其在宗庙朝廷，便便言，唯谨尔。

王解：孔子在乡亲们中间，恭恭敬敬，好像不怎么会说话。在宗庙和朝廷上呢，言语流畅，但出语仍然谨慎。

评点：乡亲旧友中，你的身份可能只是一个晚辈，一个农家子弟，某个宗族的一个小小成员，乡亲旧友一般用当年对你的认识来打量你，比较你；你窝囊了，会联想起你幼时或你的父母家人的平凡寒碜；你牛了，他们无法接受你的崭新面貌，不会心甘情愿对你刮目相待。这种情况下，夹起尾巴是合适的选择。而在比较正式的场合，你的身份明确，地位确定，自己也容易定位，你说话也比较有底，但更须谨慎，不可妄论正事，避免祸从口出。

○ 10. 2

朝，与下大夫言，侃侃如也；与上大夫言，訚訚如也。君在，踧踖如也，与与如也。

王解：（孔子）在朝廷上与下大夫（下级）说话，明白晓畅；与上大夫（上级）说话，循规蹈矩；国君在场，诚惶诚恐。

评点：见什么人，该怎么样就怎么样说话，谁能不这样呢？问题在于把握恰当，对下级说话直截了当一点，则可，威风凛凛地装模作样则讨厌。对上级，尊重有加，则可，奉承谄媚，下作可耻。对君王，恭敬服从，则可，屁滚尿流，则不免丑态百出。

◦ 10.3

君召使摈，色勃如也，足躩如也。揖所与立，左右手，衣前后，襜如也。趋进，翼如也。宾退，必复命曰："宾不顾矣。"

王解：君王让孔子接待外宾，他立刻精神奕奕，步履矫健，向左右两侧站立的人们行作揖礼，衣服前后摆动，整齐有致。见到来客，赶前几步，如鸟儿展翅，以示热情礼貌。客人走了，要向国君报告："客人已经走（远），不再回顾辞谢了。"

评点：一举一动，一颦一笑，都有规范，现在看有点小儿科，甚至于不如自然天成随机朴素，但是想想看，在礼崩乐坏的局面下，孔子搞出点规范来，是有意义的。例如精神面貌，左右兼顾，见客人来了快走两步，还是可取的。尤其赶上后世的游击习气、不文明现象泛滥之时，读读此段与底下的几段，倒也不恶。

◦ 10.4

入公门，鞠躬如也，如不容。立不中门，行不履阈。过位，色勃如也，足躩如也，其言似不足者。摄齐升堂，鞠躬如也，屏气似不息者。出，降一等，逞颜色，怡怡如也。没阶，趋进，翼如也。复其位，踧踖如也。

王解：走进朝廷的大厅，躬身示礼，好像自己无处容身。站立，不要挡住门；行走，不要踩门槛。走过国君之位，面色端庄，打起精神，行走迅疾，言语压缩。手提衣襟上朝，躬身致敬，屏神静气，不出响动。事毕走出，下了一层台阶了，可以放松神情，显得愉快一些。下完台阶，提速，如鸟儿展翅。回到原位，还要有点诚惶诚恐的样子。

评点：那时，见侯国君王，第一要害怕，害怕了才显出恭敬忠诚。第二要毕恭毕敬，还要为了效忠，做肝脑涂地状。（好狗）不挡道，踩门槛也影响身形状态，打个趔趄更是出洋相。在君王面前，叫作"大气也不敢出"（让人联想到契诃夫小说《小公务员之死》，主人公在大人物面前打了一个喷嚏，吓死了），当然。第三要愉快。害怕不害怕，是态度问题、感情问题；尊敬不尊敬，也是态度问题、感情问题；愉快不愉快，仍然是感情问题、态度问题。因此，还有第四，要热爱。《论语》中对热爱的表示不够充分，但"仁爱"的弘扬当中，应该有这一部分。

◦ 10. 5

执圭，鞠躬如也，如不胜。上如揖，下如授。勃如战色，足蹜蹜如有循。享礼，有容色。私觌，愉愉如也。

王解：（举行某种典礼时）拿着玉圭，诚惶诚恐地躬着腰，好像承担不起这典礼这玉圭的宏伟与分量。手向上运动（或向上走）时像在作揖，向下时好像在递交。郑重到了发抖的程度，脚步细碎，似乎踩着一条线、一条轨道。典礼开始，面容绷得神圣严肃。私下接触，则十分愉快。

评点：现在看来，有过分与烦琐的地方，强调的仍然是礼仪秩序，尊卑长幼。当然，这是前现代。现代人强调的也许更多的是平等、尊严、正常、坦诚、互动。

踩着一条线走路——足蹜蹜如有循，令人想起 T 形台上的模特儿。但模特儿迈的是大步，步子小而碎，令人想起日本女子穿着和服的走路方式，不知这种方式是不是受了古代中国礼节的影响。

◦ 10. 6

君子不以绀緅饰。红紫不以为亵服。当暑，袗絺绤，必表而出之。缁衣，羔裘；素衣，麑裘；黄衣，狐裘。亵裘长，短右袂。必有寝衣，长一身有半。狐貉之厚以居。去丧，无所不佩。非帷裳，必杀之。羔裘玄冠不以吊。吉月，必朝服而朝。

王解：君子人，有地位的人，精英人物，（穿衣服讲究也比较多，）不用太深的颜色来镶衣边袖口，不用红颜色、紫颜色（帝王之色）做家常服装。夏天，穿单衣薄衫，出门要穿罩衣。穿黑衣服时配紫羊羔皮，穿白衣时配小鹿的皮，穿黄衣时配狐皮，颜色要相匹配。皮便服可以长一些，但右袖口短于左袖口。还要有小被子，长度是身长的一倍半。狐狸毛皮或貉的毛皮做坐垫。如果不是居丧，佩戴什么可以随意些。除了上朝和祭祀用的长礼服，旁的衣服要剪裁去一些（免得过于长大）。紫羊羔皮与黑色帽子，不要穿着去吊丧。各月份的初一，要穿朝服正装上朝。

评点：读到了这里，不禁学着孔子的样儿赞一声："郁郁乎，文哉！"真讲究，真全乎啊，漂亮唉！

孔子的礼的思想，在于把秩序明确化、具体化、制度化、细腻化。没有明确具体细腻的礼的制度即礼制，秩序与和谐社会即成为空谈，仁爱仁政即成为空谈。仅有明确具体的规范却没有内心深处的君君臣臣父父子子，规范肯定保持不住，必然或迟或早出现礼崩乐坏的局面。出现上述局面，更会有孔子这样的有责任感、使命感的人出来呼吁恢复周礼、恢复优良传统之类。但简单恢复谈何容易？万事万物总是要与时俱化、与时俱进的。问题在于，具体的礼法可以也必须调整演进，但规范不能因此废除，也不能动辄对古代规范简单地嗤之以鼻。

○ 10.7

齐，必有明衣，布。齐必变食，居必迁坐。

王解：斋戒的时候，要有浴衣，布料的。同时要调换居室，不与妻妾同室。

评点：斋戒，本身就是表达一种郑重的敬意、诚意乃至终极关怀。因此对于斋戒，要提出一些具体的清规戒律，不能掉以轻心，不能马虎从事。要求得明确、具体、标准化，好实现，好衡量；太明确具体了，又易于表面化、烦琐化，流于过场形式。斋戒的动机应该是形而上的，斋戒的规则却又是形而下的了。人啊人，可怎么好呢？

遇到庄严的场合，中华古人认为必须与女性脱离，可能出自妻妾关系的私密性、亲昵性，乃至猥亵性。庄重了就要排斥人类的私密、亲昵与猥亵的一面，有可能发展为禁欲主义，或对妇女的变态性仇视、歧视。

○ 10.8

食不厌精，脍不厌细。食饐而餲，鱼馁而肉败，不食。色恶，不食。臭恶，不食。失饪，不食。不时，不食。割不正，不食。不得其酱，不食。肉虽多，不使胜食气。惟酒无量，不及乱。沽酒市脯不食。不撤姜食，不多食。

王解：食物，不反对它精致加工；鱼肉，不反对它细细切割。饮食馊臭，鱼肉腐烂的，不吃。食品颜色与外观恶化的，也不能吃。气味不对头有恶臭的，不吃。烹调不得法或加工不足够的，不吃。不在应该吃饭的时间（或特定的节令），不吃。切割得不规矩的，不吃。没有应有的调味料的，不吃。肉虽然可以多吃，但是不能超过合理的食量。喝酒并不限量，但不能喝醉乱闹。外边买的（卫生与品质靠不住的）酒与肉干不要吃。姜等常备辅助食品，也不要用得过多。

评点：表达了孔子对于日常生活起居的郑重态度，你可以对诸如生命的意义、起源、归宿等问题困扰万端，茫然惶惑，但是你仍然应该珍惜你有生的每一天，好好地吃，好好地住，好好地生存，好好地待人接物。

老辈人常常慨叹西餐乃至日餐吃得煞有介事。而中餐呢，即使菜肴丰富超量，也常常是吃得杯盘狼藉，喝得东倒西歪，吃喝得缺少文明品相，吃喝得只剩下了狼吞虎咽、大快朵颐、唪（读去声）撮啖嚼的动物性自我满足。如果是穷苦之家，糊口都困难，吃起饭来更是因陋就简，惨不忍睹了。

其实，孔子圣人，是讲究正儿八经地吃饭的，这不是或首先不是为了享受，而是为了营造一种文明。每顿饮食的进行，除了满足食欲与生存需求以外，还应该包含了对于上苍与世界的感恩，对于亲友与其他共同进餐者的尊重，有美食则与亲友共享，乃至优先请别人享用的礼数，对于烹调与服务活动的感谢，对于清洁卫生整齐秩序的维护，对于饕餮贪婪的节制，等等。

中国太大了，历史太长了，战乱、灾荒、贫穷又太多了，被压迫、被掠夺、食不果腹、衣不蔽体的人何其多哉，孔子的教导变成了空谈与"臭讲究"，呜呼！

仍然是中国的食文化。文化中可以包括并未完全落实的部分，当然。

就食论食，从专业的观点上看，孔子强调了精细加工饮食的必要，没有谈及某些食品例如水果蔬菜的原生态食用的优越性。孔子强调了自家生产加工的可靠性，没有谈及食品加工的社会化专业化前景。当然，他那时也还想象不到。

◦ 10. 9

祭于公，不宿肉。祭肉不出三日。出三日，不食之矣。

王解：公事的祭祀用肉，不过夜就要吃掉。自己的祭祀用肉，最多留三天，过了三天，不能再吃了。

评点：普适如此，食品保鲜，并无异议。但有专门的发酵食品，如霉千张、臭豆腐、奶酪酸乳，另议。

◦ 10. 10

食不语，寝不言。

王解：吃饭的时候，不要说话；睡觉的时候，也不要言语。

评点：这也是对待吃与睡的认真态度吧。至少上床要睡觉了不宜多话，说多了影响睡眠的例子常见。吃饭时候不说话，现在看来，应是指嘴里咀嚼着食物时不可开言，那很不雅观。至于边吃边谈，是重要的社交活动方式。

孔子难得，干什么都认真。有没有不认真、虚与委蛇、穷凑合的时候呢？可能有，不多。那就不仅是认真了，而且是心口如一，少做违心的事。

比较起来，现代人的形式主义、走过场、心不在焉、应付差事，可能比孔子那时候多得多了，可叹。

◦ 10. 11

虽疏食菜羹，必祭，必齐如也。

王解：虽然只剩下了粗粮素菜，该祭祀的时候还是要认真祭祀，而去祭祀，就一定要斋戒沐浴，恪守礼数。

评点：人是文化的动物，做任何事情，都不仅是事情本身，而是代表一种恭敬、一种对于礼数的心悦诚服、一种合群从众的品质、一种顺规矩而行的自觉。孔子强调礼，良有以也。

◦ 10. 12

席不正，不坐。

王解：坐席没有摆端正，不坐。

评点：孔子的主张是，心术要端正，行为要端正，举止要端正，每个细节都要严肃认真，端正完美。有点累，但毕竟可敬可钦。

◦ 10. 13

乡人饮酒，杖者出，斯出矣。

王解：与乡里人士一起喝酒，喝完了，让拄拐棍的老人先走，等他们出去了，自己再走出去。

评点：或说，习惯成自然。或谓，陶冶性情。或曰，大处着眼，小处着手。礼节成为约束，这是在最初。礼节成为生活方式，这意味着成熟。礼节成为快乐与享受，这是一种类似沐浴的光鲜与洁净。

◦ 10.14

乡人傩，朝服而立于阼阶。

王解：乡里人士举行驱鬼除祟的仪式活动，孔子穿着整齐地站立在东边的台阶上。

评点：想起了我在新疆农村时，我被邀参加穆斯林乡亲的"乃孜尔"（祈福消灾的小聚与祷告活动），当人们诵经时，我郑重地坐在桌旁，微微低头不语，态度严肃。

对于"礼"的重视，是中华民族，包括各兄弟民族的一个共同特点。

◦ 10.15

问人于他邦，再拜而送之。

王解：委托他人问候看望不同邦国（诸侯国家）的友人（或亲戚）时，向被委托者或使者作揖行礼两次，恭送他离去。

评点：重视人伦包括朋友关系，重视"外交"活动，不可轻慢，不是顺水人情，不是假招子与随口应付。

孔子做任何事都包含着敬畏与认真，克制着马虎与漫不经心，这确实感人。

随着人的生活的社会化、信息化、公共化，开放化，随着礼节的确定化、程序化，人际交往还包括外事与准外事活动，越来越繁多、复杂、海量。有些做法与用语也渐渐变成了套话，诸如英语信件中抬

头上加 "Dear"（亲爱的或尊敬的），署名时加上 "Yours Sincerely"（你的忠实的），我国则是一切活动的讲话都要祝 "圆满成功"……都像孔子那样认真当真，确也不易。

我国古典小说里已经嘲笑 "给了个棒槌就当针（真）"，民间也有 "拿着鸡毛当令箭" 的俚语。人生的松与紧、宽与严、轻与重……是要有一个平衡的。孔子当年，还没顾上这一面。到了庄子那边，"彼亦一是非，此亦一是非"，"姑妄言之，姑妄听之"，另是一番机灵与超脱了。他们各有长短。

礼节、礼仪、礼貌用语与礼节活动，不确定化，不能被人们理解与接受，确定化、风俗化、公认化、标准化了，又容易变成老一套、套子、形式……直到令人质疑与厌倦。人啊，你的文化规范也真是难矣哉！

○ 10. 16

康子馈药，拜而受之。曰："丘未达，不敢尝。"

王解：季康子给孔子送来药品，孔子作揖行礼，表达感谢，接受了药品，同时说："我对自己的病情与此药的药性还了解不够，就不能马上尝一下了。"

评点：古今礼貌习惯不同，今人，不管送什么可以入口的食品、补品，更不要说药品了，不可能当着客人的面先品尝的。古人此点确实可爱，超过了西方人当着送礼人的面把礼品打开的做法。

还有一个问题，吃的先尝，如果是穿的用的呢？要不要先试穿一下用一下？

毕竟是药，按照常识，不可能收到就服用。以药送人，当非随意，季康子估计不是二百五不是十三点，送的应该不离大谱，至少不是如今的处方药。

今人呢？遇到被赠自己不敢贸然受用的礼物，可能也是这种态度，如果馈赠者别有企图，那就只能当面拒绝了。

就是说，你要受用旁人的礼品，前提是你需要"达"，需要具备足够的相关知识与信息。

◦ 10. 17

厩焚。子退朝，曰："伤人乎？"不问马。

王解：马厩起了火。孔子从早晨的朝廷议事回来，问询："有人在火灾中受伤吗？"他没有问马的事。

评点：以人为本，无可争议。或谓，可以先问人再问马，并断句为"伤人乎不？问马"或认为"不"字为衍。窃以为这是自己找活儿干。因为不问马也不等于永不问马或不得谈马。孔子早朝刚回来，还不知道早朝中有什么要务缠身，马的事急什么？

◦ 10. 18

君赐食，必正席先尝之。君赐腥，必熟而荐之。君赐生，必畜之。侍食于君，君祭，先饭。

王解：国君赐饭食，一定端正坐好，率先入口品尝。国君赐赠生肉，要煮熟，先进贡给祖先，再自己吃。国君赐赠给活畜，先养起来。陪同国君用饭，国君祭祀的时候，自己先开始用一点饭食。

评点：国君赏赐食用物品，当然是感激荣幸，受宠若惊，不得吊儿郎当地对待。君祭你先吃着，稍稍费解一点。或谓是替君王先尝尝，或谓是自己没有资格陪祭，自己先动动口，表达对国君的洪恩的涕零深感，不可拖延等待。也许是避免尴尬？国君赏饭，恩重如山，岂能立在或坐于桌旁装傻充愣？反正是个礼，礼多人不怪。

◦ 10. 19

疾，君视之，东首，加朝服，拖绅。

王解：生了病，国君来看望，自己头朝东躺好，身上盖上正装（上朝的官服），浮搁上束腰用的宽衣带。

评点：坚持正规化，即使在最困难最不正规的时刻与条件下。坚决反对游击习气。

◦ 10. 20

君命召，不俟驾行矣。

王解：国君召见人，不等备好马车，已经开步前行了。

评点：听喝听令，麻利干脆，忠心耿耿，油然动人。

◦ 10. 21

入太庙，每事问。

王解：进入祖宗太庙，每件事都要先问问别人。

评点：第一仍然是郑重；第二是避免差池；第三是宁小心谨慎，毋粗心大意，宁多问添烦，毋贸然出错捅娄子。

◦ 10. 22

朋友死，无所归，曰："于我殡。"

王解：朋友死了，无人料理后事，孔子说："我来负责他的殡葬事宜吧。"

评点：尊重生命，当然也要妥善地料理死亡。善待死亡，意在安抚生命。

◦ 10. 23

朋友之馈，虽车马，非祭肉，不拜。

王解：朋友的馈赠，即使是车马，如果不是可做祭品用的生肉，就不必行拜叩之礼。

评点：不是因为从友人处得到物质的好处而拜谢，哪怕礼物非同小可。如果赠礼中包含了对于你的祖先的敬意，则事情马上隆重起来，将形而下的赠礼行为提高到形而上的敬祖先的义理与礼制的层次，性质与规格从而完全不同。这是日常生活中的自我提高，也是日常生活中的防避低俗。

◦ 10. 24

寝不尸，居不客。

王解：孔子睡觉的时候不直挺挺地"挺尸"，在家时则不必像做客时一样地端正跪坐。

评点：具体说法有不同，似是指任何时候任何举止姿势都不可过于放肆，但也不必呆板绷紧。这应该也是中庸吧。当然，谁也不能时时刻刻紧绷着弦。

◦ 10. 25

见齐衰者，虽狎，必变。见冕者与瞽者，虽亵，必以貌。
凶服者式之，式负版者。有盛馔，必变色而作。迅雷风烈，必变。

王解：见到穿丧服的人，哪怕平常很熟悉亲近，也要改颜变色，表示同情震惊。见到戴着礼帽或失明的人，虽然与他们常见无怪，也要露出应有的表情与容貌。

遇到穿丧服等特殊服装与某种代表了特殊处境的人，要手扶马车的前板，身体前倾以示郑重尊敬。遇到特别好的饭菜端上来，要有惊叹赞美的神情与姿势。遇到大风雷电，也要有震惊的反应。

评点：别人碰到什么事，你要感同身受。关心人、同情人，这是最重要的"礼"的要求与"礼"的根基。

戴礼帽与失明放到一块讲，不知道是巧合还是有意，甚至于，是不是那时的礼帽太高大，戴上了影响视野？一笑。

第一，你是一个有正常反应的人。第二，你是一个不怕别人知道自己的反应与态度的人，你不是深藏不露的阴谋家，不是莫测高深与莫知就里的异人，你少来什么喜怒不形于色。第三，你是一个很容易被接受被认同的人。

老庄的伟大在于他的不同、特异、标新立异。孔子的伟大在于他的时时事事正常、合情、合理，而在众人都能接受的规范原则下，他做得最恰到好处。

◦ 10. 26

升车，必正立，执绥。车中，不内顾，不疾言，不亲指。

王解：登车，要站端正，手攥住扶手带。在车里，不要转头看人，说话不要大声，不要急躁，也不要用手指指点点。

评点：现在也是一样，坐汽车、火车、飞机，为了安全、不影响别人与方便，也最好是端正、低声，减少一点东张西望与指手画脚。

礼节原则与安全原则是契合的，有趣。

◦ 10. 27

色斯举矣，翔而后集。曰："山梁雌雉，时哉时哉！"子路共之，三嗅而作。

王解：（据说此段解释历来莫衷一是，那么大概地设想一下吧。）孔子与子路在山间行走，看到一群野鸟山鸡之类飞翔着飞翔着栖息到树枝上，孔子显出了美妙的笑容。他说："山梁上的雌雉呀，它们飞来的，多么是时候呀。"子路便给这些似通灵性的山鸟作揖（或谓子路想捉它们？疑非，气氛不对），它们振了振翅膀，飞去了。

评点：讲不通透，依然可爱。尤其放到这里，本篇已经讲了孔子太多的生活须知与举止要领，虽然其正当与合适颇能服人，毕竟不无拘谨与啰嗦。结尾处突然来了一段大自然、山梁、野鸟、翔而后集，以及天知道啥意思的"时哉时哉"。不妨设想孔子认为山雉是欢迎他与子路的进山，他们也为进山逢雉而感到吉祥如意。孔子的特点是自己给自己寻找正能量，自己为自己的所见、所闻、所感做出最光明积极的解读。而不是像某一类人，时时嘀咕、处处疑心，每秒钟都觉得受到了委屈或者暗算。

子路拱揖之，山雉感受到了师徒二人的好意与仁德追求，三次展翅答谢，与孔门师生互动。思之自觉空灵开阔，光明疏朗。除了人际关系尤其是侍奉国君这点小心翼翼的事，毕竟孔子还有面对山鸟大自然、面对世界、面对天地并为之有所感慨的机会与机能。见野雉翔集而与它们对话，何必有解呢？不解而欣赏之、吟味之、诵读之、开心之，岂不更妙？

我觉得这一段"色斯举矣"释为孔子笑了（《论语》中有许多讲到容色的地方），翔而后集释为飞后栖于树枝（如《诗经》中所说"温温恭人，如集于木"嘛），时哉时哉是称赞野鸟的前来，共是拱手，能讲得通。别的解读也会很有趣，拿解读此段当作高考作文题吧，只要言之成理就好。

此前一篇《子罕》也是如此，最后最后了，来了一个"唐棣之华，偏其反而……"至少是增加了《论语》的文学性与孔子的浪漫性，还有文本的耐咀嚼性。这难道有什么疑问吗？

《论语》也不例外，读古今中外的书，都有思之再三，查之再四，仍然弄不明白的地方；就像在与他人交往中，也有实在搞不清晰对方的某个说法、某个举动的地方一样。怎么办？千万别心窄，别较劲，别死磕。如果你确实喜欢这本书（这个人），请参加进去，尽量从最佳最入胜处解释之、补充之、挖掘之、涂染之，以至于想象之、创造之：乐在其中矣，美在其中矣，明白透亮的地方一片清明逻辑，不太明白的地方，一片善良美丽。

我懂了，这也是仁！

先进篇第十一

○ 11.1

子曰:"先进于礼乐,野人也;后进于礼乐,君子也。如用之,则吾从先进。"

王解:孔子说:"先头首创、生成礼与乐的,常常是四野的平头百姓;后来接受、修正、发展与延续此种礼与乐的,是辅佐君王的君子——精英人士。如果让我来选择,我更注意采用与研习先头的、成就于四野的礼乐原创范式。"

评点:古今人士都对此段解释得不太肯定也不太明白,我想试验的是:从文字述说中,像寻宝一样地寻找灵感和逻辑,努力以可能讲得通的理解,追求一种有启发的理解。

创造礼乐的是民人、是生活。婚丧嫁娶、种锄收藏、治乱兴衰,民人当然有自己的反映、自己的度过与纪念方式。积少成多、积短成长,积偶为成风习、积喜怒哀乐情绪起伏为约定俗成,乃有礼乐。而只有当礼乐出自人民,出自生活,人民化、生活化,成为久久积淀而成的生活方式的一个核心部分的时候,这种文化才有了根基,才成就了一个民族、一个地域的生活与文化范式。这是孔子所理解所关注的礼乐的本意。

孔子认为,很大程度上礼乐是四野之人自发积淀形成的,而不是君子按照一定的目标制定下发的。他首先关注的正是野人的先进文化。此话有相当的真理性，而且，显然从这个角度解释此段言语，似能说得通，似可能接近本义。

固然，中国的权力系统非常重视自己在礼乐教化上的作用与责任，以制定礼乐、统领百姓为己任，他们也确实做过许多有益的工作。可以说，这方面的情况是：野人礼乐、君子采风，野人画龙、君子点睛，野人草创、君子告成。如果脱离了野人的先进，仅仅是君王君子们闭门造车，平头百姓们不认可不接受，自上而下贯彻下来的礼乐恐怕站不住脚。

从历史上看，孔孟之道被帝王将相的权力系统遵循践行得并不理想，但是老百姓恰恰认可了孔孟之道，这才是中国传统文化的力量所在。礼义廉耻四维，加上孝悌忠信为八纲，还有五常——仁义礼智信，此外的一说温良恭俭让云云，即使在现代史上曾饱受讥讽贬低，但它们经过了五四新文化运动的洗礼，至今野火烧不尽，春风吹又生了起来。《论语》代表的礼乐观念，正是先进于野人，后进于今日的君子的，当代中国的君子日益重视传统文化（礼乐）了，《论语》言中了也。

当代，我们也费了很大力气搞文化的破旧立新与移风易俗，有的与民众的愿望及固有的传统结合，确有成果，如扫盲、普及教育、卫生清洁。有的就是事倍功半，甚至走向反面，例如"文革"。

目前引起各方关注的核心价值教育，这恐怕是几代人的任务。关键在于能不能长期深入人心、恰中穴位，从历史中、生活中、人心中找出依据，涌出珍重爱惜，与传统中的精华相结合，与正在风起云涌的现代化步伐相结合。只有涌自人民内心的源远流长、根深叶茂，扎根于四野之人的价值认同，才能取得核心价值应有的春风化雨与凝聚人气的效果。

这里的野人与君子的字义，一个是指在野，一个是指在朝。想来大致如此。

○ 11. 2

子曰："从我于陈、蔡者，皆不及门也。"

王解：孔子说："当年在陈、蔡两地跟随我的学生，现在都已经离开了。"

评点：从现今人的观点看，孔子说此话时的年龄可能不算很高，但夫子已时有今昔之感、逝者如斯之感。某种意义上，文学、宗教、哲学、历史、民俗，以及许多科学门类的启动与深入都离不开人类的时间感受、沧桑感受、念天地之悠悠的感受。

○ 11. 3

德行：颜渊、闵子骞、冉伯牛、仲弓。言语：宰我、子贡。政事：冉有、季路。文学：子游、子夏。

王解：（孔子说：我的学生中）德行方面突出的是颜渊、闵子骞、冉伯牛、仲弓。言说交际外事方面突出的是宰我、子贡。行政事务方面突出的是冉有、季路。熟悉文献礼法典籍的则是子游、子夏。

评点：孔子重视德行，视之为首要。问题在于德行能否与交际、发言、行政、文案一样成为一种职务，一种岗位，一种行业。这几项又怎么可能平列。只好解释为，有了德行方面的成就，干嘛嘛成，无往而不利。

○ 11. 4

子曰："回也非助我者也，于吾言无所不说。"

王解：孔子说："颜回并不是特意为了支持我帮助我，问题在于他对我说的话没有不心悦诚服的。"

评点：就是说，孔子与他的爱徒颜回之间，并不是仅仅有师生关系、主从关系、上下关系，更重要的是追求真理的关系，是认识上志同道合的关系。他们的契合一致，不是礼数上的一致，不是秩序上的一致，不仅仅是孝悌忠信、道德义务、伦理义务上的一致，更是认识上、良知良能（先验的、天生的、无条件的知识与能力）上与品性心灵上的契合和一致。

在这句话中，孔子流露出一种心情："说"——喜悦、心悦诚服，比"助"——一种人际义务更珍贵，更重要。也许孔子自己都没有意识到这一点，因为他是圣人，他强调的不是感觉而是理性判断，尤其是对于人的义务的判断。西方目前讲究"人权"——"human rights"，孔子讲究的是"人（义）务"，但英语里没有"human obligation"这个词。有点意思。

◦ 11.5

子曰："孝哉，闵子骞！人不间于其父母昆弟之言。"

王解：孔子说："真是太孝顺了，闵子骞呀！听了他的父母兄弟对于他的故事的讲述，人们没有办法不信服他。"

评点：闵子骞的故事后来发展成为《二十四孝》与说部中的《鞭打芦花》，并至今为一些地方戏剧与曲艺节目所广泛传播。除了孝顺，这个故事与基督教的宽恕主张相通。而与以眼还眼、以牙还牙（还有以血还血、以命抵命）的口号对立。

现在人们的看法自有不同，会认为他的做法同样也与法治精神对立。我国《刑法》虽然没有明确规定虐待儿童罪，但有虐待家庭成员的罪名与有关法律规定。有法必依，不能笼统地讲孝顺。而在两三千年前呢？闵子骞的故事仍然令人落泪。

◦ 11. 6

南容三复"白圭"，孔子以其兄之子妻之。

王解：南容多次诵读《大雅》上的"白圭"诗句（说是白色的玉圭上的污点是可以磨洗掉的，而我们言语上的瑕疵的后果却无法摆脱）。孔子把哥哥的女儿嫁给他。

评点：呜呼，古人之慎言已经如此，看来绝对的言者无罪是难以做到的。南容此前已经讲过其特点是邦国有章法，他不会被埋没；邦国无章法，他不会坐班房。读者会更多地从进退有方、处世有术的观点来看他，与孔子赞叹的宁武子差不多。这一节，又强调了他的谨言慎行。看来，仅仅有智慧，不加上谨慎，仍然难于免灾，也仍然娶不上孔家女子。

◦ 11. 7

季康子问："弟子孰为好学？"孔子对曰："有颜回者好学，不幸短命死矣！今也则亡。"

王解：季康子问："老师的弟子当中谁算得上好学——学得好？"孔子答道："过去有颜回好学，不幸他短命早早去世了，如今已经没有颜回这样称得上好学的人了。"

评点：这里的好学，应该包括善学、学得好、学好的意思，否则似不能说孔子的其他弟子贤人都不爱学习。

与"好学"相比，我的童年时代即 20 世纪三四十年代，人们经常强调的是"学好"，即学着当一个好人；而对儿童最严厉的警告与训斥是："你怎么不学好！"

◎ 11.8

颜渊死，颜路请子之车以为之椁。子曰："才不才，亦各言其子也。鲤也死，有棺而无椁。吾不徒行以为之椁。以吾从大夫之后，不可徒行也。"

王解：颜渊死了，他的父亲颜路请求孔子以孔子的车辆为代价给颜回添置一件外棺。孔子说："不必讲什么人才不人才，咱们各说自己的儿子吧。我的儿子孔鲤死了，也是有内棺没有外棺。我不能用步行做代价来添置颜回的外棺。因为我担任过鲁国的大夫，是不能徒步行路的。"

评点：前前后后，屡屡记载了孔子对于颜回的器重与喜爱，但是事关制度规矩即"礼"，孔子不能感情用事，只能照章办理。而具体到当过什么、什么级别的官员就不能步行，这个说法听来不免陈腐。例如北欧那边，高官步行是常事，因而有高官在大街上被枪杀了的，亦未见其因此而改为出必备车。孔子坚持遵循当时的礼制，不打折扣，显现了他该时该地的原则性。

◎ 11.9

颜渊死。子曰："噫！天丧予！天丧予！"

王解：颜渊死了。孔子说："是老天爷要灭掉我呀！"

评点：是孔子对天发牢骚吗？不是。是孔子违背了自己的不语怪力乱神与敬鬼神而远之的原则了吗？也不是。这是情绪，这是郁闷悲伤，这是哭泣，不是世界观、终极观、天命观的论述。

○ 11. 10

颜渊死，子哭之恸。从者曰："子恸矣！"曰："有恸乎？非夫人之为恸而谁为？"

王解：颜回死了，孔子哭得极其伤心。他的跟随者说："老师您哭得太悲痛了。"孔子说："这算是太悲痛了吗？不为这个死者而悲痛，又为谁去悲痛呢？"

评点：当然，孔子也有动感情的时候，即使动着感情，也仍然有着自己的分析与判断。

○ 11. 11

颜渊死，门人欲厚葬之。子曰："不可。"门人厚葬之。子曰："回也视予犹父也，予不得视犹子也。非我也，夫二三子也。"

王解：颜渊死了，他的同学想把丧事办得隆重些。孔子说："不要那样做。"但孔子的门徒们还是为颜渊办了隆重的丧事。孔子说："颜回你看待我就像看待父亲一样，我呢，我不能像对待儿子一样地对你有什么特殊可言啊。现在把丧事办得这样大，不是我的主意，是你的同学们安排的呀。"

评点：还是：情归情、理归理、礼法更要归礼法，不可因情而冲击礼法。

例如《红楼梦》中贾珍对儿媳秦可卿的丧事，反应如丧考妣，感情用事，任意提高规格，反而被怀疑、被讥刺、被视为丑闻在焉。

孔子处理各种具体问题，都有自己的坚持、半坚持、不坚持、反对、坚决反对之别。颜父要孔子卖车为颜渊做椁，孔子明确拒绝。二三子（学生们）要大搞葬礼，孔子说"不可"，但还是大搞了，孔子也参加了超标的葬礼，但又注意拉开一点距离，当众说明大搞不是他的主意。

孔子的做法在当时看来，应该是恰到好处。但后人也许会觉得他过于面面俱到。也许有人更喜欢一就是一，二就是二，黑白分明的办事方式。

○ 11. 12

季路问事鬼神。子曰："未能事人，焉能事鬼？"曰："敢问死。"曰："未知生，焉知死？"

王解：季路问应该如何侍奉鬼神。孔子说："人还侍奉不好呢，谈什么侍奉鬼神？"季路又问孔子对于死亡与死后的看法。孔子说："活着的事情还说不清楚呢，又上哪儿得知死亡与死后的事儿？"

评点：孔子说得极其雄辩，并极富务实精神。从实用上说，谈人生"此岸"的"彼岸"，谈非此生的事情，是毫无益处的。但是人们、人类不可能因为如许的雄辩与实用精神而停止任何形而上的包括鬼神、死亡、彼岸问题的思考。"向死而生"，是任何生命个体不能摆脱的命运，谁能不有所牵挂，有所思忖？相反，庄子大谈他的善其生者善其死——善待生命也要善待死亡的理论。在这个话题上，庄子更值得称道。问题是庄子又太豁达过限了，庄子连死亡带来的悲痛与遗憾都全盘否定，使他的豁达理论与一般人之间留下了太大的距离。

也许是今天的文化思想格局大不相同的关系，窃以为，如果孔子在关注此岸、关注现实与实用的同时，涉猎一下彼岸、鬼神、生死，哪怕只是抽象地清谈一下，该多么好啊。人毕竟不能活得那样务实呀。

◦ 11. 13

闵子侍侧，訚訚如也；子路，行行如也；冉有、子贡，侃侃如也。子乐。"若由也，不得其死然。"

王解：闵子骞在孔子身旁，规规矩矩；子路在一边，牛气十足；冉有、子贡，轻松健谈。孔子乐了，说是"（你们都很可爱，）但是子路那个牛劲儿，恐怕后果不妙"。

评点：孔子了解自己的弟子们的个性，并且包容与欣赏他们的个性，这很先进。他担心子路的后话，与老子的理论一致，老子的认识是"物壮则老，是为不道"。中华文化偏阴柔的倾斜，从早期便是这样。

◦ 11. 14

鲁人为长府。闵子骞曰："仍旧贯，如之何？何必改作？"子曰："夫人不言，言必有中。"

王解：鲁国人要改建（或修建）大仓库。闵子骞说："就原来的样子还不行吗？何必另行设计呢？"孔子评论说："这个人啊，平日不怎么说话，一说就说到点子上。"

评点：闵子骞的意见到底高明在哪儿，从这短短的叙述中不大看得出来。孔子的评论厉害，"言必有中"，有几个人能做得到？谁没说过废话、错话、昏话、夸张话、隔膜话、过头话？包括历史上的各路英雄豪杰神仙大师。

"言必有中"的人做到"夫人不言"就更困难，不言的人可能羞怯、畏缩、迟钝，缺少表达能力。不言的人多，有中的人少。

那么，孔子此评语会不会有点溢美呢？不知道了。反正孔子不喜欢夸夸其谈的忽悠大王，无疑。

11. 15

子曰："由之瑟奚为于丘之门？"门人不敬子路。子曰："由也升堂矣，未入于室也。"

王解：孔子说："怎么子路跑到我家弹起琴来了？"众弟子（反映子路有些"二"，）不敬重子路。孔子说："子路已经登堂，好比已经进了客厅，但还没有入室，没有进入我的工作室、内室罢了。"

评点：子路有没有莽撞的表现，有没有琴艺不高扰乱老师清听的事情，可以不论。就像前面闵子骞的勿改长府设计论到底是为了节约还是纯粹出于功能性考虑，不必下功夫研究。这里其实要表达的是孔子的言必有中论、登堂入室论与登堂未入室论，这里最重要的其实是孔子本人的言必有中，是孔子对于门徒登堂入室的深层次智慧追求，而不是弟子们的表现。

登堂入室之说脍炙人口，现实地说，子路登堂而未入室，象征地说，子路的修养学问，也是进入了客厅，没有进入内室，他的火候还不行。

《论语》的主体是孔子，当然。有的学者能更多地考察推测出其他人物的诸种故事与孔子的话的针对性来，令人敬佩。即使推断得其说不一，也不影响我们对《论语》的阅读。

11. 16

子贡问："师与商也孰贤？"子曰："师也过，商也不及。"曰：

"然则师愈与？"子曰："过犹不及。"

王解：子贡问："子张与子夏，哪个更胜过另一个？"孔子说："子张呢，做事说话，有点过头；子夏呢，说话做事，欠点火候。"子贡说："这样说，是不是子张略胜一筹呢？"孔子说："不是的，过头与不足，二者差不离。"

评点：过犹不及，是孔子的重要论述，是一个避免极端性、片面性幼稚病的重要思路，是人品，也是方法论，更是处世要义。过去如此，其后如此，至今如此。

当然，在大革命时代，在战争时期，在各种矛盾高度尖锐化的时刻，会有人提倡激烈拼命，指出不过正不能矫枉，指出为了给一间屋子打开门窗必须做出拆房的姿态，但那毕竟是非常情况，稍有进展，例如革命成功了，政权到手了，就不能再一味激烈夸张下去。

还有一个问题，即使是自己的亲密生徒，亲爱部将，比较之言说之，一般不宜轻易张口。如果是今人，多半会回答他们各有各的特点，没有可比性。孔子在这里煞是直爽。孔子有有话两面说的特点，但仍然直截了当，仍然敢负责任。这就不仅仅是说话的技巧或风格问题了：一个人仅仅有组织词汇的技巧与口才，远远不够，一个老师必须有真才实学、真知灼见、直言勇气、责任担当，有面对挑战、面对困惑的自信。

◦ 11.17

季氏富于周公，而求也为之聚敛而附益之。子曰："非吾徒也。小子鸣鼓而攻之可也。"

王解：那个（鲁国的大臣）季氏，现在比（中央政府的大臣）周公还富有，冉求却帮助他聚财敛钱以增加财富。孔子听说了这个情况，说："这样的人不能算我的学生。你们要敲着锣鼓，造出声势，闹出动静，去攻击他批判他反对他！"

评点：第一是孔子警惕依附豪门、为虎作伥的行为，他不赞成给豪强一族当狗腿子、师爷，这表达了孔子的正义感还有尊严感。第二是鸣鼓而攻之云云，读之真切动人，如闻其声，如见其状。似乎有点搞运动、搞斗争会的意思。不知咱们这里特有的（苏联也没有）群众斗争会有没有受到孔子此语的启发。

◦ 11. 18

柴也愚，参也鲁，师也辟，由也喭。

王解：高柴愚傻，曾参鲁直，子张偏激，子路莽撞。

评点：这些个性的语言表达，都有正反侧不止一个方面的含义。愚，是老子最提倡的，显然它包含了单纯、听话、易于统领的含义。而鲁的另一面是直爽、勇敢、正义。辟即剑走偏锋呢，说不定也有特殊的创造与贡献，说不定能放射出天才的火花。偏激的思路，如果是做学问写文章，说不定能闹出点片面的深刻性来。总之对偏激的行为我们尽量避免和制止，对偏激的诗文，我们可以网开一面，留下研究把玩。至于喭（莽撞）者也是历史与人生中所需要的，所谓闯将是也。

◦ 11. 19

子曰："回也其庶乎，屡空。赐不受命，而货殖焉，亿则屡中。"

王解：孔子说："颜回其实还差不多，但他常常陷于贫穷。（或云，颜回也想规划一番事业经济，但屡猜度屡不中。）端木赐不向命运低头（或不接受官方任命），自己去做生意，他的猜度安排，多次获得成功。"

评点：对颜回的"屡空"，解释歧义不少，不论歧义多少，反正都不是什么好话。孔子屡屡褒扬颜回又屡屡说到颜回的事功方面的不成功，也可能是颜回的事功方面的不顺，更加引起了乃师的同情怜惜？孔子有务实的一面，也有理想主义的一面。孔子有生之年在事功方面也不算顺遂啊。

◦ 11. 20

子张问善人之道。子曰："不践迹，亦不入于室。"

王解：子张问孔子怎样做一个善人或善于待人。孔子说："不用踩着他人的脚印走，也不一定非得进入他人的堂奥。"

评点：每个人的成才之路各不相同，有的主要靠苦干取胜，有的主要靠胸怀与智慧成全了自己的大格局大事业，有的重点在含辛茹苦、安分守己，有的特色在雄才大略、呼风唤雨，有的潇洒风流、超拔高耸，有的厚德载物、如牛负重……学我者生，似我者死，齐白石谈的画画的道理与做人是相通的。不践迹，就是不要死学他人、模仿他人。不入于室，就是不要死钻、硬钻，照搬一个人的富有个人特点而别人难于学到手的本事。不践迹是要有自己的路线图。不入于室，是要有自己的目标与特色。

◦ 11. 21

子曰："论笃是与，君子者乎？色庄者乎？"

王解：孔子说："人们愿意推崇诚笃忠实的人，问题在于，这些被认为是笃诚而被推崇的人，是真正的君子呢，还是假正经的伪装呢？"

评点：正如老子所说的"天下皆知美之为美，斯恶矣"，如今孔子也说，皆知笃之为笃，都"论笃是与"了，麻烦也就出来了。任何一种美德的被认可，都伴生着作伪作状的可能，有真美猴王就有六耳猕猴冒充美猴王，有正人君子就有道貌岸然的伪君子。

五四时期的新文化运动中不无批评儒学"满口仁义道德，满肚子男盗女娼"的。其实孔子当时已经对此有所警觉。

任何一种价值的认同，都同时会产生真伪难辨的麻烦。真小人与伪君子，哪个更糟？一直困惑着我们。

却不能因为有价值作伪就不再维护与珍惜公认的价值标准，我们不能陷入道德虚无主义与赤裸裸的实利主义。也不能因为价值认同，就放松对于价值作伪与价值霸权的揭露与批判。

即使一个人已经成功了，已经成为论笃是与的标兵了，已经成为道德旗帜了，我们也不能为了护旗而为笃者讳，仍然要监督兹面旗帜、兹标兵的兹后表现，要帮助他或她再立新功，百尺竿头，更进一步。这方面的经验教训，多了去了。

◦ 11. 22

子路问："闻斯行诸？"子曰："有父兄在，如之何其闻斯行之？"冉有问："闻斯行诸？"子曰："闻斯行之。"公西华曰："由也问'闻斯行诸'，子曰，'有父兄在'；求也问'闻斯行诸'，子曰，'闻斯行之'。赤也惑，敢问。"子曰： "求也退，故进之；由也兼人，故退之。"

王解：子路问道："听闻到了（一个道理、一个说法、一种教诲，或一件不无危险的差事）就应该行动吗？"孔子说："你的父兄还在，（应该听取他们的意见或思考对他们的责任，）怎么可以听见什么就立马去行动呢？"冉有也问："听闻到了就应该行动吗？"孔子说:"是的,听闻了,明白了,就应该付诸实行。"公西华听说此事后就去问孔子:"为什么子路问,你的回答是有父兄在不可以听到什么就实行,冉有问,你的回答是对的,听闻到了什么就应该付诸实行。"孔子说:"冉有性子迟疑,要鼓励他去行动;子路性子急躁,要给他降降温。"

评点:孔子处处注意到因材施教,注意到自己的话语对弟子的针对性,这当然是自古以来颇受推崇的。但是问题在于这里讲的所闻听的"斯"究竟是什么,如是一件危险差事,这样讲就说得过去;如果是讲一种道理、一种原则、一种价值,就不应该搞"双重标准"。如果是价值、核心价值,那么在真理面前人人平等,急性子慢性子与之没有太大的关系。师从孔子的目的与其说是解决应变策略问题不如说是解决根本的原则问题,从教师那边学到了基本的知识、观点与方法,具体事务如何处理是自己的事。如果老师动辄灵活到此亦一是非彼亦一是非的程度,或许反倒不易搞清楚了。

总体说起来,中华传统文化的思想方法,灵活性、机变性比较发达,谋略性、闪烁性、含糊性也时有闪光,而科学性、实证性、逻辑性尚有改善的空间。不知此段能否引起我们这方面的思考。

◎ 11.23

子畏于匡,颜渊后。子曰:"吾以女为死矣。"曰:"子在,回何敢死?"

王解:孔子在匡地被囚禁。颜渊晚一步才来看望孔子。孔子说:"我还以为你死掉了呢。"颜渊说:"老师您还在,我哪儿敢死呢?"

评点:孔子激赏颜回,颜回爱戴孔子,其情也深,其言也切。

单纯从字面上看,我以为你死了呢,似有抱怨颜回来晚了的含意,但从孔子历来对颜回的激赏来看,应无此说。可见光看文本也靠不住。下边颜回的话，拿到今天来说，未免太夸张，因为即使是两千五百年以前，人们也会知道死不死不是自己敢不敢的问题；那么此话就涉嫌"巧言令色"。具体到颜回身上，又似不该作如是想，可颜回硬是作如是想，如后世的革命家一项任务没有完成，就一直撑着一口气。也许是随着不舍昼夜的逝者如斯夫，人们的巧言令色的毛病日益发展，好听的话越普及，可信度越下降，言语能力与诚信预期成了反比。可叹也夫！

◦ 11. 24

季子然问："仲由、冉求可谓大臣与？"子曰："吾以子为异之问，曾由与求之问。所谓大臣者，以道事君，不可则止。今由与求也，可谓具臣矣。"曰："然则从之者与？"子曰："弑父与君，亦不从也。"

王解：季子然问孔子："子路、冉有他们能够称得上'大臣'吗？"孔子答道："我以为你问别的呢，敢情是问子路与冉有。所谓大臣，应该是以大道为尺度协助君王理政，履行不了大道，就应该离开不干。今天的子路、冉有，只能说是具有了（普通的）臣子的条件罢了。"又问："你是说他们只知道服从君王吗？"孔子说："当然他们也不会跟着君王弑父弑君的。"

评点：这是一个大问题，孔子主张君君臣臣，主张对上的忠顺。但他又认为真正的大臣应该有自己的道，即自己的理念与原则，服膺理念原则，甚至比服膺君王还重要，这是一个了不起的思路。

笔者早有此说，古代中国固然是一个封建专制国家，但德治、王道、礼治思想，还有道，高于一切的文化思潮，客观上形成了对于封建帝王的一种文化监督、礼制监督、谏官监督。为政以德，以德治国，听起来很美，反过来说，也就意味着无德、缺德只能乱国，乱之有理、反之有理。不要只看到德是权力系统的武器，可以理顺百姓民心。还必须看到，德，还有道，也是平头百姓与臣子的武器乃至反对派、造反派、起义者的武器，一顶无道昏君的帽子，就给君王判处了死刑。以德、道为坐标，臣子常常对权力系统、对君王提出劝诫批评建议。读读历史就知道，古代帝王，做事并不顺遂，常碰钉子。常常有君王想办个什么事、想改个什么规矩，底下跪一帮子老臣，反对、死谏帝王的斗争场面出现。

当然，孔子本人不会赞成"乱臣贼子"的犯上作乱，他说的是道不行则止，不是反叛。

普通臣子则达不到这个高度，只要不跟着弑父弑君，其他方面，当然只能听喝。

一上来孔子听了季子然的提问，说"我还以为你问别的呢"，流露了孔子对子路与冉有的评价不是太高，他可能认为季子然的提问太夸张了，子路与冉有，离真正的大臣，还差得远呢。

◦ 11. 25

子路使子羔为费宰。子曰："贼夫人之子。"子路曰："有民人焉，有社稷焉，何必读书，然后为学？"子曰："是故恶夫佞者。"

王解：子路让子羔去费地当地方官。孔子评论说："这可是害了人家的孩子了。"子路说："费地有百姓民人，有土地庄稼，该怎么管就怎么管，为什么非得读了书有了学历才行呢？"孔子说："正因如此，我才讨厌能说会道、巧言善辩的人。"

评点：事物都有两面或多侧面，读书好学是重要的，从实践中学习也是重要的。年轻、有学习条件却放弃学习的人是可惜的，故而说过早地从政是害了孩子。子路抬杠，抬出社稷民人，当然也说出了一番不易驳倒的道理，却只能令孔子倒胃口。

不知是不是孔子被子路的反驳激怒了，有点恼羞成怒？不与你谈具体问题，而是上纲到佞不佞的比较抽象却是道德的层次，把子路的嚣张气焰打了下去。

一个是就事论事地辩论是非曲直得失，一个是上纲到品德态度风格进行人身批评，这是两种辩论方法。如今我们常常将后一种辩论称为"诛心之论"。一般情况下不宜急于指斥与自己不同意见的人有品德问题。

○ **11. 26**

子路、曾晳、冉有、公西华侍坐。子曰："以吾一日长乎尔，毋吾以也。居则曰：'不吾知也！'如或知尔，则何以哉？"子路率尔而对曰："千乘之国，摄乎大国之间，加之以师旅，因之以饥馑；由也为之，比及三年，可使有勇，且知方也。"夫子哂之。

"求！尔何如？"对曰："方六七十，如五六十，求也为之，比及三年，可使足民。如其礼乐，以俟君子。"

"赤！尔何如？"对曰："非曰能之，愿学焉。宗庙之事，如会同，端章甫，愿为小相焉。"

"点！尔何如？"鼓瑟希，铿尔，舍瑟而作，对曰："异乎三子者之撰。"子曰："何伤乎？亦各言其志也。"曰："莫春者，春服既成，冠者五六人，童子六七人，浴乎沂，风乎舞雩，咏而归。"夫子喟然叹曰："吾与点也！"

三子者出，曾晳后。曾晳曰："夫三子者之言何如？"子曰："亦各言其志也已矣。"曰："夫子何哂由也？"曰："为国以礼，其言不让，是故哂之。""唯求则非邦也与？""安见方六七十如五六十而非邦也者？""唯赤则非邦也与？""宗庙会同，非诸侯而何？赤也为之小，孰能为之大？"

王解：子路、曾晳、冉有、公西华四个学生陪孔子坐着。孔子说："我无非是年龄比你们大那么一点点，没有什么了不起的，你们不必拘谨。平常你们会说'可惜的是没有什么人了解我呀'，那么设若你们已经被权势人物所了解，即将为世所用，那么你们想干些什么呢？"

子路立即宣布："一个有一千辆兵车的侯国，夹在大国之间，既有外面的军旅压力，又有境内的饥荒连连，交给我管，三年时间，我能做到让那里的民人骁勇善战，不畏强敌，而且懂得规矩道理。"

孔子露出了哂笑之状。再问："冉有，你打算怎么做呢？"

冉有说："一个方圆六七十里或者五六十里的小侯国，我去管理，三年时间，我应该能让百姓过上相对富足的生活，至于礼乐教化方面，还得等待君子精英的出现。"

孔子问："那么你呢，公西华会如何呢？"

公西华说："我不能说我已经能够做到什么什么，我只能说我想学着做点什么。无非是宗庙里的事，或者是祭祀典礼，或者是与外国举行什么仪式，我愿意穿上礼服，戴上礼帽，当一个司仪之类的小官儿。"

孔子说："曾点，你怎么想的呢？"

曾皙正在缓缓弹琴，铿锵一声响，他停下了琴声，说："我的想法与他们的思路不太一样。"

孔子说："那又有什么不好，不过是各人说各人的嘛。"

曾皙说："到了暮春时节，穿上了春季的服装，找上五六个成年人，加上六七个年纪小些的孩子，到沂河波浪里戏戏水，到舞雩祭台上过过风，吟咏歌唱着回来，这就是我的志愿了。"

孔子叹道："我推许的是曾点的说法。"

说话的前三个人退去了，曾皙后走的，他问："他们三人说得怎么样？"孔子说："也就是各说各的吧。"

曾皙又问："您怎么有点笑话子路呢？"孔子说："一个国家应该实行礼治，子路他说起话来，不知道谦让，所以我有些笑话他。"

再问："冉有所说的方圆六七十里或者五六十里的地方，不也是一个邦国吗？"答："那么大地面还不是邦国吗？"接着问："那么公西华说的是不是也是一个邦国呢？"答："又是祭奠，又是会盟，不是诸侯能是什么？公西华说这个小，那么还有什么事能够得上大呢？"

评点：这一段最为有名，暮春者如何如何，引用得多的是了。

前三个人大意差不多，想当个侯国官员。前两个是搞地方行政管理，后一个是搞典礼场面，当时认为极其重要。子路不等老师点名率尔回答，是他的一贯作风。这儿的记载有前后矛盾处，他讲的某国的处境一个是外有强敌或强邻，一个是内有饥荒，他训练的，他许诺的却只有武备与"国"防方面，这有点可疑，他给自己提出了两个问题，只回答其中一个，说得过去吗？不是自己难倒自己吗？

只一个不谦让，似非大过，勇于承担，勇于进取，有可取处。还有一个，如果在修齐治平、治国理政、关切民生、保家卫国上人人也都是让字当头，是不是也是一种消极的国民性呢？不是本应该有一种"苟利国家生死以"的往前冲的态度吗？再说让起来也没有边际呀，不抢着说，什么事都是最后说，不说自己行，谦虚地表示自己嘛也干不了，这是标尺吗？

第二个说话的人冉有谦逊些了，他只管民生，礼乐得另请高明，反衬出在未解决温饱的情势下，讲礼乐不无奢侈。治国平天下之事虽大，还是要先吃饱肚子，如果自古以来有共识，恐怕少了很多荒唐与冒险。

第三个是公西华，汲取了前二人的教训，更谦虚了，不是能力的有，是想学习学习，我是来学习的，至今这仍是谦虚"秀"的一个重要说法。不重实权，重场面规模，倒也是一个思路。中华文化传统本来就是注重虚实两个方面的互补与转化的，有点意思。西方一些实行内阁制的国家，元首也是有场面而无权力的。孔子看得很透彻，才说："如果这样的官算小官，那么什么是大官呢？"

　　曾同学的说法很生活，很文学，很平易，很亲和，充满生活情趣，热爱生活，天人合一，最为放松，受到历代人士的盛赞。作为微型散文，它很成功。作为"言其志"，不无令人困惑之处：孔子教学的目标是培养早日退居二线的闲人逸士吗？这能算志向志愿吗？找一帮青少年浴水沐风就算目标了吗？又不是旅游局的实习。他们如何养家糊口？他们算不算士，想不想当君子，有没有对社会对家国对民人的任何使命感？再想想孔子前面反对捂盘惜售、要求及早卖玉的主张："子贡曰：'有美玉于斯，韫椟而藏诸？求善贾而沽诸？'子曰：'沽之哉！沽之哉！我待贾者也。'"就更不好理解了。

　　也许可以这样理解，一个是孔子的主张在于他的此岸性、现实性、正能量性。他的前提是对于此生的积极达观的态度。正是曾皙的看似不经意的说法当中透露了这样一种健康的阳光的生活态度。态度则美好矣，能达到这样一个美好的境界，已经是天下有道的结果与标志了。

　　说这就是一个人的精神走向与追求，就是一个人的人生目标，仍然有一点难处。

　　中国人自古就有进与退两手准备，攻与守两种战略。一方面提倡的是胸有大志，另一方面不能不看到好多人大志落空，蹉跎终生。考虑到这一点，所谓进可以攻，退可以守；所谓立于不败之地；所谓达则兼善天下，穷则独善其身；所谓邦有道则智，邦无道则愚；所谓以出世之心行入世之事，都很智慧也很微妙有趣，为大量的受挫者与一时得意仍免不了被受挫的阴影笼罩的读书人所激赏。

　　孔子与四弟子谈志的时候可能年纪已经不小，屡遭挫折坎坷，更多地想到了退于山林的前景，更多地愿意称赞天性恬淡、自在乐生的这一面。曾点的说法，对于许多虽有大志却未得施展的人士来说，其魅力是不可小觑的。对于懂得急流勇退、善始善终的成功人士其实更加健康，寒温补泄消长，真是功效兼得的灵丹妙药啊。

　　也恰恰此节，孔子的精神走向与老子相当接近，毕竟都是我中华文化啊。

颜渊篇第十二

○ 12. 1

颜渊问仁。子曰："克己复礼为仁。一日克己复礼，天下归仁焉。为仁由己，而由人乎哉？"颜渊曰："请问其目。"子曰："非礼勿视，非礼勿听，非礼勿言，非礼勿动。"颜渊曰："回虽不敏，请事斯语矣。"

王解：颜渊向孔子请教仁的修为。孔子说："克制自己的私心私欲，回到礼法的要求与轨道上，那就是仁了。哪一天大家都做到克制私欲，回归礼法，也就是天下回到仁政、仁德的轨道上了。仁与不仁，决定于每个人自己，哪里是由外界来决定的呢？"颜渊说："请讲一点具体细目方面的事儿。"孔子说："不合乎礼法要求的东西不去看它，不合乎礼法的言语声音不去听它，不合乎礼法的话语不去说它，不合乎礼法的事情不去做它。"颜渊说："我虽然不算聪明，但我一定按您说的去做。"

评点：这四个非礼勿怎样怎样非常有名。至今有些训诫似乎仍与这种格式有关，如讲"不利于团结的话不说，不利于团结的事不做"。

自律就是仁？坚守礼的底线就是仁？这个说法在语义学与逻辑学上有一点吃力。怎么对仁的答复全是礼，难道礼即仁乎？

还因为这样的关于自我约束、关于不要做什么什么事的高度自觉自律的表述，让人们首先想到的是谨小慎微，是行为方面的谦谦君子，而不是心性方面的仁爱仁义。

问题在于，孔子的学说认为，秩序来自礼制教化，而不是仅仅来自权力，权力来自德行的光辉（譬如北辰，众星拱之）而不是来自强力暴力霸业与组织力，也不是来自法制、民主、神祇（君权神授），不是来自历史规律。礼制呢，不是来自权力的压迫，而是来自心性的自来善良，来自本能的先验的孝悌情性。

孔子的逻辑是，心性产生善良，坚持善良的高端人士中产生了圣贤，圣贤的教化完善了心性，使得原生态的善良本性文化化、固定化、条理化、可传播化，从而产生了道德，道德的外化与可操作化，产生了礼制，礼制反过来抑制住心性中可能有的魔障，如贪欲等，便产生了不可逆化的秩序，所有这一切"一以贯之"，整合为仁或名之为道。

孔子坚信，仁之道决定一切，决定一个邦国与天下的治理状况与全体臣民的境遇。君王懂得并践行这样的道，就是大治；违背这样的道，就是无道，就是垮台灭亡。

在这样一个总体逻辑底下，他具体指导自己的学生，从不同的角度讲述仁的内涵与实践之路。

这里还有一个重要的根本性的论述，为仁由己，这四个字应该大书特书，它带有萨特的自由选择说的味道，强调的是一己的责任。由于种种原因，一场社会灾难过去了，在混乱中凶相毕露、洋相出尽的人，都是若无其事地批判指定的几个靶子，怎么就不能想想为仁由己，而由人乎哉？

◎ 12. 2

仲弓问仁。子曰："出门如见大宾，使民如承大祭。己所不欲，勿施于人。在邦无怨，在家无怨。"仲弓曰："雍虽不敏，请事斯语矣。"

王解：仲弓（冉雍）向孔子请教对于仁的修为。孔子说："出门在外，见到谁都要恭恭敬敬，如同对待要客（VIP）；使役管理百姓如同组织盛典大礼，也要恭敬严谨、一丝不苟。自己不愿意遭受到的做法与对待，就不要以之对待别人，待人与待己要循一样的原则。这样的话，在邦国里，不会产生抱怨龃龉；在家里，也不会产生抱怨龃龉。"仲弓说："我虽然不算聪明，但一定会按照您说的去做。"

评点：敬、尊重，在孔子的学说里很重要，在走向现代化、走向自由民主法治和谐富强发展的今天同样重要。正是现代社会，日益强调人的尊严。国家与人民都需要富足发达，需要自卫能力，需要文明进步，也都需要尊严。可惜的是许多历史时期，权力系统不懂得尊重人民、尊重科学、尊重真理、尊重传统与世界的文明果实。

"己所不欲，勿施于人"，此语简单明了，朴素亲切，无可辩驳，无须解释。盖世间诸多麻烦，在于人、己的两张皮：谁都是不愿意受伤害受损失的，但是会自以为是地在不经意间乃至有意地为他人造成伤害损失。你不愿意被勉强被委屈，但是你的自我中心，你的随着权力而畸形膨胀的自我，常常在勉强旁人委屈旁人。你不愿意看到旁人牛皮烘烘、得意猖狂、胡言乱语……或者抠抠搜搜、奸诈自私的样子，但你不能保证自己绝对没有此类不可一世或低下不堪的表演。不用说国际国内的政治大事了，就是夫妻之间，能认真做到"己所不欲，勿施于人"了吗？

多为别人着想，这个世界就变得可爱多了。

◦ 12. 3

司马牛问仁。子曰："仁者，其言也讱。"曰："其言也讱，斯谓之仁已乎？"子曰："为之难，言之得无讱乎？"

王解：司马牛向孔子请教关于仁的修为。孔子说："这个仁呀，说起话来要迟慢一些。"司马牛问："什么？说起话来迟慢些就是仁?"孔子说:"做到仁是很困难的,做起来困难,说起来能够不迟慢些吗?"

评点:就事论事,就仁论仁,孔子的说法令人难以接受。忍耐、迟慢,就是仁?这个说法未免"雷人"。是孔子故作惊人之语?是孔子对司马牛有点看法乃至有点情绪?是孔子对司马牛的毛躁冒失看不下去了,不论你问什么我都要告诉你:先给我降降速、降降温再说?

反正作为一个伦理学的讨论,或者是词义学的讨论,"仁者,其言也讱"的说法难以讲得通,哪怕立此论者是孔圣人。

最多可以解释到这一步,孔子讲仁呀礼呀敬呀恕呀,无意构建一个学理的体系,而是要纠正指导生徒的行为举止。此前的一些章节,孔子强调仁的心性性、深刻性与无涯性,因此即使是人众都肯定的人物,是孔子本人也颇有正面评价的人物,他就是不说他们是仁者。他很吝惜以仁字评价他人。但这里学生们询问起来,他讲的则是从何处入手,从何方向迈出仁的一步。从孔子的这些说法中我们看到了仁的另一面:从我开始,不决定于外界,大处着眼,小处着手,开始仁的修为,很容易,从说话放慢速度做起,从处世待人恭敬严谨做起,从非礼的事不做做起,从认定仁与不仁决定于自身做起。而做到仁的全部要求,做到一个人的完全的仁化,则是另一码事,固殊不易也。

◎ 12. 4

司马牛问君子。子曰:"君子不忧不惧。"曰:"不忧不惧,斯谓之君子已乎?"子曰:"内省不疚,夫何忧何惧?"

王解:司马牛向孔子请教一个君子的修为。孔子说:"君子人没有忧愁,也没有畏惧。"司马牛问:"不发愁不害怕就算君子了?"孔子说:"只有自我反省的时候没有负疚感的人,才能做到完全没有什么可忧可惧的呀。(而一个人能够不做内省起来负疚的事,还不是君子吗?)"

评点:司马牛问的问题比较大,孔子的回答比较小。司马牛的提问似乎很深,孔子的回答举重若轻,似乎浅显。这样,不仅司马牛,而且今天的读者,也可能对此处记载的孔子的回答感到不甚渴。

同时可以抬杠,恰恰相反,王某认为,恰恰是君子才常常有负疚感,君子才会写忏悔录,才会给被自己的国家军队屠杀了的犹太人的纪念碑下跪。君子才有自省精神,君子才懂得反思与道歉,才会发愿"过去种种,比如昨日死,今后种种,比如今日生"。而灭绝人性的魔头、刽子手、强盗、侵略者,他们才不内疚呢。

当然我们可以设想,孔子认为,人的天性是善良的,如孟子所说:"羞恶之心,人皆有之。"有没有负疚感,并不是你个人说了算,民人还要说话,众君子还要说话,社会还要说话,王侯与皇帝还要说话,历史的春秋笔还要说话。

同时,也可以设想,孔子这样的"圣人",他坚信仁义道德的无可比拟的力量,他必然会宣布:自我审判是最严厉的审判,内心审视是最无情的审视,即使你欺世盗名、弄虚作假、颠倒黑白、自恋自傲做到了一百一十的火候,你在君子之道面前,你在大道面前,你在中华文化的仁爱与礼法传统面前,仍然会产生捉襟见肘、无地自容之感。你的色厉,只能暴露你的内荏。你的夸张,只能反衬出你的贫乏。你的棍棒胡抢,只能说明你已经束手无策。你的吹嘘声势,也只是你的恐慌危殆的证明。

连续四段,都是弟子深问,孔子浅答;弟子大问,孔子小答;弟子艰问,孔子易答。应非偶然。对于功成名就的大人物,孔子不奉承他们的仁。对于弟子,孔子想说的是千里之行始于足下,小善可以通向大仁,积善成仁。

◦ 12. 5

司马牛忧曰:"人皆有兄弟,我独亡。"子夏曰:"商闻之矣:死生有命，富贵在天。君子敬而无失，与人恭而有礼，四海之内皆兄弟也。君子何患乎无兄弟也？"

王解：司马牛忧愁地说："众人都有兄弟亲人，我独独没有。"子夏说："我听人家讲过：生与死，是有命运在那里主宰着的；富贵与贫贱，则一切取决于天意。（你有没有兄弟，这并不是你自己负责的事情。）做一个君子人，恭敬严谨，无所失误；对待他人，尊重谦和，你会感觉到，四海之内，到处都是你的兄弟。君子人何必为自己有或者没有兄弟而忧心呢？"

（按照前人的说法，本段与前一段有一个特殊的背景，司马牛有一个哥哥犯上作乱，为此司马牛与他划清界限、断绝关系了。他有些嘀咕。孔子讲君子包含着对他的大义灭亲的支持，讲不疚的意思是出自劝导他对于自己的正义举动不要嘀咕。子夏的话的意思，也是劝他心安理得。）

评点：这一段中的两句话脍炙人口。一个是死生有命，富贵在天；一个是四海之内皆兄弟也。后者还曾作为《共产党宣言》的口号（"全世界无产者团结起来"）的早期译文而获得了新义。

死生与贵贱，当然不完全是命中注定，但人生中除了个人努力、社会环境的不可抗因素之外，确实有许多或然、偶然、概率、巧合的非必然因素，非必然情势，非必然后果。对于这些非必然因素，你的作为有限，你的思考分析意义也有限，为之写点小说散文诗歌尚可，别的不好办。明白了这一条，可以少费一点心机，少一点焦虑，也少一点痴心妄想。

"四海之内皆兄弟"的想法很好，这是中华文明的一个精华元素。远了不说，苏联十月革命后，大量所谓白俄迁到中国，二战前后，大量犹太人来到中国，他们都与国人相处得很好，这都是美好的记录。

当然，《论语》讲的"四海之内皆兄弟也"的要义不是国际主义，不是无产者团结起来，而是个人道德。它讲的是敬而无失、恭而有礼，践行这样的君子之道，就能"四海之内皆兄弟"，也可以作"得道多助，失道寡助"解。如果是涉外事务，注意无失、有礼，当然也是有意义的。

◦ 12. 6

　　子张问明。子曰："浸润之谮，肤受之愬，不行焉，可谓明也已矣。浸润之谮，肤受之愬，不行焉，可谓远也已矣。"

　　王解：子张向孔子请教怎样才能做到明辨是非真伪。孔子说："有的谮言，像水滴一样地浸润你；有的诬告，像利刃一样地刺向你的肌肤，但是你不上当，你不受它的影响，说明你是一个明辨是非的人。水滴浸润一样的谗言，利刃刺肤一样的诽谤，你全然不受影响，说明你是一个目光远大的人。"

　　评点：不知道外国的情况是怎么个样子，反正从孔子的话看来，咱们这里自古时兴进谮言、告黑状与语言暴力。王某愿意从两方面理解这个意思：一个您是大佬，您掌握了权力资源，奸佞屡屡到您这里来进谗来送黑材料，您不为所动，证明您头脑清醒，心知肚明。另一个您是被无端攻击的某一个忠臣能人，您是一个被嫉恨的对象，您不因为受到进谮、诬告与卑劣攻击而昏乱，您能够分得清，看得准，不夸大，不悲观，不任人宰割，也不轻举妄动；您能够在不利的情势下平稳有序，渡过难关，这也说明您的明白、明哲、明晰。

　　当然，这里也有难于拎清的地方，就是说一个人的被进谮被诽谤，真伪虚实之间有一些灰色地区，有一些莫须有的记录，例如《红楼梦》中宝玉的被打，贾环的进谗起了重要作用。宝玉找金钏瞎混在先，金钏对宝玉笑谈在后，结果金钏挨了王夫人一个耳光，跳井自尽，被贾环汇报成是宝玉"强奸不遂，打了一顿……（金钏）赌气投井……"这就叫作"事出有因，查无实据"，够你不明不白一阵子的。

　　无论如何，孔子认为"明"的首要标准是不受谮、不受愬，关键是老板不受挑拨，臣子不做奸佞勾当，这是说得太要紧了。孔子是一针就扎中了穴位。古代君王可以区分为暴君、昏君、明君、贤君，这方面的故事极其动人，这样的故事脍炙人口，例如岳飞被秦桧陷害的故事，就是家喻户晓。而杀害岳飞的宋高宗赵构，则落得一个彻头彻尾的昏君的评价，遗臭万年。

○ 12. 7

子贡问政。子曰："足食，足兵，民信之矣。"子贡曰："必不得已而去，于斯三者何先？"曰："去兵。"子贡曰："必不得已而去，于斯二者何先？"曰："去食。自古皆有死，民无信不立。"

王解：子贡向孔子请教政治方面的事。孔子说："有足够的食粮，有足够的兵力，还要有民人对于邦国与国君的信赖，这就行了。"子贡问："如果不得已而必须去掉您讲的这三者之一的话，请问优先去除哪一个呢？"孔子说："去掉兵力吧。"子贡说："如果还是不得已，还要再去掉一个，在食粮与信任之间，您考虑先去掉哪个呢？"孔子说："宁可先去掉食粮。自古人皆有死，去了食粮当然会死，但如果民人丢掉了信赖，国君失去了信誉，这个邦国就当真是万劫不复了。"

评点：孔子的用意在于强调信的重要。君王要有信用，百姓才有信任；权力系统要保持信誉，民人才能对你信服；官员言行信实，百姓对本邦本国才有信赖；士农工商都要讲诚信，社会才能有效运转，才能国泰民安，而其前提是君王大臣们以身作则，成为诚信的典范。

诚信立国，信义立国，这个思想值得温习。原因是权力系统掌握着大量社会资源，为了堵漏洞、聚人气，他们有时忽悠一下百姓，如夸张一下自己的成绩，贬损一下对立面的表现，这完全可能取得一时的效益，但最终是影响自己的公信力，失信屡屡，会弄个病入膏肓，不可救药。孔子对于信的强调，语重心长。

这里讲信的重要性，与本篇前段讲到的敬而无失、恭而有礼关系非常密切。尤其是当政者，如果不懂得恭敬天地、祖宗、人民、道义，就自然会忽悠人民，欺骗天地，自取灭亡。

问题在于子贡的设问方法令人难以接受。兵力、食粮、信赖，这三者并不是并列更不是抵牾关系，不是一个平面或一个空间里的三个独立的存在。如果说食粮比兵力更重要，还说得过去，因为，民以食为天，大家都饿着肚子，很难设想兵强马壮的局面能够维持。但绝对地取消了兵力来设想一个国家的存在，不现实，除非它变为别的有军备的国家的附属国，也就是取消了自己的存在。而在食粮与信用之间，不存在舍一留一的可能，没有了食粮，全民饥馑而亡，能立得住？鬼才相信。

当然，也可以说这里强调的是足不足，不是有没有。孔子的意思无非是说，勒紧裤带还可以强国立国，只要民人没有丧失对于邦国尤其是对于国君的信任的话。

某年北京市高考作文题是《诚信》，它先提供了一个寓言：说是一次乘船，风起云涌，小船出现情况，艄公让大家抛弃一样东西，美貌、金钱、荣誉、健康、诚信……应该抛弃哪一个呢？当然，命题的用意是什么都可以丢，最最不能丢失的是人的诚信。这就更等而下之了，这不是一个好的命题。

◦ 12. 8

棘子成曰："君子质而已矣，何以文为？"子贡曰："惜乎，夫子之说君子也！驷不及舌。文犹质也，质犹文也。虎豹之鞹犹犬羊之鞹。"

王解：棘子成对子贡说："君子靠的是内在的质地，下功夫去学那些文辞、优雅、礼乐花里胡哨做什么？"子贡说："你这样讲君子，真是太可惜了。想想，四匹马拉的车也赶不上舌头说出的话语——一言既出，驷马难追。（怎么能说言辞文饰不重要呢？）言辞文饰，也是质地的一个有意义的表现呀；质地呢，也正是通过文辞等一定的形式表现出来的啊。比如说，虎豹的皮去了毛不是与犬羊的皮也差不多吗？（毛对于虎豹，也是重要的啊。）"

评点：孔子的一贯主张，也是中华文化的整体主义的一个重要特色，通过子贡之口讲出来了。要的是形式与内容的统一，仁义道德与礼乐优雅的结合，心功内功自我反省与行为举止仪态的外功理应互动。孔子及其门徒，反对虚文矫饰、巧言令色；他也反对粗野随性、"游击习气"。他重视教化，重视学习，重视克己复礼，重视言语、行为、容色的规范。他的这一观点很宝贵，也很实在，至今颇有意义。

孔子很注意谈论任何问题，力求面面俱到，几个方面都注意到了，这样，就做到了中庸，中庸的好处在于它是如庄子所讲的"道枢"，它是大道的圆心，它照顾到各个方面，它是整体主义、互动主义、适宜与分寸主义，反对的是极端主义、分裂主义、夸张恐怖吓人主义。对于多灾多难的中华民族来说，这样的整体性的中庸之道，还是非常宝贵的。

产生"何以文为"的思想有三方面的原因：一是某些不合时宜的文采形式，渐趋衰败，令人生厌。二是战乱灾荒、贫困落后使民人挣扎在温饱线上，顾不得文采礼乐仪式。三是春秋后期，硬实力、战场上解决问题。《论语》涉及的诸话题，都是有自己的背景与原因的。

◦ 12.9

哀公问于有若曰："年饥，用不足，如之何？"有若对曰："盍彻乎？"曰："二，吾犹不足，如之何其彻也？"对曰："百姓足，君孰与不足？百姓不足，君孰与足？"

王解：哀公向有若请教："赶上了灾荒饥馑之年，不够吃的，怎么办呢？"有若回答说："为什么不减少税率到十分之一呢？"哀公说："现在我是征十分之二的税，还不够我们用的，又怎么能减少税赋呢？"有若答道："一个邦国里，老百姓富足了，君王哪儿会不够不足呢？而如果百姓们缺吃少穿，君王又上哪儿富足去？"

评点：这让人想起二十世纪八十年代我国改革开放初期讲的"富民政策"，民富是国富的基础，民强是国强的前提，其实这个道理孔子两千五百年前就讲过了。在某些特殊情况下，例如全面战争时期，权力系统难免不采取减少民用消费，让百姓勒紧裤带，集中力量求得战争胜利，避免成为战败国的方针。这时，动员力量、组织力量、舍己为公的精神，都事关民族国家的生死存亡，但长此以往，长期搞国强民穷的方针，是行不通的。道理并不复杂，孔子已经讲得很清楚。怕的是权力系统急功近利、杀鸡取卵、竭泽而渔、鼠目寸光，最后害了百姓，自然也害了邦国与君主。

◎ 12.10

子张问崇德辨惑。子曰："主忠信，徙义，崇德也。爱之欲其生，恶之欲其死。既欲其生，又欲其死，是惑也。'诚不以富，亦只以异。'"

王解：子张向孔子请教如何崇尚德性，辨识困惑。孔子说："首先是讲求忠诚与信誉，而且懂得了道理道义就要付诸实践，这就能做到崇尚德性了。如果对一个人，喜欢他的时候，想让他永远活着；讨厌他的时候，恨不得让他立马死掉。一会儿让他活，一会儿让他死，这就是困惑、失去标的了。这正像《诗经》上的两句诗：'确实说不清是不是因为他或她的财富，反正你已经见异思迁变了心。'"

评点：主忠信，就是说人要有一个坚定的，类似先验的良知、良能的内心忠诚与信用，忠方能信，忠就是信，不信的人，说话不算话的人，何可言忠？

你不可能事事早知道，你需要读书明理，这个理就是义理，这个义就是意义，其次是道义、正义。讲了忠信之后必然要向着义理、正义来行动，通过行动落实义理与正义。

惑的说法，不像是谈政务上的迷惑、决策上的选择，而更像是谈感情上的迷惑与为难。像什么既欲其生，又欲其死，像所引诗句，都像是谈一个人的感情生活。莫非是子张碰到了感情纠结？还是子张看到了旁人感情纠结的麻烦？所以孔子在这里并没有正面回答如何辨惑的问题，而是指出，这并不是一个道理的辨析问题，而是一个情感问题，一个没有多少道理可讲，没有多少原因可分析的话题。

也就是说，孔子很明白也很老到，他并不认为讲解道理能解决一切纠结、苦闷、困惑、煎熬。

◦ 12. 11

齐景公问政于孔子。孔子对曰："君君，臣臣，父父，子子。"公曰："善哉！信如君不君，臣不臣，父不父，子不子，虽有粟，吾得而食诸？"

王解：齐景公向孔子请教政务。孔子回答说："为政的主轴是君王要符合君王的规范，履行君王的职责任务；臣子要符合臣子的规范，履行臣子的职责任务；父亲要符合父亲的规范，履行父亲的责任与义务；儿子要符合儿子的规范，履行儿子的责任与义务。"景公听了说道："您讲得太好了！设若一个邦国，君王不具备君王应有的一切，臣子不具备臣子应做的一切，父亲做不到父亲应做的一切，儿子不去做儿子应做的一切，就算粮食充足，有我好好吃饭的份儿吗？"

评点：这也是名言。第一，孔子主张秩序，主张尊卑长幼的划分，不主张平等也不相信君臣父子间能够平等。

第二，孔子主张全面的、双向或多向的道德规范、行为规范与文化监督。虽然君在上臣在下，但不是无条件地臣服从君，首先是君必须像个君，君必须各方面合格合理合德合礼，君应该努力做一个明君、仁君、圣君，绝对不可以做一个昏君、暴君，无道、伤天害理、天怒人怨之君。然后臣当然也必须各方面合乎要求，做一个忠臣、贤臣、谋臣乃至托孤之臣，切不可成为佞臣、奸臣、乱臣贼子。父要做一个严父、慈父、榜样之父、循循善诱之父，不可做一个不负责任、不教子、不成器的尴尬之父，而子才能成为一个孝子、好儿子，而不是逆子、不肖之子。夫妻、兄弟、朋友、师生之间的关系亦然。

第三，孔子的观点是秩序、文化、道德、和谐、稳定高于发展与富足。秩序没了，世道人心坏了，政权丢了，邦国亡了，再发展与富足也没有用。

看来，"卫星上天，红旗（或礼义）落地"的忧患意识，古已有之。

第四，孔子的正名思想十分重要。不同的名分，不仅具有语义学上的意义，也具有区分、明辨、秩序、治国、平天下方面的重大作用。权力系统注意名分，根据名分决定优劣薄厚高低的处置与对待，乃构建了以名分为根据的秩序规范。这与现代资本主义社会以选票、财产、学历、继承、法律、契约规范确定权利义务的思路有所不同。

一九四九年新中国建立以后，仍然不时存在正名的思路，阶级成分、"左"派右派、戴帽子摘帽子、造反派保皇派逍遥派、走资派革命群众、人民内部矛盾与敌我矛盾、三种人与各种"分子"、改革保守、级别职称学衔……时时需要拎清，少有人能等闲视之，也很耐人寻味。

最后，近代以来，对西方文明东渐持坚拒态度的人士抨击西方的主要一个理由是说彼人"无父无君"。这也是事出有因，查无实据。从"德育"内容上看，西方可能没有讲那么多君臣父子，但他们有另外的思路，靠宗教、靠体制、靠法制运作处理有关事宜。他们的君臣父子关系并不像咱们有些人想象的那么恶劣，他们仍然有甜蜜的家庭，忠良的臣子，贤明的君王。

○ 12. 12

子曰："片言可以折狱者，其由也与？"子路无宿诺。

王解：孔子说："听到一句话就做出对于官司案件的判决的，不正是子路的特点吗？"子路答应了的事，从不过夜才办理。

评点：这可以说是批评子路的莽撞，但个中不无对于子路的痛快干脆的欣赏。履行承诺不过夜，则更不像是贬义了。我们在新中国也有过传达最高指示不过夜之类的说法，谁能说孔子不圣明呢？

○ 12. 13

子曰："听讼，吾犹人也。必也使无讼乎。"

王解：孔子说："审理官司，我与旁人无异。但我更关注的是如何消除诉讼纷争。"

评点：依法治国的好处是明确具体，至少是争取在法律面前人人平等。缺点是官司纷争可能越来越多，好事之徒趁机以法谋私。孔子主张的治国以礼、为政以德，好处是理想境界，从心底减少与消除争执缠斗的因素；缺点是道德的认定与判断相对更抽象也更个人化、内心化、弹性化，不容易弄得一清二楚。

就拿《论语》里提到过的闵子骞的"鞭打芦花"故事来说，其道德之高尚感人至深，但不符合法治精神。第一，法治讲究维权，如果一个人不懂得维权，就是纵容侵权，纵容坏人坏事。第二，闵的继母虐待儿童，有罪，根据有法必依、违法必究的原则，不应该以你的伟大胸怀放过对于一个用匪夷所思的方法虐待前妻子女的人应有的惩罚。第三，"母在一人单，母去三人寒"的说法本身就不合逻辑、不合道德，莫非道德要的是以自己的道德来维护他人的不道德乃至犯罪？那当然说不通了。

所以，我们要珍惜孔学，也要追求对孔子学说的现代化创造性的更新与发展，而不是原汁原味地复古。

◦ 12. 14

子张问政。子曰："居之无倦，行之以忠。"

王解：子张向孔子请教政务。孔子说："在位一天，就绝无厌倦松懈，做任何事，都要忠诚负责。"

评点：无倦的说法与以出世之心行入事之事的说法有所不同，做官就要认真地做，这与一边当官一边作清高独立"秀"的路数也不一样。王某读之惭愧。行之以忠，是的，倒也是尽了微薄的力量。

关键是责任担当，如果人皆倦勤，人皆风凉壁上观，人皆清谈炫异，一个邦国会走向何处，不容乐观。

◦ 12. 15

子曰："博学于文，约之以礼，亦可以弗畔矣夫！"

王解：（按：此语已见《雍也篇第六》，既然文本重复，解评者也就再另行感想一回。解孔评孔，可以有不止一个版本。即使是对自己，读书、学习、领会、发挥，每次可以有每次的路子。）

孔子说："广博地学习文章、辞令、礼乐、优雅举止、知识……而又能以礼制约束规范自身，也就不会出大格儿了。"

评点：孔子一方面主张努力学习，扩展与充实自身；一方面主张约束克制，纯洁质朴，循规蹈矩。这个思路同样也是既中庸又考虑整体。博学于文，到《晋书》发展为博学多才，确实也会引起人们尤其是君王及其权力系统的警惕，因为博学于文者，多才者，或有不易管束的情形。

老庄那里就干脆提倡愚，指出以有涯之生，逐无涯之知是一件危险的事情。孔子没有那么消极，他不愧同时是教育家，他什么事都尽可能往好处引导，他专说正能量的话语，他似乎已经意识到自己的地位与责任，他有意识地使自己的主张充满积极性、正面性、可行性，虽然满目疮痍，他仍然用美好的逻辑、美好的期待鼓舞着弟子，并且一直鼓舞到了今日，为此他也付出了代价，一度被某些激进人物认为是保守、复古、道学、迂阔，名教杀人，早该丢到垃圾堆里去。

孔子真君子也，他如此相信礼的自我约束作用、克己作用，相当可爱，然不免天真。世上诸事诸悖论，解决起来并没有孔子当年想象的那么简单，难以做到一通百通，牵一发而全身齐活。

孔子跌跌撞撞的努力仍然值得肯定和感谢。否则，从春秋战国时期，人们可以尽情表达对于正在发生的一切事变的嘲弄、痛恨、看透……人们可以消费并且排泄争权夺利的丑恶与残酷，我们那时就有理由预言，"中国（神州、天下、华夏……）不亡，是无天理"。然后，怎么办呢？坐以待毙？作壁上观？拔一毛而利天下，不为也？

◎ 12.16

子曰："君子成人之美，不成人之恶。小人反是。"

王解：孔子说："君子人尽力成全别人的或邦国的好事，而不是成就别人的或邦国的灾难。小人呢，反过来为人处世。"

评点：这在百姓中就是积德行善的意思。对于政务，就是要发挥正能量；对于同僚，就是隐恶扬善，广结善缘；对于家庭、婚姻、朋友，就是尽力维护，"人艰不拆"。

"小人反是"的观察也极有趣，不管小人的古义如何与今天的理解大有不同，反正有些地位低下的人、弱势的人、贫穷无助的人、没有受到应有的教育的人，他们会天然地具有饱受"鸟气"从而幸灾乐祸的精神、造反精神、"唯恐天下不乱"的习气，也有愿意看到尊者强者富者倒霉垮台的期盼。这是完全可以理解的，甚至于是值得同情的，君子必然会珍惜传统文化的优良传统，成人之美，厌弃成人之恶的破坏性低级趣味。

◦ 12. 17

季康子问政于孔子。孔子对曰："政者，正也。子帅以正，孰敢不正?"

王解：季康子向孔子请教政务。孔子回答说："政务，首先要求的是端端正正，正直正义。你能率先做得到正直正义，谁还敢玩歪的邪的?"

评点：以正治国（以奇用兵），这也正是老子的思想。老想着以奇治国，结果是适得其反，这是中国历代权力主持者应该汲取的教训。以自己之正来消除邪恶，这也是很好的想法，但不够，因为邪恶也可能来自外患或历史遗存隐患，不是你一正就消除得了的。

还有就是正当还是奇特，正义还是邪恶，并不像黑白颜色那样易于分辨，特别在历史巨变的关头，遗老派、顽固派、复古派、教条派、原教旨派，都会祭出浩然正气的旗号。如果伯夷、叔齐是正，那么武王伐纣难道是邪? 如果解放战争中被俘被打死的国民党将军是正，难道起义将领尤其是革命方面是邪? 恐怕够你纠结拧巴搅和一阵的。

一个正字不可能包治百病，却是治好病的前提与起步，从这个意义上理解，孔子此言大好!

◦ 12. 18

季康子患盗，问于孔子。孔子对曰： "苟子之不欲，虽赏之不窃。"

王解：季康子为盗贼滋生的状况而忧虑，向孔子请教。孔子答说："如果你自己放弃对于物质的东西的贪欲，即使你因盗行赏，也没有人肯去盗窃。"

评点：这一点也与老子的说法一样。《道德经》第七十五章有云："民之饥，以其上食税之多，是以饥。民之难治，以其上之有为，是以难治。民之轻死，以其求生之厚，是以轻死。"总之，民人中出现的问题都是由于统治者的贪欲、愚蠢与折腾造成的。

给奖也不盗窃，这是极而言之。盗窃的产生似乎古今中外都难以完全避免，它与贫富的差别、高低贵贱的差别一样，第一难以全免，第二产生颠覆破坏，产生刑事犯罪，不全是权力系统中某人的贪欲问题。治理盗窃与治理其他犯罪勾当一样，远没有这么简单。

⊙ 12. 19

季康子问政于孔子曰："如杀无道，以就有道，何如？"孔子对曰："子为政，焉用杀？子欲善而民善矣。君子之德风，小人之德草。草上之风必偃。"

王解：季康子向孔子请教政务，说："如果我去杀掉那些无道的坏人，而去认同归顺那些有道的人士，你看怎么样？"孔子说："您管理政务，何必用得着杀人？你希望与追求善良，民人就会往善良方面倾斜。君子的道德取向，好比是风；小人的道德意识，好比是草。君子的风往哪里刮，小人的草就往哪里倒。"

评点：第一，季康子是鲁国重臣，在巩固权力的手段上，他首先想到的是杀。可见，以杀立威，以威立君，以君立国，在中国是古已有之的重要政治思路。孔子反对这一点，主张以德治国，以礼维稳。孔子有理想主义文明主义色彩。孔子的理想并没有完全实现，但是他的思想起了很大作用，多少约束了封建帝王的以杀为纲的专制之道。

所谓文明，不仅是指生活方式与社会政治的动作方式，同样也指一种追求和理念。中华文明当中，对于大同的理念、对于王道的理念、对于仁政的理念，虽然未能全部实现，但有这样的理念仍然比唯杀主义唯权主义的独霸天下为好，即比没有儒家的理念为好。

其实西方的文明，例如基督教文明，也不可能百分之百兑现，如爱敌人与宽恕，但它们仍然珍视这个文明。当代欧美国家不遗余力地提倡民主人权人道之属，它们也承认自身做的有许多不足之处，但这些理念仍然发挥着不可轻觑的作用。包括中国，也在汲取西方文明的精华，使之本土化、中国特色化并从而走向自身的现代化。

第二，孔子认为君子的精神追求的风向是风，是主导与有力的；而小人的走向是被动的，是随风摇摆的草。这个见解也值得深思。这是孔子的精英主义，它有利于反对民粹主义，但不利于弘扬民主。但我们不能不正视孔子此说。例如某些时候群众运动实际是被运动，恰恰是在群众发动的情况下，会产生人云亦云、跟风起哄、忽东忽西、盲目蛮干等现象。所以，强调君子精英的引领作用与引领责任，是有价值的。

但这几句话只讲了一个方面，即精英决定民众的方面，而没有讲民心民意决定精英的成败这一方面，没有讲民心可以载舟也可以覆舟这一方面。从战术上说民心民意可以被利用，可以被歪曲，可以被欺骗，也可以被伪造，但是从战略上说，民心就是天心，民意就是天意，小人蚁民，许多时候是草，也有时候是狂风暴雨，叫作"暗鸣则山岳崩颓，叱咤则风云变色"（语出骆宾王《为徐敬业讨武曌檄》）。代表人民，尊重人民，学习人民仍然是治国理政的不二法门。

◦ **12. 20**

子张问："士何如斯可谓之达矣？"子曰："何哉，尔所谓达者？"

子张对曰:"在邦必闻,在家必闻。"子曰:"是闻也,非达也。夫达也者,质直而好义,察言而观色,虑以下人。在邦必达,在家必达。夫闻也者,色取仁而行违,居之不疑。在邦必闻,在家必闻。"

王解:子张请教孔子,问道:"一个士、一个读书人与候补官员,怎么样就能算是发达成功——成功人士了呢?"孔子说:"你所说的成功指的是什么?"子张回答:"在邦国中很有名气,很被称道;在家庭乡土范围,也被称道被传颂。"孔子说:"你说的这只能叫名气,不是成功。成功人士应该是质朴正直,追求正义,体察民情政情各方态度,清风明月般练达,深思熟虑而又甘居人下。至于某种名气呢,他也可能是外貌仁厚,行为靠不住,自居人五人六的那种人。那种人,同样可以做到在邦国里出名,在家乡家庭中出名。"

评点:闻不等于达,但闻者必不达的说法也太片面,总不能说只有伪君子才能做到在邦必闻与在家必闻。故王解在这方面小有调整,宁信是记录得不够周到。

还可注意到,孔子在这里对于达的诠释,不仅有极高的质直好义的要求,还有察言观色、虑以下人的要求。就是说,达不仅是一个道德或主要不是一个道德标准,还包含着、看重着事功标准。我别出心裁地将之解为"成功人士",会不会贻笑大方呢?

◦ 12. 21

樊迟从游于舞雩之下,曰:"敢问崇德,修慝,辨惑。"子曰:"善哉问! 先事后得,非崇德与? 攻其恶,无攻人之恶,非修慝与? 一朝之忿,忘其身,以及其亲,非惑与?"

王解:樊迟跟着孔子来到舞雩台下。樊迟向孔子请教:"我可不可以问问关于推崇道德、修正自己的见不得人的坏念头,还有识别自身的迷惑失误的话题?"孔子说:"你问得好。如果你能够做到先去做（道德要求做的一切），此后再考虑这样做会有什么利益到手，这不就是用实际行动推崇德性了吗？批评否定自己的坏思想坏念头，而不是老想着旁人的不好，这不就是修正自己了吗？至于辨别迷惑失误，懂得一个人因一时情绪失控，做了带来严重后果的事情，想想迷惑行为给自己带来的后果，给亲人带来的后果与影响，那不就正是（看清了）迷惑与失误吗？"

评点：本篇第十节已经谈了崇德与辨惑的问题，由于对象不同，谈的重点也有所不同。就一个话题而发表不同重点的评述，除表现了人们常常提到的孔子为人师表的因材施教的特点以外，也启发人们认识到中国式思维对于美德认知的殊途同归，互为纲目，互为因果，整合通畅的特色。

这也是对于做人的极好的教训：第一是"先事后得"，先耕耘后收获，先服务后业绩，先贡献后积累，你行好事再问前程，这才叫"崇德"。这颇像后世孟子喜欢论述的"义利之辨"，也像今天人们提倡的大公无私与奉献精神。第二是自省精神、律己精神、自我批评精神，此之谓"修慝"。它说明人最大的不良往往是在于看到旁人的缺点而看不到自家的毛病。这是慝，也是惑。而且"惑"是个非理性的东西，是感情用事的表现，这与前面第十节讲的统一起来了。那么第三，孔子讲了"一朝之忿，忘其身，以及其亲"的不智、不明，贻害多方的道理。

奉献、自省、理性，这些美德，可以从崇德、修慝、辨惑的角度讲解，也可以从恕道、明辨、力行、自知、求仁……方面讲，这正是中国思维方法的整体性、一统性的表现。

这种整体性、一统性的好处是一通百通、一顺百顺，概念（名）之功大矣；缺点是会有自我重复，而缺少突破创新。

◦ 12.22

樊迟问仁。子曰："爱人。"问知。子曰："知人。"樊迟未达。子曰："举直错诸枉，能使枉者直。"樊迟退，见子夏曰："乡也吾见于夫子而问知，子曰，'举直错诸枉，能使枉者直'，何谓也？"子夏曰："富哉言乎！舜有天下，选于众，举皋陶，不仁者远矣。汤有天下，选于众，举伊尹，不仁者远矣。"

王解： 樊迟向孔子请教仁政的理念。孔子说："仁就是懂得爱旁人。"又问什么是智。孔子说："智就是能理解与识别人。"樊迟没有完全明白孔子的意思。孔子说："提升与彰显正直之士，把他们安排在歪邪的人士之上，使正直的人与歪邪的人形成一种比较，其结果是歪邪者也会渐渐正直起来。"樊迟离去后，见到了子夏，他说："刚才我见到老师向他请教智慧的事，老师说是'提升与彰显正直之士，把他们安排在歪邪的人士之上，使正直的人与歪邪的人形成一种比较，其结果是歪邪者也会渐渐正直起来'。这是什么意思呢？"子夏说："这话内涵丰富呀！舜治理天下的时候，选拔重用的是皋陶，一下子就让不仁不义的人远远规避了。汤的时代选拔的是伊尹，一下子不仁不义的人就远远规避了。"

评点： 可叹。人们上哪里去判断大官、君王乃至帝王的智与不智呢？就看你用什么人：用奸佞，用马屁精，用巧言令色的忽悠大王，用结党营私的下三滥，你能是明君圣君吗？你肯定是昏君无道之君，至少是糊涂君。

用了好人，坏人也能变成好人，没有这样简单。然而，好人当政，坏人不能不有所收敛。好人往往有真才实学，有自己的头脑，所以好人有时吃不开，好人耻于做马屁精。坏人都是因人成事、跟风成事，诸事鸦鸦乌，只能靠舐痈吮痔求宠。但是如果把好人与坏人，忠臣与奸佞放到一块，奸佞的那两下子就会露出马脚，就会显出尴尬，应付碰壁出丑。所以，仅仅举贤还不够，还要错诸枉，还要用好人压下坏人，让他们互相对比。好！

孔子是非常善于从不同的角度谈一个问题的，但是在用好人还是坏人的问题上，在为政先要自己正的问题上，孔子宁可讲得简明一些，斩钉截铁一些，该绝对化一下了，他也毫不迟疑，不能什么事都是两面理三面理，四平八稳。

仁者爱人，知（智）者知人，此言何其简单明快！爱人者人恒爱之，知人者人恒知之，这话听起来顺畅舒服，比一说仁先强调克己复礼还要入耳。

◦ 12. 23

子贡问友。子曰："忠告而善道之，不可则止，毋自辱焉。"

王解：子贡向孔子请教交友之道。孔子说："有什么忠告，要对朋友好好地说，要善于引导，他实在听不进去，也就算了，不要伤和气自找不愉快。"

评点：朋友关系与君臣关系、父子关系相比较，相互间的道德义务似乎淡一点，所以孔子强调适可而止，但与诤友的提倡不一致，与知其不可而为之的精神也不一致。

坚持忠言反而会变成自取其辱？王某想不通，也不能那样解读。也许古汉语中的辱的意思与用法跟当今相比有所不同，也许他主要指的是挫折感。识者教之。

孔子一点也不呆，反而是很机动灵活妥协迁就，此段最为明显。有些情况下，呆木了坏事而且无趣，面目可憎。灵活了又涉嫌滑头，与孔子讲的"敬"的精神背道而驰。总之，必须全面准确地理解孔子。

◦ 12. 24

曾子曰："君子以文会友，以友辅仁。"

王解：曾子说："君子以文事聚会结交往来朋友，以友谊温暖滋润仁心仁爱仁举。"

评点："以文会友"，传诵至今。这四个字有一定的档次，小人肯定做不到。小人会友，只能是以利会友，酒肉朋友，互托办事的朋友，黄赌毒之友。这四个字还有一定的超脱，谈谈文事，吟咏风月，习礼奏乐，掉掉书袋，琴棋书画，没有那么敏感也没有那么多风险，比以政见会友，以谋划会友，以行动会友都更高雅也更安全。加上"以友辅仁"，就回到了老师教导的命根子"仁"上来了。这后面四个字并没有流行开，因为这四个字不无穿靴（戴帽）之感。好比今天的老革命，晚年走走祖国大好河山，赏心悦目，好事，非得加上调查研究的名义，反而吃力。以友辅仁是完全可能做到的，它是以文会友的副产品，不点出来而自自然然地做到了，此处无声胜有声，它更亲切真实感人，比这样说出来更好。

仁义道德都是极好的话，它与人的善良友好情感不能剥离，友情也是仁的一个朴素形式，一个仁心的元素，这不难理解。

是不是一定要将友情与仁德联系起来呢？好话不停地说，不停地背诵，不停地讲解，不停地用来训诫灌输告诫……也会引出逆反心理。这是我国五四运动中反孔声浪掀起的原因之一。

子路篇第十三

子路问政。子曰:"先之劳之。"请益。曰:"无倦。"

王解:子路向孔子请教政务。孔子说:"一个是要走在百姓前面,要在前头做出样子;一个是要发动起组织起率领起大家来劳动干活奋斗。"子路请孔子再多讲一点。孔子说:"要始终如一地不知疲倦地持续干下去。"

评点:先之的意思应该很宽,不仅是以身作则,而且是思考在先,谋划在先,准备在先。用今天的说法就是多有预案,否则你什么都是临时反应、短线操作,你能执什么政?第二就是要让人民也动起来、干起来、奋斗起来。无论何时,你对人民要有所号召,有所动员,有所组织,不能让人民空闲、失落。离开人民的响应与信服,你一君数臣,能干成啥事?

无倦的说法也很有趣,为政是容易疲倦的,因为艰难,可能屡战屡不胜,可能事与愿违,可能天灾人祸,可能上当受骗,可能是邪恶横空出世,可能祸起萧墙,有成绩被嫉妒、没成绩被污辱,可能远远不如空谈旁观舒适清高。你想干这一行吗,你能坚持得下去吗?

仲弓为季氏宰,问政。子曰:"先有司,赦小过,举贤才。"曰:

"焉知贤才而举之？"子曰："举尔所知；尔所不知，人其舍诸？"

王解：仲弓（冉雍）担任了季氏的主管，向孔子请教政务。孔子说："先抓官员（先管起来），宽容小的过失，推举贤良人才。"仲弓问："从哪里去了解与举荐贤才呢？"孔子说："你了解谁是贤才，你就推举提拔谁；别人看到了你用人的路数，难道会放弃对其他你所不知道的贤才的推荐吗？"

评点：关键是用人，因为权力是由人来掌握的，尤其在强调人治、强调个人德行决定治国理政成败的古代中国。但是王公大臣也感到权力集中，所知有限，孔子则相信触类旁通、浸润点染就能使德政扩大外延。你提拔一个好人，其影响也许是又出来十个好人。同理，你提拔一个坏蛋骗子，可能随风上来更多的骗子。这里期待的是自然而然的影响扩大，固然有理，但还缺少有意识地选天下英才而用之的常规化、明细化的措施与制度。后世有了科举制度，是一大进步。

◦ 13.3

子路曰："卫君待子而为政，子将奚先？"子曰："必也正名乎！"子路曰："有是哉，子之迂也！奚其正？"子曰："野哉，由也！君子于其所不知，盖阙如也。名不正，则言不顺；言不顺，则事不成；事不成，则礼乐不兴；礼乐不兴，则刑罚不中；刑罚不中，则民无所错手足。故君子名之必可言也，言之必可行也。君子于其言，无所苟而已矣。"

王解：子路对孔子说："卫国国王等着你去从事政务，如果你去了，首先抓什么呢？"孔子说："首要的任务是端正各种人、事、物的名分。"子路说："您是这样说的吗？您是不是有点迂腐呢？名分怎么样才算正呢？"孔子说："你也太粗野了吧，子路。君子人对于自己不知道的事情应该不要说什么话。一个人没有正当的名分，也就没有足够的理据与合法性、正当性言说自己的政见，你的政见人们听了也不顺当。你的言说没有足够的理据与合法性，事情就办不成。政务办不成，你还怎么可能进一步去提倡全面的礼与乐的复兴呢？没有全面的礼乐复兴，没有秩序的标尺了，你反过来惩罚那些破坏秩序的人也就没有底气，不起作用。刑罚不能服人，老百姓便会陷于手足无措的境地。所以君子端正了名分就一定能言说政见，言说了就能推行。有了一定的名分，君子对自己的说话是负责的算数的。君子说话绝对不是随便任意的。"

评点：中华传统文化的特点之一是概念崇拜。对于老庄来说，道是一种概念神祇，主宰一切。对于孔孟来说，仁或者义，同样还有道，也是至高无上的。

其次概念的作用在于分类，分类的作用在于构建尊卑、上下、高低、长幼的秩序基础。概念遵从也就是类别遵从。君有君的名分与规范，臣有臣的名分与规范，搞不得一点马虎。名分端正准确，权利义务清晰，社会才能有序，事业才能有成。

在我国，命名就是分类，分类就是政策依据，就是奖惩荣辱。命名就是一切权力中极细腻、极深入、极可畏的权力。命名就是政治纲领与政治意图。我国古代，除了君王权力，史官也有命名的责任与权力。所谓"孔子成《春秋》而乱臣贼子惧"的道理就在于此，虽然今人怀疑《春秋》到底是否为孔子所作。

这在现当代也有意义。把大量领导干部命名为"走资派"，把不少知识分子命名为右派，把打砸抢命名为革命行动，社会果然乱了套。一个人今天还是"走资派"，批倒批臭，战栗觳觫，明天正名成了革命的领导干部了，立马一通百通，鲜花着锦，也是明证。

直到"文革"结束了，我还看到一些老革命忧心忡忡地等待一个"人民内部矛盾"的命名，令人叹息。

回想"文革"后的拨乱反正，完全可以说是"正名"。动乱之乱，一个明显后果是名分之乱，想想什么"革命群众""走资派""资产阶

级反动路线""无产阶级革命路线""造反派""保皇派""工宣队""赤
脚医生""社会主义新生事物""可以教育好的子女""黑五类""臭老
九""工农兵学员"……费了多么大的力气才正了名，才开始了改革开
放的新时期呀。

主要是指乱世，受命于危难之后，先抓正名，正了名，十一届三
中全会的言、邓小平的言、四个现代化的言才能顺畅通行，才能取得
合法性、正义性、合理性，才能听得进去，改革开放的事才能办成。

◦ 13.4

樊迟请学稼。子曰："吾不如老农。"请学为圃。曰："吾不如
老圃。"

樊迟出。子曰："小人哉，樊须也！上好礼，则民莫敢不敬；上好
义，则民莫敢不服；上好信，则民莫敢不用情。夫如是，则四方之民
襁负其子而至矣，焉用稼？"

王解：樊迟请求孔子教给他农耕种植。孔子说："这方面我还不
如老农民呢。"请求教给园艺栽培管理。孔子说："我这方面还不如
一个老园丁呢。"

樊迟走后，孔子说："樊迟可真是个小人（蚁民）啊。想想看，
上边推崇礼法，那么民人不敢不恭敬小心；上边主持正义，民人不敢
不服；上边重视诚信，民人不敢不陈述实情。能做到这一步，四面八
方的老百姓背着抱着孩子往你这儿跑，用得着你自己去种庄稼吗？"

评点：这当然不符合推崇劳动的今天的价值观念。孔子说得甚至有
些天真，他的天真别处亦可见，既老到又天真。只要做到好礼好义好
信，不种庄稼也能诸事顺遂，这有点可爱，也有点可悲，还有点
可叹。

孔子的用意在于君子与小人、治人与治于人的社会分工，你是君

子，你属于治人即权力系统或候补权力系统，你的任务是礼义信，以德治国。你是小人百姓，你的任务才是农工商。这在当时是一种主流思路。

⊙ 13.5

子曰："诵《诗》三百，授之以政，不达；使于四方，不能专对；虽多，亦奚以为？"

王解：孔子说："一个人能够诵读《诗经》上的三百首诗，给他分配点政治事务，他干不了；派他出使四方，他也不会应对交际；虽然他知道的或背诵的诗很多，又有什么用呢？"

评点：当然是实话实说。有趣的是古代认为诗的意义是理政与发言，从诗里找根据：什么什么做对了百姓称颂，什么什么做错了百姓怨诽，还有出使在外，要用诗歌应答酬酢。其逻辑其实是，《诗经》中的诗，是民歌，是典礼用语、歌词，都经过长期积淀，形成了文本记载与心理定式，它反映的是历史、民心、生活、礼法；学诗的目的不应该仅仅是诗，而是诗中的记载、范例、教训、礼制、说法。出使的人要懂诗，当然还为了谈吐的优雅与邦国的形象。

⊙ 13.6

子曰："其身正，不令而行；其身不正，虽令不从。"

王解：孔子说："（权力系统的人）本身言行举动端正正直，他的主张不下命令也能推行；如果本身不正派，下多少令也推行不了什么事情。"

评点：各朝各代，虽经三令五申，仍然无人听从落实的事情太多了。例如提倡节约俭朴，从未听说过哪个君王哪个大官下令提倡铺张浪费的，但铺张浪费的记录仍然极多。这与上边的大人物自己有无表率作用关系极大。个中教训，岂容轻忽？

除了上面人士的表率与身教作用以外，也与制度法制有关，否则仅仅靠言说提倡，仍然是千疮百孔，到处漫延歪风邪气。

◦ 13. 7

子曰："鲁、卫之政，兄弟也。"

王解：孔子说："鲁国与卫国的政治就像兄弟一样亲近（或难兄难弟一样地不妙）。"

评点：对于今天的读者，这话不像是鼓励歌颂，更像是在摇头叹息。政治上的艰难与式微，历史上不乏双发、多发之类不幸事态的例子。兔死狐悲，是之谓也。

也可能是孔子就自己在这两个侯国的谋政或从政经验而发言，觉得鲁卫两国是难兄难弟。

◦ 13. 8

子谓卫公子荆："善居室。始有，曰：'苟合矣。'少有，曰：'苟完矣。'富有，曰：'苟美矣。'"

王解：孔子说卫公子荆："他善于居家度日，很会生活。刚刚有了点财产，他就会说：'算是有了点家底啦。'又增加了少许财产，他就说：'也就算齐备了齐活了。'更多地积累了财产以后，他说：'我过得也够完美喽。'"

评点：可以将这种态度解读为知足常乐，也可以解读为时时正面鼓励自己，把正能量加给自己。反正什么事都可以从不同的角度解读，有了一点点自己需要的东西，强调是有了，就是正面的理解；强调只有一点点，远远不足，就是负面的理解。人生中有这样的情况，你不断地乃至夸大地鼓舞自己，结果一件可负可正、可忧可喜的事儿真的往好里变化了。而如果你太阴暗，太激烈，太多疑，一件事情就真的变成灾难了。

◦ 13. 9

子适卫，冉有仆。子曰："庶矣哉！"冉有曰："既庶矣，又何加焉？"曰："富之。"曰："既富矣，又何加焉？"曰："教之。"

王解：孔子到了卫国，冉有给他驾车。孔子说："这里的人口好多哟。"冉有问："人口有了，底下该怎么办呢？"孔子说："要使他们变得富足。"再问："等到富足了，底下该怎么办呢？"孔子说："要使他们得到教化。"

评点：倒也是，饥馑中的民人，首要是解决温饱，由温饱到了小康了，会更多地考虑文化教育问题。

但这个说法与此前兵、食、信三者哪个最重要的一段不完全一样，那一段更强调道德教化，这一段更强调民生。

孔子不呆板拘泥，他在不同的语境下谈同一个问题会有不尽相同的说法与思路。

◦ 13. 10

子曰："苟有用我者，期月而已可也，三年有成。"

王解：孔子说："如果用我管理侯国政务，一年就会出现可观的进展，三年就会达到一个相当的目标。"

评点：颇像现在说的一年一小变，三年一大变，或者是一年带来新面貌新希望，三年出现阶段性成果。

这里有客观规律，也有人的期待限度，如果你许的愿是十年后更不要说百年后千年后了，君王包括民众的反应可能是："去你的吧。"如果你许下的诺言是三个月半载，君王包括民众的反响可能是："真急性子啊。"说一个一年目标，一个三年目标，合适。

注意，孔子说这个话的时候并没有掌权，所以他不能说得再长，再长了何必不用一个目标与时间的对比（恰如性价比）更优的人呢？如果你已经十拿九稳地掌握着权柄，不妨以五年为期，谈些个五年计划。最短是四年，例如美国的总统任期是四年；最长是七年，如法国曾是七年总统任期。

◦ 13. 11

子曰："'善人为邦百年，亦可以胜残去杀矣。'诚哉是言也！"

王解：孔子说："人们说：'一个杰出的好人治理邦国一百年，也就能够做到取缔一切暴力、去除死刑了。'这话真是说得好啊！"

评点：孔子的一贯主张，也是我国人民的永远期盼，第一是以德治国，权力系统的人道德高尚，感化教育全国人民仁爱高尚谦虚克己，还用专政机器干什么，还用死刑干什么？第二是人治，不论遇到什么麻烦，你的领导人是好人还是坏人，你们的命运会大相径庭。

记得当年人们为搞好人民公社而发愁的时候，赵树理先生就讲过："关键在于生产队长的为人。"我相信，这不仅是赵老师一个人的看法。

《论语》是古代的中国梦，此梦久矣，此心坚矣。

◦ 13. 12

子曰："如有王者，必世而后仁。"

王解：孔子说："如果有（天将降大任的）王者将兴，他也得干上三十年才能实现仁心仁政的目标。"

评点：孔子很明白，实现仁心仁政绝非易事。两个条件，一个是上天降下巨星、救星、强势领袖，用他的圣贤心肠，用他的天才与威望，用他的实力与手段，力行新政，破除旧规，改变天下的走向。

在孔子当时的无义战的春秋时代，人们关心的是争夺，是谋略，是实力，也是个人与本邦国本地域的发展扩张，有几个人能津津乐道仁义道德谦恭克己？不出"王者"，仁政没戏。

这里的"王"不仅是指君王帝王，而且是指大者旺者。后二者的含义，均见于《辞源》。

有了大救星也还不行，得给他三十年时间。现在看来，给他三千年时间也不一定够用。古代的贤人也说过，孔子之道，千百年来并未实行过。何况世而后仁，也可释为三十年后仁政的问题才能提上日程。

但是不能说仁政的目标不好。人活在世上总要有一个好的目标，仁政是如此，大同是如此，博爱、乐园、理想国、自由、民主、平等、正义、价值观念中的许多内容都是如此。

第一，人同此心，心同此理，大家都希望这些东西，你不能不承认。

第二，有了好的理念，虽然不可能全部落实，三十年不行，三千年也不一定中，但仍然对不理想的有时甚至是丑恶的现实起一种调节的作用、平衡的作用乃至矫治的作用。夏桀商纣终被推翻，说明的是孔子以前，民心中已经有了对类似仁政的期盼。不像说的那样：孔子之前并无孔子，孔子之后，亦无孔子，所以是"大哉孔子"。咱们的祖国和人民，从古至今，对圣人的期待从没有断绝过。

还可以再退一步，我们可以假想，夏桀商纣的残暴是在被汤武革命后被夸大了的，那说明什么呢？第一，说明历史是胜利者的历史，胜利者不受审判也不受责罚。第二，说明即使胜利者要夸大要编辑要创造历史，也得遵循仁的价值观念编撰，他不敢公然宣扬不仁不义不道不德。

咱们都有难以完全兑现，却又难以忘怀，更不敢反其道而行之的理念，这对所有的权力系统，政治家，知识精英来说，都是一个难题。你至少要表示向这个好的理念靠拢，节制与压缩明目张胆地反理念共识的暴行，并且编出创作出许多理论与文艺作品来。

◦ 13. 13

子曰："苟正其身矣，于从政乎何有？不能正其身，如正人何？"

王解：孔子说："如果能够做到端正自身，从事政务活动又有什么可说的呢？如果自身做不到端端正正，你又能纠正端正哪一个呢？"

评点：此话或略显简单，但它形成了一种对于掌权者、候补掌权者的严肃道德要求。这个简明的话语其实构成了对于权力与政务的压力。在中国古代，帝王的日子并不好过，他们也远非想做什么就能做到什么，除了内忧外患以外，多多少少真真假假地接受了儒家思想的臣子与民众，他们对于帝王的道德要求，对他们的身先要正的要求，客观上起着文化监督的作用。

◦ 13. 14

冉子退朝。子曰："何晏也？"对曰："有政。"子曰："其事也。

如有政，虽不吾以，吾其与闻之。"

王解：冉有退朝。孔子问他："今天为什么退朝晚了些？"回答是："有政治议题（或事件）。"孔子说："也就是一般事务吧。能让你晚退的事情如果是政治大事，虽然不涉及我的什么事，我总会与闻其事吧。"

评点：孔子说过"不在其位，不谋其政"，那说的是谋，是出谋划策，不在其位，少主动掺和为好。

这儿说的是"与闻"，而且从对谈中可以看出孔子很重视自己的"与闻"身份。就是说，孔子多少有点有中国古代特色的"有机"知识分子味儿，他不是更强调独立性、非体制性的那种人物。中国的修齐治平的逻辑似乎没有留下多少多元化、独立化的空间。

在一定的圈子内，中国古代政治也有细腻精致的一面，有君有臣，有辅佐的君子，有谋其政的士，有与闻其政的社会贤达、知名士绅种种。千万别以为古代中国政治只有杀杀杀，而另一种体制下只有妙妙妙。

⊙ 13. 15

定公问："一言而可以兴邦，有诸？"孔子对曰："言不可以若是其几也。人之言曰：'为君难，为臣不易。'如知为君之难也，不几乎一言而兴邦乎？"曰："一言而丧邦，有诸？"孔子对曰："言不可以若是其几也。人之言曰：'予无乐乎为君，唯其言而莫予违也。'如其善而莫之违也，不亦善乎？如不善而莫之违也，不几乎一言而丧邦乎？"

王解：鲁定公问："一句话使一个邦国兴旺，有这样的可能吗？"孔子回答说："说话的事不可以用这样的思路评价。这里倒是有一句话，人们说：'做国君是很艰难的，做臣子也不容易。'如果大家知道了做国君的难处，岂不是差不多'一言而兴邦'了吗？"又问："一句话灭亡掉了一个国，有这样的可能吗？"孔子回答："说话的事不可以用这样的思路来评价。这里倒是有一句话，人们说：'不是谁愿意当君王，而是当了君王谁也不敢不听你的话了。'想想看，你说的是好话，大家听，当然很好；如果你说的是不正确不合理的话呢，大家谁也不敢不听，那不就要闹到亡国的程度，也就是一言丧了邦了吗？"

评点：怎么听起来像是鲁定公说了什么引起异议的话，被批评了，他找孔子对证：说句话有没有那么大不了？当然也可能是他发现了不良言论，想收拾下属臣民。

妙处是孔子既不承认也不否认。首先他认为"言不可以若是其几也"，对言论不能这样分析与上纲上线。说话的人，不论说什么伟大的或者混蛋的话，不大可能是为了通过一句话要兴你的那个邦，或者通过一句话来丧汝之邦。其次他用了对于今天的人来说可能不咸不淡的词"几乎"，即"莫须有"程度上，"几乎"可能兴邦丧邦。中华的智慧运用全在一心，真有点既可兴邦，也可以丧邦的意味呢。

他举例的两句话像是小人之论。说句当官不易，当头儿更不易，就能兴邦，说明孔子如何重视被统治的"小人"们对权力精英的反应，孔子珍惜的是上下一条心，君民一条心，黄土变成金。这里倒是有孔子一针见血的地方，老百姓说你也不易，当然比说你天打雷劈天怒人怨独夫民贼好太多了。

孔子反而没有引用歌功颂德的话，孔子不认为歌功颂德的一言可以兴邦。有见地！不是偶然！

小百姓反映当皇上当君王就没有人敢不听你的话了，这很爽，倒也如闻其声，当了皇上，没有人敢抬杠，就意味着陛下您要丧邦！天啊，大哉斯言！谁能不重视不同见解呢？！

○ 13. 16

叶公问政。子曰："近者悦，远者来。"

王解：叶公向孔子请教政务。孔子说："境内的人要做到让他们高兴，境外的人要做到让他们归附前来。"

评点：这话平常，朴实，简明，所以是真理。而忽悠得云山雾罩的、高耸入云的，雄辩得死去活来的，复杂得背三天背不下来的，都不是成功的政务管理。因为政务首先是众务。

反过来说，如果您管理政务的结果是怨声载道、郁闷哀叹、叛逃事件层出不穷，那该转转弯子了。

当然，也要考虑到另一方面，随着对于民主政治的重视与舆论开放，"近者"有了更多的机会评头论足，指责抱怨，也可能显露出噪声一片的风景和把各种声音与情绪释放出来的后果，可能比被喜悦、被歌功颂德、被拥护得忘乎所以的后果好得多。

至于境外的人让他归附，目前似不必有此思路。未发现当今哪个国家着意吸引移民，倒是都注意防备拖儿带女的偷渡。

◦ **13. 17**

子夏为莒父宰，问政。子曰："无欲速，无见小利。欲速，则不达；见小利，则大事不成。"

王解：子夏当了莒父地区的主管，向孔子请教政务。孔子说："别急躁求快，不要贪图眼前的小利益。越求快越难以达到目的；眼睛里都是蝇头小利，你反而干不成什么大事了。"

评点：多处的"问政"一词，王某解为政务，而不是政治，这是有原因的。例如此处的欲速则不达，这是指一种办事的作风，为政如此，经商、施教、踢球、学艺都是如此。还有很多次向孔子问政的答复是为政者的品德方面，也不完全是政治，为人处世，都需要一定的品德成色。

至于政治：关于权力的使用与监督，关于内政外交的大政方针，对于敌、友的战略部署，政治体制的推敲与改进，《论语》中孔子谈得不是很多。

欲速不达，已是家喻户晓的成语。这一类事例太多了，比比皆是，教训深刻，不胜枚举。可以说，晚清以来，中国诸事，尤其是杰出之士、有识之士的诸多悲剧，出自"欲速"的"急性子"的，远远多于出自保守迟钝的"慢性子"的。那些主张放缓节奏的见解，在革命跃进改革的大潮中，根本上不得台面。可叹也夫。

小利问题需要区别对待。参了政，应该关心国家大事，而不是一己的私利。再有就是要分得清大小轻重缓急。从上述意义上说，孔子说得对。但事物有集腋成裘、积小成大的另一面。刘备的说法是"勿以恶小而为之，勿以善小而不为"。我们的说法是人民利益无小事，也很中肯。

◎ 13. 18

叶公语孔子曰："吾党有直躬者，其父攘羊，而子证之。"孔子曰："吾党之直者异于是，父为子隐，子为父隐。直在其中矣。"

王解：叶公对孔子说："我们的乡党中间有正直之人，他的父亲偷了只羊，他能检举揭发。"孔子说："我们那边乡党的人对于正直的做法与你说的不同，我们那里，父亲要为儿子隐讳一些东西，儿子也会为父亲隐讳一些东西。在这种隐讳中，表现了正直、德性、真实。"

评点：非常有趣。孔子更关注的是内心，是主观感受，是人伦之情，他不强人所难，不认为强人所难能够带来正直与德性。古汉语中"直"有时通"德"。这里的直应该同时具有德的含义。他相信如果人不为外力所惑所威逼，应该能够判断该做什么，不可做什么，这与庄子讲的完全一致。

但儒家又有"大义灭亲"的说法，法制观念中对"为亲者讳的说法与做法"也多有拒绝乃至惩戒，许多国家的法律中都将包庇、伪证入罪。特定时期也强调宣传过各种"大义灭亲"的事例。

对于人情与主观感受的强调增加了中华文化的魅力，但也妨碍着社会走向法制法治。而对于大义灭亲的夸张宣传，也有不明智的方面。因为，遇到自己的亲人违法获罪，对家属来说是一种不幸，是一件痛苦与令人恐惧纠结的事，家属的揭发，并不能带来太多的光荣快乐。我们的法制教育，应该强调的是本国法律中对于包庇罪和伪证罪的条文与公民服从法律的必要性，要强调违法必究，绝不因人而异，而不是宣传大义灭亲的光荣伟大。后者讲多了，确实难免产生提倡六亲不认的误解。

孔子的说法在当时可能已经是最好的了，他在争权夺利的厮杀中提醒人们不要忘记自己的心性，自己的良知良能，自己的人情味，可爱。但是随着社会而不是家庭的迅猛发展强大，他的学说需要从心本位、家本位、氏族本位，向个人、社会、国家、民族、人类的方向倾斜与调整补充，这是不可避免的。

◦ 13. 19

樊迟问仁。子曰："居处恭，执事敬，与人忠。虽之夷狄，不可弃也。"

王解：樊迟向孔子请教仁的修为。孔子说："自处要保持一种恭谨庄重的态度，处理事情要兢兢业业，对人要忠诚可靠。即使到了边远野蛮地区，也要同样地坚持自己的做人做事的原则道理，不能（搞双重标准）弃而不用。"

评点：樊迟曾被孔子评为小人，即他的心态不属于候补官员而属于平民百姓。孔子不能给他讲得太深奥。万事万物万理，先从你认认真真做好你手底下的事开始，从你自处时候的心态乃至仪容开始，从端正对老板或者他人的态度开始。千里之行，始于足下，这比天天鸿篇高论还有意义。

讲夷狄之地的话也有意思，你不能因为远地的文化与你不同，你就另立标准。对少数民族，你也要恭恭敬敬，认认真真，诚诚信信。对外邦洋人同样要这样。这绝非无的放矢，虽然事情还有更加复杂的因素，处理起来不仅仅是恭敬忠就够用的。

国人有一种习气，对于自家人，一种标准；本乡本土的人一种标准；熟人或者经介绍相识的人一种标准；对陌生人、八竿子打不着的人，不同国籍不同民族的人，另一种标准。这个问题值得探讨与调整。

◦ 13. 20

子贡问曰："何如斯可谓之士矣？"子曰："行己有耻，使于四方，不辱君命，可谓士矣。"曰："敢问其次。"曰："宗族称孝焉，乡党称弟焉。"曰："敢问其次。"曰："言必信，行必果，硁硁然小人哉！抑亦可以为次矣。"曰："今之从政者何如？"子曰："噫！斗筲之人，何足算也？"

王解：子贡向孔子请教说："怎么样才能算得上一个'士'呢？"孔子说："自处能够有羞恶之心（约束自身，不去做那些令人觉得耻辱的事情）；出使到境外，不辜负君王的委托任命，可以算个'士'了。"子贡问："我想再问问其次的应该是什么样？"孔子说："他在自己的宗族中，有孝顺的好名；在乡党中，有悌（即敬长爱幼）的好名。"子贡继续问："那么再次一等的呢？"孔子说："说话守信用，做事有结果，（说话算话，做事坚持，）做一个规规矩矩的小老百姓，也还能算是次一等的士人吧。"子贡问："那么当今这些从政的人士，老师觉得他们怎么样呢？"孔子说："这些格局狭小、鼠目寸光的人物，又有什么可说可比的呢？"

评点：士可能是说武士，也可能说是能够读书做官的人才。子贡问的问题，用今天的话语来说，就是什么样的人可以去考公务员，或者是应该用什么样的标准去考察候任的干部。最高标准一是自觉约束，与克己复礼之说一致；一是出使境外不辱君命，说明那个时候也很注意邦国或侯国间的外交，认为通过外事可以考验干部，即认识到外事环境中的变数远远大于内事，等于承认内事里更多是老一套的东西。第二等是族人乡亲们的反映，这令人有点出乎意外，但也很实在，本乡本土本族的群众反映太坏，不好任用提拔，这个思路通向如今任命前的民意测验。

想不到的是第三等，言必信，行必果，这是非常重要的品德，窃以为应该是录用人员的首要要求，因为，录用人，是为了让他做政务公务，不是用他来作自律"秀"、孝悌"秀"的。但孔子认为"言必信，行必果"是对于规规矩矩的小老百姓的要求，不是大人物的必须。孔子坚持德行第一，做事第二。

这里还透露出一个重要信息，孔子认为大事情上是要讲信的，但拘谨的必信与必果，却是小民的道德，因为小民没有自主决策、自主选择、自主调整变化的权力与能力，小民也没有自我调节的胆量。

士、君子、侯王则不同，他们不可能拘泥于已经说过的话和已经开始的事，他们能权衡哪些话必须不打折扣地兑现，哪些话可以且做且调整应变，哪些事必须一竿子插到底，哪些事做不通了只好放弃或修订图纸。政务、军备，应该还有体育比赛、文艺创作、市场营销等等，都会是千变万化，需要随机应变，而不能死守诺言与计划的。这当然有理，但此种思路会在客观上帮助机会主义。

虽然不容易，但是人们有可能区分什么是有底线、有主心骨的调整变化，什么是失去主张、摇摆困惑、迷失方向的所谓调整改变。前者的例子是通过变革使自身发展强大，后者的例子是通过变革使自己垮台灭亡。

《论语》的原意并非高的评价，但从起初，人们对"言必信，行必果"六字就具有高度认同反映。传播学是带有民粹色彩的，人民的接受里包含着选择与为我所用，他们并不在乎原教旨。几千年过去了，人民与历史已经调整了孔子论士三等级的顺序，不管小民还是要人，都会认为"言必信，行必果"是可圈可点的。我国不止一位领导人在国外题词或言及这几个字。

至于看不上当时的从政人员，这是必然的。孔子注重的是理念原则目标，那帮子人注重的是鼻子底下的事务与自己的升迁利益，如果孔子不批评否定他们，孔子就不是至圣先师，干脆就不是孔子了。

读《论语》、写《论语》、讲授《论语》的学人，与提倡《论语》的权力中人，互相不无距离，自古如此。

孔子是想入局、略入局，却终于与局相隔，因而有些出局的人，如王国维的"入乎其内、出乎其外"说。他的从政挫折，正是他的从圣优势，跳出来才有了高度，有了光环，有了一言而为天下法，匹夫而为万世师。

老子一针见血地指出："信言不美，美言不信。"孔子在立德立言上的伟大成就，是与他在立功上的少有成就分不开的。谁也别想得到所有的点。这也是西谚，也是普适的不移之论。

○ 13. 21

子曰："不得中行而与之，必也狂狷乎。狂者进取，狷者有所不为也。"

王解：孔子说："找不到践行中庸之道的人与之为伍，那就与狂狷的人结交吧。狂的人激进热烈，狷的人冷漠清高、有所不为。"

评点：狂的人沾点愤青劲儿，指点江山，激扬文字，粪土他人，骄傲嘟瑟。狷的人沾点自恋劲儿，自命清高，尖酸刻薄，袖手旁观，不说不练。这样的人在我国知识界中呼之欲出。既狂且狷的人也有的是。

只要没有与权力联手，不是要统一个性，统一风格，应该说各有其可爱处。

或谓孔子的话是说不可与狂狷者结交相处，不像。没有找到中道的群体参与，又不准与狂者狷者接近，难道孔子要的是闭关修行？再说，一个进取，一个有所不为，都是极好的话，倒是王解的说法不无王某本身的狂狷气味。

最最可厌的是另一种人：伪狂放、伪狷介，满口空谈高论，一肚子俗不可耐，全部记录都是鸡鸣狗盗、蝇营狗苟。

◦ 13. 22

子曰："南人有言曰：'人而无恒，不可以作巫医。'善夫！"

"不恒其德或承之羞。"子曰："不占而已矣。"

王解：孔子说："南方有这种说法：'一个人没有恒心耐心定力，就不要去做巫医，也不要去找巫医占卜治病。'"

古卦辞云："没有坚持到底的德性，只能去承受自蒙其羞的后果。"孔子评论说："既然是这样的卦辞，不占也罢。"

评点：做什么事都要有耐心与定力，孔子这里强调的是"恒"的重要性、关键性。如马克思回答女儿时所讲，他追求的是"目标始终如一"。

巫医则由于其神秘性、通灵性、撞大运性，由于其既形而下又形而上的性质，更不能急功近利、立竿见影。心急吃不了热豆腐，心急也治不了自己的或他人的病。心急还无法催促卜卦上的美好预言落实，或险恶预言撤销。

何况赶上的是一个急于求成、心慌意乱并无恒心可言的人，干脆不去占卦，岂不更好。

占卦是为了知命运，求医是为了保性命保健康，这些都谈何容易？这些又都似是似非，明白人不掺和这一类不明不白的事儿。

◦ 13. 23

子曰："君子和而不同，小人同而不和。"

王解：孔子说："君子和睦而不绝对一致；小人一致抱团，但互相并不和睦。"

评点：太精彩了。和而不同，能够通向一种现代民主精神，承认多元，尊重少数，服从多数，尊重与保护任何人保持不同见解不同行为方式的权利，维护和谐稳定。

当时孔子不可能想这么多，但他至少发现了君子的如上特点。君子，有头脑有见解，岂能苟同？不同，也要文质彬彬，谦恭有礼，既讲礼法，又讲秩序与大局，如何能因意见不同而闹到不和生变的地步呢？

和而不同，需要教养，需要礼制与法制，需要中庸之道，需要使命感与责任感。

更妙的是孔子也了解小人的同而不和。什么叫同而不和？动辄拉帮结派，歃血为盟，坚如磐石，全票百分之百，情绪化，利益集团，山头宗派；转眼时过境迁，各种生压硬捂起来的矛盾终于露馅儿，明争暗斗，瞬间敌友，这样的事例还用列举吗？

孔子讲理想，动辄希望从心上端正初衷，培育仁德，他懂得什么是君子之心之德之治。同时孔子老到，接地气，他懂得人情世故，他也颇懂小人，看透小人的同而不和，不易，他的目光有穿透力。

◦ 13. 24

子贡问曰："乡人皆好之，何如？"子曰："未可也。""乡人皆恶之，何如？"子曰："未可也。不如乡人之善者好之，其不善者恶之。"

王解：子贡向孔子请教："（一个人或一件事，）所有的人都叫好，怎么样？"孔子说："未必是那样好。"再问："如果是所有的人都说坏呢，怎么样？"孔子说："未必是那样坏。其实更理想的情况是，一个地方的好人都说他或它好，一个地方的坏人都说他或它坏。"

评点：恰如法国哲学家狄德罗所说，人人都骂，使人悲哀；人人都夸，更使人无地自容，因为只有伪君子才能如此"成功"。

不要企图获取全票，也不要怕有人反对，人间的分歧斗争不可避免，是非善恶的区分不可避免。孔子的这个见解带棱带角，不当乡愿，不和稀泥，不要以为中庸之道是不分青红皂白的捣糨糊。

○ 13. 25

子曰："君子易事而难说也。说之不以道，不说也；及其使人也，器之。小人难事而易说也。说之虽不以道，说也；及其使人也，求备焉。"

王解：孔子说："君子好服侍、好做事，但是不容易取悦于他。如果你的讨好手段不是正路子，他根本不接受；至于他用起人来，应该能针对各人的特色，用其所长。小人呢，不好侍候，但是容易讨到他的欢心。你用什么邪门歪道去溜须拍马，他都乐于笑纳；但他用起人来，反而求全责备。"

评点：又是道破了某种秘密。对于孔子所讲的君子与小人，我们不妨视为两种境界、两种水准、两种不同质地的人。一种人好侍候，因为他没有怪癖，没有贪婪，没有刻薄与乖戾，也不会对别人求全责备，因为求全责备既说明了个性缺少包容，也反映了本人缺乏常识，可能是当了小老板烧得热昏，不知道怎么威风好。

但是在君子手下工作不易，因为他起点高、要求高、智商高、情商高、懂行，你工作的种种不足，你为人的各种缺陷，他都了若指掌，他怎么可能糊里糊涂地夸奖你？

小人相反，毛病极多，私心杂念，心血来潮，忽冷忽热，阴暗多疑，又求全责备，你怎么侍候他？

拍他的马屁反而容易。舐痈吮痔，指鹿为马，歌功颂德，吹捧忽悠，他是照单全收。

一面为你的溜须拍马而对你有所奖赏，一面还要不时数落着你、斥骂着你、威吓着你，历史演义影片中，这样的令人作呕的主子，常见。

◦ 13. 26

子曰："君子泰而不骄，小人骄而不泰。"

王解：孔子说："君子人，安泰自信而不傲慢凌人；小人呢，傲慢凌人，却没有安泰自信。"

评点：太好了。咋咋呼呼的不是君子，疑神疑鬼的不是君子，整天告急的不是君子，装模作样的不是君子，挑剔折腾的不是君子，大帽子吓人的也不是君子。还有沉不住气的，老担心别人不服的，布置眼线的，拉一帮人整他人的黑材料的，得机会就要证明自己一贯正确的……也都不怎么像君子之风。

是什么呢？倒也不算巨恶，只不过是个小人。

◦ 13. 27

子曰："刚、毅、木、讷近仁。"

王解：孔子说："刚强不阿、坚毅不屈、质朴无华、谨言慎语的人，接近于获得仁德品行。"

评点：仁是品质，是心性，是天良又是儒学文化。刚毅木讷，是作风，是修养的外化，孔子一贯主张内外互动，主张诚于中而形于外。

刚毅木讷，可以分作四点理解，也可以从两方面理解。一个是刚毅，偏重于强硬一面；一个是木讷，偏重于示弱、谦恭、低调一面。与老子的知白守黑、知荣守辱、知雄守雌一致。

反过来说，就是脆弱娇嫩的、半途而废的、摇摆不定的、哭天喊地的，离仁太远；吹牛忽悠的、言行不一的、虚情假意的、两面三刀的，都与仁背道而驰。

为什么仁使人刚毅呢？孔子的逻辑是：仁者爱人，爱其亲、爱其尊、爱其家、爱其乡、爱其国、爱其君，做事有方向有原则有目标，当然不会脆弱娇嫩。为什么仁使人木讷呢？仁爱使人利他，使人产生责任心、律己克己之心，他怎么可能任凭自己变成巧言令色的伪君子、真小人，乃至真骗子呢？

◦ 13. 28

子路问曰："何如斯可谓之士矣？"子曰："切切偲偲，怡怡如也，可谓士矣。朋友切切偲偲，兄弟怡怡。"

王解：子路向孔子请教："要怎么样才能称得上一个'士'呢？"孔子说："互相切磋，愉快相处，可以称得上'士'。朋友之间强调切磋，兄弟之间强调愉快相处。"

评点：强调朋友兄弟之间也要有所切磋，也要处得愉快，要相得、相知、相和、相推动、相切磋砥砺。时时处处不忘上进有益、和谐快乐，孔子是我国正能量的祖师爷，用心亦良苦矣。

为什么这一类要求是对士的，不算对君子的？可能士是候补君子，君子是候补大臣，感觉尚未找准。

朋友切磋？兄弟愉快？此说未见高明，有点大实话味道。

◦ 13. 29　　◦ 13. 30

子曰："善人教民七年，亦可以即戎矣。"

子曰："以不教民战，是谓弃之。"

王解：孔子说："让能干称职的人对百姓搞上七年的（军事）训练，那就可以建军开战了。"

孔子说："如果让未受训练的百姓去打仗，那是对民人不负责任、不顾民人死活的行为。"

评点：军训主导最需要的是善良、仁慈、爱人？不如将善解释为善于、善其事、干得好。

孔子并不像老子那样反战，而是主张有备而战，抓军事从训练民众入手，有见地。

这里有没有类似全民皆兵的思路呢？

宪问篇第十四

宪问耻。子曰："邦有道，谷；邦无道，谷，耻也。""克、伐、怨、欲不行焉，可以为仁矣？"子曰："可以为难矣，仁则吾不知也。"

王解：原宪向孔子请教，有哪些事情是可耻的。孔子说："邦国行政有道（讲道理、讲章法）的时候，你为朝廷做事领俸禄；而邦国无道、胡作非为了，你还为它效力得俸禄，这是丢人的。"又问："好胜好斗、自吹自擂、刻薄怨毒、贪婪纵欲，这四方面的毛病改掉了，可以算是仁了吧？"孔子说："可以说是难能可贵了，能不能算是仁，我就不敢说了。"

评点：朝廷好的时候可以做官，不好的时候拉倒。孔子是有原则也有清高自诩的，很好。

问题是：第一，有道，无道，谁来判断？有时候无道的权力系统也是有自己的道的，也是能讲道不止，雄辩滔滔的。孔子跑了那么多地方，想一展雄图，他认定那些侯国（包括那些要置孔子于死地的烂地方）都有道吗？

第二，万一你有可能改善或局部改良一下某些邦国的无道的恶劣状况呢？

第三，还有个吃饭问题。不谷不禄了，吃什么呢？有人回乡务农，如果没有条件回乡务农呢？或者，要不要区分一下，或者是当时已经有一条界线，大官才能对大小朝廷的"道况"负责，才应该引咎辞职，才必须做到饿死事小无道事大。"限以下"官员不过是如当今的"公务员"，只是吃官饭的，却不是政客政治家，是不用随着倒阁立马滚蛋的。

当然，也不必硬较真，圣人教诲的是大义，是原则；而执行的责任，包括且行且斟酌且行事的责任，是自己的事。

再者，孔子谈仁，对弟子指导的时候，常常从最简单的事情说起，例如回答司马牛时说仁就是说话慢一点。回答仲弓也不算复杂，做事与祭祀要恭恭敬敬啦，己所不欲勿施于人啦，而且也有不搞贪欲的说道，可为什么别人一问他他就认为仁难以说清也难于高攀呢？

为此，对弟子问仁，解为问仁的修为，这好回答。而原宪的提问，偏重于何为仁，即仁的要求与内涵，不好回答。

所谓克，这里解释为好胜好斗，则有两方面的含义，一个是进取心，自强不息，追求卓越完美。一个是躁动与自我中心。同样的好胜，也具有完全不同的水准，会引向不同的结局。有人因好胜而加倍努力，有人因好胜而不择手段，不应笼统说事。

◦ 14.2

子曰："士而怀居，不足以为士矣。"

王解：孔子说："身为士而只知道贪恋自家，守在家里，那就算不上一个'士'了。"

评点：这里的"士"，应该做有志气、有作为的候补精英讲。

一九四九年前后批评一些干部特别是农民出身干部的"三十亩地一头牛，老婆孩子热炕头"思想，与孔子此话相通。生活是文艺，是理论，也是道德教训的源泉。孔子也好，当代领导人也好，都碰到过类似的人和事。

同时孔子的话也提醒人们，他说的是士，是有志向有进取心的人，他说的不是平头百姓小人。所谓卑微的愿望，自然也有它存在的天理。不可以轻视与抹杀小人们安居乐业、过好日子的要求。我们提出来全面建设小康的目标，证明我们并不轻蔑小字号小愿望。

◦ 14. 3

子曰："邦有道，危言危行；邦无道，危行言孙。"

王解：孔子说："邦国有道，说话正直端方，做事正直端方；邦无道，做事仍然要正直端方，说话则要低调克己。"

评点：无道有道，不同形势下的不同对策，孔子讲了很多。他注意战略与策略的差别，进取与自保重点之不同，他提倡清醒与有理有利有节的方针，同时仍然恪守大义，不可搞机会主义。

◦ 14. 4

子曰："有德者必有言，有言者不必有德。仁者必有勇，勇者不必有仁。"

王解：孔子说："有德行的人必定会有美好的言论，言论美好的人，却不一定就有德行。讲仁爱的人必定会勇敢，但勇敢的人，不一定都有仁爱之心。"

评点：自然。话说得再好可能自己并没有做到，变成了巧言令色，也就与德无干。勇敢的人也可能是冒险亡命，与仁者爱人无关。明确一点说，不是由于爱，而是由于仇恨而勇敢的人与事迹，我们也不陌生。

有德者必有言云云，似与孔子提倡的木讷不一致，事物本来就是

多方面的。美好的德行重行不重言，这是一方面。美好的德行应该生
发美好的思想与语言，而与鄙俗的、凶恶的、野蛮的暴力语言大不相
同，这是另一方面。就是孔子，离开他的名言，后人何知其圣明
如此！

至于仁德使人勇敢，倒是值得多分析一下。仁德的人往往给人退
让、忍耐、谦恭等方面的印象，而不是见义勇为、打冲锋、抛头颅洒
热血的形象。古人对于勇的理解或与今人不同，《礼记》中"知耻近乎
勇"的说法就很耐人寻味，那时也许首要的勇是勇于承认与改正错
误，这与今天所说的勇不尽一致。

◦ 14. 5

南宫适问于孔子曰："羿善射，奡荡舟，俱不得其死然。禹、稷躬
稼而有天下。"夫子不答。南宫适出，子曰："君子哉若人！尚德哉
若人！"

王解：南宫适向孔子请教说："羿精于射箭，奡精通水战，但两
人都不得好死。禹与稷二人亲自耕田引领务农，而拥有了天下。
（您怎么解释这种现象呢？）"孔夫子没有作答。等南宫适走后，孔
子说："这个人真是君子啊，这个人是真的崇尚德性啊！"

评点：表现了孔子的王道理想主义、和平理想主义与农耕理想主
义。再善战不如不战，不如躬耕，可爱而难实现也。

各种理想都是可爱可敬可圈可点的。现实并不符合理想，人性也
不是只有符合理想的一面；恰恰人性有违背理想的负面，如争强好
斗，这就是问题之所在。

为什么南宫先生在时不夸，走了才夸奖呢？南宫的话说到孔子心
病上去了，他奋斗一生就是要用仁德的理想取代阴谋与杀戮，在这样
的悲剧性的话题面前，他能说什么？他大事赞扬南宫之说，赞扬了半

天效果何在？再说当面褒扬不是孔子的习惯。

◦ 14.6

子曰："君子而不仁者有矣夫，未有小人而仁者也。"

王解：孔子说："君子而做不到仁的要求的，这样的人是有的；小人而做到仁德的，那是没有见过的。"

评点：孔子注意君子与小人、精华与庸众、治人者与治于人者的区分，并认为这个区分是保持秩序与和谐的保证。君子如果不仁，是由于做到仁并非易事，需要教育培养，需要克己复礼。小人不仁，则是势所必然，事出自然，因为小人没有那个度量、那个地位、那个思路。小人们能够奉公守法，听从调度使役，行了，不要幻想小人们有更高更好的表现。这与宗教的普度众生、拯救众生不同，也与社会主义者、共产主义者们的依靠工农，解放全人类的思路不同。

◦ 14.7

子曰："爱之，能勿劳乎？忠焉，能勿诲乎？"

王解：孔子说："爱一个人，能不让他（或为她）辛辛苦苦吗？为一个人诚恳着想，能不谆谆教导他吗？"

评点：今日，对于做父母、做领导的，此话尤为切实要紧。

◦ 14.8

子曰："为命，裨谌草创之，世叔讨论之，行人子羽修饰之，东里子产润色之。"

王解： 孔子说："（在郑国，一道命令或重要公文，要经过四位大夫的工作，）裨谌起草，世叔推敲讨论，行人（外事官员）修改，东里子产润色。"

评点： 对于官事，孔子主张严肃认真，一丝不苟。对文字的东西，同样要极端负责，层层把关。看来写作班子，也是古已有之。

◦ 14. 9

或问子产。子曰："惠人也。"问子西。曰："彼哉！彼哉！"问管仲。曰："人也。夺伯氏骈邑三百，饭疏食，没齿无怨言。"

王解： 有人向孔子打听子产。孔子说："他是个广施恩惠的人物。"问（不听劝、死于难的）子西。孔子说："他呀，他呀……"问管仲。孔子说："他是仁者。他剥夺了伯氏的三百户采地，闹得伯氏只能吃粗茶淡饭，但至死对管仲没有怨言。"

评点： 据说这一段表示了孔子对于理政要宽猛相济的主张。子产临终，有这一类遗言，证明正确。子西遭难，他可能是妇人之仁，不知道使用强力手段的必要性与重要性，不值得同情，孔子才说什么"他呀他呀"。管仲有威权，懂得用权，虽然做了些得罪人的事，因为公正严明，照样站得稳。

◦ 14. 10

子曰："贫而无怨难，富而无骄易。"

王解： 孔子说："贫困艰难的时刻不怨天尤人，很难做到；富贵荣华中不骄傲膨胀，这倒容易。"

评点：富而无骄，对于君子来说，其实等于锦上添花，稍微有点常识与分量的人做起来并不难。贫困呢，等于你的地位下滑，荣誉耗散，满腔郁积，岂能一味压制？贫而无怨，需要更高得多的境界、信心、本钱、功底。仅有一个忠诚恭敬的理念，有一个仁义礼智信的道德信条，远远压不住要嘛没嘛的冤屈、怨毒与愤懑。

○ 14. 11

子曰："孟公绰为赵、魏老则优，不可以为滕、薛大夫。"

王解：孔子说："孟公绰在赵国、魏国当个大夫家臣是很好的，而到滕国、薛国当个大夫就玩不转了。"

评点：根据前贤的解释，孟"老"尚闲，在赵魏这样的大国做一个闲职，当个巡视员、顾问、文史馆员什么的还行，而哪怕是一个小国，真去当个部长厅长啦，整天处理杂务，他根本不灵。

什么人能胜任什么工作，要看责任的大小，而不是看地面的大小。麻雀虽小，五脏俱全。有的人是宁为鸡口，毋为牛后，那是有雄心、有前途、敢闯荡的人才。有的人是宁为牛后，毋为鸡口，那是指已无意进取或无精力揽活儿的人。

现在也是一样，你当过镇长、区长，芝麻官儿，其权其责却比许多级别高的外围官员有分量得多，也更能锻炼人。

○ 14. 12

子路问成人。子曰："若臧武仲之知，公绰之不欲，卞庄子之勇，冉求之艺，文之以礼乐，亦可以为成人矣。"曰："今之成人者何必然？见利思义，见危授命，久要不忘平生之言，亦可以为成人矣。"

王解：子路问怎样才能算全局全面人才。孔子说："（一个人）能像臧武仲那样智慧，孟公绰那样恬淡，卞庄子那样勇敢，冉求那样多才多艺，也就算是全才喽。"接着又说："今天哪儿还有这样的人？如今的官员，见到利益能够想想原则道理（而有所不为），越是危难时刻越是勇于接受担当，时间过去了很久，仍然不忘记自己许诺过的话，也就算全才啦。"

评点：处处都是今不如昔。这里有一个原因，昔日人才，经过时间的过滤与历史的淘洗，对今人们有一种距离美感、超脱感、理想感与不可比性。同时代人则是可比的、距离近从而瑕疵俱见的，是与今人有各种利害关系故而颇具争议的、被人羡妒的。

我们不可能像崇拜岳飞一样崇拜今日的将领，不可能像着迷于苏轼一样着迷于今天的著作者。包括不远前的徐志摩，他的风流韵事正在成为佳话，而如果发生在今天的某位诗人身上，必然会搞得自身声名狼藉。

◦ 14. 13

子问公叔文子于公明贾曰："信乎，夫子不言，不笑，不取乎？"公明贾对曰："以告者过也。夫子时然后言，人不厌其言；乐然后笑，人不厌其笑；义然后取，人不厌其取。"子曰："其然？岂其然乎？"

王解：孔子就公叔文子的情况向公明贾问道："听说那位老人家不说话，不笑，也从来不取用什么东西吗？"公明贾回答："说得太过了吧。公叔文子老人家的特点是时机到了再说话，所以人们不会讨厌他的说话。真正快乐了才会笑起来，所以没有人讨厌他的笑。合乎原则道理了，才取用物件，所以没有人嫌厌他的取与用。"孔子听了说："是这样的吗？当真是这样的吗？"

评点：说是孔子对公叔文子是否真的做到了这一点不无疑惑，才追问了两句是否如此。如此说可靠，那么孔子的意思是，人的一颦一笑一言一动，不可能如此提纯化计划化。有时为了礼貌，你没有碰到乐事也得显出微笑。有时为了寒暄，你不会全无没话找话的情形，以致作家刘震云称每个人每天的废话多达百分之九十。拿取东西，发下来的或购买来的，当然都可以取用。何必说得那样绝对！

但是公明贾对文子的介绍却是良言格言，不移之论，做到了的当然好，做不到的也要学着做。时然后言，精到啊公明贾！乐然后笑，少多少皮笑肉不笑、假笑阴笑狂笑狞笑！义然后取，还有贪官吗？

◦ 14. 14

子曰："臧武仲以防求为后于鲁，虽曰不要君，吾不信也。"

王解：孔子说："臧武仲依仗着自己的地盘的城防，要求给自己的后人以地位，虽然他说他不是要挟鲁君，但我不相信。"

评点：历史人物与历史事件，知道其真伪与过程已经不易，就像罗生门一样，会有许多版本。再判断与事者的动机就更难了。详情固然难知，从孔子的口气中倒是可以看出他老的世事洞明与深谙政务。

孔子的面貌并不是学者，而是仁者与智者，叫作万世师表。

◦ 14. 15

子曰："晋文公谲而不正，齐桓公正而不谲。"

王解：孔子说："晋文公阴谋诡计，不正大光明；齐桓公正大光明，不搞阴谋诡计。"

评点：孔子特别喜欢一个正字，端正、正派、诚信、忠实、妥当、正道、大气，派生含义无穷。所以他要正名，要以正克邪，克谲，克己，克小气；他相信各种美德，从"正"而来。

古人喜欢寻觅一批讲人类美德的词儿，也许只是一个单独的字儿，连通过来，分析过去，贯穿于一，从而享受宣扬美德的快乐与精确命名的精神权利，还有庄严的完成大任意识。

◦ 14.16

子路曰："桓公杀公子纠，召忽死之，管仲不死。"曰："未仁乎？"子曰："桓公九合诸侯，不以兵车，管仲之力也。如其仁，如其仁。"

王解：子路与孔子谈话，他说："齐桓公杀了公子纠。纠的臣下召忽以身殉主，但是管仲没有赴死。"子路问："他这算是不仁吧？"孔子说："桓公多次会集诸侯，没有用武力，（取得了这样的成就，）靠的是管仲的能力，这也是仁呀，这也是仁呀！"

评点：孔子这里表达了一种对胜利者的尊敬，对强者的肯定。以事功为仁，尤其是以力为仁，这与前面有些地方孔子的论述不尽一致。但也透露了孔子的务实心态。仁是内功、心功，此前孔子已经多次表述过，同时仁又不能仅仅是心功、内功，因为孔子要推行仁政，要论证仁给百姓家国带来的福祉。面对对齐国做出了巨大贡献的管仲，他不能用腐儒的态度挑三拣四。尽管此前他对管子也有许多批评指责。

该赞扬就应该赞扬，该指责就应该指责，这叫实事求是。

◦ 14.17

子贡曰："管仲非仁者与？桓公杀公子纠，不能死，又相之。"子曰："管仲相桓公，霸诸侯，一匡天下，民到于今受其赐。微管仲，吾其被发左衽矣。岂若匹夫匹妇之为谅也，自经于沟渎而莫之知也？"

王解：子贡与孔子谈："管仲不能算仁者吧？齐桓公杀公子纠的时候，他不能殉主，后来又当了宰相。"孔子说："管仲作为桓公之相，助桓公称霸诸侯，一统天下。民人至今仍得到他的好处。如果没有管仲，（中原文化就会式微，）我们早就披头散发，穿上左开襟的上衣了。（他是大人物，）哪能为了平庸的男男女女的那点小见识而无声无息地自杀在沟壑里呢？"

评点：这里有点双重标准。庸才，碰上了要命的时令场合，您就义无反顾地去死吧。特大志向、特大才能、特大使命，您可以自行特殊处理。从伦理学与逻辑学上看，此说有可疑处。从实用主义的角度看，又似不无道理。

中国文化的价值论述，有坚决性彻底性，所谓饿死事小，失节事大，所谓肝脑涂地的忠，等等，但又常开后门，所谓良禽择木而栖，良臣择主而事……

反正孔子在此的说法让人有点伤脑筋。

◎ 14.18

公叔文子之臣大夫僎与文子同升诸公。子闻之曰："可以为'文'矣。"

王解：公叔文子的一位臣下，与文子同时晋升到一个高阶级。孔子听说后评论说："文子真是文明高雅的人呀。"

评点：能够不论资排辈，不妒贤嫉能，不压人一头，不斤斤计较，这是一种文化，这是一种高尚，让我们看看国外的一些人事变动，俄国的两位领导人可以互为总统总理，美国的总统当选后可以重用他的竞选对手，启发我们，不要将级别资格身份看得那么呆板、狭隘、小气了吧！

◦ 14. 19

子言卫灵公之无道也，康子曰："夫如是，奚而不丧？"孔子曰："仲叔圉治宾客，祝鮀治宗庙，王孙贾治军旅。夫如是，奚其丧？"

王解：孔子讲卫灵公暴昏无道，康子说："如果他是像您说的那样一个无道昏君，为什么他并没有灭亡呢？"孔子说："他有仲叔圉主持外交，有祝鮀管理宗庙大典，有王孙贾给他治理军队。有这样的贤臣，怎么会灭亡呢？"

评点：有大道理，有小道理。邦国无道，必将灭亡，这是大道理，但是大道理也还有一个应验的时间过程。国有人才，就有更多的存活可能、推迟败亡的可能，这是小道理，小道理也照样管用。有时候大道理应验的条件已经成熟，再多多少小道理也没有作用，例如明思宗朱由检十分勤政，没用的，因为明的气数已尽。气数已尽也是大道理，是综合性宿命性的道理。有时候小道理拖延着大道理的应验，例如卫灵公手下有三名良臣。还有时候小道理与大道理合谋，使事情发展得极快，例如贾府的几个爷们儿的腐恶记录，王熙凤的造孽，入不敷出的财政危机，其实是小道理，但与盛极必衰的大道理、渐失宠信趋势的大道理，与养尊处优的封建贵族一天天烂下去的大道理结合起来，贾府说垮就一败涂地了。

◦ 14. 20

子曰："其言之不怍，则为之也难。"

王解：孔子说："一个人说话太冲，大言不惭，落实起来就困难了。"

评点：孔子早就发现了，大言欺世的结果是为世所弃，高调忽悠的结果是丧失公信力。王某认为，尤其是执政系统，少说大话为妙。在野的时候，你的大话是将执政者的军；你上了台了，高调大言，是将自己的军，出自己的洋相。

○ 14.21

陈成子弑简公。孔子沐浴而朝，告于哀公曰："陈恒弑其君，请讨之。"公曰："告夫三子！"孔子曰："以吾从大夫之后，不敢不告也。君曰'告夫三子'者！"之三子告，不可。孔子曰："以吾从大夫之后，不敢不告也。"

王解：陈成子杀了齐简公（是为弑君，本是不能接受的）。孔子沐浴后郑重上朝，对鲁哀公说："陈恒弑君（大恶），咱们应该去征讨（维护礼法秩序）。"鲁哀公说："你去报告那三位（权重的）要人吧。"孔子说："由于我担任过官员，不敢不来报告。可是国君让我去报告那三位要人。"到了三位要人那边，报告了，没有获准征讨，孔子又说："因为我当过鲁国的官员，不能不来报告。"

评点：有读者看着孔子有点可笑可叹，你已经嘛也不是了，你算老几还要去报告，而且不厌其烦地声明自己当过鲁国的官儿。

然而这符合最现代的政治操作学，做到做不到的意见，要留下记录，留下过程。所谓政治，所谓治国，不但包括你做到了什么，也包括你主张什么，却没有做到什么，还有你的美好主张的未能实现是由于政治势力的阻挠。主权归属，独立或者并入，明明一时不起作用的话也要说，也要义正词严地发表声明备忘录。道理即在此。

孔子一板一眼地做事，过程和言语已经载入传统文化经典《论语》，他要是不说，不就湮灭了吗？何况，过程与言语流露了对于一、弑君的陈某居然不被惩罚，二、鲁国国君居然不能作主，却让他去找三位权人要人的不满。这也叫"觚不觚"啊。

孔子为做不到的事情而奔走，而说话，而碰壁，这就是政治，这就是谴责，这就是以听喝、奉命、服从鲁哀公的命令来抗议"觚不觚"的颠三倒四。

◦ 14. 22

子路问事君。子曰："勿欺也，而犯之。"

王解：子路问应该怎样侍奉君王。孔子说："不可以欺骗他，却必须告诉他以真实的情况，哪怕他变颜变色不爱听你的大实话。"

评点：很重要，今天也应该作这样的提倡。因为今天有这样的不潜也不明的规矩，领导走到哪里，当地干部都以让领导高兴为第一任务，而不是以让领导掌握真实情况为第一任务。

更值得警惕的是今天的习惯。与孔子所说相反，现在某些干部的习惯是欺而不犯：可以欺骗领导，不可以触犯领导！

◦ 14. 23

子曰："君子上达，小人下达。"

王解：孔子说："君子往上走，小人往下走。"

评点：可以做多方面的解读。君子关注的是高尚的课题：天命、天道、天人合一、天理、天良、天心、天意，还有什么为天地立心什么的。小人关注的是形而下的鼻子眼底下的那点事：私利、私欲、财产、享受、占便宜、党同伐异。君子的境界高尚，小人的境界低下；君子往高处走，小人往低处走。君子阶阶高，小人步步低。

当然也可以释为君子从高远处观察思考问题，小人从卑微处掂量一切。

能不能解读为君子有什么事找上边，小人有什么事找下边呢？达嘛，这就有点麻烦啦。

反正孔子注意到了也屡屡强调君子小人、高与低、贵与贱的区别了，却少有注意到二者的不可分离，互补、互动、互相转化。这方面老子讲得好："有无相生，难易相成，长短相形，高下相倾，音声相和，前后相随。"这里的第一个概念都是对立的概念存在的条件。

如果是从品德、教养、境界、风度上着眼，区分一下上下、高低、贵贱、善恶与美丑，则是不可避免的，是必要的。正是这样的区分中表现了一个人、一个社会群体的价值选择与价值判断。当然，平等不等于不分善恶真伪美丑，不等于不分君子与小人，在这里，上智与下愚，君子与小人，是不能混淆的。问题在于，好学敏求、见贤思齐，小人也可以提升为君子；自以为是、恶性膨胀，君子转眼堕落成了小人。

求仁得仁，学好不难；随波逐流成了坏蛋，学坏更易。

◦ 14. 24

子曰："古之学者为己，今之学者为人。"

王解：孔子说："古代人们学习是为了自己；今天的学习，则是为了迎合需要，迎合他人。"

评点：孔子似乎少有以正面的意思讲己，要知道，他给仁下的最严肃的定义是克己复礼呀。他从来讲的是道德理念：道、仁、义、敬、孝、悌、忠、信、礼、知、勇、廉等等，他一直强调的是礼法，是秩序，是正名。结果在学习的问题上他居然讲到为己，不简单。

也许他的意思恰恰在于学习立其诚，是学习者的内在需求，是入耳入心入灵魂，而他不能认可的是左耳朵进右耳朵出，表面应付求分数求升学求装饰自己的门面，实际无益于自己的人格自己的品质的伪学习。

不是自己真的要学习、有兴趣于学习、出自本性地拥抱自己要学的东西，而是不得不硬着头皮、捏着鼻子的所谓学习，作"秀"作"骚"的学习，应付老板长上的学习，例如贾宝玉在板子威胁下的"学习"，只能降低学习的声誉，是不会收到好效果的。

○ 14.25

蘧伯玉使人于孔子。孔子与之坐而问焉，曰："夫子何为？"对曰："夫子欲寡其过而未能也。"使者出。子曰："使乎！使乎！"

王解：蘧伯玉派人作为他的使者去见孔子。孔子请使者一起坐下，提问说："他老在忙些什么呢？"使者回答说："他老希望的是减少自己的过失，却常常做不到啊。"使者离去后，孔子赞叹："真是好使者啊，真是好使者啊。"

评点：前贤都说蘧伯玉是君子，特别喜欢自我批评，活了五十岁知道前四十九年都错了，活了六十岁知道前五十九年都错了，以至于他每天都在努力减少错误，还硬是做不到。谦虚的自我批评精神确实值得学习，但是说法上是不是有点忽悠？如果五十岁时认为前四十九年都错了，好的；那么六十岁时认识到前五十九年都已经错了，那么十年前的认为前边之错是不是也认为错了呢？既然永远是错错错，那么认错不也是错吗？错也是错，负乘负为正，就是说今天认为昨天错，明天应该认为今天错即昨天不错呀。这与世上的一些最著名的数学悖论是一样的，一切都是错的，那么认错也是错的，一切都是对，那么错也是对的，这种思想方法是匪夷所思的呀。

还有如果一个人的全部精力都用在自我检讨上了，他靠什么糊口？靠什么当差？靠什么养家治国？靠风度？靠检讨？今天唯一的可能是靠写作，写作中的狗血喷头，也可以混上版税。

其实对与错（过失）也是相伴而生的，没有正确的把持，没有自信、自恃与自尊，哪儿来的自我批评！

也许这样的评点有点故意抬杠，《论语》是语录体，点钢铁长城为止体，说蘧坏分子忙于"寡过"，是说明他的克己复礼的心态，战战兢兢的恭谨，不等于他日日夜夜只张罗这一件事。

◦ 14. 26

子曰："不在其位，不谋其政。"曾子曰："君子思不出其位。"

王解：孔子说："不在那个职位上，不去谋划那个职位的政务管理。"曾子说："君子的思虑，不超出他的职务（或社会地位）范围。"

评点：此说与"忧国忧民"不合，与"先天下之忧而忧"不合，与民主精神与担当意识不合，与知识分子的责任感使命感不合。其实历来我们这里就有不同的说法，如"国家兴亡，匹夫有责"，还有"位卑不敢忘忧国"。

在一种情势下这样说是对的，而且是必要的——一个下台或退休官员，应该强调自己的"不在其位，不谋其政"。一个官员对于同级的不同地区、不同分工的官员，多数发问下也需要这样理解与这样声明，以利分工负责。

当然，还可以这样说，关心、责任、公民意识、有机知识分子意识与谋政是两个意思，不能混同。

◦ 14. 27

子曰："君子耻其言之过其行。"

王解：孔子说："君子人会认为自己言过其词、言而不能兑现是自己的耻辱。"

评点：极好，少说不能兑现、不能落实的话，特别是权力系统中人，否则是给自己挖后日发酵的陷阱。

不太明白的是：耻其言之过其行，不是应该大力提倡"言必信，行必果"吗？为什么把上述六个字看成小人的讲求呢？

同时，一切事业都有一个提前量的问题，还有终极目标的问题。人做事应该有一个较高的理念，它的意义在于你不断地接近它，却永远不能完成它。例如应该见贤思齐，思齐并不等于一定能齐，那么说见贤思齐，是不是言过其实呢？还有王道、仁政、大同、博爱、民主、自由、普遍幸福、公平、公正、公开……都不一定能够判断某某牛人说的话是过还是没有过，难道能够不讲这些"言"吗？

尤其是人文知识分子，尤其的尤其是文学艺术家，没有想象与夸张，是不可能的。不存在过与不过的问题，而存在真诚不真诚的问题。只要真诚追求拥抱，你即使言过其实，仍然真切动人。你虽然真切动人，我并不要求你限期变现。

◦ 14. 28

子曰："君子道者三，我无能焉：仁者不忧，知者不惑，勇者不惧。"子贡曰："夫子自道也。"

王解：孔子说："君子有道的表现有三方面，我还没有做到：一是胸怀仁德，没有忧愁焦虑；二是腹中足智多谋，没有犹豫迷惑；三是浑身是胆，没有恐惧退缩。"子贡说："这三方面的表现，正是老师自身的特色啊。"

评点：道德训条或道德追求，无止境，无标准答案，谁也不敢说自己做到了一百分，九十分也没有几个人敢如是吹。

仁者不忧？应该是指不为自身的私利私欲私情而忧，总还要忧国忧民哀郡哀民生之多艰吧。

智者不惑？当然智者的困惑会少于常人。原因不是智者什么都明白什么困境下都有办法，更重要的原因是智者清楚地知道自己有许多东西是不知道的，没有办法弄清的，过去不行，现在不行，将来也未必行，这正是清明坚定，无惑无迷的根据。

勇者不惧，似乎简单明了。问题是不惧是君子之道吗？那要看不惧什么了。应有的敬畏不可少。例如老子提倡"勇于不敢"，够绝的，可见勇者不惧也不是那么小葱拌豆腐——一清二白的。

仍然可以说相对真理恰是如此。一般说来，概括说来，嘀嘀咕咕、畏首畏尾、锱铢必较、患得患失的人不是君子。君子毕竟有一种胸怀，有一种把握，有一种明断。

◦ 14. 29

子贡方人。子曰："赐也，贤乎哉？夫我则不暇。"

王解：子贡说旁人的坏话。孔子对他说："赐（子贡的名字）呀，你有那么贤明吗？不注意改善自己却盯着旁人，要是我呀，我可没有这份闲工夫。"

评点：最欣赏的是孔子说自己没有闲工夫议论他人是非，太有同感了。我常常感觉到的是，不必感叹自己的特别高尚，也不是自己没有对他人的失望与批评，不是自己没有非正面乃至非高雅的情绪需要发泄，只是太忙碌了，需要写作，需要读书，需要开必要的会议，需要向许多人学习，也需要反省与改善自身，还要看电视、听音乐、游山玩水、游泳健身……谁还顾得上去关心某些鸡鸣狗盗的破人破事！

◦ 14. 30

子曰："不患人之不己知，患其不能也。"

王解：孔子说："不怕旁人不了解自己，就怕自己没有那个能力。"

评点：反求诸己，世上有多少牢骚鬼，一无所长所能所知，仍然在那里跟这个比，跟那个闹，到处伸手，到处碰壁。每个人最应该自问的是同一个问题："你究竟干得了什么？"

◦ 14.31

子曰："不逆诈，不亿不信，抑亦先觉者，是贤乎！"

王解：孔子说："不用诈术去逆袭别人，不预设别人是不讲诚信的，但是对一切不良不端仍然能够洞察防范，仍然能够防微杜渐，先知先觉，这是贤明啊。"

评点：这也是防止一种倾向的时候也要防止另一种倾向。视别人为敌，老是不惮用最坏的心思去想别人，太痛苦太激愤也太伤身心。以善对人，但世事洞明，眼里不掺沙子，这是孔子的理想。

◦ 14.32

微生亩谓孔子曰："丘何为是栖栖者与？无乃为佞乎？"孔子曰："非敢为佞也，疾固也。"

王解：微生亩对孔子说："孔丘为什么老是那样忙忙碌碌的呢，是想当个佞臣吗？"孔子说："我哪里敢于去充当佞臣，我是看到了社会的太多弊病，不能不进言求治呀。"

评点：想起了李隆基的五律《经邹鲁祭孔子而叹之》："夫子何为者，栖栖一代中……"

世界就是这样，如果你清高冷淡，有人会说你装模作样，毫无担当；如果你辛辛苦苦，意在有所作为，而且已经小有影响了，有人会说你过于聪明、狡猾奸佞。如果你还进入了权力系统了呢？那一定是心黑手辣、双掌鲜血。人们往往是以己之心度人之腹，没有办法的。

其实孔子不必为自己申辩。鲁迅说过："无论是谁，只要站在'辩诬'的地位的，无论辩白与否，都已经是屈辱……"如果你有吕洞宾的自信，何必在乎狗咬不咬呢？

◦ 14. 33

子曰："骥不称其力，称其德也。"

王解：孔子说："我对于一匹好马，不是称赞它的体力，而是称赞它的品德。"

评点：把泛道德论用到马身上去了，然后通过说马来夫子自道。当然，马你首先是肯跑，卖力气，否则你有再好的体力，设若懒惰娇嫩或者野性不驯，也不能算是千里马。问题在于，一匹马也好，一个人也好，德才力诸方面不一定是分离的，很可能是统一的。一匹不肯努力跑的马能够锻炼出好的奔跑能力来吗？一匹很愿意跑的马，如果没有好的膂力，能算千里马吗？

◦ 14. 34

或曰："以德报怨，何如？"子曰："何以报德？以直报怨，以德报德。"

王解：有人问："别人做了祸害我的事，我却报以恩德，这样如何？"孔子说："那别人要是做了给你以恩德的事呢？（你回报给人家什么呢?)我觉得,最好是以光明正大回报心怀鬼胎(暗地使坏、造你的谣言、给你打小报告之类),同时以恩德回报恩德,以善待回报善待。"

评点:讲得合情合理,但还要具体分析。有时别人流露出小小恶意,例如对你羡慕嫉妒恨,你高高在上,不以为意,仍然可以在必要时对他施以援手。何况这里还有顾全大局问题,蔺相如对廉颇就做到了以德报怨。雨果的《悲惨世界》里,一个神甫对冉·阿让也是以德报怨。至于提倡以眼还眼,以牙还牙,也同样可能有自己的针对性,如果自己不是迫害狂的话。

◦ 14.35

子曰:"莫我知也夫!"子贡曰:"何为其莫知子也?"子曰:"不怨天,不尤人。下学而上达,知我者其天乎!"

王解:孔子说:"不要说什么了解不了解自己的话了吧!"子贡问:"您说不要说什么了解不了解您,这是指什么而言呢?"孔子说:"不必抱怨天,不必责难旁人。我在低位学习提高,达到了知天命知天理的程度,这说明,苍天是了解我的呀!"

评点:许多专家解释"莫我知也夫"是孔子叹息无人了解自己,与后文不合榫,与此前的主张也不一致,我做了不同的解读,自觉通畅了些。

当然,如果说孔子也偶有不被理解的悲哀,并只好把被理解与被支持的希望寄托在"天上",也说得通。但与此前他讲的:"不患人之不己知,患不知人也",还有"不患人之不己知,患其不能也"的说法不怎么吻合。

◦ 14.36

公伯寮愬子路于季孙。子服景伯以告，曰："夫子固有惑志于公伯寮，吾力犹能肆诸市朝。"子曰："道之将行也与，命也。道之将废也与，命也。公伯寮其如命何！"

王解：公伯寮向季孙说子路的坏话。子服景伯将这个情况告诉给孔子，说："季孙子老人家可能受到了公伯寮的迷惑，我还有能力将公伯寮斩首示众。"孔子说："天道能行于天下，这是命运。天道将被废弃，这也是命运。公伯寮能改变命运的走向吗？"

评点：具体背景无法了解，孔子的答话倒是有点无为而治的意思。对于境界低下的人的蝇营狗苟特别是告黑状之类的活动，与其全力以赴，不如置之不理。如前面所说，正经人没有那个工夫。再说，因为谁告了个状就想法将他斩首示众，也有些反应过度。

◦ 14.37

子曰："贤者辟世，其次辟地，其次辟色，其次辟言。"子曰："作者七人矣。"

王解：孔子说："贤人能够避开乱世，其次能够避开发生动乱的地方，其次能够避开恶意与怠慢的容色，再次的则是避开恶言恶语。"孔子说："有七个人都是这样做的呀。"

评点：这里有点在"避"字上狠下功夫。王某知道的与实践的是"大乱避城，小乱避乡"，从而避开了"文革"之灾。也有反过来说的，小乱避城，指的是小乱避到城里去，大乱避到乡下，这与前面说的大乱避开城市，小乱避开乡村，意思完全一样。

◦ 14. 38

子路宿于石门。晨门曰："奚自？"子路曰："自孔氏。"曰："是知其不可而为之者与？"

王解：子路夜宿在石门。到了早晨，看门人问："您是从哪里来的？"子路说："从孔子那边。"看门人说："就是那位明知做不成还坚持去做的人吗？"

评点：知其不可而为之，现在是一句伟大的话、悲情的话，带着自我奉献牺牲精神的话，脱离了安危、成败、得失考虑的话。对孔子的这样一个评语，表现了孔子的理想主义，也表现了孔子的倔强。

◦ 14. 39

子击磬于卫，有荷蒉而过孔氏之门者，曰："有心哉，击磬乎！"既而曰："鄙哉！硁硁乎！莫己知也，斯已而已矣。深则厉，浅则揭。"子曰："果哉！末之难矣。"

王解：孔子在卫国敲击石磬，有一位背负着篮筐的人经过孔子的家门，他说："你有心事啊，击打石磬的人！"过了一会儿又说："你的见识太浅陋了啊。硁硁硁硁的，抱怨别人不了解自己哟。人生就是那么回事嘛，水深的地方，蹚过去嘛，水浅的地方撩起大襟也就过去了嘛。"

评点：这里讲的民间高人，无欲无求，无虑无忧，与楚辞《渔父》所讲的"沧浪之水清兮，可以濯吾缨，沧浪之水浊兮，可以濯吾足"，水净了洗帽子，水脏了洗脚丫子，无往而不适的调子是一样的。

自命精英者受挫，干脆到人民当中去，确为自我救赎一法。我有此经验也。民间确实也有想得开、说得通，无可无不可、绝不较劲置气的人物。到了人民那里，人们也就不再闹腾什么怀才不遇、忠而见疑的老戏码了。

◦ 14.40

子张曰："《书》云：'高宗谅阴，三年不言。'何谓也？"子曰："何必高宗，古之人皆然。君薨，百官总己以听于冢宰三年。"

王解：子张问孔子："《尚书》上记载：'高宗喑哑不出声，整整三年不说话。'这是什么意思呢？"孔子说："岂止是高宗，古人都是这样。君王死了，百官各居其位，各司其职，服从宰相的领导三年。"

评点：似不是具体地说嗓子哑了不出声音，而是说帝王死了不急于立新君，要在哀悼的气氛中维持、等待三年。说明古代礼法严明，对于帝王之死看得很重，以维护帝王的尊严。

◦ 14.41

子曰："上好礼，则民易使也。"

王解：孔子说："上边重视礼法，老百姓也就好管理了。"

评点：礼的核心是尊卑长幼，维护秩序，要从君王与大臣做起。

在夺取政权的时候闹点游击习气，是难免的。执政了，必须讲究礼法规矩。这就是老子所说的"以正治国，以奇用兵，以无事取天下"。

◦ 14.42

子路问君子。子曰："修己以敬。"曰："如斯而已乎？"曰："修己以安人。"曰："如斯而已乎？"曰："修己以安百姓。修己以安百姓，尧舜其犹病诸。"

王解：子路向孔子请教君子的修为。孔子说："修为自身，达到敬的地步。"子路问："就这个吗？"孔子说："自己修为好了才能安定旁人。"子路问："就这个吗？"孔子说："自己修为好了，就能使百姓安宁。修好自身，安定百姓，只怕尧舜做得还不完善呢。"

评点：把修身视为治国平天下的关键乃至于全部，这在言语上是可以发挥推演的，但子路对此有疑惑。孔子乃抬出尧舜来高屋建瓴于子路。尧舜做得也不算完美，可能说明了修己以安人安百姓的标准是一个高标准，但也可能说明修己以安人的说法玄虚了些，以简单的操作去攀登高耸入云的标杆，本来就难于做到。

这一段不知为什么使人做如下联想：有如提问怎样能成为学问家，回答好好查《辞源》就行，而提问者不解的时候，你回答："钱锺书、季羡林也背不下《辞源》来噢！"

谁也做不到，完全不能证明做到了就达标于君子。至于将修身与敬当作君子的首要要求，这个说法简明有力，给人以教益。

◦ 14.43

原壤夷俟。子曰："幼而不孙弟，长而无述焉，老而不死，是为贼。"以杖叩其胫。

王解：孔子的一位吊儿郎当的老相识放肆地躺着。孔子对他说：

"你幼小的时候不知道谦让也不懂得爱护照顾兄弟，你长大了也没有什么好记录可说。现在老了，还不死，你还是个贼坏子。"一面说着，一面用手杖打他的小腿。

评点：老而不死是为贼，也是家喻户晓的名言。这个话在流传当中形成了一个效果，生老病死是正当的常态，常态就是天命，就是天道，就是天意，人们应该习惯于这样的常态，乐于接受这样的常态。太特殊了，老而不死，反而是对常态常理的悖逆。至于孔子当年说这个话，可能只是针对个别人，也可能是孔子讲他对生死寿命的看法。

◦ 14. 44

阙党童子将命，或问之曰："益者与？"子曰："吾见其居于位也，见其与先生并行也。非求益者也，欲速成者也。"

王解：孔子住家那边的一个孩子出来传话，有人问："这孩子有什么长进吗？"孔子说："我看到的是他大模大样地在那儿一待，还看见他与长辈们并肩而行（不懂礼让）。他不像是一个求进步求教益的人，而是一个想一步登天的人。"

评点：孔子一贯反对无礼，反对放肆，反对没大没小。

卫灵公篇第十五

◦ 15.1

卫灵公问陈于孔子。孔子对曰："俎豆之事，则尝闻之矣；军旅之事，未之学也。"明日遂行。

王解：卫灵公向孔子请教作战的阵仗。孔子回答："祭祀的事我还见识过一些，至于打仗的事，我没有学过。"第二天他就离去了。

评点：孔子渴望的是做一个文官，他是文化治国、道德治国、礼法治国论者。先秦时期，诸侯君王们其实更关心的是军事，这也是孔子生不逢时吧。

老子的说法则是"以正治国，以奇用兵，以无事取天下"。"正"通"政"，既是正义正道也是政治的意思，治国与用兵是两码事。

孔子关注的是治国，他很少谈用兵，他的逻辑是国治好了必然强大，军事要靠政治，用今天的话来说，硬实力要依靠软实力。混淆了两路事宜，以用兵之术来治国，会治国不当而生乱，这样的教训应该深刻记取。

◦ 15.2

在陈绝粮，从者病，莫能兴。子路愠见曰："君子亦有穷乎？"子曰："君子固穷，小人穷斯滥矣。"

王解：孔子一行在陈国断了粮炊，跟随他的弟子们饥饿患病，起不来身了。子路气恼地抱怨："堂堂君子也有这样的困窘吗？"孔子说："君子本来于物质上就是艰窘的，虽然艰窘，却能固守着自己的规格礼法。小人遇到困窘的事态，那就不知道会变成什么样子了。"

评点：君子固穷也是名言，鲁迅的小说主人公孔乙己就用这话掩饰自己的狼狈艰难。这里的固字很妙，固穷既是压根儿就穷，也是固然穷，仍要如何如何地坚守。这有几分英雄主义的悲情，却因为穷得忒寒碜而让人联想起孔乙己的悲喜剧来。

坚守一个人的理念原则是不容易的，连孔子也有过这样穷途末路的遭遇。我辈有点挫折的经历，又算得了什么呢？

◦ 15. 3

子曰："赐也，女以予为多学而识之者与？"对曰："然。非与？"曰："非也，予一以贯之。"

王解：孔子问子贡："赐（子贡）呀，你认为我是一个学问大知识全的人吗？"回答说："是啊。难道不是？"孔子说："不是的，我的特点是始终如一、融会贯通（或抓住重点，统领全局）。"

评点：马克思回答女儿的提问时说到自己的特点是"目标始终如一"，真是英雄所见略同。

孔子不认为自己是以上知天文、下知地理、博闻强记、百科全书著称的学问昆仑。他的一以贯之的自诩，与马克思的目标始终如一的自白，更符合一个实践家、活动家、思想家、仁人志士、意见领袖、人民导师（不仅仅是职业教师）的品质。

一以贯之，既是一个空间、结构的概念，又是一个时间、过程的概念。从结构角度看，孔子提倡文化、仁德、礼法、修齐治平，都以一个仁为核心，仁即是一，一以贯之就是以仁贯通一切，他的学问思想议论贯穿着仁这样一个主心骨，不像有些学富五车的人堆积了大量书本资讯，却并无自己的见解追求。从时序的角度看，孔子的一生，不论阴晴寒暑，不管成败利钝，日复一日，年复一年，始终坚守自己的理念，一以贯之，绵绵不绝。

◦ 15.4

子曰："由！知德者鲜矣。"

王解：孔子说："仲由（子路）啊，真正知道德的作用、力量、功能与以德治国的操作的人，是太少太少了啊。"

评点：其实国人都把德挂在嘴上，孔子同时代的诸子百家也都喜欢谈德，但是像孔子这样把一切希望寄托在德上的人，为以德治国而奔走呼号的人，大概不多。我不认为孔子是针对小人百姓、青少年的道德教育向子路讲此话的。孔子讲的是将德作为治国平天下的大道来理解与恭行的人太少，简单地说，孔子叹息的是持以德治国理念并予以践行的君子们、侯王大臣们太难找了。

◦ 15.5

子曰："无为而治者其舜也与？夫何为哉？恭己正南面而已矣。"

王解：孔子说："能够做到无为而治的也许只有大舜皇帝吧？他是怎么治国的呢？恭敬严谨地在王位上一坐，一切就自然而然地运行良好了。"

评点：不知道舜是怎么进行公共管理的，古代政事应该没有后来那么烦琐，所以许多"君子"信而好古，古道热肠。马克思回答女儿的问题：什么是你最喜欢的美德时，他答的是纯朴，而女儿答的是直爽，这都与孔子，也与老子的思想相通。

深文周纳、琐细苛刻、事必躬亲、无微不至，这样的执政并不受欢迎。而精兵简政，直到无为而治，一直是历代君主追求的一个目标，虽然这个目标说着容易，但做起来很难。

马克思主义的学说则认为到了共产主义社会，国家机器、政党政治，这些姥姥不疼、舅舅不爱的玩意儿，干脆将自然消亡，这也与无为而治的高端想象相通。

○ 15. 6

子张问行。子曰："言忠信，行笃敬，虽蛮貊之邦，行矣。言不忠信，行不笃敬，虽州里，行乎哉？立则见其参于前也，在舆则见其倚于衡也，夫然后行。"子张书诸绅。

王解：子张向孔子请教应该怎样行事行政取得成绩。孔子说："说话要忠实可信，行事要诚恳恭谨，就是到了边远野蛮的地方，你也行得通办得成。如果你讲话没有忠实信誉，行事不诚恳恭谨，就是在治理体系严密的地方，能行得通吗？要做到站立的时候能看到这些原则正竖立在你的眼前，坐车坐轿的时候能看到这些原则倚靠着扶手横木车身，然后，按这样的原则去行事吧。"子张干脆将"言忠信，行笃敬"写到自己的衣带上。

评点：子张问行，孔子的回答首先说的是言说，这说明广义地说，言是行的一个组成部分，越是高官高管高知，他们的行越是表现在言上。做指示，下命令，发号召，同意这个，严禁那个，推选这个，纠正那个，分析这个，驳回那个，不都是通过言来行吗？

行的内涵也极广泛，实行、执行、行动、行为、奏效、接受、通行、行时、政绩……都是行。"大道之行也，天下为公"，这里的

"行"，指的是大道的胜利，是达标，是成功，甚至是完成。

干脆写到衣带上，这个做法略显天真。真正从心性上认同了"言忠信，行笃敬"的人，真正正直可靠的人，根本用不着做事前先看看衣带。而写了一千遍，给别人讲了一百遍的人，自己不忠不信不恭不谨，也是可能的。有些贪官就是这样。

◦ 15.7

子曰："直哉史鱼！邦有道，如矢；邦无道，如矢。君子哉蘧伯玉！邦有道，则仕；邦无道，则可卷而怀之。"

王解：孔子说："史鱼这个人是何等地耿直呀！邦国依道运行的时候，他为人就像射出去的箭一样直直地运行；邦国无道，没了章法啦，他照样像射出去的箭一样耿直做人。那个蘧伯玉呢，那也真是君子呀！邦国有道合乎章法，他就出仕做官；等到邦国无道出现乱象的时候呢，卷铺盖走人啦。"

评点：说是史鱼给卫灵公劝谏人事上的事，灵公不听，史鱼认为是自己没有尽到责任，临终前要求儿子降低治丧规格，感动了灵公，在史死后接受了史的用人之见。这个事迹让我感到的倒是卫灵公并非独夫民贼，其实相当能听意见，而且很看重与臣子们的感情。史鱼如果碰到一个比卫灵公更颟顸凶恶的，会是另一种不是动人而是吓人的结果。

史鱼推荐的蘧伯玉邦无道就不做官？历史上的说法不是蘧伯玉不做官，而是史鱼未死、未进行尸谏前，卫灵公没有要他做官，是卫灵公"帮助"了仁者智者做到了邦无道则"卷"。这倒也确实是，好人不用，智者不用，能者不用，还能有道得了吗？

莫非应该歌颂的是权力，是君王，有道时用贤良君子，无道时用宵小奸佞，保住了贤良们的名节，暴露了宵小们的卑劣，如一位资深编辑所说，不但有任人唯贤的，有任人唯亲的，甚至还有任人唯"臭"的。什么意思呢？一个小小权力人物的倒行逆施、孤家寡人达到了极点，除了名誉扫地极差劲的人以外，他再也团结不住任何一个人了。

如果无道昏庸们掌权时干脆屠杀贤良们呢？那就不但造就了蘧伯玉，还造就了比干、岳飞、袁崇焕，民族英雄、民族精神，于戏！

不妨这样理解，孔子为侄女找婆家的时候，注意的是有道时进取，无道时自保平安。客观评论的时候，不拐弯不讲进退策略的如史鱼者，他也礼赞有加。假设是有所拐弯，知进退，善于自保呢，他更要为之找出一个"说法"来。贤臣就是贤臣，好人就是好人，具体做法或有不同，被孔子见爱的幸运则是同一。好人也是一而多、多而一，相互容有不同的；而孔子的总结与教诲，同样也是既有统一性又有多样性与随机应变的可能的。

◦ 15. 8

子曰："可与言而不与之言，失人；不可与言而与之言，失言。知者不失人，亦不失言。"

王解：孔子说："明明一个人你可以与之交心的，你却没有把心腹话告诉他，你会失人，就是说会失去这个人对你的信赖与跟随。而如果一个人本来是无法与他交心的，你却踢里吐噜跟人家说了太多的心腹话，你算是失言，得罪了原本不想得罪的人或授人以柄、祸从口出。有智慧的人，既不失人，也不失言。"

评点：这与前一段歌颂史鱼的"直"有所不同。不一定能一味地直，可言者应该对他好好言；不可言者，应该对他装聋作哑，含糊其辞，虚晃一两着。

应该说，孔子也有自己的着数、权术、城府。问题在于孔子更加强调的是修身，是治心，是道德，是忠信笃敬，这样他就与阴谋家、投机分子、蝇营狗苟者划清了界线。

我们有一种思维定式，认为德与智必然矛盾，有谋略有智慧有着数的人往往不是好人，只有傻 X，只有鲁莽、愚笨、头破血流的人才是榜样。我们的口号动辄是"老黄牛"，然后是"革命的傻子"，为什么不能提倡"革命的智多星"呢？仁者乐山，智者乐水，山水有什么矛盾，谁说不能兼得？想想看，世界的进步是靠鲁莽愚笨与头破血流换来的吗？

所以我们有另一路的民间格言："可怜人必有可恨之处。"

15.9

子曰："志士仁人，无求生以害仁，有杀身以成仁。"

王解：孔子说："什么是仁人志士呢？绝不为了求生而戕害仁德，却可以为了仁德的完成而牺牲生命。"

评点：本段正好消除了前段可能引起的歪曲理解，为了仁，可以牺牲生命，即使采用了某些必要的手段，前提也是为了仁德，而不是相反。仁是孔子思想的核心，是价值的高端。不可害仁，也正是孔子做人做官的底线。

15.10

子贡问为仁。子曰："工欲善其事，必先利其器。居是邦也，事其大夫之贤者，友其士之仁者。"

王解：子贡向孔子请教怎样做到仁德。孔子说："一个工匠要做好自己的工作，先得把手底下的工具设备生产手段弄好。你住到了某一个邦国，就要侍奉那里的大夫中的贤者，结交那里的士人中的仁者。"

　　评点：比喻难免跛足，你无法把你要侍奉、你要结交的仁者贤者当作你的工具设备。但"工欲善其事，必先利其器"已成为我国人民家喻户晓的不移之论，多么大的事，先从手底下做起，甚至于先从选择好器，选择好工具与手柄做起。这也是很好的教导。可能有的缺点是，这会形成一种"站队"和投靠。怎么样开始你的治国平天下的伟大事业呢？先侍奉好大夫，再结交好伙伴……听着还是有点不十分对头。证明了王某的一个说法，凡说出来的话，都有漏洞。包括漏洞说本身，谁想抬杠，一抬就抬翻了你。

○ 15. 11

　　颜渊问为邦。子曰："行夏之时，乘殷之辂，服周之冕，乐则《韶》《舞》。放郑声，远佞人。郑声淫，佞人殆。"

　　王解：颜渊向孔子请教对一个邦国如何进行公共管理。孔子说："推行夏代制定的历法，乘坐殷商时期人们乘坐过（制造过）的车辆，头戴周代通用的冠冕，音乐用《韶》乐与《舞》乐，放逐郑声（郑国民歌），远离花言巧语的佞人。郑国民谣涉嫌淫乱、靡靡之音，佞人之语涉嫌恶攻，危言耸听。"

　　评点：孔子追求的是长治久安，维稳唯稳。同时，他不太主张创新，而主张继承优秀部分，这在今天叫作文化保守主义，在西方世界很吃得开。西方目前时兴的说法是：政治上的自由主义、经济上的社会主义、文化上的保守主义。

　　夏历、殷辂、周冠，其优越性定有说法，对此王某没得说，略去不提为好。治国安邦要管文艺，这是咱们的传统。因为，孔子那时乐是官方乃至王室典礼必用的，那是代表礼法与精神走向的，不管不行，好比我们在正式大会上总不能唱邓丽君或者迈克尔·杰克逊的歌曲。言论也要管，因为有善于言辞的佞人。此处，似乎透露了孔子对当时一窝蜂般的说客的反感。

我想起了美国歌星史翠珊一次演唱前的致词，她说，只有知晓你是从哪里来的，才能知道你应该到哪里去。信然。

◦ 15. 12

子曰："人无远虑，必有近忧。"

王解：孔子说："一个人不能提前考虑较远的未来的挑战与麻烦，对之有所准备，那么，等不到那时候，近在咫尺的麻烦就出现了。"

评点：金玉良言，家喻户晓。但也有一种情况，思虑焦虑得太超前，进行超前防御清洗斗争，先发制人的先字变成了夸张的提前量，反而变成了无事生非，自乱阵脚。例如"文革"中演练抓"走资派"，就是过度远虑，反成近忧矣。

◦ 15. 13

子曰："已矣乎！吾未见好德如好色者也。"

王解：孔子说："算了吧，我就没见过像好女色一样倾心德性的人哪！"

评点：其实是实话实说。好仁，是文化，是理念，是价值观念。好色，是本能，是生命冲动，是心理更是生理需要。二者没有可比性。

好色可能一时强烈，过了高潮就会衰减；求仁，则是一个价值系统的运作与发挥。文化的追求同样离不开人的荣辱得失与生命体验。而正常情况下，好色仍然是可以管理、可以掌控、可以引领到美好的文化精神上去的，如果明知对方是艾滋病患者或诈骗犯罪分子，一般人不会去盲目求欢，而爱情诗歌、舞蹈、绘画、司法保障、道德情操都是好色的升华与发展。

一个人为了理念，他可以追求一辈子，可以牺牲自己的一切——包括色欲，可以忍受常人难以忍受的痛苦。我们完全可以断定，好仁比好色更长久，更理性，更不惜一切代价，更能充实与架构一个人、一群人、后几代人的一生。

在回味孔夫子的"未见好德如好色者也"论的同时，不妨温习一下裴多菲的诗："生命诚可贵，爱情价更高，若为自由故，二者皆可抛。"

西方的"人权论"与孔子的"人类义务论"放在一起很有意思。生命、爱情、自由，这里说的是人之权利。好色，对于儒家来说则是人伦，《孟子·万章上》的说法是"男女居室，人之大伦也"，与仁一样，首先是道德义务。人们对于道德义务的强烈追逐，可能低于权利，但其道德色彩又似乎高于权利。

○ 15. 14

子曰："臧文仲其窃位者与！知柳下惠之贤而不与立也。"

王解：孔子说："臧文仲岂不是一个窃取职位、在其位而不谋其应谋之政的人物吗？他明知柳下惠之贤能优秀，却就是不给柳下惠以立身之地。"

评点：不帮助贤才，不给贤者提供机会与空间，就是"窃位"，这对于权力中人，是一个强有力的警告。这样的思想，在我们今天仍然有警戒的意义，组织部门人事部门的工作人员尤其是领导，值得认真领会学习。

问题在于，这还算是好的。孔子以后直到如今，见贤而妒恨交加，整之诬之害之，拿出吃奶的力气灭之的例子也不是没有。

◦ 15. 15

子曰:"躬自厚而薄责于人,则远怨矣。"

王解:孔子说:"反躬自问的时候,厚责自己,而不把眼光盯到旁人的错误上,你也就不会陷入飞短流长、嗔怨物议中了。"

评点:恰恰可以与前段合起来读,前段是指责臧文仲,这一段是慰勉柳下惠。

◦ 15. 16

子曰:"不曰'如之何,如之何'者,吾末如之何也已矣。"

王解:孔子说:"对于一个从来不操心'怎么办,怎么办呢'的人,我真是拿他没有办法了。"

评点:不能够饱食终日、无所用心。一个人,一个君子,时时要想着自己要干些什么,要怎么干,要在意什么,要为国为民为学问为真理做点什么,怎么样才能做得更好。

孔子的这话似乎也可以作另解。孔子说:"我之所以没有说要怎么样怎么样,是因为我压根儿就没想要怎么样怎么样。"这有点老庄的气味,为什么整天要焦虑怎么样怎么样呢?为什么要陷入焦虑与盘算呢?万物万事,一切随缘,车到山前必有路,树大自然直,一切都是瓜熟蒂落、水到渠成,有什么如之何可操心的呢?

◦ 15. 17

子曰:"群居终日,言不及义,好行小慧,难矣哉!"

王解：孔子说："和一大堆人生活在一地，一天天在一起，从来不谈论人生的真谛、做人的原则道理，不断地搞点小恩小惠小伎俩小着数，遇到这样的群体，还真难办了呢！"

评点：孔子的话肯定有针对性。老百姓嘛，有时只顾眼皮子底下的鸡毛蒜皮，谁能说得清几千年的大儒们讲不清的孔学义理。义，对于孔子与孔子希望出现的君子来说，是义理，是人生的主题思想，是做人与做官的根本原则，是君子人看得比眼前的"利"高得多的高峰，是接近于终极眷顾的精神与人生提升。对于小人、小民们来说，则最多是义气，多指一种横向的相帮相助相爱相护，是小民们一种本能与互助心态。

还有，义与小慧、小惠（总觉得小慧不应该只是小聪明的意思，而应该至少同时是小恩小惠的意思）的关系，至少不是截然对立。人民利益无小事嘛。

公共管理，有的与义，与大道理，与意识形态密切相关，有的则是纯粹的管理与行政，如交通、绿化、度量衡、卫生防疫……如果说言不及义是一种见识卑微的表现的话，言必吹义，也是一种大而无当、大言欺世的假大空套话的灾变。这样的事态可能在孔子当年还没有发生过，孔子还没有过这样的经验，所以他只讲了言不及义的坏处，没有讲言必称义、上纲泛滥的坏处。

◦ 15. 18

子曰："君子义以为质，礼以行之，孙以出之，信以成之。君子哉！"

王解：孔子说："君子以义理为做人的根本质地，以礼节来推行崇高的义理与规范自己的行为，以谦逊的姿态宣讲推广义理的内容，以说话算话的诚信来树立完成义理的权威性与影响力、指导力。这可真是君子了呀！"

评点：后世往往是下层人讲义气，讲互助互庇，有时是为了共同对付权力系统，这与爱讲忠信的上层人所讲的义，与孔子这里讲的原义旨，不是一回事。

"义以为质，礼以行之，孙以出之，信以成之"的讲法极好。可能乍一看还会觉得一般，义礼孙（逊）信的说法毕竟在《论语》中出现得太频繁了。但不妨反过来想一想，如果一个人，不是以义而是以利为质，只知道追求名利级别财富享受；如果他的行为是吹嘘与暴力，蛮不讲理，野蛮无礼；如果他口出不逊、出口伤人压人逼人；如果他言而无信、然诺成空，这样的执政作风会产生什么样的后果呢？

◦ 15. 19

子曰："君子病无能焉，不病人之不己知也。"

王解：孔子说："君子发愁的是自己无能，不是愁别人不了解自己。"

评点：在中国，历代的信而见疑、忠而被诬、怀才不遇、抱憾终生的哀鸣太多太多了。其实，多数情况下，你真有本事，总有表现的机会，总有一展身手的可能。即使天下无道，你总还可以掉书袋、教学生、文采风流、琴棋书画、经商、行医、出入寺观、雕虫画龙，三百六十行，行行状元，扬名千古。

首先，中国的封建主义，不知压抑了多少人才。其次，无能无品的多少伪人才借灵哭己，借确是真正人才的屈枉而谬托知己，掩盖自己的身无长技、全无一用！

◦ 15. 20

子曰："君子疾没世而名不称焉。"

王解：孔子说："君子人怕的是活一辈子却得不到值得称道记下

的名声。"

评点：我们常常泛批名利，其实探求孔子的观点，二者并不尽同，利是利益，名则要区分虚名、（欺世）盗名与代表事业有成、才具出众、影响巨大的美名。一个人不应该略有浮名就翘尾巴，当然。同时一个人干了一辈子，毫无建树、毫无创见、毫无影响，只剩下自哀自叹、自恋自怜、自吹自闷，也够"疾"与病的。就以令人同情的孔乙己来说吧，他难道没有让人疾、忌（讳）、急得慌，他难道没有烦人与使你觉得不可救药的那一面吗？

考虑一下自己的名的问题有一个好处，对自我有所要求，树立标杆，保持尊严，与一切下三滥行为作风拉开距离。

◦ 15. 21

子曰："君子求诸己，小人求诸人。"

王解：孔子说："君子遇事靠自己，小人遇事靠求人。"

评点：一个是格调不一样，君子精神上是强者，有自信，不论什么处境什么麻烦，自己消化，自己克服，自己前进，天无绝人之路。小人是弱者是赖皮，遇事惊慌失措，一筹莫展，只能呼天抢地，碰运气求施恩。

另一个是本事不一样，拙笨迟钝，无一技之长，小人能有什么主意着数？

也不要太小瞧小人了，求诸人的结果是结党营私，拉帮结派，搞准黑社会，专门迫害君子。历史上这样的奸佞胜贤良的例子也不可不引为教训。

◦ 15. 22

子曰："君子矜而不争，群而不党。"

王解：孔子说："君子有尊严而不计较争夺，合群而不结党营私。"

评点：王某想起自己在八十年代讲过的话，尊重领导但绝不投靠，团结群众但绝不拉帮结派。一位好意的老大哥体己地对我说："但你若想成事，必须拉帮结派。"谢谢"好意"，王某坚决不当小老大。

不拉帮结派的人会吃对手的拉帮结派的苦头，吃了苦头也不拉帮结派。风物长宜放眼量！

⊙ 15. 23

子曰："君子不以言举人，不以人废言。"

王解：孔子说："君子不会因为一句话（顺耳或精彩）就推荐提拔谁，也不因为对某个人有看法就否认他的所有说得好料得对的话。"

评点：这是客观与理性的态度，这也是有容乃大的胸怀，更是一种有远虑的责任心和具体分析的严格的实事求是精神。

⊙ 15. 24

子贡问曰："有一言而可以终身行之者乎？"子曰："其'恕'乎！己所不欲，勿施于人。"

王解：子贡向孔子请教："有没有一句话需要终身履行，可以终身受用的呢？"孔子说："那应该是'恕'吧？你不希望发生在你身上的事，你也不要做到旁人头上。"

评点：或谓"己所不欲，勿施于人"应该是底线，比较容易做到也不可以不做到，所以孔子这里讲的是恕，不是仁，仁无止境；不是忠，忠要求碧血丹心、肝脑涂地；不是道，道是无穷大，广不可及，深不可测，万有之母，众妙之门；不是义，舍利取义，常人所难。而己所不欲，勿施于人，则平实可行。当然终生恪守，也非易事，比如在毒刑下有人可能做出自己不想做的事，害己害人，皆大不欲。

还有一种情况，己所欲，非施于人不可，这也是不恕。因为强迫灌输，被灌输，绝非所欲。这样的例子一个是强奸，一个是传教士狂。

居然有电视广告，声称某个公司的旨趣是"己所欲，施于人"，啥脑筋！

◦ 15.25

子曰："吾之于人也，谁毁谁誉？如有所誉者，其有所试矣。斯民也，三代之所以直道而行也。"

王解:孔子说："我说起古人来，对谁是责备，对谁是称颂呢？如果我称颂了谁，那一定是有所考察权衡的。这些老百姓啊，夏商周以来，就是本着这样的正道走过来的呀。"

评点:孔子深信古道正规，深信必须按照被历史考验、被历史完善，也是被历史承认了的礼法规矩办事才是正派与负责的选择。这与其说是略嫌保守，不如说是强调谨慎与历史责任。孔子的保守主义是厚重负责的思路占先。

他考虑得少的是如老子所讲的道的特点"大曰逝，逝曰远，远曰反"，就是说所谓的直道，并非万古不变，而是不断扩张，不断流逝，不断走向自己的反面。仅有坚守，没有因应与创新，仅有直道，没有迂回与曲折，是不能"而行"的。

◦ 15.26

子曰："吾犹及史之阙文也。有马者借人乘之，今亡矣夫！"

王解：孔子说："我读史，除了臧否人物外，也还看出了一些缺失与可疑的文字。好比有一匹马借给旁人乘骑，而在后来就干脆找不到马了。"

评点：先贤多认为此段难解，解的话也语多穿凿。

那就做一个文字与推理、近乎猜谜的游戏吧。一个说法是孔子读史产生了某些疑团，只能留下来供后人继续推敲，好比借了古人的马来骑乘，走着走着干脆迷了路了。

再一个王某更喜爱的忖度是，读史就像借别人的马骑乘，因为读史的目的是借古明今，鉴古通今，参古论今。读史的过程是且行且分析，即使碰到缺失与疑点，也先要走着看，就像今人阅读与讨论《论语》一样。怕的是最后什么也没有悟到得到，连哪里有缺失也鸦鸦乌了，你总要不怕迷失，要认真读遍《论语》，否则岂不愧对祖宗？

读正经书。读以治国平天下为己任的书的作用与过程就是如此。今人读新旧中外经典，不也是这样吗？不断地及之阙文，不断地骑马找马，不断地失之毫厘，差之千里，今亡矣夫。给人的感觉是孔子好古，但不是本本主义者，不是泥古者，不是书呆子，他告诉我们，古史与经典书籍中有阙文，不能死磕死守。

认真阅读了这一段，你有什么感慨，就顺藤摸瓜吧，行了。

◦ 15.27

子曰："巧言乱德。小不忍，则乱大谋。"

王解：孔子说："话说得太巧妙了，会干扰你做人的原则。小事情小问题上忍耐不下来，控制不住自己的一口浊气，最后会搞坏了大事业大谋划。（这样的事太多了。）"

评点：正当的话有时会显得一般，而谬论却能尽言语之能事，变成奇葩。巧言如潮的时代往往是乱世，是民不聊生之世。而治世、有道之邦，各安其业，各行其道，没有给巧言令色留下太多的空间。正像一个人不应随便被巧言打动一样，一个君子人也不应该为一点小破事随便发火与大闹。

所谓忍的问题，其实是一个自我控制自我管理能力的问题。为什么西方国家性观念相对开放，但政客常常因此方面的丑闻爆料而声名狼藉，断送前程？关键不在于政客的性欲，而在于身为政治家，应该有、必须有足够的自我掌控能力。

○ 15. 28

子曰："众恶之，必察焉；众好之，必察焉。"

王解：孔子说："大家都讨厌一个人，需要有自己的观察分析；大家都喜欢一个人，也需要有自己的观察分析。"

评点：孔子认为人是区分为智愚、贤不肖、君子小人的，因而人们的见解有区别才是正常的。异口同声，都说好或都说坏并不正常，所以要考察，避免随大流，人云亦云。

这里有一个三人成虎、众口铄金的"定理"，越是愚人，越容易受物议、传言、谣言直至舆论的影响，等舆论成了气候，甚至谁也不敢去碰，易卜生的话剧《人民公敌》说的就是这样的故事。而网络时代造成的一边倒的网极——网民舆论极端化现象，使众恶之众好之的情况比孔子那个时代更容易出现了。个中问题，孔子早有发现，有所提醒敲打，是孔子圣明的地方。

这里的察，是针对"众"的好恶来说的，众不众不是判断真伪的标准，孔子不是民粹派，而更接近精英主义。王某在解读中强调的是"自己"的考察分析，缘故在此。

◦ 15. 29

子曰："人能弘道，非道弘人。"

王解：孔子说："道，是人力发扬光大起来的；人，不是道所发扬光大起来的。"

评点：这是孔子强调担当，强调主观能动性，强调自己的选择责任的重要论断。道是天道，是来自天地的、自然而然的、先验的、终极的，与高于一切的规律、法则、价值与理念。同时道的被认识、被服膺、被坚持、被践行属于人的使命，人的责任。我们并不要求与设想天必须行道，山必须行道，树木花草飞禽走兽必须行道。人不能等待道的自行运转与成就方方面面，我必须努力去习道、弘道、讲道、行道、修为大道。

孔孟强调的是道的主体性，道是靠人来弘扬的。老庄强调的是道的自然性、自行性，还有就是人的行为的经常的有限性、相对性乃至谬误性，他们强调的是人少折腾，多来点自然而然。

他们讲的都有道理，但首要的应该是孔孟的主体说责任说，可以说孔孟的说法是人生的预热，老庄的说法是人生可能出现的高烧的降温。没有预热的人生等于拒绝人生，等于行尸走肉。没有降温的人生又可能是害人害己，轻举妄动，自找麻烦，点火自焚。

◦ 15. 30

子曰："过而不改，是谓过矣。"

王解：孔子说："有过错却不去改正，那就是真正的过错了。"

评点：也就是说，能够自我调整、自我反省与改正的过错不是过错，只是难免的曲折。孔子其实总是鼓励人，你可以为尧舜，你可以为圣贤，你有错也不要紧，改了就好。可谓循循善诱，谆谆教导。这确是教育家的特色。

○ 15. 31

子曰："吾尝终日不食，终夜不寝，以思，无益，不如学也。"

王解：孔子说："我曾经整天不吃饭，整夜不睡觉，思来想去，没有任何收获，（唉，与其冥思苦想，）不如去向贤者向书本学习。"

评点：孔子讲得多么亲切真诚！我们都有这样的经验，与其自己与自己较劲，胡思乱想，神经兮兮，不如先意识到自己的无知无识，向已有的知识和老师学习。走个人冥思苦想的道路，收获可能是零，后果可能是精神分裂。走见贤思齐，谦虚好学的道路，至少能增加信息，进益知识，补充精神食粮，至少是用学习填补可能有的空虚与困惑，开拓精神空间，增加参照系统，而不是钻牛角尖，自我折磨。

○ 15. 32

子曰："君子谋道不谋食。耕也，馁在其中矣；学也，禄在其中矣。君子忧道不忧贫。"

王解：孔子说："君子把精力集中在践行天道、纠正无道上，而不是一味操心衣食这一类初级的物质需要。就算你去耕田种地，你照样有陷于冻饿的危险哟。而能好好地学习，（掌握大道，）你自然就会得到俸禄，（何忧衣食？）所以说，君子操心的是道，不是吃食。"

评点：孔子教学，是为了培养君子，培养合格的权力系统中人，合格的上等人，所以告诫学生们，以农耕求食，犹有饥饿的危险，而以天道、孝悌忠信之道、修齐治平之道去辅佐君王重臣，教化黎民百姓，何愁温饱之虞？

当然这只是一面理，与后世的尤其是社会主义的劳工神圣、贫下中农伟大的学说有所抵牾。

◦ 15. 33

子曰："知及之，仁不能守之，虽得之，必失之。知及之，仁能守之，不庄以莅之，则民不敬。知及之，仁能守之，庄以莅之，动之不以礼，未善也。"

王解：孔子说："靠知识与智慧达到的成就，如果没有仁爱之心加以保持守护，虽然得到了成就，仍然必定会失去。有了以知识与智慧获得的成就了，有了仁爱之心来保持自己的成就与形象了，如果不能够做到庄重谨慎地对待一切事务与民人，老百姓就会轻慢马虎，不知敬畏（仍然做不到邦国有道）。又有智慧知识，又有仁爱之心的保持，并能庄重谨慎地做好一切事宜，但行动不合礼法规范，仍然是做得不够好的啊。"

评点：孔子的主张是由内及外，哪一层级也不能马虎。首先是仁，不仁什么都保不住，因为不仁就得不到拥戴与亲和之情，你的知识再高、智慧再强也站不住脚。历史上与现实中，有才无德，名人出丑、大人物失败的例证多了去了。有了仁爱，没有脚踏实地的细致做事，也是瞎掰，也最多是妇人之仁。许多亡国之君、垮台之臣、空谈之士，就是这样。又有仁爱，又有智慧，还有认真的态度，自然会表现在外表上，彬彬有礼、有序、有规范也有风度。由内及外，层层完美，那就是真的完美主义了。

仁守之，庄莅之，礼动（规范）之，这是值得一切强人、成功人士、大国首脑牢记的金玉良言。尤其是"知及之，仁不能守之，虽得之，必失之"，堪称警世利剑，寒光闪闪，瞬间令人清醒，这样的历史教训，个人的与权力系统的，难道还少吗？

◦ 15. 34

子曰："君子不可小知而可大受也，小人不可大受而可小知也。"

王解：孔子说："君子很可能做不到具有万事通的小聪明，却可以担当大事。小人不可以承担大事项大任务，却可能具有某些鸡毛蒜皮的小聪明。"

评点：这其实与老庄的思想很接近，对于老庄来说，无为是无不为的前提，有所不为不知，才可能有所为有所知。事无巨细一把抓，成不了大事。有所放弃是有所获得乃至志在必得的前提。

问题是小知与大受的区分。有些关键性的小事，可能决定大受的成败，如企业管理上的说法：细节决定成败。

人确有这方面的区别，有的精通小知，却没有综合判断决策能力，甚至没有分析与提炼见解的能力和分清轻重缓急的能力，更没有预见能力。这样的人可以当极好的参谋，却当不了司令。有的人则相反。

◦ 15. 35

子曰："民之于仁也，甚于水火。水火，吾见蹈而死者矣，未见蹈仁而死者也。"

王解：孔子说："民人对于仁（政）的需要与敏感程度超过了水火。民人或有由于粗心大意、不够敏感而死于水火的，却没有人为了求仁而自取灭亡的。"

评点：窃以为，孔子的说法更好的解读是：仁是对于君王、臣子、君子、士的要求。老百姓多半做不到仁，但是老百姓需要仁政，需要仁政却不会为了仁政而冒险、而不惜死，所以说老百姓对于仁的感受甚于水火。

这样的解释或有费力之处，但离开了这样的解释，则根本讲不通，包括古人的解读，如说是民人对仁德仁爱的要求胜过水火，那怎么会为水火而死呢？尤其是，如果是说民人亟需仁德，怎么会谈得上蹈仁而死呢？

○ **15. 36**

子曰："当仁，不让于师。"

王解：孔子说："应当行仁行善的时候，即使是与老师在一起，也不必谦让。"

评点：好事要抢着干。当仁不让，已经成为意指敢于担当的家喻户晓的成语。

○ **15. 37**

子曰："君子贞而不谅。"

王解：孔子说："君子坚持原则而不固守成规。"

评点：仍是孔子的中庸之道。或解为正直而不泥于守信，或解为守大信（？）而不是小信，都略感别扭，还是再抽象化一点，就好接受了。

○ **15. 38**

子曰："事君，敬其事而后其食。"

王解：孔子说："给君王当差，要一丝不苟地做事，而把拿俸禄享受待遇放在后面。"

评点：自古以来，养尊处优、刮民脂民膏、颐指气使的官儿有的是，鞠躬尽瘁、两袖清风、艰苦朴素的官员还是太少了。

○ 15. 39

子曰："有教无类。"

王解：孔子说："人人都需要都可以接受教育，用不着给学生划分高低贵贱的类别。"

评点：孔子对君子与小人的区分是看得很清楚的，但教育例外，这说明教育是带有理想主义色彩的。教育有可能也有必要走得比现实更靠前更包容也更阔大一点。

○ 15. 40

子曰："道不同不相为谋。"

王解：孔子说："对于根本性的大道理解与把握不相同，就很难互相出主意了。"

评点：孔子喜欢如切如磋，如琢如磨，但他也承认沟通交流的前提是大方向大原则的一致。

知道"相为谋"的限度，知道什么情况下不要去瞎给人家尤其是给权力系统为谋，能使自己更清醒，谋得不自找麻烦，不讨嫌，不惹祸。

又是一例，除了知其不可而为之以外，还有知其不可而停止。或明明不应该为谋，但在某种特殊情况下，知其不可谋而谋之。

两说着。孔子的道理绝对不死板。

◦ 15. 41

子曰："辞达而已矣。"

王解：孔子说："语言文字，能够表达意思，也就够了。"

评点：孔子强调语言文字只是达意的工具，它的最大意义是人要把握语言，做语言的主人，而不要陷入语言的迷魂阵，例如教条主义、原教旨主义、传播崇拜与传播迷信——以为谎言重复多了就是真理。

但今人已经看到语言的相对独立性与对人的思维乃至于人性的强大反向作用。语言文字的传播功能、放大或缩小功能、审美功能、延伸与升华功能、规范模式化功能，煽情、雄辩、动员、掩饰与心理治疗功能……都不仅仅是达而已矣了。

仍然要充当语言的主人：明白语言的重大作用，从而给语言以足够的重视与掌控，使"达而已矣"提升到新的水平，这是今人可以达到的不同的高度。

◦ 15. 42

师冕见，及阶，子曰："阶也。"及席，子曰："席也。"皆坐，子告之曰："某在斯，某在斯。"师冕出。子张问曰："与师言之道与？"子曰："然。固相师之道也。"

王解：乐师盲人冕来见孔子，到了台阶上了，孔子告诉他："这儿是台阶了。"到了坐席上了，孔子告诉他："到了坐席上了。"都坐下了，孔子告诉他这边是谁，那边是谁。子张问孔子："您这是与乐师谈大道吗？"孔子说："是啊，这就是对于他的道啊。"

评点：把盲人看不见的东西告诉他，就是道。也就是说，能消除黑暗与盲点的光明，就是道。把他人最需要的东西给予他或她，就是道。助人，就是道。时时说出真实，就是道。

与老子的"道可道，非常道"相比，孔子的道是常道，它也许少了些终极关怀，少了些无穷、万物之始与万物之母，但多了些亲和与人性之仁善。

季氏篇第十六

○ 16.1

季氏将伐颛臾。冉有、季路见于孔子曰："季氏将有事于颛臾。"

孔子曰："求！无乃尔是过与？夫颛臾，昔者先王以为东蒙主，且在邦域之中矣，是社稷之臣也。何以伐为？"

冉有曰："夫子欲之，吾二臣者皆不欲也。"

孔子曰："求！周任有言曰：'陈力就列，不能者止。'危而不持，颠而不扶，则将焉用彼相矣？且尔言过矣。虎兕出于柙，龟玉毁于椟中，是谁之过与？"

冉有曰："今夫颛臾，固而近于费。今不取，后世必为子孙忧。"

孔子曰："求！君子疾夫舍曰欲之，而必为之辞。丘也闻有国有家者，不患寡而患不均，不患贫而患不安。盖均无贫，和无寡，安无倾。夫如是，故远人不服，则修文德以来之。既来之，则安之。今由与求也，相夫子，远人不服而不能来也；邦分崩离析而不能守也；而谋动干戈于邦内。吾恐季孙之忧，不在颛臾，而在萧墙之内也。"

王解：季氏准备对颛臾动武，冉有（冉求）、季路（子路）来见孔子说："季氏将要动手，颛臾要有事了。"

孔子说："冉求（冉有）啊，这能不说是你的过错吗？从前先王让颛臾主持东蒙的祭祀，再说颛臾就位于鲁国的疆域之内，是鲁国江山的一部分，为什么要攻打它呢？"

冉求说："是我们的主公季氏要这么干，我们俩并不同意呀。"

孔子说："周任有一句话：能起作用能出力，可以忝列其中；起不了作用，就该卷铺盖出列。如果主家有危难而不能去扶助，主家摔倒了却不能去支撑，那么要你们这样的助手家臣还有什么意义？如果老虎犀牛跑出了铁笼，而（宝贵的）龟甲玉石在木匣中毁损，这究竟是谁的过错呢？（能说你们这样的助手家臣没有责任吗？）"

冉求说："颛臾的城池修得很坚固，离费地又很近，如果今天不把它拿下来，将来很可能成为后世的忧患。"

孔子说："冉求啊，一个人不直截了当地说明自己想要得到什么，却用言词掩饰，这是君子人不能接受的。我孔丘听人讲过，治国治家，不怕你财产匮乏，只怕你分配得不平衡；不怕你贫穷艰苦，就怕你争拗不安。因为财富分配与使用平衡了，就不会觉得财产匮乏；相互关系和谐了，也就不会苦于贫穷艰难；社会安定了，也就不会有灾难性的倾覆。做到这些了，边远的人们仍然不信服（也不要紧）。可以搞好自己的文化德行（软实力）招徕他们。等他们来了，就安抚安排好他们。现在你们俩襄助（掌握了重权的季氏），边远的人不来，你们做不到令他们信服，邦国各派势力分崩离析，你们没有能力去保持稳定，却要在内部动刀兵，只怕祸患不在邦国境外，而在家中，在宅院里的屏障以内啊。"

评点：有道是季氏害怕鲁君借用颛臾的实力从季氏身上收回君权。对此，王某不甚了解，暂且不表。

有实力怎么使用？这倒是大问题。孔子强调的是文治，是仁德，是礼法，是软实力，而君王们看到的首先是武力，是能取政敌首级的武器。至于硬实力用在外面还是内里，难说。中国自古有"窝里横"的传统。恰恰是祸起萧墙对于权力系统的威胁最大，窝里斗起来，甚至更复杂更血腥更残酷。堡垒容易从内部攻破、攘外必先安内、打土围子……这些说法绝非无的放矢，而是经验之谈。这个问题上单靠仁德礼制似有不足，还是要有一个权力系统乃至强力系统的产生、壮大、运转与制衡调节的机制，避免萧墙内部产生危机，则国家幸甚，百姓幸甚，权力中人也幸甚。

但是作为孔子，他的内部不用刀兵、靠仁德文化礼制来吸引人信服人的想法仍然极有价值，他反对与削弱穷兵黩武的冲动，这是一种政治文明的理想。理想的特点是美好，但不一定能百分之百兑现，不兑现也是好理想，也是圣人的圣明高远，岂能掉以轻心？

◦ 16.2

孔子曰："天下有道，则礼乐征伐自天子出；天下无道，则礼乐征伐自诸侯出。自诸侯出，盖十世希不失矣；自大夫出，五世希不失矣；陪臣执国命，三世希不失矣。天下有道，则政不在大夫。天下有道，则庶人不议。"

王解：孔子说："天下（全中国）有章法走正道，礼乐的制定与征伐的决策由天子决定。天下失去了章法正道，礼乐的制定与征伐的决策，由诸侯们定夺。由诸侯掌握大权，这样的局面很难超过十代。如果不是诸侯掌权而是重臣们决策，这种格局很少能坚持到五代以上的。而如果不是大夫重臣，而是由君王或者大官的亲信们掌握实际的大权，能混上三代不垮台就不错了。天下有章法走正道，大夫不能专权而君王掌权。天下有章法走正道，老百姓也就不会议论纷纷，小道消息满天飞了。"

评点：孔子主张适当地集中权力，同时孔子强调秩序。秩序离不开名分与职位，啥身份啥名义您就干啥事情。这样，当然天子最高，权力最集中，诸侯次之，大夫更次之，陪臣尤其次之。

自古就有陪臣专权的事情，敢情。原因是真正有名分的大人物——天子、诸侯、大夫可能有情况：老病、无能、失去人心、偏执、不相信执政班子而宁相信佞臣等等，一遇到陪臣当政的事情出现，这个国家的日子就难熬了。

礼乐的制定与征伐行为放到一起，这是一个绝门的说法。礼乐，说的是制定规则的权力在最高方面；征伐，说的是谁不守规则最高方面就要用实力去夷平镇压。

◦ 16.3

孔子曰："禄之去公室，五世矣；政逮于大夫，四世矣；故夫三桓之子孙，微矣。"

王解：孔子说："在鲁国，公室失去了应有的待遇与权力已历经五代了，政事由大夫做主，已经四代了，所以说，桓公的三房子孙，也就走向式微了。"

评点：世或代，指三十年，此说中外相同，所以我们讲"三十年河东，三十年河西"。

乱世、无道之邦的特点之一是发生权力转移，权力失其位，失其名分，失其依据，从而失掉了合法性。可以是后宫专权，可能是宦官专权，可能是宠臣专权，可能是教派、会道门、方士专权，也可能是大臣"功高镇主"，而君王则昏庸懦弱、耽于莫名其妙的他务如炼丹方术与女色等。中华人民共和国史上也有类似的教训，例如"文革"十年，党政瘫痪，军队也运行不畅，弄了几个政治投机者呼风唤雨，岂有不误之理？

◦ 16.4

孔子曰："益者三友，损者三友。友直，友谅，友多闻，益矣。友便辟，友善柔，友便佞，损矣。"

王解：孔子说："对人有益的交友与对人有害的交友各有三种：一是与正直的人交友，一是与诚信的人交友，一是与博闻多识的人交友，这是对人有益的。再有就是与阿谀拍马的人交友，与阴柔诡诈的人交友，与见风使舵、巧言令色的人交友，则只能造成负面的后果。"

评点：孔子反对虚伪，主张诚实；反对奸佞，主张直言；反对花言巧语，主张质朴务实，这是一贯的。

问题是多数人未能免俗，会一面看出了某些人的阿谀、阴柔、投机，一面觉得这样的人也招人待见，有用场，可以给你抬轿，可以解闷，不妨交往与使用。最后，是自己被他们利用。

同样，你也会看出某些人的耿直与诚信，但是你怀疑他们犯傻、不合时宜、说话不好听，于是最初是敬而远之，其后是厌而拒之，最终是怒而诛之。

于是，你结交了小人，远离了君子。不能不想起诸葛亮的《前出师表》："亲贤臣，远小人，此先汉所以兴隆也；亲小人，远贤臣，此后汉所以倾颓也。先帝在时，每与臣论此事，未尝不叹息痛恨于桓、灵也。"

◦ 16.5

孔子曰："益者三乐，损者三乐。乐节礼乐，乐道人之善，乐多贤友，益矣。乐骄乐，乐佚游，乐宴乐，损矣。"

王解：孔子说："对人有益处的快乐有三种，对人有害的快乐也有三种。乐于节制礼乐，乐于称道他人的长处好处，乐于结交更多的贤明的朋友，都是对人有益处的。乐于放肆骄纵，乐于游逛无度，乐于安享福乐吃喝，对人是有害的。"

评点：礼而不节制，对于下面的人来说，多礼到一定程度便显虚矫与劳民伤财。对于位高的人来说，礼太多了便是排场威风臭讲究形式主义，失去了朴质与恰到好处。乐太多了更是奢靡之一种。孔子提倡礼乐，同时提倡节制礼乐，这很辩证，这再次说明孔子要的是恰到好处，不是过犹不及。

那时候，礼（乐）不下庶人，这里的节制针对的是上层君子人士。此前，孔子又有"先进于礼乐，野人也；后进于礼乐，君子也"的说法，王某解为礼乐出现在四野之人中，经君子的集中修理提高而成为主流官方的标志。对出自"野人"的礼乐当然更要节制整顿。

称道他人的好处云云，马上使人联想到生活中太多的相反例证。例如有人专门爱在人后论别人之非，然后出现了为矫正此种恶习而提出的座右铭："静坐常思己过，闲谈莫论人非。"

此前也记录过，孔子主张交贤友，交高明之友，他是有教无类，不是有交无类。如果一个人境界太高了，对不起，没有几个人配得上做他的朋友，这也是贤才或者智者的一大悲哀。大贤无友，大智无朋，大德无名，大勇无功，这是我们会看到的一种现象。另一种现象是小贤小智小德小勇，但个性乖戾，自命不凡，于是也在那里叨咕智慧与良心的痛苦，闹心而已。

所以也可以有另外角度的掂量：寸有所长，尺有所短；智者千虑，必有一失；愚者千虑，必有一得。交友也不可自视过高，也要学会称道他人之善。

至于以实不高明的乐趣为乐，这样的俗人糊涂人小人多了去了，他们以放纵为乐，以吹牛皮放大炮为乐，以东游西逛为乐，以一味地享受吃喝为乐，而不思进取不思有所贡献与回报，这样的人和事，多乎哉，甚多也。

以何为乐？这是做人之道的要求，也是境界的表现，还是君子文明气质的明证。

◦ 16. 6

孔子曰："侍于君子有三愆：言未及之而言谓之躁，言及之而不言谓之隐，未见颜色而言谓之瞽。"

王解：孔子说："侍奉君子或君子侍奉权力系统有三方面的过失要注意：不到该说话的时候你就说上了，这叫急躁；到了该说话的时候你不说，这叫藏掖；不考虑对方面容表情一味地说，这叫盲目瞎说。"

评点：与君子在一起，或作为君子，有话应该说，但要考虑什么时候说，还要随时考虑你的话语的反应与效果。孔子是讲究说话的艺术的。由于中国尊卑长幼的讲究，说话也要多讲究一些，这是咱们的重要国情。就是说，要说话，还要会挑时候说话，还要察言观色、时时因应调整地说话。就是说，不但有说话的责任，还要讲究说话的技巧与方式，要会说话。

看来，孔子主要是指怎样对上、对权力中人、对主公老板的进言，可能这才是孔子讲的言。

我想起了一位当今媒体要人提出的三条："敢说话，说新话，会说话。"

◦ 16. 7

孔子曰："君子有三戒：少之时，血气未定，戒之在色；及其壮也，血气方刚，戒之在斗；及其老也，血气既衰，戒之在得。"

王解：孔子说："君子有三个方面需要警惕：少年时候，气血尚未成型，要警惕女色的引诱与沉迷；壮年时候，血气刚刚强健起来，要警惕好胜与耽于争斗；而等到老了，血气开始衰弱，应该警惕伸手要这要那。"

评点：孔子思考与谈论问题，论述的角度是多维的，他有时候从共时的结构性方面谈问题，如掂量道、德、仁、义、忠、恕、信的延伸与共生，有时候又从时间的维度考虑沿革与变化，例如从三代谈到现实，从十五岁谈到七十岁，这次又是从少谈到壮与老。

老应戒得的得，专家们多译为欲望利益，我干脆解为伸手，是联系了实际。资格老了，什么都想要，虽非必然，确有此情，其实到了此时，更应清心寡欲。

◦ 16. 8

孔子曰："君子有三畏：畏天命，畏大人，畏圣人之言。小人不知天命而不畏也，狎大人，侮圣人之言。"

王解：孔子说："君子有三方面的敬畏：敬畏天命天意尤其是天谴，敬畏崇高显赫资深的大人物，敬畏圣人的训诫规范。至于无知小人，根本不知道人间有什么天命天意天谴，也就不会有所敬畏，同时他们用不敬的态度解构大人物的存在意义，歪曲嘲弄圣人留下的名言规矩。"

评点：第一，只有敬畏，没有质疑以至颠覆，就没有革命，没有改革，没有飞跃与前进。

第二，如果不知人生总应有所敬畏，如果不会珍惜人类积累的一切物质与精神资源，就会大言欺世、愤世嫉俗、空谈误事，除了闹心，此生不会有任何成就，更不会有任何建树。这样的人如今数起来，折腾一时，不知所终者，多了去了！

第三，一个正常的社会，有公认的价值观，就有公认的敬畏。要颠覆一个社会，必然先要颠覆这个社会的普遍敬畏。对于孔子的圣人教训的敬畏，维护了中华民族的数千年的存在与历史。至于谈到中国历史发展上有过的停滞，问题不在于有所敬畏，而在于价值观与敬畏没有随着时代充实丰富演进，责任在后人，不在前人孔丘。

第四，孔子讲的三个敬畏有其颠扑不破的道理，敬畏天命就是敬畏世界、自然、终极，天人合一，敬天积善，不敢造次。敬畏大人就是敬畏古往今来的杰出人士，继承与弘扬一切优秀传统与既有成果。敬畏圣人之言，就是敬畏历史，包括思想史与文化史，敬畏典籍。一个人在历史上被尊为圣人，当然不是偶然，你不可以轻慢猖狂态度对之。

第五，敬畏，可能通向停滞与畏缩，也可能通向继承弘扬创新包括扬弃颠覆革命，责任自负，是老朽耗散化，是被颠覆还是面貌一新永葆青春，未来要靠自己创造。

◦ 16.9

孔子曰："生而知之者，上也；学而知之者，次也；困而学之，又其次也；困而不学，民斯为下矣。"

王解：孔子说："生下来就明白智慧的是上等人士；经过主动学习变得明白智慧的是次一等人士；遇到麻烦困惑，知道被动去请教读书就学的人，就又次了一等了；遇到什么难题也不知道去学习的人，只能算是下等。"

评点：孔子的意思如下：一、"知"这里主要作智、智商解，生下来就掌握了足够的知识，这匪夷所思。从小就明白事理，解（读谢）得开事儿，不抬死杠，不钻牛角尖，不犯浑的人古今中外皆有之也。

二、学而知之，困而学之，都仍然是上等。一生不知学习，不知请教高人，不知读书就学，那就只能算下等人或等而下之的了。

三、学习有主动学或被动学之分。主动学是学知识体系，是接受全面的教育培养，是打好根基培好土肥浇好底水，是做好面对人生的智力准备；被动学则难免临时抱佛脚，恶补并捉襟见肘、饥不择食等囧态毕露。

孔子这里谈的不是政治，但仍有政治上团结大多数的意味，知学便好，一二三等都要拉过来，客观上是给不肯向学的人施压。

◦ 16.10

孔子曰："君子有九思：视思明，听思聪，色思温，貌思恭，言思忠，事思敬，疑思问，忿思难，见得思义。"

王解：孔子说："君子有九方面的问题要经常思考判断：看到了一个什么现象，你看明白了吗？看清楚了吗？听到一个说法，你听完全、听准确了吗？见到旁人，你的气色做到温文尔雅了吗？与旁人接触，你的表情做到恭谨谦和了没有？与他人说话，你态度够不够忠实恳切？为人做事，你做到兢兢业业、一丝不苟了吗？遇有疑惑，你请示长上，请教行家了没有？碰到令你愤慨的事情，你想没有想此事本来具有极大的难处呢？（或你的发怒会造成相当的麻烦呢？）而见到对自己有利的事宜，你考虑没考虑它是否符合原则大义呢？"

评点：以王某为例，视而不明、听而不聪的情况，轻率误判的情况当然是有的。遇到忙碌、疲惫、歧义过多的当儿，不但不是温文尔雅，不是谦恭有礼，乃至现出不耐烦、傲视他人的情况更是屡屡发生，惭愧呀，孔老师！

九思的说法很精彩也很实际，真是谦谦君子哟，多么好！但主要谈的是人际关系、公共关系，它强调了思虑周到的必要性，却没有谈人格与真性情的意义。一个人如果见到旁人不断地思这思那，注意这调整那，也够累人烦人的哟。修辞立其诚，君子立其诚，一个有着崇高人格与学养的君子，理想的境界是不思而九中，九佳，九美，不思而视明、听聪、色温、貌恭、言忠、事敬，疑必问，忿必难，得必义。

就是说，思的远景应该是化为人格个性，是不思而全中。

完全避免不明、不聪、不温、不恭……也很难做到。某些特定时刻没有完全做好，当非大恶，关键在于内在的善与恶、贤与不肖的把持。

◦ 16. 11

孔子曰：“见善如不及，见不善如探汤。吾见其人矣，吾闻其语矣。隐居以求其志，行义以达其道。吾闻其语矣，未见其人也。”

王解：孔子说：“见到好人好事好思想好业绩好言语文章，只怕自己学不到跟不上。见到不良的人和事和做法和邪恶的语言，就跟把手伸到了热水里一样，你应该因疼痛受伤而迅速躲避。这样的说法，并且是这样做的人，我都看到听到过。至于说用退避隐居来彰显自己的志趣主张，用义行来落实自己的大道理，我听到过这样的说法，却没有见到过这样做的人。”

评点：见到好的赶紧学习，却不一定学得进学得成学得好，这很自然。见到不良乃至邪恶的人和事，赶快退避三舍，惹不起躲得起，这很自然也很常见。孔子时代如此，如今二十一世纪了也还会如此，一个有正常的头脑和判断力的人是会这样做的。

至于用隐居的方法来自我拔高自我彰显，孔子对之表示怀疑。孔子一生奔波劳碌有之，他老也是世事洞明、人情练达。对于清高隐居、酸溜溜地自恋自吹并贬低他人的人，孔子不大相信。这样的人而又仗义能为、最终会实现自己的伟大理念？孔子更不相信。但孔子也不想得罪这类人，便委婉地说什么这样的说法与宣示确实是有的，未置可否；这样的说法或不无美善处，可惜的是俺们压根儿没见过。几千年后，吾辈见过的恐怕也很有限。

◦ 16. 12

齐景公有马千驷，死之日，民无德而称焉。伯夷、叔齐饿于首阳之下，民到于今称之。其斯之谓与？

王解：齐景公养了四千匹好马，死的那一天，没有谁因之对他歌功颂德。伯夷与叔齐则是饿死在首阳山下的，老百姓到今天仍然称颂他们。这说明，民人心中还是有自己的一杆秤的啊。

评点：一个真正的君子，不过分在意于有生之年的荣华富贵、牛气逼人，而要考虑到后世后人对你的可能的评价。拥有四千匹好马，当年的感觉和如今拥有四千套豪宅大概差不多。又当如何？何足挂齿？

孔子更重视的是道义影响，是精神层面的价值，是流芳百世，这确实是一个崇高的标杆。

问题是价值标准越高，实践实绩越难判断，倒是马匹豪宅存折的数量明确可数。庄子对伯夷叔齐的判断就不是正面的。难矣哉，人的价值判断与价值追求哟！

◦ 16. 13

陈亢问于伯鱼曰："子亦有异闻乎？"对曰："未也。尝独立，鲤趋而过庭。曰：'学诗乎？'对曰：'未也。''不学诗，无以言。'鲤退而学诗。他日又独立，鲤趋而过庭。曰：'学礼乎？'对曰：'未也。''不学礼，无以立。'鲤退而学礼。"

闻斯二者。陈亢退而喜曰："问一得三，闻诗，闻礼，又闻君子之远其子也。"

王解：陈亢问孔子的儿子伯鱼说："你父亲对你讲过什么特别的说法吗？"伯鱼说："没有的。有一回父亲自己站在那里，我经过庭院。父亲问我：'学习《诗经》了没有？'我回答说：'还没有哇。'父亲说：'不学习《诗经》，你怎么去说话？（你有什么话好说？）'我后来就学了《诗经》。又一次，还是他站立在庭院中，我经过，他问我：'学习礼制了没有？'我说：'还没有呢。'他说：'不知礼，你怎么能站得住脚？（你怎么与旁人打交道？）'后来我就去学习礼制去了。"

听完这两者以后，陈亢回去很高兴，他说："我问了一个问题，得到了三方面的回答，一个是要重视诗，一个是要重视礼，一个是孔夫子与自己的儿子也保持了一些距离，并不溺爱。"

评点：不学诗，无以言，如今已是家喻户晓，说明诗中题材广泛，语言驳杂，方方面面，百科全书，比任何单科的教材都更丰富。首先，诗不是作为教材而编写的，而是生活的情感性的反映，这保证了它拥有其他教材难以比拟的信息量。其次，诗的审美价值也更高，彼时谈话有引用诗语的习惯，言而无诗典诗句，太粗鄙了。很好，文学是语言的支撑与色彩，是语言的推动力。活的语言是文学的根基与源泉。

不学礼无以立，当然，所以在刚刚改革开放的年代，出趟国还要讲讲人家的礼节，少丢点人。

与子女保持一个互相尊重、让子女得到自己发展进步所需的距离与空间，这是明智。

还有一点，孔子对儿子说的与对学生说的并无不同，孔子并无二重人格，不像有的人，会议室里讲的是一套，酒桌上讲的是另一套，回家是第三套，与心腹包括婚外情人又不知道是讲哪一套。

◦ 16.14

邦君之妻，君称之曰夫人，夫人自称曰小童；邦人称之曰君夫人，称诸异邦曰寡小君；异邦人称之亦曰君夫人。

王解：邦国君王的妻子，国君称呼她"夫人"，夫人的自称则是"小童"；本邦国内的人称呼她叫"君夫人"，对其他邦国的人谈起本国的"君夫人"来，就称呼她叫"寡小君"；而外邦人对她的称呼也是"君夫人"。

评点：一个称呼当中包含了多种礼节上次序上的讲究。君王称妻子为夫人，是一种郑重，也有相当的尊严互敬。夫人自称小童如英语中的 baby，很可爱。不同点是英语中是称配偶或情人为 baby，似未闻后者自称 baby 者。国人与外邦人称她为君夫人，也是敬称。"寡小君"又是自谦之词了。何者强调敬，何者强调谦，必须闹清楚。

比较起来，中国的称呼、抬头（title）相当复杂热闹：您、您、足下、陛下、殿下、阁下、×座、先生、女士、大人、老爷、少爷、太太、夫人、姐姐、奶奶、老板、经理、×总……就一个家人，对己对人，令尊令堂、家严家慈、舍弟舍妹、家兄家姐、令爱令郎、小女犬子……闹得糊里糊涂的大有人在。

现代社会，受国际影响，自由民主平等之风渐长，一律叫先生女士，或同志师傅，或称兄道弟，倒也有另一方面的可取之处。尊卑长幼，上下高低，是多讲究着点好，还是不分彼此更好呢？这也是人生诸悖论之一种。

阳货篇第十七

阳货欲见孔子，孔子不见，归孔子豚。孔子时其亡也，而往拜之。遇诸涂。

谓孔子曰："来！予与尔言。"曰："怀其宝而迷其邦，可谓仁乎？"曰："不可。""好从事而亟失时，可谓知乎？"曰："不可。""日月逝矣，岁不我与。"

孔子曰："诺。吾将仕矣。"

王解：季氏手下的权臣阳货（阳虎）想要见孔子，孔子不见，于是阳货给孔子送去了一个熟小猪。孔子等到阳货不在家的时候，依礼到阳货家去拜谢，半道上碰到阳货了。

阳货对孔子说："过来，我有话对你说。"阳货说："肚子里有高招却与自身的邦国捉迷藏，这可以叫仁德吗？"回答说："不可以叫仁德。"阳货问："你想做点有意义的事情，却屡屡错过机遇，这能叫智慧吗？"回答说："不可以叫智慧。"阳货说："岁月流逝，时间不会等待你啊！"

孔子说："好的。我会出来做官的。"

评点：专家们一般解释为季氏专鲁国的权，阳货又专季氏的权，路子不正，孔子尽量与之拉开距离，但又不敢得罪，所以两人捉迷藏，最后却还是碰上了面。

果然有了权就有了底气，阳货口气居高临下，自我感觉良好，大义牛然，有一种主宰他人命运的自信。孔子理念再高尚，品质再纯正，也得让权臣三分。孔子不好对答，只是唯唯诺诺。但最后，孔子并没有去做官，说明孔子有自己的底线。

孔子此时此地的角色不容易。自古以来，我们的社会资源高度集中在权力系统手中，以权力中人的口气说话，泰山压顶。进这个系统，出这个系统，伸头一刀，缩头一刀，左右为难。

好在那时的专制主义还不像后来发展得那样完备细密，孔子可以为官，也可以专门教学，加上他做事不极端不惹祸，才卓有成就而能享其天年。

孔子是"过于聪明的中国知识分子"吗？是仁义礼智信的模范吗？是勉为其难、守身如玉、煞费苦心、知其不可而为之，做到最好了吗？

◦ 17.2

子曰："性相近也，习相远也。"

王解：孔子说："人的天性其实所差无几，人的后天养成的习惯，可就相互拉开了距离喽。"

评点：强调性相近，是为自己的仁的教育觅出人性依据，突出自己树立的价值标准是人人可以接受也应该接受的。强调习相远也，说的是后天的教育培养更加重要。

性相近通往平等观念，习相远通往层次、秩序、君子小人之辨、治人与治于人之辨。同时埋伏了通过"习"的改变，通过教育培育，小人也可能进入君子行列的说法与做法，后世乃有科举制度兴焉。

◦ 17.3

子曰："唯上知与下愚不移。"

王解：孔子说："唯独上等的智慧之人与下等的愚蠢之人，这种分别是难于改变的。"

评点：紧接上一段，指出人与人有不移之别，免得小人们想入非非。

孔子有时候也有矛盾，面对复杂难解的人生诸课题，谁能单行笔直而从无自我较劲呢？强调教育，他说性相近习相远。强调秩序与精英主义，他要坚决区分上知（智）与下愚。他认为生而智商高的人是的确有的，他同时不承认自己是这样的上智者。至于像古代一些儒学家，一定要把智愚解释为善恶，可能并不那么容易说服人。如果指的是善恶区分，何以不说是善恶，偏要说智与愚呢？古代汉语中某些字词的释义确与现代汉语不同，但不同的方面并不是大局，而除去某些特定的部分，相同相近发展继承而来的言语应该更多。语言毕竟是一个相对稳定的东西，古今语言文字，相随相似相承续的关系应该大于相悖相左相不着边际的关系。讲得通的地方，窃以为还是尽量往古今一致、古今互补的方向解读，比动辄往幽僻里解读似乎更好。

◦ 17.4

子之武城，闻弦歌之声。夫子莞尔而笑，曰："割鸡焉用牛刀？"子游对曰："昔者偃也闻诸夫子曰：'君子学道则爱人，小人学道则易使也。'"子曰："二三子！偃之言是也。前言戏之耳。"

王解：孔子到了武城，听到弦歌音乐之声。孔子笑了，说："（武城这么个小地方，哪用得着这么大动静，）杀个鸡哪里用得着宰牛的刀啊？"（主管武城的）子游听到孔子的话语后，回应说："此前本人听老师讲过，君子学到了大道，就会懂得爱惜旁人；而小人学到了大道，就会更容易被使用了。（小地方，大地方，学了道，不是都有意义的吗？）"孔子说："孩子们，子游说得对，我刚才说的只是随意之言罢了。"

评点：这是罕见的孔子认错的一段记录，这里说的戏言，与其释为玩笑之言，不如解为随意之言。一个小地方，办什么事闹得煞有介事，难免令人失笑，今天这一类的事也是屡见不鲜。其实越是小、弱、可怜巴巴的群体，越要大轰大嗡地闹腾，个人如此，国家民族团体也是如此。孔子莞尔一笑，实在很自然。但他想到了自己提倡的敬，提倡的"易使"与秩序理论，便不能再说别的，刚才是戏言，就势下个台阶，恰到好处。

一个爱人，一个易使的说法，当然很不现代，尤其是易使云云，一副主子腔调，令人反感。但孔子又说得天真坦白，不无可爱处。既然有上下的区分，有权力的行使，就有与上相对的"下"，有被行使被权力被使役，也就有对于易使的即权力系统的有效性期待。问题在于，一是，无权者也需要有点权，批评说话的权，举手表决或投票选择的权等等。二是，谁君子谁小人，谁使役谁被使役，应该有转化的可能。朝为田舍郎，暮登天子堂，这样的事很感人，也不是见不到的。

孔子的说法不现代，也不高级，但孔子的说法不虚伪。

◦ 17. 5

公山弗扰以费畔，召，子欲往。子路不说，曰："末之也，已，何必公山氏之之也？"子曰："夫召我者，而岂徒哉？如有用我者，吾其为东周乎？"

王解：公山弗扰在费地图谋造反，邀召孔子前去，孔子想去。子路很不高兴，说："别去啦，何必到公山那边去呢？"孔子说："既然召请我去，当然不是一句空话而已。如果给我机遇，我是要想办法复兴周的文化礼制的呀。"

评点：历史上对公山召孔的史实多予否定。那么有如下几种可能：

第一，公山召了，孔子有所考虑，终于未成为事实。那么，一、公山虽有"畔（叛）"名，但他叛得有一定道理，他不一定就是多么地要不得。二、孔子更重视的是他自己的主体性，他要复兴周文化，必须有点权位，他不能放弃这个机遇。这有点像后世的李白，为了一展宏图，不惜与永王李璘合作，结果差点丢了脑袋。

此前作为非正面形象出现的阳货所言"日月逝矣，岁不我与"，对于生不逢时的仁者、智者、圣者、贤者，真是压力大了。

第二，胜者王侯败者贼，想办点事就有风险。王某评曰：要真去了，我国少了一个万世师表，多了一个理念主义与机会主义相纠结的代表人物。根据孔子的脾气与风格，他成为名相的可能，恐怕少于落败与一事无成的可能。

第三，还有一种可能：这里的记述不无含糊，实际上是鲁国的主流权力要孔子去平公山的叛。此事的前因后果、是非利害也是一团乱麻，说不出个一清二白来。

孔子生活在乱世，春秋无义战，偏偏孔子在政治上是个理想主义者，如此也就罢了，偏偏他还不满足于研究学术与办教育，他主张务实的中庸之道，他注重践行，注重"时习之"，他碰到过的纠结大概不少，他想的不仅仅是躲避危险与保全自身，不是像庄子提倡的那样去追求无用之用，而是永不放弃。

◦ 17.6

子张问仁于孔子。孔子曰："能行五者于天下，为仁矣。""请问之。"曰："恭宽信敏惠。恭则不侮，宽则得众，信则人任焉，敏则有功，惠则足以使人。"

王解：子张向孔子请教仁的修为。孔子说："有五方面如果能在天下实行，就是仁啦。"子张问是哪五方面。孔子说："就是说要恭敬、宽厚、信用、敏捷、惠民。恭敬就不会出现轻慢，宽厚就能团结多数，有信用也就能够得到他人的委任，敏捷才能有成绩，惠民才能使用（领导）民人。"

评点：人们多知道五德：仁义礼智信，却不一定记得住恭宽信敏惠。原因是前者适用于全民，后者主要是指权力系统中人。

对于担任管理治理事宜的人们来说，孔子的这五方面还是很不错的。有趣的是，有一种人自己并不掌权，却还要反对宽厚，又不是生活在鲁迅那种大革命大战斗的时代，不知何所针对。当然此版本的五德中，似乎缺少了坚持原则、有法必依、有错必究、祛邪除恶方面的说法，是不是将治国治家想得太温馨了？

《论语》中多次见到"使"字，与其解读为使役使用，不如解读为"管理"或"领导"，易使就是好领导，使人就是领导人众。

○ 17.7

佛肸召，子欲往。子路曰："昔者由也闻诸夫子曰：'亲于其身为不善者，君子不入也。'佛肸以中牟畔，子之往也，如之何？"子曰："然。有是言也。不曰坚乎，磨而不磷；不曰白乎，涅而不缁。吾岂匏瓜也哉？焉能系而不食？"

王解：佛肸召请孔子去他那边做事，孔子打算去。子路质疑说："过去老师您对我们讲过：'一个人亲自（不是被裹胁、诱骗、强迫）做了坏事，君子人是不会与之为伍的。'现在佛肸在中牟地区作乱，您却要去他那儿，这是怎么回事呢？"孔子说："不错，我是说过这个话，但是请想一想，不是说过人应该坚强吗？坚强的东西不可能被外力磨成薄片。不是说过人应该洁白吗？洁白的东西不会被外物染上污黑。我难道是那种中看不中吃的匏瓜吗，白白地挂在那里，却没有食用的可能？"

评点：这是从另一个角度谈在不理想的情况下从政的苦衷。前一次说是行为、名誉不好的公山那边召请，孔子想去是为了借巢孵卵，找个位置推行他的政治理想。这次则是从相反一面说，去到行为、名誉不佳的权力拥有者那边厢了，照样不受他的磨砺与熏染，照样保持自己的纯洁与刚正。呜呼，难矣哉。

士的理想是入世，参与改善社会政治。士希望能在明君圣君、贤相良相的领导下，在邦有道的大好形势下效劳，实现自我，名留青史，造福一方。可话说回来了，既然有明圣之君，贤良之相，你去不去已经关系不大。问题是如果君相都有瑕疵，都有相当大的问题，但还没有坏到不可救药的地步，而且他们信任你，召请你，准备重用你，也就是说你有可能在他们的麾下做于国于民于己有利的事，有可能多少改善一下家国民人的处境与天下形势，至少能使不好的权力系统少干一点祸国殃民的事情，你干不干呢？干，你不只有危险，而且有辱清名，连子路也不理解你。不去，眼看着你的理想、仁心、报国之志与智慧才能闲置衰微败落，时不我与，岁不我待，一事无成，一人未助，白走人间一遭，你甘心吗？

谁知道孔子的困局？谁理解孔子的苦衷？谁知道什么叫作忍辱负重、顾全大局、勉为其难、不辞代价牺牲？子路啊，你得等到什么时候才了解你的老师呢？

说下大天来，子路敢于质问老师，说明了一、子路的直爽与认真，他不是阿谀奉承之辈。二、当时的教学民主不错的，用不着悲壮地抒吾爱吾师吾更爱真理之情，子路已经做到了当面质疑老师。不特别抒怀就能做到，比特别宣布了吭吭哧哧地去努力的境界更高。三、孔子似乎仍然有些理亏，他在自己的学生子路面前处于辩诬的地位。鲁迅最心痛一个好人处于这样的位置，需要不无吃力地为自己辩护。看来，做事而不出错，不被怀疑，不被讥讽，远远比不做事更困难。却原来，无为而治里边包含着大智慧，大智慧里也有大省心，如果这样说不算是以小人之心度君子之腹的话。

孔子不能不承认，他说过别样的更清高伟大、更富有独立精神与批判意识的话，他的话比高家庄还高，他的行为却有另一面的委曲求全、勉为其难，叫人说啥好呢？

尤其问题是，归根结蒂，孔子的一生，入世为官，没有太多的业绩功勋。呜呼孔子，你却因之留下了话柄疑点，听任时人与后人评说；还要任凭本来与你八竿子打不着，却因为你后来被并不了解你的帝王与腐儒们抬得太高而对你火冒三丈的人士视为眼中钉肉中刺！

◦ 17. 8

子曰："由也！女闻六言六蔽矣乎？"对曰："未也。""居！吾语女。好仁不好学，其蔽也愚；好知不好学，其蔽也荡；好信不好学，其蔽也贼；好直不好学，其蔽也绞；好勇不好学，其蔽也乱；好刚不好学，其蔽也狂。"

王解：孔子说："子路呀，你知道不知道关于六言六蔽的说法？"子路回答："不知道呀。"孔子说："等等，我给你讲讲。喜好仁爱，但是不喜好学习，一个人会比较愚傻；喜好智慧，但是不喜好学习，一个人会比较任性随意；喜好信息与轻信，但是不爱学习，一个人可能比较容易走上不端邪道；喜好直截了当而不喜好学习，他容易变成杠头矫强；喜好勇敢但不喜好学习，他容易莽撞生乱；喜好刚强而不喜好学习，他容易变得猖獗狂妄。"

评点：仁知信直勇刚，都是正面的品德，但如果没有经过学习培育修养，单凭一种朴素的天性，仍然会有所偏颇，这是一个很有见地的说法。至今仍有这样的人，自命直爽，其实是哗众取宠；自命易使好用，其实是浅薄迎合；自命血性男儿，其实是吹牛作秀；自命万事通，其实是万事稀松；自命踏实，其实是出卖拙笨；自命意见领袖，其实是大言欺世；自命独立人格，其实是沽名钓誉；自命特立独行、前卫超前，其实是干货无几，装模作样……

再者就是，六蔽里头，直刚勇三者都是一类阳刚性字眼，不知是不是说明了中华文化有对于阴柔的倾斜，有对于莽撞型偏差的警惕，从而缺少了某些闯劲、争先恐后的劲。"信"字其说不详，王某解为轻信与喜好信息，这与孔子此后对于道听途说的指责是一致的，或解为喜欢说话，不知其可否。

◦ 17.9

子曰："小子何莫学夫《诗》？诗，可以兴，可以观，可以群，可以怨。迩之事父，远之事君；多识于鸟兽草木之名。"

王解：孔子说："孩子们，青年们，你们为什么不好好学学《诗经》呢？学诗，可以由此及彼，打开思路；可以从中观察赏析大千世界；可以找到与他人与群体沟通的话题与语言；可以排解自己的郁闷拧巴。从近处说，学了《诗经》，你在家中孝慈友悌都会表现得更好，让你的老爹满意；远一点说，学好了《诗经》也有助于你为君王效力，至少，从诗中你还可以多知道点鸟兽草木的名称嘛。"

评点：兴、观、群、怨，是诗的接受美学，也是美言，至今流传，家喻户晓。他说得很实在也很亲和。兴讲的是思维的延伸性，举一反三，触类旁通，灵动联想，诗的内容意味无穷，阅读也是参与创造。观是一种发现，从诗中看到了世界，看到了自己，看到了表象，也看到了灵魂，诗使人张开了慧眼、诗目、情眸、明觉。没有诗教的人原来是一群盲人！有了诗还有助于相互了解、增进友谊，发展社会性的互动互信，在见到孔子此语之前，我很少这样想。至于诗的心理排解宣泄功能，更是自古如此。

底下立马接上的是鸟兽草木的名称，生动实在，幽默有趣！

如今，人们也许会想到更"象牙之塔"、更前卫、更"为艺术而艺术"的说法，例如诗的终极性、神秘性、精英性、创造性、专业性与非专业性、个性、无达诂性、精神性与神经性、弗洛伊德性等等。孔子真是个好老师、好老头，他那儿没有象牙之塔，有的是平实之论，百姓之论，正常一般之论。孔子与老子、庄子、公孙龙等不一样，他从来不兴玩绝门暗器，也不玩天马行空，他的诗学，讲的也是中（准确）庸（正常）道理。

◦ 17.10

子谓伯鱼曰："女为《周南》《召南》矣乎？人而不为《周南》《召南》，其犹正墙面而立也与？"

王解：孔子对儿子伯鱼说："你学了《诗经》里的《周南》与《召南》了没有？一个人如果不知道《周南》与《召南》，那不就与只会面对着墙壁站立一样吗？"

评点：对于儿子，孔子特别喜欢鼓励他多读诗，或谓还应该包括有关或同样内容的歌舞。这表现了孔子对于诗（文歌舞）的丰富多彩有强烈的印象。拒绝了诗，应该说就是拒绝了整个文学与歌舞的丰富多彩，也就是拒绝了生活的多彩多姿，人生不就会变得像站壁角一样地乏味了吗？

从这句话里甚至让人体会到了一种父爱。

当然，今天一个做父亲的，也许更会鼓励孩子去尝试丰富多彩的生活，生活的丰富多彩是诗文的丰富多彩的源泉。

也有另一方面的道理，语言的、诗文歌舞的丰富多彩是感情生活丰富多彩的标志。读读"双南"里的《采蘩》《采蘋》，你会感到诗是怎样地激活了你的感受能力，丰富提高了你的情商。

◦ 17.11

子曰："礼云礼云，玉帛云乎哉？乐云乐云，钟鼓云乎哉？"

王解：孔子说："我们说礼呀礼呀，难道就是指（赠送）玉石与丝帛这类礼品吗？我们说乐呀乐呀，难道就是指（敲响）钟啊鼓啊这类乐器吗？"

评点：孔子强调礼乐，盯着的是君君臣臣的秩序，而不是礼乐本身。只盯着礼乐本身，就是搞形式主义，走过场，甚至会走到繁文缛节、铺张浪费上去。孔子的礼乐论是为政治服务、为维稳服务的礼乐论，与如今的社交、外交、文明规范性、全民性的礼节讲究，与首要作为情感艺术的音乐观，相距甚远。

孔子此言中似乎隐隐有看低打击乐器的味道，不知方家如何理解。

◦ 17. 12

子曰："色厉而内荏，譬诸小人，其犹穿窬之盗也与？"

王解：孔子说："外表正颜厉色，内心空虚草包，这样的人，正说明他是低等小人，甚至是像凿壁越墙的小偷呀。"

评点：色厉的目的是装腔作势、借以吓人，内荏最可能的原因是一无所长，一无所能，却有了高位大名。无德无能的人如果不色厉，不摆谱，不动辄给有真才实学的人扣帽子，他的买卖还怎么做下去？所以越是内荏，越要色厉。而越是色厉，穷凶极恶，就越要大言不惭、恐吓讹诈、吹破牛皮、丑态百出。古今中外，这样的例子不胜枚举。

色厉内荏症的多发，第二个原因是由于古往今来，我国人多有怀才不遇心态，有才无才，大才小才，浅才深才，真才假才，都自以为不遇，不遇的结果是自卑，是内荏，不平不服的结果是自傲，是傲视一切，是生怕别人看扁了自己，于是色厉厉地凶恶起来，叫人怎生是好？

孔子简简单单的四个字，画出了多么生动的形象，写出了人性与国情史情的多少弱点，越是虚弱越要出洋相，色厉内荏是人五人六们的最大洋相！

◦ 17.13

子曰："乡原，德之贼也。"

王解：孔子说："八面玲珑，圆滑处世，这就是道德上的蟊贼呀。"

评点：经过几千年的淘洗冲刷，现代生活中讲到"中庸"甚至会让人想到圆滑，原因就是中庸不偏激，不刺激，不狂躁，不极端，中庸从根源上坚决否定极端主义、分裂主义、恐怖主义三股黑暗势力。但孔子又是坚决反对八面玲珑的"乡原"的。其实中庸对于三股黑暗势力来说，就是坚持原则，坚持明辨是非，绝不随波逐流。仁爱对于凶恶，恭谨对于犯上作乱，文质彬彬对于蛮不讲理，诗书礼乐对于横行霸道……来说正是挑战与坚守，是黑暗势力的掘墓人。我们要强调的是：仁义礼智信不是乡原，中庸之道不是乡原，而是堂堂正正的原则坚持；真正的中庸之道，未必能够左右逢源，说不定结果反是被左右夹击。

◦ 17.14

子曰："道听而涂说，德之弃也。"

王解：孔子说："行路中，旅途中，听到一些街谈巷议，再于旅途中传言给旁人，那是被有道德的人所不取的。"

评点：孔子主张诸事恭谨负责，主张非礼勿视、勿听、勿行、勿言，当然反对听谣、信谣、传谣。显然他是针对"君子"而言的，君子就是候补或助理官员，他们要对权力系统负责。小人们呢？他们的消息来源在何处呢？古今中外，谁能禁绝道听途说呢？禁不绝也要反对与禁止，否则更乱了套了，这大概是孔子的用心吧。

◦ 17. 15

子曰："鄙夫可与事君也与哉？其未得之也，患得之。既得之，患失之。苟患失之，无所不至矣。"

王解：孔子说："对于卑下的小人，能够给他们以侍奉君王的机会吗？在没有得到这样的机会以前，他们眼巴巴地等待着官职；等得到了官职呢，他们又眼睁睁地害怕丢官丢权。一旦害怕丢官丢权，害怕失落，那就什么（不要脸的）事都干得出来了！"

评点：圣人之言，如出今日。一语中的，入木三分，如见其人，如闻其声，呼之欲出，就在你我身边。一些官场（包括别的"职场""商场"乃至"情场"）的鄙夫，最最要命的特点恰恰就是患得患失！

◦ 17. 16

子曰："古者民有三疾，今也或是之亡也。古之狂也肆，今之狂也荡；古之矜也廉，今之矜也忿戾；古之愚也直，今之愚也诈而已矣。"

王解：孔子说："古时候的人有三方面的不圆满，到了今天它们已经不是原样了。古代的狂放之徒任性恣情，如今的狂放之徒淫佚放荡；古时候的矜持人士清高廉洁，如今的矜持人士乖戾愤激；古时候的愚人简单直率，如今的愚人狡诈诡谲。"

评点：社会的发展是从简到繁，美德恶德都往复杂里走。孔子描写的狂而放荡，矜而忿戾，愚而诡诈的情状至今尤甚。

⊙ 17. 17

子曰："巧言令色，鲜矣仁。"

见《学而篇第一》 1.3。

⊙ 17. 18

子曰："恶紫之夺朱也，恶郑声之乱雅乐也，恶利口之覆邦家者。"

王解：孔子说："我讨厌用邪恶的紫色侵犯取代正经的大红，讨厌用郑国的靡靡之音侵犯或取代官方的雅乐，我讨厌来一帮子能说会道的嘴皮子胡说八道，颠覆邦国。"

评点：认为邪恶的美术用色、小调民歌、书生议论能颠覆政权，这样的观点由来已久。当然，这是前现代。

从孔子的论述中也可以看出"同行是冤家""窝里斗"的必然性。紫色与红色靠近，郑风与大雅都是音乐、歌曲，政治家都要慷慨激昂、口若悬河地发表政见，所以从中看出了以假乱真、以邪侵正的危险。试看当今世界，同一个教派，同一个阵营中互相斗起来，有时候比与宿敌的斗争还激烈与残酷，呜呼！

⊙ 17. 19

子曰："予欲无言。"子贡曰："子如不言，则小子何述焉？"子曰："天何言哉？四时行焉，百物生焉。天何言哉？"

王解：孔子说："我现在不想说什么话了。"子贡说："您如果不说话，我们这些后生晚辈还能开口吗？"孔子说："老天又说过什么话吗？一年四季，规规矩矩地运转，世界万物，正正常常地生长，天说过什么话吗？"

评点：名言。应该是孔子晚年说的，他已经说过许多许多话了，他知道光靠说话未必管用，要让世界按照自己的规律运转坏灭新生。

其实孔子是主张力行与知其不可而为之的，这段话更像老庄的主张，以天为榜样，搞对世界的无为而治。

天确实无言，无言而该怎么着就怎么着？孔子莫非已经感觉自己与天相通，已经感觉自己进入了究天人之变的层次，不必掰扯起来没完，不如静观其变了？

天何言哉的说法高明，也巧妙，巧言不是错，巧而空洞，除了巧言没有干货，没有头脑与胸襟，那才是巧言令色。

◦ 17. 20

孺悲欲见孔子，孔子辞以疾。将命者出户，取瑟而歌，使之闻之。

王解：鲁人孺悲求见孔子，孔子托病不见。等来预约见面的人员刚出门，就弹瑟唱起歌来，还故意让孺悲听见。

评点：估计孔子确实讨厌孺悲。但孺悲也没有多大本事或权力加害孔子，所以孔子玩了对方一把。孔子也不是善茬儿，孔子也有花招，有想象力，有幽默感。估计孔子此时甚至是得意扬扬。任何一个人都是全面的，多面的，何况孔子哉。

◦ 17. 21

宰我问："三年之丧，期已久矣。君子三年不为礼，礼必坏；三年不为乐，乐必崩。旧谷既没，新谷既升，钻燧改火，期可已矣。"子曰："食夫稻，衣夫锦，于女安乎？"曰："安。""女安，则为之。夫君子之居丧，食旨不甘，闻乐不乐，居处不安，故不为也。今女安，则为之！"

宰我出。子曰："予之不仁也！子生三年，然后免于父母之怀。夫三年之丧，天下之通丧也。予也有三年之爱于其父母乎？"

王解：宰我请教孔子："遇到父母丧事，要守丧三年，时间也太久了吧。君子三年不履行礼制，礼制就会受到破坏；三年不演奏（礼仪性的）音乐，音乐必定完蛋。等旧粮食用完了，新粮食自然应该登场出台。取火更换木头，轮换了一遍，一年了，也就行了吧。"孔子问："（丧事一年，）吃上了新稻谷，穿上了锦绣新衣裳，你心安理得吗？"宰我回答："可以安心的呀。"孔子说："如果你能心安理得，你就按你的意思去做吧。一个君子，居丧期间，吃好东西尝不出味道来，听好音乐听不出快乐来，住在好房子里也不觉踏实。至于你，如果心安理得，你就按你的意思去做吧。"

宰我离开后，孔子说："宰予他这样说不仁德呀。一个孩子出生，要三年才离得开父母的怀抱。居丧三年，是世上的通礼通理，那么宰予总也会有三年的时间怀恋感念自己的父母双亲的吧？"

评点：孔子是个老实人，也偶有古板。他认为你小时候被怀抱于父母三年，父母去世后就应该守三年。但这个逻辑并不严密。对于父母养育之恩的报答，应该表现为自己的健康成长成才，应该表现为对父母的反哺即养老责任，更应该表现为对父母的自自然然的爱。社会进步，每个成人的义务权利都在增加，宰我担心三年太长，三年脱离社会生活一心居丧，时间耗得太久，是有道理的。对于父母的怀念不应该是什么都停下来，专职怀念，而应该是更加珍惜生活中的一切，尚存的一切，把每一天都过好做好。

现代人岂止是不会居丧三年，三个月也不可能。孔子谈人情世故心性，至今言必有中；谈礼制，则只能参考参考。礼制与时俱进，心性取舍道理恒长。

○ 17. 22

子曰："饱食终日，无所用心，难矣哉！不有博弈者乎？为之，犹贤乎已。"

王解：孔子说："天天吃得很足，却没有什么事思考用心，这样的日子好难过呀。不是有下棋抓彩的吗，就是玩玩那个也比闲待着无事可做好呀。"

评点：诚然，孔子早就看到了。所以，人应该学会给自己找事干，人应该有足够的想象力来缔造意义与乐趣。

但有些人要接受一种被晒起来、被打入冷宫、被靠了边的考验。人要学会最好地度过人家不跟你玩儿了的境遇。遇到这种考验到来了，最好的办法毕竟不是下棋赌博，而是读书学习。一个爱学习的人天生已经具备了抗晒抗冻抗冷落的强大功能，谁也摧毁不了他。

○ 17. 23

子路曰："君子尚勇乎？"子曰："君子义以为上。君子有勇而无义为乱，小人有勇而无义为盗。"

王解：子路请教孔子："对于君子，要不要提倡勇敢呢？"孔子说："对于君子，最重要的还是弄清道理与原则（义）。君子有勇气却没有弄清义理，偏离了正道，就会作乱坏事；小人弄不清义理却又胆大包天，就会成为强盗。"

评点：勇敢不是抽象的与绝对的。勇敢不能与愚昧为伍，不能与偏执拥抱，不能与狭隘结合，而要与深明大义，与懂道理、讲章法、有智慧、心明眼亮一道。至今是金玉良言，对于突然莫名其妙地大叫

"血性"的人众更是如此。

◦ 17. 24

子贡曰："君子亦有恶乎！"子曰："有恶：恶称人之恶者，恶居下流而讪上者，恶勇而无礼者，恶果敢而窒者。"曰："赐也亦有恶乎？""恶徼以为知者，恶不孙以为勇者，恶讦以为直者。"

王解：子贡问："君子也有对什么东西或人物厌恶的吗？"孔子说："当然会有所讨厌的。君子厌恶总是说旁人坏话的人，厌恶自己在下位（一副下流相）却拼命钻营往上爬的人，厌恶打拼却不遵守礼法的人，还有自命果敢决断却头脑闭塞僵硬的人。"孔子问："子贡，你有什么厌恶的事吗？""我厌恶连蒙带唬的百事通，我厌恶不讲规矩、不讲节制、自以为有多么勇敢的家伙，我厌恶以攻击性、侵略性标榜自己的直率可爱的浑球。"

评点：这几条毛病也是永恒性与普适性的。王某早有这样的见识，一个人在你面前动辄说旁人的不是，见了旁人肯定说你的坏话。坏话之多说明了此种人的阴暗鬼蜮。小聪明的人到处卖弄，浮光掠影，徒成笑柄。"秀"愚昧、无知、粗鄙而高声吆喝忠勇爱国的，露骨钻营、吹吹拍拍、令人恶心的，什么都插嘴、什么都卖弄的，以凶恶野蛮来自树形象的，厚颜无耻地吹嘘表功、自我兜售的，都令人作呕。瞧瞧人们的这点起色哟，孔子与子贡说的这几种可厌之人，真是呼之欲出，就是公认的那几位爷哟！请速来对号入座吧。

◦ 17. 25

子曰："唯女子与小人为难养也，近之则不孙，远之则怨。"

王解：孔子说："只有妇女和小人最难相处也最难关注与引领。与他们亲近了吧，他们不知分寸，给鼻子上脸；与他们疏远了吧，他们就会怨声连连（拆你的台）。"

评点：以此来评价女性与百姓，当然是《论语》的糟粕。其实这种近之则不逊，远之则怨的人并不确定出现在哪个阶层或哪个性别里，有些文人也有这个特点。有些急于求成、争名夺利、患得患失的人也是如此。蝇营狗苟者更是如此。只消将这个话改为浅薄狭隘的人最难相处，就没有问题了。

◦ 17. 26

子曰："年四十而见恶焉，其终也已。"

王解：孔子说："年已四十，仍遭厌恶，这样的人也就完蛋了。"

评点：君子，用不着天天去拉选票，但不遭众人讨厌，还是一条底线，你总不能以招人厌恶挨人詈骂为荣。再说，年轻时候有点少年气盛，得罪人多也就罢了，四十而不惑了，你还不懂得与人和谐相处的基本道理，连孔子对你也感到爱莫能助了。

可能与人的平均寿命日增有关，如今的人们，不会为一个讨厌的人年事很高而大惊小怪了。

微子篇第十八

微子去之，箕子为之奴，比干谏而死。孔子曰："殷有三仁焉。"

王解：纣王无道，他的庶兄微子逃亡走掉了，他的叔叔箕子佯狂，被降为奴隶，比干坚持死谏（提不同意见）被杀剖心。孔子说："殷商时代这三个人，都是仁人志士啊。"

评点：遇到权力系统出了大问题的时候，有良心的仁人，会做出自己的选择。有的逃亡，是不合作主义。有的佯狂避乱，干脆下放为奴，当然是不得已。有的坚持斗争壮烈牺牲。孔子都肯定，说明孔子在仁的命名下边仍然预留了选择的空间。

在这里，仁的解释用今天的话说就是有良心、有善心、有天良，所以不能助纣为虐。权力是需要追随的，良心是各有把持的，一个已经进入权力系统的人，听权力的还是听内心的，这确实是一个问题。孔子主张良心至上，用良心、价值、道德、文化、文明来平衡权力的威严与实力。这看起来有些螳臂当车、以卵击石、杯水车薪，无济于事，但仍然有道德义理的威严与说服力，孔圣人的影响这样大，说明他的天良论取得了相当的胜利。他依靠人心诉诸人心，果然赢得了相当的人心，不能小觑。他的说法使"三子"流芳百世，使纣王遗臭万年。

中国古代没有权力制衡的观念，中华文化维护的是大一统的中央集权国家，但不能说中国的权力没有任何监督。孔子的仁，不仅是交相爱，而且是交相监督，爱之深则责之切。以为讲多了仁，大家就会和稀泥软蛋起来，那是无知误解。翻翻中国历史，许多君王并非干什么都畅通无阻，就是因为被许多已经深入人心的儒学道理约束着，哪怕是皇帝。这些义理，更成为忠臣们逆龙鳞而进诤言的强大驱动力。

庄子则不接受比干的选择。《论语》此前也发表过孔子认为邦无道时君子应该擅自保护的观点。但事物毕竟千差万别，路径也各有不同，比干不是微子，不是箕子，不是"邦无道则愚"的宁武子，比干的忠烈还是名垂千古。

谈到对纣王的态度，这里孔子并没有提"忠"与"勇"，而是提仁。在孔子那里，仁比忠勇更宽泛，更深厚，也更要紧，与后世突出一个忠字不同。与当年国民党以忠勇为爱国之本（孙中山制定的《国民党员守则》）的说法也不同。这也耐人寻味。显然孔子不是愚忠论者，更不是拼一口浊气（语出《红楼梦》中贾宝玉小友）的唯勇论者，连逃亡去国的微子他也肯定嘛。

◦ 18.2

柳下惠为士师，三黜。人曰："子未可以去乎？"曰："直道而事人，焉往而不三黜？枉道而事人，何必去父母之邦？"

王解：柳下惠担任一个典狱官员，三次被罢黜。有人问他："你干脆离开这个国家吧。"柳下惠回答："你坚持正直的道理与做法，这样去当官，走到哪里能不被多次罢黜呢？而如果你用花花肠子去做官，（哪儿都行得通，）又何必离开自己的父母之邦呢？"

评点：可以认为柳下惠讲得很悲情激愤，他是在控诉天下老鸦一般黑呀，他在骂官场的黑暗啊。但也可以理解为清醒中的无奈，无奈中的忍受，忍受中的苦笑：事已如此，夫复何求何忧？

无奈也罢，柳下惠还是要坚持正义直道："寄语位尊者，临危莫爱身。"柳下惠是做到了。

○ 18.3

齐景公待孔子曰："若季氏，则吾不能；以季、孟之间待之。"曰："吾老矣，不能用也。"孔子行。

王解：齐景公谈到如何对待孔子，说："像对待季氏那样用孔子为重臣，我做不到。我只能以季氏与孟氏之间的级别待遇来安排孔子。"后来他又说："唉，我老了，不能用孔子这个人啦。"孔子于是离去了。

评点：孔子的理念讲得很好，他的实际从政的道路并不顺利。是齐景公因自己的衰老而感到难以使用孔子这样的有头脑有理念的偏于理想主义的人才做臣子吗？是齐景公更愿意用务实的人物？是景公怕自己掌控不了孔子？是孔子的弟子记录这一段时留下了潜台词，表明孔子太高大强，使君王们不敢重用他？

还有一个问题，如果是景公不用孔子，就不存在级别待遇在季孟之间的安排，如果定下了如何安排，就应该是用了孔子了。两个"曰"之间似乎彼此排斥。那么有没有一种可能，"吾老矣，不能用也"这个话不是景公曰的，而是孔子本人曰的呢？汉语常常分不清动词或系词的主动被动语法地位。孔子听了景公的季孟之间的安排意图，不免失望，他本人说"唉，我老啦，不中用啦"，乃转身离去。存疑。

○ 18.4

齐人归女乐，季桓子受之，三日不朝，孔子行。

王解：齐国给鲁大夫季桓子赠送了一批歌女，季桓子接受以后三天不上朝理政，孔子就离去了。

评点：不能重用自己，孔子只能告辞。重臣耽于享乐，不能兢兢业业治国理政的地方，孔子失望而走。又是一次孔子行于义即笃行自身的原则的记录。

孔子做事有自己的理念，宁可不做，不能尸位素餐。

◦ 18.5

楚狂接舆歌而过孔子曰："凤兮凤兮！何德之衰？往者不可谏，来者犹可追。已而！已而！今之从政者殆而！"孔子下，欲与之言。趋而辟之，不得与之言。

王解：楚国的狂狷人士接舆唱着歌走过孔子，他唱道："凤凰啊，凤凰，为什么如今的世道这样衰颓？过去的一切已经无法再批评什么，未来呢？未来明明应该带来更好的图景！算了吧，算了吧，如今的从政者正在堕入险境喽！"孔子从车上下来，想与接舆交谈。接舆躲避疾走而去，孔子没有得到机会与之交谈。

评点："我本楚狂人，凤歌笑孔丘"，李白的诗句讲的就是这个故事：悲恓、刺激、深不可测。中华智者、才人、自命不凡与半疯半傻的人，他们对于没落世道的体会与预言太多太多了，面对封建王朝的此起彼伏、兴衰无常的悲剧感与无奈感太多太多了。智者才人，对于世道的衰颓比他人更加敏感，不能说，也不能不说。不敢说，憋在心里，不疯也得疯，不狂也得狂。尤其是他们自以为胸怀救世救国救民救朝廷之道，而他们伟大的起死回生之道得不到接纳，得不到认同，弄不好由于他们救亡的心太切，理论高而空，姿态又是那么高屋建瓴，指点江山，不免触怒权力系统，常常是收效为本人掉脑袋，如果不是满门抄斩的话。于是狂狷与被狂狷、"秀"狂狷，就成了一种模式，一种行为艺术，更是一种沉重的悲哀。

国人还喜欢特殊人物、怪人、与正常逻辑背道而驰的人物。作战，一般怕遇到僧道、女流、残疾人或儿童，听歌听音听说话，遇到狂人，孔子也让他三分，敬他两分。

◎ 18. 6

长沮、桀溺耦而耕，孔子过之，使子路问津焉。长沮曰："夫执舆者为谁？"子路曰："为孔丘。"曰："是鲁孔丘与？"曰："是也。"曰："是知津矣。"问于桀溺。桀溺曰："子为谁？"曰："为仲由。"曰："是鲁孔丘之徒与？"对曰："然。"曰："滔滔者天下皆是也，而谁以易之？且而与其从辟人之士也，岂若从辟世之士哉？"耰而不辍。子路行以告。夫子怃然曰："鸟兽不可与同群，吾非斯人之徒与而谁与？天下有道，丘不与易也。"

王解：一个号称叫长沮的人和一个号称叫桀溺的人，二人双双在田里耕作，孔子从他们那里过，派子路去打问何处是渡口。先问长沮，长沮反问："现在在车上拿着缰绳的是什么人呀？"答："那是孔丘。"长沮说："那他还不知道渡口在哪里？（他不是什么都知道嘛。）"

子路改去问桀溺。桀溺问："你是哪位？"答："我是仲由（子路）。"再问："就是鲁国孔丘的那位门徒吧？"答："是呀。"桀溺说："天下的颓败势头像洪水一样泛滥冲击，你们能够用什么（方式、力量、替代物）去改变它的趋势呢？你与其跟着孔子躲避恶人恶势力，何不跟着我们躲避这整个的世道呢？"桀溺边说边干农活，不曾歇手。

子路回去将情况告诉孔子。孔子有些伤心地说："我们无法与鸟兽搭伙成群，（形成社会，）而我们是人呀，不与人打交道与谁打交道呢？如果天下有道，也就用不着我去力挽狂澜了嘛。"

评点：一个接舆，一对长沮、桀溺，代表了当年的高端悲观主义、自救主义，乃至具有古典中华特色的个人主义。他们使人想起了《楚辞》中的《渔父》，渔父反对"世人皆醉我独醒……"的屈原式孤芳自赏，而主张"沧浪之水清兮，可以濯吾缨；沧浪之水浊兮，可以濯吾足"。彼时民间有此异人，令人惊叹。

也许那时当真有高人避开仕宦朝廷，隐于林野江湖，那里各种资源聚焦为权力，权力集中于个把强人能人，而各邦国的位置、平台、官职与山头是那么有限，精英们不隐也得隐呀！

隐而不发的精英，多半会成为异议派、悲观派，隐了半天不悲不异，不等于承认自己是废物吗？

他们的特点就是认为孔子认定的世风日下、人心不古，正是无法逆转的历史潮流，为之痛不欲生也罢，你又能如何！而孔子喋喋不休讲授的仁义道德礼制，好则好矣，书生迂见，做梦娶媳妇，只不过是想得美。正在疯狂地忙着争权夺利的各侯国君王、大臣、权力系统、士人精英，谁能放下名利权之争跟着你玩道学去？你的理论那么纯洁美好、文质彬彬，而当下的世人尤其是名利权中人都那么急功近利、争红了眼、不择手段，你那一套美好岂不是自欺欺人？至少是糊涂梦呓？

这样的说法让人想起被恩格斯在一定程度上肯定的黑格尔关于恶是推动历史发展的动力的观点，也令人想起世界上至今没有停止的对于发展、现代性的质疑与批判。

孔子的回应带有知其不可而为之的无奈，面对鸟兽好办，不喜欢与它们打交道就算好了，人怎么办呢？人打不打交道岂是空口说白话的事儿？

孔子还有一个道理：我没有想管那么多事，说那么多道理，谁让天下无道呢？天下不是必定无道的，西周就有道嘛，宣传西周，宣传王道，宣传以德治国、以礼治国、文质彬彬，一旦天下有了道，我绝对不再辛苦废话，四处碰壁啦。我是为天下而奔走，我的使命感与担当，岂是你们爷们儿够得着的？

后世的批孔派，对于孔子的批评，基本上脱胎于长沮、桀溺、接舆，乃至渔父。老庄对于孔子儒学的批判也是这个思路。

到了"五四"前后，激进的前贤们干脆认定文质彬彬是中国积贫积弱的祸根，认定儒们是满口的仁义道德，满肚子男盗女娼。

这里人们忽略了两点，一个是民心，一个是价值的理想性。以德治国，彬彬有礼，王道亲民，忠孝节义，天下有道，这正是华夏百姓的万年好梦。不是因为天下有道才渴望道，正是因为无道缺德的现象太多，才需要有道的标示、宣扬、提倡，并争取形成对权力系统，对各界精英的道德压力、舆论压力。

中华文化尤其是儒学的魅力不仅在于它的现实性，如家长希望子女孝敬，君王希望臣子忠实，相互希望讲诚信义气，处理问题希望不偏不倚，中庸之道。还在于它的理想性：早在几千年前，儒家已经提出了世界大同的理想，很有些社会主义、共产主义的气息，仁政礼治，从孝悌开始，或者从意诚心正开始，达到治国平天下的伟大目标，与老庄的无为而治一样，都带有美好的理想性。顺便说一下，从无为而治中，我们也不难嗅到马克思主义阶级、国家、政党直至家庭消亡的大美前景气息。

什么是价值？价值是方向，包括取得了共识，但没有完全实现的理想。现在西方世界谈起价值来有一种响当当没商量的豪迈，当然不等于他们的社会里已经全面实现了价值宣示中所讲的个人自由、平等、博爱、宽恕、民主、法制。那么，虽然历史上的中国权力系统未必做到了德治、礼治、王道、亲民、大同，儒家的价值追求长期以来仍然充任主流价值观，不能予以忽视或简单否定。何况，儒学价值观对于权力系统不无监督施压的作用。

中国是个大国，又是个古国。在儒学主流价值以外，还有反儒思潮激荡流淌，如"舍得一身剐，敢把皇帝拉下马"的谚语，如"马无夜草不肥，人无外财不富"的挑动，如"帝王将相，宁有种乎"的反叛口号，如"天之道，损有余而补不足；人之道则不然，损不足以奉有余"的严正批判，这些都不容忽视。但是我们无法视之为中华文化的主流，老百姓要的仍然是天下大治，而不是天下大乱。

孔子东奔西走，四处碰壁，然而他毕竟留下了一种说法，一个儒学梦，至今仍然是中华人士的重要精神资源。

◦ 18. 7

子路从而后，遇丈人，以杖荷蓧。子路问曰："子见夫子乎？"丈人曰："四体不勤，五谷不分，孰为夫子？"植其杖而芸。子路拱而立。止子路宿，杀鸡为黍而食之，见其二子焉。明日，子路行以告。子曰："隐者也。"使子路反见之。至，则行矣。子路曰："不仕无义。长幼之节，不可废也；君臣之义，如之何其废之？欲洁其身，而乱大伦。君子之仕也，行其义也。道之不行，已知之矣。"

王解：子路跟随孔子行路，落到了后面，他看到了一位老汉，用拐棍挑着除草的工具走道。他问那位老爷子："您见到我的老师了吗？"老者说："有些人四体不勤、分不清五谷，我又认得出来谁是什么老师不老师的呢？"说完，把拐棍一拄，继续锄草。子路拱手，毕恭毕敬，站在旁边。

老者留子路在他家过夜，杀鸡、煮黄米招待了子路，并让子路与他的两个儿子会面。

第二天，子路离开老者见到孔子，说起此人。孔子说："这是个隐士吧。"让子路（带上孔子）返还去见他，老者已经出门了。

子路评论说："不肯出仕，是不符合道理的。长幼的规矩，岂能随便废除？君臣的名分与原则，又岂能不算数？隐者追求清高，其实是违背了更大的人际关系准则。君子出仕做官，是为了履行自己的道义担当。至于自己的理念未必能够落实，我们早就知晓，君子对之并不抱不切实际的希望。"

评点："四体不勤，五谷不分"句已经家喻户晓。新中国成立后，常用此词来警醒知识分子与城市居民。这里的老汉说这话是什么意思？或谓是老者批子路，或谓老者是自嘲。王某意不必"甚解"，老者用此语表达了对不事农桑的"士"们的不以为然。一帮子四体不勤、五谷不分的人，什么夫子不夫子的，与我何干？

中国的重农主义，非"士"反智的倾向，古已有之。"士"自以为道理满满，老农未必认同你的作用与成色。

子路的反批评够横的，不出来做官就是不合作，就是违背大道理、大原则、大人伦，够老者喝一壶的了。子路此语可成为魏晋南北朝迫害闲逸知识分子的理论根据。

你不能说子路的话完全无理，问题在于，古代中华逻辑具有某种夸张性和绝对性，一人一事一现象，我们有时用如果人人都如此将会如何来衡量，而这样的绝对化前提压根不存在。有人隐，有人仕，本来很正常，各得其所，有何不可？但以权力化的逻辑说，如果人人都隐起来，国家岂不完蛋？于是隐者该杀，怎么不想想，如果所有的士都争那有限的几个官职，不也并非吉祥吗？为什么我们的祖先缺少多元立体、交叉并行的思路呢？仕者得权得禄得地位得推行自己信服的义理的可能，隐者得自由得平安得清誉得琴棋书画、诗词歌赋、清风明月……有什么必要互相攻击不容，有什么理由要得了便宜卖乖？

◦ 18. 8

逸民：伯夷、叔齐、虞仲、夷逸、朱张、柳下惠、少连，子曰："不降其志，不辱其身，伯夷、叔齐与！"谓："柳下惠、少连，降志辱身矣，言中伦，行中虑，其斯而已矣。"谓："虞仲、夷逸，隐居放言，身中清，废中权。我则异于是，无可无不可。"

王解：谈到逸民（不与体制合作的边缘化人物）伯夷、叔齐、虞仲、夷逸、朱张、柳下惠、少连的时候，孔子说："不降低自己的志向（品位与追求），不让自身的身份受到辱没的，是伯夷、叔齐。柳下惠与少连呢，降低了自己的品位，追求平安与自在，辱没了自己的身份，但是他们说起话来仍然合乎原则章法，做起事来深思熟虑，他们不离大格，也算可以的了。而虞仲、夷逸他们呢，隐居到民间，说话开放一些，为人清高，甘心被废弃而仍有权宜的思谋与算计。我与他们都不同，我是没有什么一定要做的也没有什么一定不可以做的。"

评点：伯夷、叔齐，属于硬顶的，宁可活活饿死，绝对不合作。柳下惠、少连，属于有所妥协，但仍然有自己的底线的。往好听里说，他们是忍辱负重；往难听里说，他们是怕事退让。他们做得还好，不过谁难受谁知道。前面说了，柳下惠三次被罢黜嘛。

虞仲、夷逸他们呢，隐居到民间，说话清高，大胆一些，大概古代也还混不成个意见领袖。同时他们仍然谨慎小心，中规中矩，不怎么富有冒险与爆炸意识。

放到后世，鲁迅有鲁迅的活法，瞿秋白有瞿秋白的身份与选择，陈寅恪、梁漱溟、郭沫若、茅盾、巴金、老舍、曹禺……各不相同。就是在内战中站到国民党一边的胡适，仍然有他的为与不为、言与不言、合作与不合作的底线。有些人以鲁迅为标尺打倒旁人，转眼间又以胡适为标尺骂倒鲁迅……他们怎么不学学孔子的这一段言论呢？

问题在于孔子自况的所谓"无可无不可"，这种说法似乎有几分机会主义。原因是孔子面临的不是如同抗战那样的民族大义问题，他也并没有一个前朝大臣、耻食周粟的痛苦；他要的是得到机会试验推行他的为政以德论，孝悌出发论，仁治礼治论，人人尧舜论与中庸之道论……这说明孔子对于合作与不合作的做法也抱开放态度，不是死认一个法子，不是用一根绳子衡量天下的公共（？）知识分子。孔子的自我定位是可以比较合作也可以甘居边缘化，他选择的空间比那些逸民即异议化边缘化人物更宽广。

无可无不可不是高调，是低调。就是说个人的身份地位形象荣辱并不是第一位的，不用预设前提条件，更不可预设下场结语。一个士，一个知识分子，第一位的是自己的"志"：是追求与品位，是责任与担当，是理念的坚信与争取落实的耐心与一步一个脚印的进展。

◦ 18. 9

大师挚适齐，亚饭干适楚，三饭缭适蔡，四饭缺适秦，鼓方叔入于河，播鼗武入于汉，少师阳、击磬襄入于海。

王解：乐官太师名挚的，跑到齐国去了。亚饭乐官名干的去到楚国。三饭名缭的，到了蔡地。四饭名缺的，去了秦国。敲鼓的方叔，去了黄河附近。摇小鼓的武到了汉水一带。少师名阳的，击磬手名襄的到海边去了。

评点：一幅树倒猢狲散的"乐坏"景象。哪怕是繁文缛节，也还是日子过得不赖的表现，一旦陷入乱局，必然是四面楚歌，八方流窜。满足于繁文缛节，过场形式，满足于门面礼仪，自以为天下太平，不去面对困局、解决实质性问题，却又是渐行渐衰，渐行渐不治的一种表现。例如《红楼梦》里的贾府，已经是箕裘颓堕，不肖种种了，依然是行礼如仪，笙歌悦耳，岂不令人深思！

◦ 18. 10

周公谓鲁公曰："君子不施其亲，不使大臣怨乎不以。故旧无大故，则不弃也。无求备于一人！"

王解：周公对（他的儿子伯禽）鲁公说："君子不会不顾自己的亲朋，不会让大臣抱怨无端被冷落。对于老关系，如果没有大毛病，不能舍弃他们。不要对一个人一味求全责备。"

评点:中式人情文化,有它的局限性也有它的合理性,一般情况下,六亲不认并不是好话。但施恩从身边做起的说法境界太小,遗留下不少祸根。重视故旧亲朋,固然是一种善意,但不断开拓新局面的需要又会使你不能停滞不前,更要发现新人新制新意,怎么能裹足不前,徘徊在关门抱团自我温暖热乎上!

尤其是身边亲友故旧会有利用权力关系寻租谋私的情况,会有犯错犯罪的情况,遇到这种情况能不能坚持义理原则,就更重要了。

◦ 18. 11

周有八士:伯达、伯适、仲突、仲忽、叔夜、叔夏、季随、季騧。

王解:不详。

评点:无。

子张篇第十九

◦ 19.1

子张曰："士见危致命，见得思义，祭思敬，丧思哀，其可已矣。"

王解：子张说："一个士人，遇到危难，勇于献出生命；见到利益，首先思考是否符合道理大义；祭祀，努力做到恭敬；遇到丧事，居丧期间做到悲哀，这样做人也就可以了。"

评点：临危莫爱身，见利莫忘义，这是根本性原则，这是有所不为、有所不取的君子与无所不为、无所不伸手的无耻鼠辈的差别所在。

古人如此重视祭祀与居丧，事关古人的终极信仰，宗教情怀：祭天地，祭祖先，祭江河水火生死病灾各方面的神灵，不是可以掉以轻心的事。

越是现代，去魅去惑，人们越是无所畏惧了。但是无所畏惧的结果可能是人的自我解放，也可能是人的胡作非为，可能是人的幸福，也可能是人的灾难。无所畏惧，无所限制，无所不为，人从而变成天使还是魔鬼呢？这值得人们反省深思。

有所畏惧的人有福了，因为他有所崇敬，有所约束，有所信仰，在他（她）的心里有波涛浩渺，有泰山矗立，有阳光灿烂也有匍匐融合。而绝对的无所畏惧、挂牵、沉醉、膜拜，也是一种不可承受之轻，是一种等同于绝对虚无的自由：生命×0。

◦ 19. 2

子张曰："执德不弘，信道不笃，焉能为有？焉能为亡？"

王解：子张说："践行德性却不坚决，信仰大道却不诚恳，这样的道德哪里谈得上有（存在）？哪里谈得上无（失落）？"

评点：不能坚持力行的道德不是道德，不能诚恳寄托、全心全意地信仰的道德也不是道德。我们平常说的谁谁或哪里得道失道，有道无道，往往够不上起码的标准。必须视道德为信仰，视道德为终极价值，必须在道德律令面前诚惶诚恐，敬畏有加，然后才可议论哪儿的谁谁的道德状况的优劣长短。如果不是这样而是浮皮潦草、轻薄任性、巧言令色地空谈道德，贩卖言词，评比报道一番，根本就不合格，不入流，没有对任何人进行道德评判的资格。

经验证明，越是本身道德不怎么样的人，没有做出过任何有益于人民家国的业绩的人，越是喜欢大言不惭地对他人尤其是比自己强的人进行道德审判——跟风参与道德口水大战，以道德杀人，过去叫作"名教"杀人。例如攻击完了鲁迅再骂郭沫若；攻击完了曹禺再骂谢冰心的人，他们做到的连鲁郭曹谢所做的万分之一都没有。

孔子的话告诉我们，在你用道德的利刃捅向他人的心窝以前，先考虑一下你是否做到了执德而弘，信道而笃。在你旁观道德口水战的时候，先分辨一下双方，究竟是哪一方执德比较弘毅，信道比较笃诚。

◦ 19. 3

子夏之门人问交于子张。子张曰："子夏云何？"对曰："子夏曰：

'可者与之，其不可者拒之。'"子张曰："异乎吾所闻：君子尊贤而容众，嘉善而矜不能。我之大贤与，于人何所不容？我之不贤与，人将拒我，如之何其拒人也？"

王解：子夏的门徒向子张请教如何去交友。子张问："子夏是怎么对你们说的呢？"答对说："子夏老师说的是，可交际的就与他交际，不可交际的就不要理他。"子张说："这与我的理解与见识不同。君子当然尊重贤者，同时也要接纳普通群众。君子喜欢善良好人，也怜惜做不到善良美好的较差的人。如果自己是大贤人，有什么人不能接纳包容？有什么人不能接纳包容自己？如果我自身不贤良，那就是旁人不搭理我的问题了，哪里轮得到我去拒绝旁人？"

评点：这是反求诸己的好例证。你想有所交际吗？你应该考虑的是你的自身条件，而不是先考虑别人的条件，你应该思考的是你的贤德程度、智慧程度、友好与可交程度配不配让人家结交。你应该考虑的是自身应有的态度，而不是对方值不值得，或是否适宜你去结交。这个角度难得。比此前《论语》上的孔子的有关言论还要克己复礼。

◦ 19.4

子夏曰："虽小道，必有可观者焉；致远恐泥，是以君子不为也。"

王解：子夏说："哪怕是雕虫小技，也必然有可取之处。往更长远里想，搞长了会拘束黏滞住自己，所以君子不让自己陷入雕虫小技。"

评点：此种说法不利于技术层面的发展，而易于造成大而无当的空头政客、学者、野心家、空谈家。是故改革开放以来，国人喜欢用空谈误国、实干兴邦来勉励众人。

中华文化自古以来尊大蔑小，崇高抑低，喜欢讲境界、心胸、升华、更上一层楼，诸如"论万世"之说，而不在意于一时一地一事，好处是辽阔恢宏，气象万千；坏处是缺少脚踏实地的螺丝钉精神，不精细，不认真。

◦ 19. 5

子夏曰："日知其所亡，月无忘其所能，可谓好学也已矣。"

王解：子夏说："每天学一点新知识，每月复习一下，免得忘掉已经学到的能力，这就算是好学之人啦。"

评点：还是学而时习之的意思。要注意学习，还要注意咀嚼、消化与巩固。确有这样的人，无所不学，无所不知，无所不能，夸夸其谈，而转眼忘个干净，一无所有。

◦ 19. 6

子夏曰："博学而笃志，切问而近思，仁在其中矣。"

王解：子夏说："广博地、多方面地求学，诚恳坚定地守护着自己的精神追求，认真切实地请教师长，随时及时思考遇到的问题，这样做，就会体味到一些仁人的风范了（具备一点仁德的元素了）。"

评点：孔学所讲的仁主导一切，故而，一切美德都是通向仁。这里提的博学笃志切问近思，更像是某大学的校训，更适合用来要求与教化大学生研究生。当然，一辈子抱学生的态度，好学与劝学的态度，也是儒家所提倡的。

博学多闻、博闻强记的人，在有诸多长处的同时容易看透一切，解构端端，轻慢刻薄，失去诚恳，对这样的人要强调笃志，就是要有自己的追求，自己的坚信，自己的正直，自己的道德激情。谦虚就教、热忱求学的人在有诸多优点的同时容易道听途说，东鳞西爪，随风摇摆，开杂货铺，对于这样的人要特别强调时时思考，事事思考，有所辨析，有所选择摒弃。

◦ 19.7

子夏曰："百工居肆以成其事，君子学以致其道。"

王解：子夏说："各行各业的工匠，在自己的车间完成自己的活计与专业。君子则是通过不断地学习琢磨，来推行那理想的大道。"

评点：以德治国，为政以德的理论，使中国的权力系统以教化为自己的首要任务。理论上，教化的重要性甚至超过了管理。致道的途径是学习，通过学习使天下有道，就像百工各有各的做事的场所一样。组织学习型社会，学习型国家，学习型权力系统，这种想法古已有之。

屡屡把君子与小人乃至与百工即三百六十行的人对立起来，则是可以调整的思路。佛、老既然都认为道在屙屎屙尿中，那么百工的精益求精，欲善其事与欲利其器，如何能与大道无干呢？

◦ 19.8

子夏曰："小人之过也必文。"

王解：子夏说："小人有了过错，必定要文过饰非，遮遮掩掩。"

评点：看来文过饰非也不算什么大恶。小人，百姓，被统治者，都有这个习惯。

说不定君子与权力中人更有这样的习惯。你懂的。

看来，不文过饰非并不容易，不经过好好的学习培养引领造就，你不可能闻过而喜，自我批评，自我调整更新。

看来，一个有过失的人或集团，并不一定是小人或小人集团，只要他们不文过饰非，只要他们对自己的过失抱诚恳与负责的态度，他们仍然可能是高尚的人，是有教养有境界的人，是坦荡荡的君子人。

孔子、《论语》，强调君子之风。同时，孔子也相当了解小人，把小人讲得惟妙惟肖。

◦ 19. 9

子夏曰："君子有三变：望之俨然，即之也温，听其言也厉。"

王解：子夏说："君子的神情有三种变化：望过去，他很端庄；走到他的近旁，他很温和；听他说话，他相当严厉。"

评点：望去端庄，因为他从根上就正经、正派、认真、恭谨。靠近了温和，因为有人向他走过来了，他应该尊重别人，善待别人，听得进别人的话，欢迎与他人交流沟通。说话严厉，因为他目光敏锐，头脑清醒，洞察万象，看得穿各种低级手段，眼里不掺沙子。

越是君子，越有他苛刻的一面。智慧是逼人的，道德律令是逼人的，高境界是逼人的，站得太高，庸俗必然感到他的压力，他不是好好先生。

◦ 19. 10

子夏曰："君子信而后劳其民，未信则以为厉己也。信而后谏，未信则以为谤己也。"

王解：子夏说："君子坚信确认以后，才可以去运用民力，否则会被认定是扰民糟害百姓；坚信确认以后，才可以去向君王长上提出批评劝告，否则会被认为是诽谤作乱。"

评点：这里的"信"字，与其解为信仰信任，不如解为确认。役民、谏主都不是易事，要反复确认，尽量做到万无一失。

◎ 19.11

子夏曰："大德不逾闲，小德出入可也。"

王解：子夏说："在关系道德的大问题上，人不能够逾越底线，小事上有些出入也就算了。"

评点：意思是对的，也有"水至清则无鱼"的含义。但何者为大德，何者为小德，不易分清，最后会变成说你大你就大，说你小你就小。如果变成由权力来决定大小的分界，子夏此语反而成为人治的手段着数。还是老虎苍蝇一起抓为好，大德小德，从严从宽，上纲解脱，先拿出来晒晒就好，这叫罪恶止于阳光。

◎ 19.12

子游曰："子夏之门人小子，当洒扫应对进退，则可矣，抑末也。本之则无，如之何？"子夏闻之，曰："噫！言游过矣！君子之道，孰先传焉，孰后倦焉？譬诸草木，区以别矣。君子之道，焉可诬也？有始有卒者，其惟圣人乎！"

王解：子游说："子夏的那帮门徒，洒扫庭院，应对客人，进退施礼，那还是可以的，但是他们学的都是末节，不是根本，（学的都是目，没有学到纲，）有什么办法可想呢？"子夏听说了，叹道："唉，子游说得也太过分啦。君子之道，（这是根本，）哪个应该先学，哪个可以后学，正像草木一样，你怎么分得清先后次序呢？君子之道，你能任意划分孰本孰末吗？你任意划分，岂不是歪曲了君子之道吗？把君子之道划分先后本末轻重，能这样做的，唯有圣人而已。（他子游有什么根据说这样的话？）"

评点：年轻一辈的学子也有互相瞧不上的，不知道这算是和而不同呢，还是不同又不和呢？

何者为本，何者为末，何者为纲，何者为目，何者为先，何者为后，敢情从春秋战国时期就争论上了，"文革"后期争论的是"三项指示为纲"，还是"阶级斗争是纲，其余都是目"，这种性质的对决可谓是源远流长。

◦ 19. 13

子夏曰："仕而优则学，学而优则仕。"

王解：子夏说："做官而有余裕，可以去治学；学习而有余裕，可以去做官。"

评点：那时读书人的两件大事，一个是为学，一个是为官。学而优游，做做官，这话说得潇洒大气。只有小气的小格局小智商的人才视做官为悠悠大事，唯此为大，或者以为为学与为官（做事）势不两立。学而优，说明学得不错嘛，这里的优首先是余裕，却也离不开优良。

仕而优则学，这话说得谦虚，不要自以为官做得还不错就一心高爬高升、从官到官。官而学，在经验的基础上为学，将做事做官提升到学问境界，其实是一种理想。

当然有另外的情况，邦无道，邦的权力系统被敌伪掌握，被已经不可救药的昏君暴君盘踞，那时候你应该像宁武子那样立马变成傻瓜，还做什么官？为学也不要弄得动静太大，一边捎着去最好。

当然，王某更倾向于认为，人们往往不是仕而优则学，仕而优则学是一种理想，更多的官员会被权力迷住顾不上学，变成仕而后不学，仕而后什么都有人代笔。

更多更自然的情况恰恰相反，那是挫而后学，败而后学，逆境中人最清醒最有空闲，虚室生白，吉祥止止，心里空无一物了，更加光明坦荡，才有最美好的学习与长进。

◦ 19. 14

子游曰："丧致乎哀而止。"

王解：子游说："治丧居丧，达到悲哀的程度也就可以（也就达到目的）了。"

评点：国人认为，悲哀不悲哀，也有道德原则管着，故而发现遇到灾难还保持微笑的人，网民们要将"人肉搜索"进行下去，直至搜出一个贪贿囤表的"表叔"来。同时，像庄子那样齐寿夭与生死，那么夸张地表示对妻子的死全不在意，也是难于被公众接受的。

但又不能悲得过分，日子还得由活人过。经历死别，对生命只能更加珍惜而不是相反。

悲意到了，意思到了，就可以了。这也是中庸。

止是停止，也是目标，所以古人讲知止而后有定。

◦ 19. 15

子游曰："吾友张也为难能也，然而未仁。"

王解：子游说："我的朋友子张，他的表现也算难能可贵的了，然而他并没有做到仁德。"

评点：肯定一个人的行事与人缘，比较容易；肯定一个人的内心与动机，比较难。一个人各方面做得都难能可贵，但别人不完全相信你的动机善良纯洁，这是活活要人命的事，你无法剖开心请大家检验。还有一种情况，以小人之心度君子之腹，君子做得愈好，小人愈是不相信，甚或小人愈以为伪。

当然，也可能是这样的人，把心思用在外面，用在言谈举止上，而确有城府，不够坦率阳光，令人摸不着他的底。

◦ 19. 16

曾子曰："堂堂乎张也，难与并为仁矣。"

王解：曾子说："子张这个人做什么事都冠冕堂皇，你很难与他共做仁德之事。"

评点：是不是子张太高调呢？做一点好事，忙不迭地做姿态说大话，叫作说得比唱得好，唱得又比做得好，谁好意思那样去动不动摆造型、抢出镜、留警句呢？

◦ 19. 17

曾子曰："吾闻诸夫子：人未有自致者也，必也亲丧乎！"

王解：曾子说："我听老师讲过：一个人很难做到尽情，除非是遭遇了父母的丧事。"

评点：可能那时候各种感情表达都要受到礼的约束，男女情爱、朋友相标榜、君臣相得、师徒之义、家长子女，都不宜尽情，都要悠着点，端着点，绷着点，为下一步发展调整预留下空间。只有丧了父母，你痛哭号啕也罢，呼天抢地也罢，捶胸顿足也罢，都无妨。

◦ 19. 18

曾子曰："吾闻诸夫子：孟庄子之孝也，其他可能也；其不改父之臣与父之政，是难能也。"

王解：曾子说："我听老师讲过：孟庄子的孝行，别的事别人也能做到，但是难能可贵的是，他不改变他的父亲的用人部署，不改变他父亲的政策方针。"

评点：曾子此说与孔子主张的"三年无改于父之道"并不一致。怎么可能不改呢？父亲不死，老人家自己也不会停滞不动啊。一个接班人接了班，就是要有所前进，有所调整，有所创新，父辈传下来的事业才有希望呀。

◦ 19. 19

孟氏使阳肤为士师，问于曾子。曾子曰："上失其道，民散久矣。如得其情，则哀矜而勿喜！"

王解：孟氏任命阳肤（可能是曾子弟子）做法官，他去请教曾子。曾子说："君王失落了自己的道德章法，民人早已分崩离析了。如果你抓住什么坏人的犯罪真实情况，你应该为之悲哀遗憾，而不是作为自己的政绩为之欢喜。"

评点：此话入骨三分。台湾的马英九喜欢引用此语。做政法工作的人应该好好学学这一段。惩办坏人与犯罪，是公安部门、检察部门、司法部门的任务，不等于办的案子越多，你成绩就越大。大量的犯罪案件，其产生原因值得深思，至少原因之一是"散"，即凝聚力缺乏，制度不严密，漏洞随处可见，教育防范工作有待加强，体制性弊端亟待采取有力措施加以改进。

这个说法，还令王某想起老子的一个说法，战事胜利了应该当丧事办。请读者自己琢磨，不赘。

这一段还可以解读为，人心已涣散了，如果你去了做得好，获得了民人的爱戴之情，不必自鸣得意，而应该为政事的不上轨道，为当地其他从政人员的失败而悲哀忧虑怜悯。

◦ 19. 20

子贡曰："纣之不善，不如是之甚也。是以君子恶居下流，天下之恶皆归焉。"

王解：子贡说："商纣王其实没有像现在说的那样坏。所以君子不希望自己处在（下风口）水的下游，一处到下风口——下游，天下的什么坏事就都扣到你头上了。"

评点：中庸之道，实事求是，实话实说，这也是仁的表现，不仅是思想路线问题，也是政治道德问题。仁哉子贡，甚至对于已经臭名昭著的、开始遗臭万年了的暴君商纣，他也说公道话。

君子也罢，小人也罢，谁也不愿意处在下风口、下游之地。但如果是真正的君子，要有宁冒跌到下风口去、下游去的危险，也要挺身捍卫真理。想到这一点，子贡就更可爱了。

◦ 19. 21

子贡曰："君子之过也，如日月之食焉；过也，人皆见之；更也，人皆仰之。"

王解：子贡说："君子的过失，就像日月发生了日食、月食；他们犯的过错，人人都看得见；他们改正错误，人人都仰视钦佩。"

评点：用天象解读人道，颇有文学性、修辞性。美则美矣，高则高矣，问题是美好的想象总是与现实有距离，权力系统常常做不到，常人也做不到。能举出历史上这样美好感人的几个人物事例来吗？恐怕不易。文学性的道德诗篇虽好，还必须有法律与体制的保障啊。

◦ 19. 22

卫公孙朝问于子贡曰："仲尼焉学？"子贡曰："文、武之道，未坠于地，在人。贤者识其大者，不贤者识其小者。莫不有文武之道焉。夫子焉不学？而亦何常师之有？"

王解：卫国的公孙朝问子贡："仲尼是在哪里上的学呢？"子贡说："周文王、周武王的道并没有悉数丢弃到土里，而是被一些人继承着。贤明的人能够学到其中的大道，不那么贤明的人也能多少学到一点其中的小道。我的老师怎么可能不学？到哪儿不能学？又何必非得有一个专门的老师与学堂呢？"

评点：孔子没有学历。孔子学的是文武之道，是已经衰微，但仍然被一些人崇拜着温习着记忆着的文治武功之道或周文王周武王之道。这说明，每个大人物都有自己的道行、道路、道德、道心，尤其是周朝帝王那样的大人物。也说明孔子的学问的核心是政治，是治国平天下，是政治的道德化，因而也是修身课、全民课。还说明，"礼失求诸野"，朝廷的脾气虽然变得快，文武之道仍然蕴藏在民间，民人不可能像邦国君王与纵横说客那样实用主义地迅速变化自己的说法与调门，或众说纷纭地一片嘈杂。已经根深蒂固的精神积淀不是随着政治社会陷于混乱、随着礼崩乐坏立马"坠于地"无影无踪的。孔子的儒家道理的渊源在周代，影响在民间，针对的是乱局，一以贯之的是仁与礼，综合起来就是道。是历史教会了孔丘，是民人教会了孔丘，他的思想理论不是哪个名师教授的结果。

孔子是一个高峰，他有自己的一套完整的思路、概念体系、词汇与逻辑。这样的高峰来自他的观察思考行动经验，特别是碰壁的经验。这样的高峰，不是某个个人能够教导培育出来的，他的一切只能归因于他的志气、他的品质、他的天才与他的顽强，同时归因于郁郁乎文哉，使他从之的伟大的周朝。

正如王某喜欢说的大道无术、大德无名、大智无谋、大勇无功一样，大才无师，或者说，生活才是他的师，天地才是他的师，历史才是他的师，人民才是他的师。

孔子的一套并不顺利，甚至近百年来很不行，但也没有坠于地，委于尘，流走而不复返，原因在人，他的一套，仍然在国人心中。你可以崇拜他，可以不那么崇拜他，可以分析他研究他批评他，但是你绕不开他。

◦ 19. 23

叔孙武叔语大夫于朝，曰："子贡贤于仲尼。"子服景伯以告子贡。子贡曰："譬之宫墙，赐之墙也及肩，窥见室家之好。夫子之墙数仞，不得其门而入，不见宗庙之美，百官之富。得其门者或寡矣。夫子之云，不亦宜乎！"

王解：鲁国大夫叔孙武叔在朝廷上对众大夫说："子贡其实比仲尼（孔子）更优秀。"子服景伯将此话告诉了子贡。子贡说："这好比宫室的围墙，我家的围墙，高度到我的肩膀，隔墙一看，人们能够看到家室如何如何美好。我的老师的围墙呢，高达好几仞（一仞是七尺），如果你找不到进入的大门，你根本看不到他那里宗庙的巍峨与百官（或房舍）的富足。够得上他的入门标准的人可能不多。有武叔先生这样的说法，也就不足为奇了。"

评点：例子很妙，子贡真会说话。用比喻说话，文学性高于逻辑性，生动性高于严密性。中国古代，不大区分散文还是论文，历史还是小说，纪实还是虚构。这也符合中华整体主义、混一或浑一主义。

但子贡此语非常有深度。诚然，境界太高了，思维太深了，判断太超前了，与民众拉开了距离，没有几个人能理解之欣赏之赞美之。而如果你的学问与思想深度高度都是一般般，却有较能哗众取宠的"料"可"爆"，有较好的传播能力，包括仪态、修辞、音色、手势等，称颂你的会远远多于称颂真正的大家的。

优秀是幸运的。太优秀了则必然伴有某种孤独的晦气与悲哀。

◦ 19. 24

叔孙武叔毁仲尼。子贡曰："无以为也！仲尼不可毁也。他人之贤者，丘陵也，犹可逾也；仲尼，日月也，无得而逾焉。人虽欲自绝，其何伤于日月乎？多见其不知量也。"

王解：叔孙武叔毁谤孔子。子贡说："不要这样说呀。不能够这样毁谤孔子。其他的贤明者，好比是丘陵小山，那是可以有所超越的。孔子呢，好比是天上的日月，无从超越。一个人想自绝于日月，能给日月造成什么伤害吗？只能表示这样做的人太不知自量了。"

评点：《论语》编撰的年代，孔子并没有得到圣人的头衔，大成至圣先师、万世师表、文宣王、文宣皇帝之类的称号，权力系统也没有执行罢黜百家独尊儒术的政策。子贡以太阳与月亮来崇拜信仰孔子，当有他个人的选择与依据。

日月的说法，对于一个具体的人来说，或有夸张，对于一种主张、一种价值观念、一套修齐治平的概念来说，则是理念。

并不是每个人都能接受同一种理念。如前述，对于孔子的理念未得其门而入者，听到子贡式的尊其师为日月的说法，就会更加愤愤于孔子的地位之崇高，就会更加加大毁谤孔子的力度。

一个人优秀到可能被尊为日月的程度了，这也就必然成为众丘陵们的靶子。也就是说，孔子成为靶子，正是他有可能高明如日月的一个表现。左宗棠有诗云："监牢且作玄都观，我是刘郎今又来，能受天磨真铁汉，不遭人嫉是庸才。"以子贡代表的人们尊孔子的"雷人"之语，正是武叔一类人毁孔的做法的缘由。二者互为依据。

○ **19. 25**

陈子禽谓子贡曰："子为恭也，仲尼岂贤于子乎？"子贡曰："君子一言以为知，一言以为不知，言不可不慎也。夫子之不可及也，犹天之不可阶而升也。夫子之得邦家者，所谓立之斯立，道之斯行，绥之斯来，动之斯和。其生也荣，其死也哀。如之何其可及也？"

王解：陈子禽对子贡说："是你在表达对孔子的谦恭与尊敬吧，其实孔子哪里比你更贤明呢？"子贡说："君子说上一句话可以表明他有知识与智慧，说上一句话也可能表明的是他的无知。一个有地位的君子人说话可不能不慎重些啊。孔夫子是旁人赶不上的，就像你顺着阶梯也爬不上天空去一样。如果他得到邦国地盘，那就是要立住脚，要推行什么理念政务，什么理念政务就得到了推行，平安顺遂也就成为现实，各项事宜运作也都得以和顺。孔子活着，他是怎样地光荣，孔子去了，这是多么大的损失与悲哀，这样的人谁能赶得上呢？"

评点：孔子的学说是抓心性，抓教化，抓仁与礼，抓正名，从而从根本上消除乱臣贼子、犯上作乱、争权夺利、见利忘义的可能。子贡给他如此高的评价当然不是偶然。可惜的是他的重大推断，设立在"夫子之得邦家者"这样一个假设上，他的高楼大厦，还缺少足够坚实的基础。

一言以为知，一言以为不知，这说的是君子。就是说，地位越高，教养越好的人说话越要谨慎负责。相反，治于人的小人们，无权无位、无知无识，说的话随风而去，反而不必那么计较。

有时社会也可能出现相反的情况，君子可以自恃背景、官职、学历、头衔，信口开河，却无人敢于非议，而专门去防民之口，去小老百姓那里追究谁谁说了什么。那是活见鬼的做法。

尧曰篇第二十

尧曰："咨！尔舜。天之历数在尔躬，允执其中。四海困穷，天禄永终。"

舜亦以命禹。

曰："予小子履，敢用玄牡，敢昭告于皇皇后帝：有罪不敢赦。帝臣不蔽，简在帝心。朕躬有罪，无以万方；万方有罪，罪在朕躬。"

周有大赉，善人是富。"虽有周亲，不如仁人。百姓有过，在予一人。"

谨权量，审法度，修废官，四方之政行焉。兴灭国，继绝世，举逸民，天下之民归心焉。

所重：民、食、丧、祭。宽则得众，信则民任焉，敏则有功，公则说。

王解：尧说："喂，你舜呀，现在上天的运转气数恰恰轮到了你身上了，你要公平正义地把握每件事的关键所在，恰到好处地处理每个运转的过程，（如若不然，就会是）四海八极穷困末路，你将有的天禄气数，也就从此灭亡了。"

舜用同样的话将王位传给了禹。

到了商汤，说法是："本王渺小的履，斗胆用黑公牛祭天，我谨鼓起勇气，明白地报告辉煌伟大的君王：对于违反了帝后的意志犯了罪的人，我不敢轻易赦免轻忽。我作为天帝臣子，不敢掩盖遮蔽任何真情，只能按天帝意志行动。我有罪过，不干四面八方的事；四面八方有了罪孽，罪责则全在我身上。"

周朝遍封公侯，善待旁人，就是得到了财富资源。或道："虽然拥有许多周朝王室的亲族，不如拥有一批仁人志士。百姓有什么罪过，其实责任全在我一个人身上。"

（当政者、君王）要谨慎地校准度量衡，要审核法律规章，要修复调整使被废弃而失灵的官事公务回到轨道上来，然后四方政令通畅，管理有效。使灭亡了的邦国格局恢复并且兴旺起来，使已经断绝了的重要人物家族脉系得以延续下去，举荐那些已经被边缘化了的前朝人才，天下民人从而归心归顺倾向于你。

值得重视的有四项：民人、粮食、丧葬、祭祀。能够做到宽阔包容，就能得到众多的拥护。能够具有公信力，就能得到民众的信托。能够及时地、敏捷地做各种事情，就能有所建树功绩，公平无私，老百姓才会高兴。

评点：前贤对这一段的解释与疑问甚多，不赘。

从文本来看，前三个自然段，讲的是古代帝王禅让或受命时所说的话。不论是传位者还是继位者的话都很严肃郑重，诚惶诚恐，一心敬畏。即使当了或即将担任帝王，都是战战兢兢，如临深渊，如履薄冰。他们强调的是，出了问题，将是四海困穷，天禄永终，是不敢赦免，不可遮掩的。他们强调的是万方有罪，罪在朕躬；是百姓有过，在予一人。这很有分量，很感人。

这说明古代中华文化已经很注意给权力系统施加道德压力，说明早在往昔，为政以德的观念已经出现在神州大地——可能这些说法早已确立，孔子（或整理《论语》的孔门弟子）引用它们是为了要求回到前周朝的优良传统。也可能这些说法正在泯灭，一面引用一面修补，甚至是一面编撰一面托古而使用之。

"朕躬有罪，无以万方；万方有罪，罪在朕躬。"这个说法在道德情操上很感人，但毕竟不太科学，也难于完全服人。感情性文化似乎还是要与科学理性文化结合起来。

第四个自然段，讲到周，就有矫正补充之意了。整合读解，似是说周大封诸侯，得到了众亲族的感恩戴德，获得了重要的政治资源，但是如果忽略了仁，仍然不能称善。

底下的话从"谨权量，审法度，修废官"到著名的"兴灭国，继绝世，举逸民，天下之民归心焉"应是孔子或其门人所讲。他们提出的治国纲领，很有点拨乱反正的味道，比较像动乱过后百废待举，不如先回到动乱前的政局再说。

拨乱反正的核心是收拾民心，古今中外，莫不如此。"兴灭国，继绝世，举逸民"的说法感人则感人矣，却也反映了权力与政治社会乃至经济资源的高度集中，只有高度集源化的社会，才那么容易出现灭国、绝世、逸民，在那儿叫苦连天地等着圣人圣君的兴、继、举。悲夫！

或谓审法度仍是度量衡的事情，与法律制度无关，难知其确切详细之意。王某没有放弃"法律制度"之说，是由于我自己对此语的喜爱，宁可误读出点更多的含意，不想正解得贫乏与干巴。识者教之。

或谓"信则民任"句是误增的赘句，存疑。

◦ 20. 2

子张问于孔子曰："何如斯可以从政矣？"子曰："尊五美，屏四恶，斯可以从政矣。"

子张曰："何谓五美？"子曰："君子惠而不费，劳而不怨，欲而不贪，泰而不骄，威而不猛。"

子张曰："何谓惠而不费？"子曰："因民之所利而利之，斯不亦惠而不费乎？择可劳而劳之，又谁怨？欲仁而得仁，又焉贪？君子无众寡，无小大，无敢慢，斯不亦泰而不骄乎？君子正其衣冠，尊其瞻视，俨然人望而畏之，斯不亦威而不猛乎？"

子张曰："何谓四恶？"子曰："不教而杀谓之虐；不戒视成谓之暴；慢令致期谓之贼；犹之与人也，出纳之吝谓之有司。"

王解：子张请教孔子："怎么样才能从事政务呢？"孔子说："尊崇五方面的美好，摒弃四方面的坏毛病，那就可以从事政务了。"

子张请教："什么叫五美呢？"孔子说："一个合格的君子，应该做到：惠而不费，劳而不怨，欲而不贪，泰而不骄，威而不猛。"

子张请教："什么叫惠而不费呢？"孔子说："顺应民人的利益所在而使之得利，这不就是惠而不铺张、不高调、不浪费吗？选择值得花力气、值得花费劳动力的事去辛苦去使用劳役，又有谁能抱怨呢？追求仁便得到仁，你还贪求些什么？君子对旁人不分人多人少，不分小民大人，不分哪个要小心翼翼，哪个可以轻慢与不以为意，泰然处之，怎么可能有什么骄横的表现呢？君子衣帽整齐，目光端庄，他的严肃劲儿令人望而生畏，那不是威严却不必生猛作态吗？"

子张请教："那什么是四恶呢？"孔子说："没有进行必要的教育，百姓犯了罪就处以极刑，这叫虐待；不告诫清楚便要求做出成绩，这叫暴烈；缓慢地下达启动的命令，又突然限期完成，那叫做贼——捣乱；就像给别人什么东西一样，出手吝啬只能叫作小气。"

评点：五美中的 A 而不 B，有的是偏正关系，惠是正，不费是偏，老百姓要什么你做什么就对了，这有什么大张旗鼓铺张浪费的呢？劳与怨也是偏正关系，总是要劳的，但是要劳得有理、有利，为民、为国，选择值得劳也劳得出成绩的项目去劳，这叫可劳者劳、该劳者劳，而不是好大喜功、劳民伤财的劳，也就是不劳那个不可劳的事情，这就是用不怨来规定劳的界限，选择劳的项目。欲而不贪是对立关系，从政做官，是因为追求仁德、仁政、仁爱的理想，当然不能以官求贪、求私欲的贪得无厌。泰而不骄，兼有相反与偏正的含义。泰是平安稳定，乃至舒适通畅的意思，骄是傲慢放纵、张扬跋扈，二者意义相反。泰的人理应安宁祥和，与骄傲放纵是两样的路子。但偏偏泰也作骄傲放纵解。泰大发了，有点装模作样，有点大模大样，有点忘却了自己是老几。所以泰需要以骄躁为戒，要用不骄来限制修饰你的泰。

中心仍然是民心、民意问题，权力系统追求的与老百姓的需求脱了钩，你的惠——福利项目，到了民人那里，反倒是糟蹋财产、铺张浪费。你的辛劳，反而成了民人的苦水，只能收获抱怨。而如果权力系统能够成为求仁得仁的榜样，整个社会上还能有什么贪赃枉法、贪腐败坏呢？

孔子对泰与不骄的解释很平实，也很有说服力。把人分成无众寡、无小大、无敢慢，简单地说就是不势利，不按人下菜碟，一切就顺当了。

威而不猛甚易解读，威是权力系统人士所需要的，没有一点号召力震慑力你怎么长官长管？猛就有点过于锐利了。威应是天然，是你的存在，你所代表的正义、仁德、礼制、公信力与自信与你的官方身份所产生的。猛则是你使了劲儿，可能是吃奶的劲儿，有点滑稽，有点做作，有失分寸。

不教而杀曰虐。这是中华文化的一个特别观点，权力系统的使命首推教化，其次才是用强力维持秩序，遇到坏人罪犯的出现，权力系统要自省其责，这与前段所讲的"罪在朕躬"的精神是一致的。

"不戒视成"的说法没有那么平易，不知是否对权力系统有戒骄戒躁的警示意味。你掌了权，别指望一切擎着，好事自天而降，要先从坏处打算，要忍辱负重，要呕心沥血，要克服一切常规的与非常规的困难险阻，要准备走弯路，否则你会走向暴烈，你会成为暴君，你会犯急性病的错误。"慢令致期"的说法，读起来也比较生疏，显然没有《论语》上的其他名言那么深入人心。

什么叫慢令致期，似乎事关节奏，前松后紧，或者是决策迟疑、左右为难，一旦决定了，催办甚急。上边决策慢，却逼死逼活地让小民拼命赶任务，这确是某些官员的毛病，是充分照顾官老爷、绝不照顾小民的表现。

反正孔子确有从政经验，这一节听起来很务实，他不仅谈了仁啊礼啊的理念，而且谈到一些技术层面、节奏方面的讲究。

◦ 20.3

孔子曰："不知命，无以为君子也；不知礼，无以立也；不知言，无以知人也。"

王解：孔子说："不知道命运的规律，没法成为一个君子；不知道礼法的精义与规定，你也就站不住脚；不知道言语的内涵与途径，你就没有办法做到知人善任。"

评点：知命，主要是知道一些成败、盛衰、兴亡、荣辱的规律，不要去做适得其反、事倍功半、天怒人怨、自取灭亡、自取其辱的事。知礼，主要是知道长幼、尊卑、上下、前后的道理与规矩，对自我有恰当的定位，符合秩序与和睦的要求，否则，你本身成为一个破坏性因素，成为一个乱臣乃至成为贼子，还有什么立不立的？知言，是指善于从言谈话语中分析一个人的心术、动机、水准与意图。这也需要相当的生活与政治经验。说说是没有用处的，只能反复听而察之，察而判断之，追踪而核对之。人的不同会表现为言语的不同，却又不完全在言语上，不好讲，不好讲啊。

知言也可以理解为会立言，会表达，会说话，做到言语的准确、明白、生动，有说服力。当然至关重要。

《论语》的义理

前贤们一般认为《论语》是语录体断片的篇章集合体，人们难于从其章节结构与次序中找到逻辑规律，就是同一篇之内前语与后语之间的层次也不易分析。这增加了阅读《论语》的魅力，提供了如同把握与调整魔方色块的智力接力的乐趣，但也增加了理解消化上的难度。能不能尝试一下，不是按现在的也是几经变迁的版本次序，而是按孔子与他的门徒们所谈的话题、道理（古称义理）来重新分类编排一下，使阅读与理解上多一点说法？这当然是一件费力而不讨好的事。

原因是《论语》是经典，是经中之经，其结构也是经典化了的，打开《论语》如果第一句不是"学而时习之"，人人得而诛之。其次，有些话难分难解，怎么弄出ABCD1234来？尤其是笔者谈《论语》，绝非所长。

非所长，无知无畏，就试试看，总是能够寻出点蛛丝马迹来嘛，分分类，同一类中诸语按原版本的顺序排列，附于后，聊供参考。

一　孝悌而仁

这是一个美好的，甚至略带天真的思路：人生而孝悌，长大了就是忠恕，一直发展到多种美德的系列，聚拢到美德的核心即仁上。仁者爱人，人人交相爱，仁政是古代的中国梦，仁政可爱，于是："善人为邦百年，亦可以胜残去杀矣。"没有刑罚，没有屠杀，没有战争。天下太平，国泰民安，外化为礼，文质彬彬，斯文君子之国，尽善尽美也！

◦ 1. 孝悌

孝悌是人的天性，是仁的基本，有意识地将孝悌向前发展一步，提升一步，深化圣化一步，就是仁。

1.2 有子曰："其为人也孝弟，而好犯上者，鲜矣；不好犯上，而好作乱者，未之有也。君子务本，本立而道生。孝弟也者，其为仁之本与！"

1.6 子曰："弟子，入则孝，出则悌，谨而信，泛爱众，而亲仁。行有余力，则以学文。"

1.11 子曰："父在，观其志；父没，观其行；三年无改于父之道，可谓孝矣。"

2.5 孟懿子问孝。子曰："无违。"樊迟御，子告之曰："孟孙问孝于我，我对曰，无违。"樊迟曰："何谓也？"子曰："生，事之以礼；死，葬之以礼，祭之以礼。"

2.6 孟武伯问孝。子曰："父母唯其疾之忧。"

2.7 子游问孝。子曰："今之孝者，是谓能养。至于犬马，皆能有养；不敬，何以别乎？"

2.8 子夏问孝。子曰："色难。有事，弟子服其劳；有酒食，先生馔，曾是以为孝乎？"

2.21 或谓孔子曰："子奚不为政？"子曰："《书》云：'孝乎！惟孝，友于兄弟，施于有政。'是亦为政，奚其为为政？"

4.18 子曰："事父母几谏，见志不从，又敬不违，劳而不怨。"

4.19 子曰："父母在，不远游，游必有方。"

4.20 子曰："三年无改于父之道，可谓孝矣。"

4.21 子曰："父母之年，不可不知也。一则以喜，一则以惧。"

13.18 叶公语孔子曰："吾党有直躬者，其父攘羊，而子证之。"孔子曰："吾党之直者异于是，父为子隐，子为父隐。直在其中矣。"

17.21 宰我问："三年之丧，期已久矣。君子三年不为礼，礼必坏；三年不为乐，乐必崩。旧谷既没，新谷既升，钻燧改火，期可已矣。"子曰："食夫稻，衣夫锦，于女安乎？"曰："安。""女安，则为之。夫君子之居丧，食旨不甘，闻乐不乐，居处不安，故不为也。今女安，则为之！"宰我出。子曰："予之不仁也！子生三年，然后免于父母之怀。夫三年之丧，天下之通丧也。予也有三年之爱于其父母乎？"

19.14 子游曰："丧致乎哀而止。"

19.17 曾子曰："吾闻诸夫子：人未有自致者也，必也亲丧乎！"

19.18 曾子曰："吾闻诸夫子：孟庄子之孝也，其他可能也；其不改父之臣与父之政，是难能也。"

◦ 2. 仁是核心

从仁出发，以仁为基础，仁爱之心可以延伸放射发展到道、义（义理与正义）、忠、信、恭、敬、礼、恕、知（智）、志、刚、毅、木、讷、宽、信、敏、惠诸种美德与价值追求，从而大大地优化世道人心。

1.3 子曰："巧言令色，鲜矣仁！"

1.4 曾子曰："吾日三省吾身：为人谋而不忠乎？与朋友交而不信乎？传不习乎？"

1.7 子夏曰："贤贤易色；事父母，能竭其力；事君，能致其身；与朋友交，言而有信。虽曰未学，吾必谓之学矣。"

1.13 有子曰："信近于义，言可复也。恭近于礼，远耻辱也。因不失其亲，亦可宗也。"

2.22 子曰："人而无信，不知其可也。大车无輗，小车无軏，其何以行之哉？"

3.3 子曰："人而不仁，如礼何？人而不仁，如乐何？"

4.1 子曰："里仁为美。择不处仁，焉得知？"

4.2 子曰："不仁者不可以久处约，不可以长处乐。仁者安仁，知者利仁。"

4.3 子曰："唯仁者能好人，能恶人。"

4.4 子曰："苟志于仁矣，无恶也。"

5.12 子贡曰："我不欲人之加诸我也，吾亦欲无加诸人。"子曰："赐也，非尔所及也。"

5.19 子张问曰："令尹子文三仕为令尹，无喜色；三已之，无愠色。旧令尹之政，必以告新令尹。何如？"子曰："忠矣。"曰："仁矣乎？"曰："未知。焉得仁？""崔子弑齐君，陈文子有马十乘，弃而违之。至于他邦，则曰：'犹吾大夫崔子也。'违之。之一邦，则又曰：'犹吾大夫崔子也。'违之。何如？"子曰："清矣。"曰："仁矣乎？"曰："未知。焉得仁？"

6.26 宰我问曰："仁者，虽告之曰：'井有仁焉。'其从之也？"子曰："何为其然也？君子可逝也，不可陷也；可欺也，不可罔也。"

8.3 曾子有疾，召门弟子曰："启予足！启予手！《诗》云：'战战兢兢，如临深渊，如履薄冰。'而今而后，吾知免夫！小子！"

8.7 曾子曰："士不可以不弘毅，任重而道远。仁以为己任，不亦重乎？死而后已，不亦远乎？"

8.10 子曰："好勇疾贫，乱也。人而不仁，疾之已甚，乱也。"

8.11 子曰："如有周公之才之美，使骄且吝，其余不足观也已。"

9.16 子曰："出则事公卿，入则事父兄，丧事不敢不勉，不为酒困，何有于我哉？"

9.25 子曰："主忠信，毋友不如己者，过则勿惮改。"

9.26 子曰："三军可夺帅也，匹夫不可夺志也。"

9.28 子曰："岁寒，然后知松柏之后凋也。"

9.29 子曰："知者不惑，仁者不忧，勇者不惧。"

9.30 子曰："可与共学，未可与适道；可与适道，未可与立；可与立，未可与权。"

13.19 樊迟问仁。子曰："居处恭，执事敬，与人忠。虽之夷狄，不可弃也。"

13.27 子曰："刚、毅、木、讷近仁。"

15.24 子贡问曰："有一言而可以终身行之者乎？"子曰："其'恕'乎！己所不欲，勿施于人。"

15.35 子曰："民之于仁也，甚于水火。水火，吾见蹈而死者矣，未见蹈仁而死者也。"

15.36 子曰："当仁，不让于师。"

17.6 子张问仁于孔子。孔子曰："能行五者于天下，为仁矣。""请问之。"曰："恭宽信敏惠。恭则不侮，宽则得众，信则人任焉，敏则有功，惠则足以使人。"

◦ 3. 克己复礼，天下归仁，反求诸己

每个人，尤其是每个有使命感的君子，都要克服自己身上的私欲、懈怠、恐惧、急躁等毛病，从自己做起，凡事反求诸己，从而使

天下的世道人心回到仁德仁爱的轨道。

原因在于，仁或者不仁，是一个心性范畴，自己要仁，就已是仁，就是为天下添加了一个仁德、仁爱、仁义的因素；自己不仁，也就是为天下添加了一个不仁、不义、不德、不爱的因素。而世道人心如何，不在于你的愤愤不平，不在于他人的素质是否按照你的意愿如何如何，而在于你自己的心性走向。还是先要求自身吧！

4.5 子曰："富与贵，是人之所欲也。不以其道得之，不处也。贫与贱，是人之所恶也。不以其道得之，不去也。君子去仁，恶乎成名？君子无终食之间违仁，造次必于是，颠沛必于是。"

4.6 子曰："我未见好仁者，恶不仁者。好仁者，无以尚之；恶不仁者，其为仁矣，不使不仁者加乎其身。有能一日用其力于仁矣乎？我未见力不足者。盖有之矣，我未之见也。"

4.25 子曰："德不孤，必有邻。"

6.12 冉求曰："非不说子之道，力不足也。"子曰："力不足者，中道而废。今女画。"

6.17 子曰："谁能出不由户？何莫由斯道也？"

7.30 子曰："仁远乎哉？我欲仁，斯仁至矣。"

9.31 "唐棣之华，偏其反而。岂不尔思？室是远而。"子曰："未之思也，夫何远之有？"

12.1 颜渊问仁。子曰："克己复礼为仁。一日克己复礼，天下归仁焉。为仁由己，而由人乎哉？"颜渊曰："请问其目。"子曰："非礼勿视，非礼勿听，非礼勿言，非礼勿动。"颜渊曰："回虽不敏，请事斯语矣。"

12.2 仲弓问仁。子曰："出门如见大宾，使民如承大祭。己所不欲，勿施于人。在邦无怨，在家无怨。"仲弓曰："雍虽不敏，请事斯语矣。"

12.3 司马牛问仁。子曰："仁者，其言也讱。"曰："其言也讱，斯谓之仁已乎？"子曰："为之难，言之得无讱乎？"

12.22 樊迟问仁。子曰："爱人。"问知。子曰："知人。"樊迟未达。子曰："举直错诸枉，能使枉者直。"樊迟退，见子夏曰："乡也吾见于夫子而问知，子曰，'举直错诸枉，能使枉者直'，何谓也?"子夏曰："富哉言乎! 舜有天下，选于众，举皋陶，不仁者远矣。汤有天下，选于众，举伊尹，不仁者远矣。"

15.9 子曰："志士仁人，无求生以害仁，有杀身以成仁。"

15.10 子贡问为仁。子曰："工欲善其事，必先利其器。居是邦也，事其大夫之贤者，友其士之仁者。"

15.29 子曰："人能弘道，非道弘人。"

15.30 子曰："过而不改，是谓过矣。"

二　君子之德

如果将君子解释为来自出身背景的身份地位，君子小人之辨未免可厌，它是反人民、反平等、反群众路线的"反动"观念。如果把君子理解为一种教养、操守、道德、人格修为、文明规范呢？有一些人走在前头，对自己有更高更严格的要求，则是好事。均富不等于同时齐刷刷地富裕，平等与民主也不等于全民齐刷刷地都成了尧舜，虽然孟子的名言是"人皆可以为尧舜"。

孔子说上智与下愚的分别是无法改变的，毛泽东说左中右的区别一万年后也还是这样，具体说法（命名）可以调整，人与人有区别则是同理，是共识。既有别，又平等和谐秩序平衡，则是理想与追求。

◦ 1. 君子之风

君子有自己的高尚文雅的风度，春风风人，化育万民，好啊！

多一点斯文君子，少一点粗鄙小人，这也是自古以来的中国梦呀！

1.1 子曰："学而时习之，不亦说乎？有朋自远方来，不亦乐乎？人不知而不愠，不亦君子乎？"

1.8 子曰："君子不重，则不威，学则不固。主忠信，无友不如己者。过则勿惮改。"

1.9 曾子曰："慎终追远，民德归厚矣。"

1.14 子曰："君子食无求饱，居无求安，敏于事而慎于言，就有道而正焉，可谓好学也已。"

1.16 子曰："不患人之不己知，患不知人也。"

2.10 子曰："视其所以，观其所由，察其所安。人焉廋哉？人焉廋哉？"

2.12 子曰："君子不器。"

2.13 子贡问君子。子曰："先行其言而后从之。"

2.14 子曰："君子周而不比，小人比而不周。"

3.7 子曰："君子无所争。——必也射乎！揖让而升，下而饮。其争也君子。"

4.7 子曰："人之过也，各于其党。观过，斯知仁矣。"

4.10 子曰："君子之于天下也，无适也，无莫也，义之与比。"

4.23 子曰："以约失之者鲜矣。"

4.24 子曰："君子欲讷于言而敏于行。"

5.3 子谓子贱："君子哉若人！鲁无君子者，斯焉取斯？"

5.16 子谓子产："有君子之道四焉：其行己也恭，其事上也敬，其养民也惠，其使民也义。"

6.14 子游为武城宰。子曰："女得人焉耳乎？"曰："有澹台灭明者，行不由径，非公事，未尝至于偃之室也。"

6.15 子曰："孟之反不伐，奔而殿，将入门，策其马，曰：'非敢后也，马不进也。'"

6.18 子曰："质胜文则野，文胜质则史。文质彬彬，然后君子。"

7.6 子曰："志于道，据于德，依于仁，游于艺。"

7.36 子曰："奢则不孙，俭则固。与其不孙也，宁固。"

8.4 曾子有疾，孟敬子问之。曾子言曰："鸟之将死，其鸣也哀；人之将死，其言也善。君子所贵乎道者三：动容貌，斯远暴慢矣；正颜色，斯近信矣；出辞气，斯远鄙倍矣。笾豆之事，则有司存。"

8.5 曾子曰："以能问于不能，以多问于寡；有若无，实若虚，犯而不校。昔者吾友尝从事于斯矣。"

8.6 曾子曰："可以托六尺之孤，可以寄百里之命，临大节而不可夺也。君子人与？君子人也。"

11.21 子曰："论笃是与，君子者乎？色庄者乎？"

12.4 司马牛问君子。子曰："君子不忧不惧。"曰："不忧不惧，斯谓之君子已乎？"子曰："内省不疚，夫何忧何惧？"

12.5 司马牛忧曰："人皆有兄弟，我独亡。"子夏曰："商闻之矣：死生有命，富贵在天。君子敬而无失，与人恭而有礼，四海之内皆兄弟也。君子何患乎无兄弟也？"

12.8 棘子成曰："君子质而已矣，何以文为？"子贡曰："惜乎，夫子之说君子也！驷不及舌。文犹质也，质犹文也。虎豹之鞟犹犬羊之鞟。"

12.10 子张问崇德辨惑。子曰："主忠信，徙义，崇德也。爱之欲其生，恶之欲其死。既欲其生，又欲其死，是惑也。'诚不以富，亦只以异。'"

14.25 蘧伯玉使人于孔子。孔子与之坐而问焉，曰："夫子何为？"对曰："夫子欲寡其过而未能也。"使者出。子曰："使乎！使乎！"

2. 君子小人之辨

君子对自己要有严格的高要求，不要混同于无知识、无教养、无责任感的群氓——小人。小人啊，群氓啊，这些词可以废弃重铸，君子对于自己的比较清高、比较远见、比较负责、比较自重的坚守，不能改变。

无论如何，我们要提倡做当今君子，而不是时代小人。

4.11 子曰："君子怀德，小人怀土；君子怀刑，小人怀惠。"

4.12 子曰："放于利而行，多怨。"

4.14 子曰："不患无位，患所以立。不患莫己知，求为可知也。"

4.16 子曰："君子喻于义，小人喻于利。"

4.22 子曰："古者言之不出，耻躬之不逮也。"

6.13 子谓子夏曰："女为君子儒！无为小人儒！"

6.16 子曰："不有祝鮀之佞，而有宋朝之美，难乎免于今之世矣！"

6.28 子见南子，子路不说。夫子矢之曰："予所否者，天厌之！天厌之！"

12.16 子曰："君子成人之美，不成人之恶。小人反是。"

13.23 子曰："君子和而不同，小人同而不和。"

13.25 子曰："君子易事而难说也。说之不以道，不说也；及其使人也，器之。小人难事而易说也。说之虽不以道，说也；及其使人也，求备焉。"

13.26 子曰："君子泰而不骄，小人骄而不泰。"

14.6 子曰："君子而不仁者有矣夫，未有小人而仁者也。"

14.23 子曰："君子上达，小人下达。"

15.21 子曰："君子求诸己，小人求诸人。"

15.34 子曰："君子不可小知而可大受也，小人不可大受而可小知也。"

17.3 子曰："唯上知与下愚不移。"

17.23 子路曰："君子尚勇乎？"子曰："君子义以为上。君子有勇而无义为乱，小人有勇而无义为盗。"

19.8 子夏曰："小人之过也必文。"

○ 3. 君子的见识与选择

既是君子，其理想与价值观，其见识与选择，必然有他的高明、他的服人、他的分明及与俗鲜谐处。

12.20 子张问："士何如斯可谓之达矣？"子曰："何哉，尔所谓达者？"子张对曰："在邦必闻，在家必闻。"子曰："是闻也，非达也。夫达也者，质直而好义，察言而观色，虑以下人。在邦必达，在家必达。夫闻也者，色取仁而行违，居之不疑。在邦必闻，在家必闻。"

12.21 樊迟从游于舞雩之下，曰："敢问崇德，修慝，辨惑。"子曰："善哉问！先事后得，非崇德与？攻其恶，无攻人之恶，非修慝与？一朝之忿，忘其身，以及其亲，非惑与？"

12.23 子贡问友。子曰："忠告而善道之，不可则止，毋自辱焉。"

12.24 曾子曰："君子以文会友，以友辅仁。"

13.20 子贡问曰："何如斯可谓之士矣？"子曰："行己有耻，使于四方，不辱君命，可谓士矣。"曰："敢问其次。"曰："宗族称孝焉，乡党称弟焉。"曰："敢问其次。"曰："言必信，行必果，硁硁然小人哉！抑亦可以为次矣。"曰："今之从政者何如？"子曰："噫！斗筲之人，何足算也？"

13.24 子贡问曰："乡人皆好之，何如？"子曰："未可也。""乡人皆恶之，何如？"子曰："未可也。不如乡人之善者好之，其不善者恶之。"

13.28 子路问曰："何如斯可谓之士矣？"子曰："切切偲偲，怡怡如也，可谓士矣。朋友切切偲偲，兄弟怡怡。"

14.7 子曰："爱之，能勿劳乎？忠焉，能勿诲乎？"

14.10 子曰："贫而无怨难，富而无骄易。"

14.26 子曰："不在其位，不谋其政。"曾子曰："君子思不出其位。"

14.27 子曰："君子耻其言之过其行。"

14.30 子曰："不患人之不己知，患其不能也。"

14.31 子曰："不逆诈，不亿不信，抑亦先觉者，是贤乎！"

14.42 子路问君子。子曰："修己以敬。"曰："如斯而已乎？"曰："修己以安人。"曰："如斯而已乎？"曰："修己以安百姓。修己以安百姓，尧舜其犹病诸。"

15.12 子曰："人无远虑，必有近忧。"

15.13 子曰："已矣乎！吾未见好德如好色者也。"

15.15 子曰："躬自厚而薄责于人，则远怨矣。"

15.16 子曰："不曰'如之何，如之何'者，吾末如之何也已矣。"

15.18 子曰："君子义以为质，礼以行之，孙以出之，信以成之。君子哉！"

15.22 子曰："君子矜而不争，群而不党。"

15.23 子曰："君子不以言举人，不以人废言。"

15.32 子曰："君子谋道不谋食。耕也，馁在其中矣；学也，禄在其中矣。君子忧道不忧贫。"

15.33 子曰："知及之，仁不能守之，虽得之，必失之。知及之，仁能守之，不庄以莅之，则民不敬。知及之，仁能守之，庄以莅之，动之不以礼，未善也。"

15.37 子曰："君子贞而不谅。"

15.38 子曰："事君，敬其事而后其食。"

16.8 孔子曰："君子有三畏：畏天命，畏大人，畏圣人之言。小人不知天命而不畏也，狎大人，侮圣人之言。"

16.10 孔子曰："君子有九思：视思明，听思聪，色思温，貌思恭，言思忠，事思敬，疑思问，忿思难，见得思义。"

16.11 孔子曰："见善如不及，见不善如探汤。吾见其人矣，吾闻其语矣。隐居以求其志，行义以达其道。吾闻其语矣，未见其人也。"

19.1 子张曰："士见危致命，见得思义，祭思敬，丧思哀，其可已矣。"

19.11 子夏曰："大德不逾闲，小德出入可也。"

19.12 子游曰："子夏之门人小子，当洒扫应对进退，则可矣，抑末也。本之则无，如之何？"子夏闻之，曰："噫！言游过矣！君子之道，孰先传焉，孰后倦焉？譬诸草木，区以别矣。君子之道，焉可诬也？有始有卒者，其惟圣人乎！"

19.13 子夏曰："仕而优则学，学而优则仕。"

19.19 孟氏使阳肤为士师，问于曾子。曾子曰："上失其道，民散久矣。如得其情，则哀矜而勿喜！"

20.3 孔子曰："不知命，无以为君子也；不知礼，无以立也；不知言，无以知人也。"

◦ 4. 对于非君子表现的告诫与批评

除了与小人的对比，所谓的君子也并不是个个具备君子之风之德，试看下文：

13.22 子曰："南人有言曰：'人而无恒，不可以作巫医。'善夫！""不恒其德或承之羞。"子曰："不占而已矣。"

14.43 原壤夷俟。子曰："幼而不孙弟，长而无述焉，老而不死，是为贼。"以杖叩其胫。

15.17 子曰："群居终日，言不及义，好行小慧，难矣哉！"

15.19 子曰："君子病无能焉，不病人之不己知也。"

15.20 子曰："君子疾没世而名不称焉。"

16.6 孔子曰："侍于君子有三愆：言未及之而言谓之躁，言及之而不言谓之隐，未见颜色而言谓之瞽。"

16.7 孔子曰："君子有三戒：少之时，血气未定，戒之在色；及其壮也，血气方刚，戒之在斗；及其老也，血气既衰，戒之在得。"

17.12 子曰："色厉而内荏，譬诸小人，其犹穿窬之盗也与？"

17.13 子曰："乡原，德之贼也。"

17.14 子曰："道听而涂说，德之弃也。"

17.15 子曰："鄙夫可与事君也与哉？其未得之也，患得之。既得之，患失之。苟患失之，无所不至矣。"

17.16 子曰："古者民有三疾，今也或是之亡也。古之狂也肆，今之狂也荡；古之矜也廉，今之矜也忿戾；古之愚也直，今之愚也诈而已矣。"

17.18　子曰："恶紫之夺朱也，恶郑声之乱雅乐也，恶利口之覆邦家者。"

17.22　子曰："饱食终日，无所用心，难矣哉！不有博弈者乎？为之，犹贤乎已。"

17.24　子贡曰："君子亦有恶乎！"子曰："有恶：恶称人之恶者，恶居下流而讪上者，恶勇而无礼者，恶果敢而窒者。"曰："赐也亦有恶乎？""恶徼以为知者，恶不孙以为勇者，恶讦以为直者。"

17.25　子曰："唯女子与小人为难养也，近之则不孙，远之则怨。"

17.26　子曰："年四十而见恶焉，其终也已。"

19.2　子张曰："执德不弘，信道不笃，焉能为有？焉能为亡？"

19.3　子夏之门人问交于子张。子张曰："子夏云何？"对曰："子夏曰：'可者与之，其不可者拒之。'"子张曰："异乎吾所闻：君子尊贤而容众，嘉善而矜不能。我之大贤与，于人何所不容？我之不贤与，人将拒我，如之何其拒人也？"

19.4　子夏曰："虽小道，必有可观者焉；致远恐泥，是以君子不为也。"

19.9　子夏曰："君子有三变：望之俨然，即之也温，听其言也厉。"

19.10　子夏曰："君子信而后劳其民，未信则以为厉己也。信而后谏，未信则以为谤己也。"

◦ 5. 中庸的德行与方法论

思考、言谈、行事都要力求准确正常合度，恰到好处，适可而止，勿为已甚，留有余地。何时何地，大事小事，都要避免极端信仰主义、仇恨分裂主义、恐怖反人类主义。

4.26　子游曰："事君数，斯辱矣；朋友数，斯疏矣。"

5.1　子谓公冶长："可妻也。虽在缧绁之中，非其罪也。"以其子妻之。

5.20 季文子三思而后行。子闻之，曰："再，斯可矣。"

6.4 子华使于齐，冉子为其母请粟。子曰："与之釜。"请益。曰："与之庾。"冉子与之粟五秉。子曰："赤之适齐也，乘肥马，衣轻裘。吾闻之也：君子周急不继富。"

6.5 原思为之宰，与之粟九百，辞。子曰："毋！以与尔邻里乡党乎！"

6.29 子曰："中庸之为德也，其至矣乎！民鲜久矣。"

7.11 子谓颜渊曰："用之则行，舍之则藏，惟我与尔有是夫！"子路曰："子行三军，则谁与？"子曰："暴虎冯河，死而无悔者，吾不与也。必也临事而惧，好谋而成者也。"

7.29 互乡难与言，童子见，门人惑。子曰："与其进也，不与其退也，唯何甚？人洁己以进，与其洁也，不保其往也。"

7.31 陈司败问："昭公知礼乎？"孔子曰："知礼。"孔子退，揖巫马期而进之曰："吾闻君子不党，君子亦党乎？君取于吴，为同姓，谓之吴孟子。君而知礼，孰不知礼？"巫马期以告。子曰："丘也幸，苟有过，人必知之。"

7.35 子疾病，子路请祷。子曰："有诸？"子路对曰："有之。《诔》曰：'祷尔于上下神祇。'"子曰："丘之祷久矣。"

8.16 子曰："狂而不直，侗而不愿，悾悾而不信，吾不知之矣。"

11.16 子贡问："师与商也孰贤？"子曰："师也过，商也不及。"曰："然则师愈与？"子曰："过犹不及。"

13.18 叶公语孔子曰："吾党有直躬者，其父攘羊，而子证之。"孔子曰："吾党之直者异于是，父为子隐，子为父隐。直在其中矣。"

13.21 子曰："不得中行而与之，必也狂狷乎。狂者进取，狷者有所不为也。"

14.4 子曰："有德者必有言，有言者不必有德。仁者必有勇，勇者不必有仁。"

14.5 南宫适问于孔子曰："羿善射，奡荡舟，俱不得其死然。

禹、稷躬稼而有天下。"夫子不答。南宫适出，子曰："君子哉若人！尚德哉若人！"

14.34 或曰："以德报怨，何如？"子曰："何以报德？以直报怨，以德报德。"

15.8 子曰："可与言而不与之言，失人；不可与言而与之言，失言。知者不失人，亦不失言。"

◦ 6. 知进退

虽有"知其不可而为之"与"求仁得仁"的悲壮，但同时也有足够的应对方略，进退有据，舒卷得心，不蛮干，不冒险主义，不唯意志论，而是实事求是，当进则进，当仁不让；当退则退，绝不轻举妄动。

5.2 子谓南容："邦有道，不废；邦无道，免于刑戮。"以其兄之子妻之。

5.21 子曰："宁武子，邦有道，则知；邦无道，则愚。其知可及也，其愚不可及也。"

8.13 子曰："笃信好学，守死善道。危邦不入，乱邦不居。天下有道则见，无道则隐。邦有道，贫且贱焉，耻也。邦无道，富且贵焉，耻也。"

8.14 子曰："不在其位，不谋其政。"

11.22 子路问："闻斯行诸？"子曰："有父兄在，如之何其闻斯行之？"冉有问："闻斯行诸？"子曰："闻斯行之。"公西华曰："由也问'闻斯行诸'，子曰，'有父兄在'；求也问'闻斯行诸'，子曰，'闻斯行之'。赤也惑，敢问。"子曰："求也退，故进之；由也兼人，故退之。"

14.3 子曰："邦有道，危言危行；邦无道，危行言孙。"

15.7 子曰："直哉史鱼！邦有道，如矢；邦无道，如矢。君子哉蘧伯玉！邦有道，则仕；邦无道，则可卷而怀之。"

◦ 7. 乐观

乐观，是孔子学说的魅力所在，不论有多少怪力乱神、巧言令色或深刻高端的苦恼与困惑，你已经活在世界上了，你应该学好向善求仁遵礼，好好地学，好好地活，好好地做：乐生、乐山、乐水、乐学、乐仁、乐礼、乐饮食起居进退的每一天。这是无条件的，这是对世界的尊重，对生命的尊重，对终极的大道或上苍的尊重。

1.15 子贡曰："贫而无谄，富而无骄，何如？"子曰："可也。未若贫而乐，富而好礼者也。"子贡曰："《诗》云：'如切如磋，如琢如磨'，其斯之谓与？"子曰："赐也，始可与言《诗》已矣，告诸往而知来者。"

6.11 子曰："贤哉，回也！一箪食，一瓢饮，在陋巷，人不堪其忧，回也不改其乐。贤哉，回也！"

6.23 子曰："知者乐水，仁者乐山。知者动，仁者静。知者乐，仁者寿。"

7.19 叶公问孔子于子路，子路不对。子曰："女奚不曰，其为人也，发愤忘食，乐以忘忧，不知老之将至云尔。"

7.37 子曰："君子坦荡荡，小人长戚戚。"

三 为政之道

坚持道德至上，坚持仁政，坚持王道，以仁德作为权力合法性的基石，提出了政治文明、文明行政、务实亲民的理念，将道德示范与教化民人视为权力系统的首要任务。

这样的理念虽然兑现落实得并不理想，但仍然深得人心、深入人心，自然而然地成就了中华民族的传统价值观，客观上形成了对于封建权力系统的文化监督与道德监督，使我们的先人始终有所追求，有所不满足，也有所坚持。

1.5 子曰："道千乘之国，敬事而信，节用而爱人，使民以时。"

1.10 子禽问于子贡曰："夫子至于是邦也，必闻其政，求之与？抑与之与？"子贡曰："夫子温、良、恭、俭、让以得之。夫子之求之也，其诸异乎人之求之与？"

2.1 子曰："为政以德，譬如北辰，居其所而众星共之。"

2.3 子曰："道之以政，齐之以刑，民免而无耻；道之以德，齐之以礼，有耻且格。"

2.19 哀公问曰："何为则民服？"孔子对曰："举直错诸枉，则民服；举枉错诸直，则民不服。"

2.20 季康子问："使民敬、忠以劝，如之何？"子曰："临之以庄，则敬；孝慈，则忠；举善而教不能，则劝。"

6.22 樊迟问知。子曰："务民之义，敬鬼神而远之，可谓知矣。"问仁。曰："仁者先难而后获，可谓仁矣。"

6.30 子贡曰："如有博施于民而能济众，何如？可谓仁乎？"子曰："何事于仁！必也圣乎？尧舜其犹病诸！夫仁者，己欲立而立人，己欲达而达人。能近取譬，可谓仁之方也已。"

8.1 子曰："泰伯，其可谓至德也已矣。三以天下让，民无得而称焉。"

8.9 子曰："民可使由之，不可使知之。"

8.18 子曰："巍巍乎，舜、禹之有天下也，而不与焉！"

8.19 子曰："大哉尧之为君也！巍巍乎！唯天为大，唯尧则之。荡荡乎！民无能名焉。巍巍乎其有成功也！焕乎其有文章！"

8.20 舜有臣五人而天下治。武王曰："予有乱臣十人。"孔子曰："才难，不其然乎？唐、虞之际，于斯为盛。有妇人焉，九人而已。三分天下有其二，以服事殷。周之德，其可谓至德也已矣。"

8.21 子曰："禹，吾无间然矣。菲饮食而致孝乎鬼神，恶衣服而致美乎黻冕，卑宫室而尽力乎沟洫。禹，吾无间然矣。"

12.6 子张问明。子曰："浸润之谮，肤受之愬，不行焉，可谓明也已矣。浸润之谮，肤受之愬，不行焉，可谓远也已矣。"

12.7 子贡问政。子曰："足食，足兵，民信之矣。"子贡曰："必不得已而去，于斯三者何先？"曰："去兵。"子贡曰："必不得已而去，于斯二者何先？"曰："去食。自古皆有死，民无信不立。"

12.9 哀公问于有若曰："年饥，用不足，如之何？"有若对曰："盍彻乎？"曰："二，吾犹不足，如之何其彻也？"对曰："百姓足，君孰与不足？百姓不足，君孰与足？"

12.11 齐景公问政于孔子。孔子对曰："君君，臣臣，父父，子子。"公曰："善哉！信如君不君，臣不臣，父不父，子不子，虽有粟，吾得而食诸？"

12.14 子张问政。子曰："居之无倦，行之以忠。"

12.17 季康子问政于孔子。孔子对曰："政者，正也。子帅以正，孰敢不正？"

12.18 季康子患盗，问于孔子。孔子对曰："苟子之不欲，虽赏之不窃。"

12.19 季康子问政于孔子曰："如杀无道，以就有道，何如？"孔子对曰："子为政，焉用杀？子欲善而民善矣。君子之德风，小人之德草。草上之风必偃。"

13.1 子路问政。子曰："先之劳之。"请益。曰："无倦。"

13.2 仲弓为季氏宰，问政。子曰："先有司，赦小过，举贤才。"曰："焉知贤才而举之？"子曰："举尔所知；尔所不知，人其舍诸？"

13.3 子路曰："卫君待子而为政，子将奚先？"子曰："必也正名乎！"子路曰："有是哉，子之迂也！奚其正？"子曰："野哉，由也！君子于其所不知，盖阙如也。名不正，则言不顺；言不顺，则事不成；事不成，则礼乐不兴；礼乐不兴，则刑罚不中；刑罚不中，则民无所错手足。故君子名之必可言也，言之必可行也。君子于其言，无所苟而已矣。"

13.6 子曰："其身正，不令而行；其身不正，虽令不从。"

13.7 子曰："鲁、卫之政，兄弟也。"

13.9 子适卫，冉有仆。子曰："庶矣哉！"冉有曰："既庶矣，又何加焉？"曰："富之。"曰："既富矣，又何加焉？"曰："教之。"

13.11 子曰："'善人为邦百年，亦可以胜残去杀矣。'诚哉是言也！"

13.12 子曰："如有王者，必世而后仁。"

13.13 子曰："苟正其身矣，于从政乎何有？不能正其身，如正人何？"

13.15 定公问："一言而可以兴邦，有诸？"孔子对曰："言不可以若是其几也。人之言曰：'为君难，为臣不易。'如知为君之难也，不几乎一言而兴邦乎？"曰："一言而丧邦，有诸？"孔子对曰："言不可以若是其几也。人之言曰：'予无乐乎为君，唯其言而莫予违也。'如其善而莫之违也，不亦善乎？如不善而莫之违也，不几乎一言而丧邦乎？"

13.16 叶公问政。子曰："近者说，远者来。"

13.17 子夏为莒父宰，问政。子曰："无欲速，无见小利。欲速，则不达；见小利，则大事不成。"

13.29 子曰："善人教民七年，亦可以即戎矣。"

13.30 子曰："以不教民战，是谓弃之。"

14.8 子曰："为命，裨谌草创之，世叔讨论之，行人子羽修饰之，东里子产润色之。"

14.9 或问子产。子曰："惠人也。"问子西。曰："彼哉！彼哉！"问管仲。曰："人也。夺伯氏骈邑三百，饭疏食，没齿无怨言。"

14.14 子曰："臧武仲以防求为后于鲁，虽曰不要君，吾不信也。"

14.15 子曰："晋文公谲而不正，齐桓公正而不谲。"

14.16 子路曰："桓公杀公子纠，召忽死之，管仲不死。"曰："未仁乎？"子曰："桓公九合诸侯，不以兵车，管仲之力也。如其仁，如其仁。"

14.17 子贡曰："管仲非仁者与？桓公杀公子纠，不能死，又相之。"子曰："管仲相桓公，霸诸侯，一匡天下，民到于今受其赐。微管仲，吾其被发左衽矣。岂若匹夫匹妇之为谅也，自经于沟渎而莫之知也？"

14.18 公叔文子之臣大夫僎与文子同升诸公。子闻之曰："可以为'文'矣。"

14.19 子言卫灵公之无道也，康子曰："夫如是，奚而不丧？"孔子曰："仲叔圉治宾客，祝鮀治宗庙，王孙贾治军旅。夫如是，奚其丧？"

14.20 子曰："其言之不怍，则为之也难。"

14.21 陈成子弑简公。孔子沐浴而朝，告于哀公曰："陈恒弑其君，请讨之。"公曰："告夫三子！"孔子曰："以吾从大夫之后，不敢不告也。君曰'告夫三子'者！"之三子告，不可。孔子曰："以吾从大夫之后，不敢不告也。"

14.22 子路问事君。子曰："勿欺也，而犯之。"

15.5 子曰："无为而治者其舜也与？夫何为哉？恭己正南面而已矣。"

15.6 子张问行。子曰："言忠信，行笃敬，虽蛮貊之邦，行矣。

言不忠信，行不笃敬，虽州里，行乎哉？立则见其参于前也，在舆则见其倚于衡也，夫然后行。"子张书诸绅。

20.1 尧曰："咨！尔舜。天之历数在尔躬，允执其中。四海困穷，天禄永终。"舜亦以命禹。曰："予小子履，敢用玄牡，敢昭告于皇皇后帝：有罪不敢赦。帝臣不蔽，简在帝心。朕躬有罪，无以万方；万方有罪，罪在朕躬。"周有大赉，善人是富。"虽有周亲，不如仁人。百姓有过，在予一人。"谨权量，审法度，修废官，四方之政行焉。兴灭国，继绝世，举逸民，天下之民归心焉。所重：民、食、丧、祭。宽则得众，信则民任焉，敏则有功，公则说。

20.2 子张问于孔子曰："何如斯可以从政矣？"子曰："尊五美，屏四恶，斯可以从政矣。"子张曰："何谓五美？"子曰："君子惠而不费，劳而不怨，欲而不贪，泰而不骄，威而不猛。"子张曰："何谓惠而不费？"子曰："因民之所利而利之，斯不亦惠而不费乎？择可劳而劳之，又谁怨？欲仁而得仁，又焉贪？君子无众寡，无小大，无敢慢，斯不亦泰而不骄乎？君子正其衣冠，尊其瞻视，俨然人望而畏之，斯不亦威而不猛乎？"子张曰："何谓四恶？"子曰："不教而杀谓之虐；不戒视成谓之暴；慢令致期谓之贼；犹之与人也，出纳之吝谓之有司。"

四 礼的秩序

仁的心性，君子的德行风度，文明的为政，外化为人们的行为规范与礼制，从而维护了秩序与稳定。

礼的核心是恭谨、秩序、规矩，是用文明克服野蛮，用尊重取代恶斗，以奉公守礼的无可置疑预应一切不测和颠覆。

对于礼制的思路其实相当接近于法治思路，前者立足于性善论，预设人人彬彬有礼，当然就没有了政治动乱与刑事犯罪；后者立足于性恶的反省与防备，触犯了法律的红线，就要受到制裁。

孔子对于礼制的态度是一丝不苟的。他抨击了许多他认为不合礼制的事情与人物，怎么办呢？靠教化与自律？还管不住怎么办？恐怕离不开法治与法制。

《论语》中尤其强调了孔子对于周礼的激赏，表现了孔子对于礼制的长期积淀与稳定性的强调，对于"乱"的警惕与反感，对于"治"的渴望。

1. 以礼求规范，求平衡，求协调，求治国平天下

邦有道，天下有道是目标。礼的制定、提倡、遵行是路线图，也是安全网。

1.12 有子曰："礼之用，和为贵。先王之道，斯为美。小大由之，有所不行，知和而和，不以礼节之，亦不可行也。"

2.23 子张问："十世可知也？"子曰："殷因于夏礼，所损益，可知也；周因于殷礼，所损益，可知也。其或继周者，虽百世，可

知也。"

3.4 林放问礼之本。子曰:"大哉问! 礼,与其奢也,宁俭;丧,与其易也,宁戚。"

3.5 子曰:"夷狄之有君,不如诸夏之亡也。"

3.9 子曰:"夏礼,吾能言之,杞不足征也;殷礼,吾能言之,宋不足征也。文献不足故也。足,则吾能征之矣。"

3.11 或问禘之说。子曰:"不知也,知其说者之于天下也,其如示诸斯乎!"指其掌。

3.12 祭如在,祭神如神在。子曰:"吾不与祭,如不祭。"

3.13 王孙贾问曰:"与其媚于奥,宁媚于灶,何谓也?"子曰:"不然。获罪于天,无所祷也。"

3.14 子曰:"周监于二代,郁郁乎文哉! 吾从周。"

3.15 子入太庙,每事问。或曰:"孰谓鄹人之子知礼乎? 入太庙,每事问。"子闻之,曰:"是礼也。"

3.16 子曰:"射不主皮,为力不同科,古之道也。"

3.17 子贡欲去告朔之饩羊。子曰: "赐也! 尔爱其羊,我爱其礼。"

3.18 子曰:"事君尽礼,人以为谄也。"

3.19 定公问:"君使臣,臣事君,如之何?"孔子对曰:"君使臣以礼,臣事君以忠。"

3.26 子曰:"居上不宽,为礼不敬,临丧不哀,吾何以观之哉?"

4.13 子曰:"能以礼让为国乎,何有? 不能以礼让为国,如礼何?"

6.24 子曰:"齐一变,至于鲁;鲁一变,至于道。"

6.27 子曰:"君子博学于文,约之以礼,亦可以弗畔矣夫!"

11.1 子曰:"先进于礼乐,野人也;后进于礼乐,君子也。如用之,则吾从先进。"

14.41 子曰:"上好礼,则民易使也。"

17.11 子曰："礼云礼云，玉帛云乎哉? 乐云乐云，钟鼓云乎哉? "

○2. 容色举止，一丝不苟

礼是表现在外边的，但要求的是内心的规范与认真。脸色不好是不行的，小事不注意也是不行的，要的是毕恭毕敬、详尽周全、推己及人、在在咸宜。

7.9 子食于有丧者之侧，未尝饱也。

7.10 子于是日哭，则不歌。

8.2 子曰："恭而无礼则劳，慎而无礼则葸，勇而无礼则乱，直而无礼则绞。君子笃于亲，则民兴于仁；故旧不遗，则民不偷。"

9.3 子曰："麻冕，礼也；今也纯，俭，吾从众。拜下，礼也；今拜乎上，泰也。虽违众，吾从下。"

9.10 子见齐衰者、冕衣裳者与瞽者，见之，虽少，必作；过之，必趋。

10.1 孔子于乡党，恂恂如也，似不能言者。其在宗庙朝廷，便便言，唯谨尔。

10.2 朝，与下大夫言，侃侃如也；与上大夫言，訚訚如也。君在，踧踖如也，与与如也。

10.3 君召使摈，色勃如也，足躩如也。揖所与立，左右手，衣前后，襜如也。趋进，翼如也。宾退，必复命曰："宾不顾矣。"

10.4 入公门，鞠躬如也，如不容。立不中门，行不履阈。过位，色勃如也，足躩如也，其言似不足者。摄齐升堂，鞠躬如也，屏气似不息者。出，降一等，逞颜色，怡怡如也。没阶，趋进，翼如也。复其位，踧踖如也。

10.5 执圭，鞠躬如也，如不胜。上如揖，下如授。勃如战色，足蹜蹜如有循。享礼，有容色。私觌，愉愉如也。

10.6 君子不以绀緅饰。红紫不以为亵服。当暑，袗絺绤，必表而出之。缁衣，羔裘；素衣，麑裘；黄衣，狐裘。亵裘长，短右袂。必有寝衣，长一身有半。狐貉之厚以居。去丧，无所不佩。非帷裳，必杀之。羔裘玄冠不以吊。吉月，必朝服而朝。

10.7 齐，必有明衣，布。齐必变食，居必迁坐。

10.8 食不厌精，脍不厌细。食而，鱼馁而肉败，不食。色恶，不食。臭恶，不食。失饪，不食。不时，不食。割不正，不食。不得其酱，不食。肉虽多，不使胜食气。惟酒无量，不及乱。沽酒市脯不食。不撤姜食，不多食。

10.9 祭于公，不宿肉。祭肉不出三日。出三日，不食之矣。

10.10 食不语，寝不言。

10.11 虽疏食菜羹，必祭，必齐如也。

10.12 席不正，不坐。

10.13 乡人饮酒，杖者出，斯出矣。

10.14 乡人傩，朝服而立于阼阶。

10.15 问人于他邦，再拜而送之。

10.16 康子馈药，拜而受之。曰："丘未达，不敢尝。"

10.17 厩焚。子退朝，曰："伤人乎？"不问马。

10.18 君赐食，必正席先尝之。君赐腥，必熟而荐之。君赐生，必畜之。侍食于君，君祭，先饭。

10.19 疾，君视之，东首，加朝服，拖绅。

10.20 君命召，不俟驾行矣。

10.21 入太庙，每事问。

10.22 朋友死，无所归，曰："于我殡。"

10.23 朋友之馈，虽车马，非祭肉，不拜。

10.24 寝不尸，居不客。

10.25 见齐衰者，虽狎，必变。见冕者与瞽者，虽亵，必以貌。凶服者式之，式负版者。有盛馔，必变色而作。迅雷风烈，必变。

10.26 升车，必正立，执绥。车中，不内顾，不疾言，不亲指。

◎ 3. 必也正名，严格遵礼，概莫能外

名分决定地位，地位决定权利与义务，只有严格遵守，才能天下太平。不管是什么大人物如管子、季康子，或好人如颜渊，都不能突破礼的规范。一旦形式程序上突破了规范，内心也就产生了反叛作乱的苗头，礼崩乐坏，后患无穷！

2.24 子曰："非其鬼而祭之，谄也。见义不为，无勇也。"

3.1 孔子谓季氏："八佾舞于庭，是可忍也，孰不可忍也？"

3.2 三家者以《雍》彻。子曰："'相维辟公，天子穆穆'，奚取于三家之堂？"

3.6 季氏旅于泰山。子谓冉有曰："女弗能救与？"对曰："不能。"子曰："呜呼！曾谓泰山不如林放乎？"

3.10 子曰："禘自既灌而往者，吾不欲观之矣。"

3.21 哀公问社于宰我。宰我对曰："夏后氏以松，殷人以柏，周人以栗，曰，使民战栗。"子闻之，曰："成事不说，遂事不谏，既往不咎。"

3.22 子曰："管仲之器小哉！"或曰："管仲俭乎？"曰："管氏有三归，官事不摄，焉得俭？""然则管仲知礼乎？"曰："邦君树塞门，管氏亦树塞门。邦君为两君之好，有反坫，管氏亦有反坫。管氏而知礼，孰不知礼？"

6.25 子曰："觚不觚，觚哉！觚哉！"

11.8 颜渊死，颜路请子之车以为之椁。子曰："才不才，亦各言其子也。鲤也死，有棺而无椁。吾不徒行以为之椁。以吾从大夫之后，不可徒行也。"

11.11 颜渊死，门人欲厚葬之。子曰："不可。"门人厚葬之。子曰："回也视予犹父也，予不得视犹子也。非我也，夫二三子也。"

11.13 闵子侍侧，訚訚如也；子路，行行如也；冉有、子贡，侃侃如也。子乐。"若由也，不得其死然。"

14.40 子张曰："《书》云：'高宗谅阴，三年不言。'何谓也？"子曰："何必高宗，古之人皆然。君薨，百官总己以听于冢宰三年。"

14.44 阙党童子将命，或问之曰："益者与？"子曰："吾见其居于位也，见其与先生并行也。非求益者也，欲速成者也。"

15.11 颜渊问为邦。子曰："行夏之时，乘殷之辂，服周之冕，乐则《韶》《舞》。放郑声，远佞人。郑声淫，佞人殆。"

16.14 邦君之妻，君称之曰夫人，夫人自称曰小童；邦人称之曰君夫人，称诸异邦曰寡小君；异邦人称之亦曰君夫人。

五　好学

好学，与仁、礼、君子（之德之风）一样，多而一，一而多，是贯穿整个《论语》的主线。"吾道一以贯之"，包括以"好学"贯之。

对于孔子来说，好学首先是"学好"，学仁，学礼，学美德，学君子。其次是敏求，是举一反三、融会贯通。还有，对于孔子来说，学的概念、做的概念、知与智的概念与行的概念，从来是一致的。

孔子喜欢研讨道理，更注重向活人学习，见贤思齐，见不贤内自省。

孔子不搞本本主义，不搞学院派，他学习的目的是做人，是修身、齐家、治国、平天下。他希望你好好学，学好好，投身家国政务，投身于改善世道人心。

◦ 1. 构建与把握学习型人生

不是生而知之，而是学而知之，敏于学，好学、乐学、深思、切磋、寡尤、温故知新、见贤思齐、举一反三，把学习抓之久远，永不放弃，抓活抓实抓出大效果来。

"学以致其道"！学习就是社会实践，就是用世，就是以学习来彰显贤明、弘扬正气、鞭挞黑暗，就是以学习示范，以提倡学习为抓手，以通过学习改善世道人心、治国平天下。

1.15 ……子贡曰："《诗》云：'如切如磋，如琢如磨'，其斯之谓与？"子曰："赐也，始可与言《诗》已矣，告诸往而知来者。"

2.4 子曰："吾十有五而志于学，三十而立，四十而不惑，五十而知天命，六十而耳顺，七十而从心所欲，不逾矩。"

2.9 子曰："吾与回言终日，不违，如愚。退而省其私，亦足以发，回也不愚。"

2.11 子曰："温故而知新，可以为师矣。"

2.15 子曰："学而不思则罔，思而不学则殆。"

2.16 子曰："攻乎异端，斯害也已。"

2.17 子曰："由！诲女知之乎！知之为知之，不知为不知，是知也。"

2.18 子张学干禄。子曰："多闻阙疑，慎言其余，则寡尤。多见阙殆，慎行其余，则寡悔。言寡尤，行寡悔，禄在其中矣。"

4.17 子曰："见贤思齐焉，见不贤而内自省也。"

5.14 子路有闻，未之能行，唯恐有闻。

5.15 子贡问曰："孔文子何以谓之'文'也？"子曰："敏而好学，不耻下问，是以谓之'文'也。"

5.27 子曰："已矣乎！吾未见能见其过而内自讼者也。"

5.28 子曰："十室之邑，必有忠信如丘者焉，不如丘之好学也。"

6.20 子曰："知之者不如好之者，好之者不如乐之者。"

6.21 子曰："中人以上，可以语上也；中人以下，不可以语上也。"

7.7 子曰："自行束脩以上，吾未尝无诲焉。"

7.8 子曰："不愤不启，不悱不发。举一隅不以三隅反，则不复也。"

7.20 子曰："我非生而知之者，好古，敏以求之者也。"

7.21 子不语怪、力、乱、神。

7.22 子曰："三人行，必有我师焉。择其善者而从之，其不善者而改之。"

7.25 子以四教：文、行、忠、信。

7.28 子曰："盖有不知而作之者，我无是也。多闻，择其善者而从之，多见而识之，知之次也。"

8.8 子曰："兴于诗，立于礼，成于乐。"

8.17 子曰："学如不及，犹恐失之。"

9.22 子曰："苗而不秀者有矣夫！秀而不实者有矣夫！"

9.24 子曰："法语之言，能无从乎？改之为贵。巽与之言，能无说乎？绎之为贵。说而不绎，从而不改，吾末如之何也已矣。"

11.20 子张问善人之道。子曰："不践迹，亦不入于室。"

12.15 子曰："博学于文，约之以礼，亦可以弗畔矣夫！"

14.24 子曰："古之学者为己，今之学者为人。"

15.31 子曰： "吾尝终日不食，终夜不寝，以思，无益，不如学也。"

15.39 子曰："有教无类。"

16.9 孔子曰："生而知之者，上也；学而知之者，次也；困而学之，又其次也；困而不学，民斯为下矣。"

17.2 子曰："性相近也，习相远也。"

19.5 子夏曰："日知其所亡，月无忘其所能，可谓好学也已矣。"

19.6 子夏曰："博学而笃志，切问而近思，仁在其中矣。"

19.7 子夏曰："百工居肆以成其事，君子学以致其道。"

◦ 2. 诗教与文艺

孔子善于从文艺尤其是《诗经》上的诗歌切入，循循善诱，培育心灵，劝善祛邪，引向完美。

孔子重视价值的认定，而价值的认定不仅是一个理论问题、逻辑问题，更是感情问题、人格问题。重视为政以德，重视修身做人，重视坚守礼制，这些事情，不能仅靠规则与行政管理，更要靠心灵与情感的培育引领塑造，所以孔子十分注重也十分擅长通过文艺对你感染教化。

2.2 子曰："《诗》三百，一言以蔽之，曰：'思无邪。'"

3.8 子夏问曰："'巧笑倩兮，美目盼兮，素以为绚兮。'何谓也？"子曰："绘事后素。"曰："礼后乎？"子曰："起予者商也！始可与言《诗》已矣。"

3.20 子曰："《关雎》，乐而不淫，哀而不伤。"

3.23 子语鲁大师乐，曰："乐其可知也：始作，翕如也；从之，纯如也，皦如也，绎如也，以成。"

3.25 子谓《韶》："尽美矣，又尽善也。"谓《武》："尽美矣，未尽善也。"

7.14 子在齐闻《韶》，三月不知肉味，曰："不图为乐之至于斯也。"

8.15 子曰："师挚之始，《关雎》之乱，洋洋乎盈耳哉！"

10.27 色斯举矣，翔而后集。曰："山梁雌雉，时哉时哉！"子路共之，三嗅而作。

16.13 陈亢问于伯鱼曰："子亦有异闻乎？"对曰："未也。尝独立，鲤趋而过庭。曰：'学诗乎？'对曰：'未也。''不学诗，无以言。'鲤退而学诗。他日又独立，鲤趋而过庭。曰：'学礼乎？'对曰：'未也。''不学礼，无以立。'鲤退而学礼。"闻斯二者。陈亢退而喜曰："问一得三，闻诗，闻礼，又闻君子之远其子也。"

17.4 子之武城，闻弦歌之声。夫子莞尔而笑，曰："割鸡焉用牛刀？"子游对曰："昔者偃也闻诸夫子曰：'君子学道则爱人，小人学道则易使也。'"子曰："二三子！偃之言是也。前言戏之耳。"

17.8 子曰："由也！女闻六言六蔽矣乎？"对曰："未也。""居！吾语女。好仁不好学，其蔽也愚；好知不好学，其蔽也荡；好信不好学，其蔽也贼；好直不好学，其蔽也绞；好勇不好学，其蔽也乱；好刚不好学，其蔽也狂。"

17.9 子曰："小子何莫学夫《诗》？诗，可以兴，可以观，可以群，可以怨。迩之事父，远之事君；多识于鸟兽草木之名。"

17.10 子谓伯鱼曰："女为《周南》《召南》矣乎？人而不为《周南》《召南》，其犹正墙面而立也与？"

六　担当与使命

中国历史上有比孔子更忠烈的人，更有才华的人，事功更伟大的人，经历更丰富更戏剧化的人，但是没有什么人比他的精神脉络更久远，比他的教化影响更广泛，比他的思想原则更平淡无奇却又深得人心。

近现代以来，我们没有少折腾孔子与《论语》。历史证明，他们经得起折腾。

孔子从来是有追求、有担当、有坚守的。他成为圣人，是历史事实。他令国人并不满足，是近现代的事实。最近又红了起来，是当下的事实。他本人从未摆出圣人的架势，相反他确认自己的无知，也是无疑的事实，都不用争。

焦点在于这样一个不吹擂、不喊闹、不唬人的人成了至圣先师，成了万世师表，成了中华民族的文化标志，自古已然，于今仍旧。这是国情文化，这是文化国情，这是中国特色，这是我们必须正视，必须温习，必须消化，也必须有所发展创新开拓的宝贵的精神资源。

3.24 仪封人请见，曰："君子之至于斯也，吾未尝不得见也。"从者见之。出曰："二三子何患于丧乎？天下之无道也久矣，天将以夫子为木铎。"

4.8 子曰："朝闻道，夕死可矣。"

4.9 子曰："士志于道，而耻恶衣恶食者，未足与议也。"

4.15 子曰："参乎！吾道一以贯之。"曾子曰："唯。"子出，门人问曰："何谓也？"曾子曰："夫子之道，忠恕而已矣。"

5.13 子贡曰："夫子之文章，可得而闻也；夫子之言性与天道，不可得而闻也。"

5.26 颜渊、季路侍。子曰："盍各言尔志？"子路曰："愿车马衣轻裘与朋友共，敝之而无憾。"颜渊曰："愿无伐善，无施劳。"子路曰："愿闻子之志。"子曰："老者安之，朋友信之，少者怀之。"

6.6 子谓仲弓曰："犁牛之子骍且角，虽欲勿用，山川其舍诸？"

6.19 子曰："人之生也直，罔之生也幸而免。"

7.1 子曰："述而不作，信而好古，窃比于我老彭。"

7.2 子曰："默而识之，学而不厌，诲人不倦，何有于我哉？"

7.3 子曰："德之不修，学之不讲，闻义不能徙，不善不能改，是吾忧也。"

7.4 子之燕居，申申如也，夭夭如也。

7.5 子曰："甚矣吾衰也！久矣吾不复梦见周公。"

7.12 子曰："富而可求也，虽执鞭之士，吾亦为之。如不可求，从吾所好。"

7.13 子之所慎：齐、战、疾。

7.15 冉有曰："夫子为卫君乎？"子贡曰："诺，吾将问之。"入，曰："伯夷、叔齐何人也？"曰："古之贤人也。"曰："怨乎？"曰："求仁而得仁，又何怨？"出，曰："夫子不为也。"

7.16 子曰："饭疏食饮水，曲肱而枕之，乐亦在其中矣。不义而富且贵，于我如浮云。"

7.17 子曰："加我数年，五十以学《易》，可以无大过矣。"

7.18 子所雅言，《诗》《书》、执礼，皆雅言也。

7.23 子曰："天生德于予，桓魋其如予何？"

7.24 子曰："二三子以我为隐乎？吾无隐乎尔。吾无行而不与二三子者，是丘也。"

7.26 子曰："圣人，吾不得而见之矣；得见君子者，斯可矣。"子曰："善人，吾不得而见之矣；得见有恒者，斯可矣。亡而为有，虚而为盈，约而为泰，难乎有恒矣。"

7.27 子钓而不纲，弋不射宿。

7.32 子与人歌而善，必使反之，而后和之。

7.33 子曰："文，莫吾犹人也。躬行君子，则吾未之有得。"

7.34 子曰："若圣与仁，则吾岂敢？抑为之不厌，诲人不倦，则可谓云尔已矣。"公西华曰："正唯弟子不能学也。"

7.38 子温而厉，威而不猛，恭而安。

8.12 子曰："三年学，不至于谷，不易得也。"

9.1 子罕言利与命与仁。

9.2 达巷党人曰："大哉孔子！博学而无所成名。"子闻之，谓门弟子曰："吾何执？执御乎？执射乎？吾执御矣。"

9.4 子绝四：毋意，毋必，毋固，毋我。

9.5 子畏于匡，曰："文王既没，文不在兹乎？天之将丧斯文也，后死者不得与于斯文也；天之未丧斯文也，匡人其如予何？"

9.6 太宰问于子贡曰："夫子圣者与？何其多能也？"子贡曰："固天纵之将圣，又多能也。"子闻之，曰："太宰知我乎？吾少也贱，故多能鄙事。君子多乎哉？不多也。"

9.7 牢曰："子云：'吾不试，故艺。'"

9.8 子曰："吾有知乎哉？无知也。有鄙夫问于我，空空如也。我叩其两端而竭焉。"

9.9 子曰："凤鸟不至，河不出图，吾已矣夫！"

9.11 颜渊喟然叹曰："仰之弥高，钻之弥坚。瞻之在前，忽焉在后。夫子循循然善诱人，博我以文，约我以礼，欲罢不能。既竭吾才，如有所立卓尔。虽欲从之，末由也已。"

9.12 子疾病，子路使门人为臣。病间。曰："久矣哉，由之行诈也！无臣而为有臣。吾谁欺？欺天乎？且予与其死于臣之手也，无宁死于二三子之手乎。且予纵不得大葬，予死于道路乎？"

9.13 子贡曰："有美玉于斯，韫椟而藏诸？求善贾而沽诸？"子曰："沽之哉！沽之哉！我待贾者也。"

9.14 子欲居九夷。或曰："陋，如之何？"子曰："君子居之，何陋之有？"

9.15 子曰："吾自卫反鲁，然后乐正，《雅》《颂》各得其所。"

9.17 子在川上曰："逝者如斯夫！不舍昼夜。"

9.18 子曰："吾未见好德如好色者也。"

9.19 子曰："譬如为山，未成一篑，止，吾止也。譬如平地，虽覆一篑，进，吾往也。"

11.12 季路问事鬼神。子曰："未能事人，焉能事鬼？"曰："敢问死。"曰："未知生，焉知死？"

11.26 子路、曾皙、冉有、公西华侍坐。子曰："以吾一日长乎尔，毋吾以也。居则曰：'不吾知也！'如或知尔，则何以哉？"子路率尔而对曰："千乘之国，摄乎大国之间，加之以师旅，因之以饥馑；由也为之，比及三年，可使有勇，且知方也。"夫子哂之。"求！尔何如？"对曰："方六七十，如五六十，求也为之，比及三年，可使足民。如其礼乐，以俟君子。""赤！尔何如？"对曰："非曰能之，愿学焉。宗庙之事，如会同，端章甫，愿为小相焉。""点！尔何如？"鼓瑟希，铿尔，舍瑟而作，对曰："异乎三子者之撰。"子曰："何伤乎？亦各言其志也。"曰："莫春者，春服既成，冠者五六人，童子六七人，浴乎沂，风乎舞雩，咏而归。"夫子喟然叹曰："吾与点也！"三子者出，曾皙后。曾皙曰："夫三子者之言何如？"子曰："亦各言其志也已矣。"曰："夫子何哂由也？"曰："为国以礼，其言不让，是故哂之。""唯求则非邦也与？""安见方六七十如五六十而非邦也者？""唯赤则非邦也与？""宗庙会同，非诸侯而何？赤也为之小，孰能为之大？"

12.13 子曰："听讼，吾犹人也。必也使无讼乎。"

13.4 樊迟请学稼。子曰："吾不如老农。"请学为圃。曰："吾不如老圃。"樊迟出。子曰："小人哉，樊须也！上好礼，则民莫敢不敬；上好义，则民莫敢不服；上好信，则民莫敢不用情。夫如是，则四方之民襁负其子而至矣，焉用稼？"

13.5 子曰："诵《诗》三百，授之以政，不达；使于四方，不能专对；虽多，亦奚以为？"

13.10 子曰："苟有用我者，期月而已可也，三年有成。"

13.14 冉子退朝。子曰："何晏也？"对曰："有政。"子曰："其事也。如有政，虽不吾以，吾其与闻之。"

14.2 子曰："士而怀居，不足以为士矣。"

14.13 子问公叔文子于公明贾曰："信乎，夫子不言，不笑，不取乎？"公明贾对曰："以告者过也。夫子时然后言，人不厌其言；乐然后笑，人不厌其笑；义然后取，人不厌其取。"子曰："其然？岂其然乎？"

14.28 子曰："君子道者三，我无能焉：仁者不忧，知者不惑，勇者不惧。"子贡曰："夫子自道也。"

14.32 微生亩谓孔子曰："丘何为是栖栖者与？无乃为佞乎？"孔子曰："非敢为佞也，疾固也。"

14.33 子曰："骥不称其力，称其德也。"

14.35 子曰："莫我知也夫！"子贡曰："何为其莫知子也？"子曰："不怨天，不尤人。下学而上达，知我者其天乎！"

14.36 公伯寮愬子路于季孙。子服景伯以告，曰："夫子固有惑志于公伯寮，吾力犹能肆诸市朝。"子曰："道之将行也与，命也。道之将废也与，命也。公伯寮其如命何！"

14.37 子曰："贤者辟世，其次辟地，其次辟色，其次辟言。"子曰："作者七人矣。"

14.38 子路宿于石门。晨门曰："奚自？"子路曰："自孔氏。"曰："是知其不可而为之者与？"

14.39 子击磬于卫，有荷蒉而过孔氏之门者，曰："有心哉，击磬乎！"既而曰："鄙哉！硁硁乎！莫己知也，斯已而已矣。深则厉，浅则揭。"子曰："果哉！末之难矣。"

15.1 卫灵公问陈于孔子。孔子对曰："俎豆之事，则尝闻之矣；军旅之事，未之学也。"明日遂行。

15.2 在陈绝粮，从者病，莫能兴。子路愠见曰："君子亦有穷乎？"子曰："君子固穷，小人穷斯滥矣。"

15.3 子曰："赐也，女以予为多学而识之者与？"对曰："然。非与？"曰："非也，予一以贯之。"

15.4 子曰："由！知德者鲜矣。"

15.25 子曰："吾之于人也，谁毁谁誉？如有所誉者，其有所试矣。斯民也，三代之所以直道而行也。"

15.26 子曰："吾犹及史之阙文也。有马者借人乘之，今亡矣夫！"

15.27 子曰："巧言乱德。小不忍，则乱大谋。"

15.28 子曰："众恶之，必察焉；众好之，必察焉。"

15.40 子曰："道不同不相为谋。"

15.41 子曰："辞达而已矣。"

15.42 师冕见，及阶，子曰："阶也。"及席，子曰："席也。"皆坐，子告之曰："某在斯，某在斯。"师冕出。子张问曰："与师言之道与？"子曰："然。固相师之道也。"

16.1 季氏将伐颛臾。冉有、季路见于孔子曰："季氏将有事于颛臾。"

孔子曰："求！无乃尔是过与？夫颛臾，昔者先王以为东蒙主，且在邦域之中矣，是社稷之臣也。何以伐为？"

冉有曰："夫子欲之，吾二臣者皆不欲也。"

孔子曰："求！周任有言曰：'陈力就列，不能者止。'危而不持，颠而不扶，则将焉用彼相矣？且尔言过矣。虎兕出于柙，龟玉毁于椟中，是谁之过与？"

冉有曰："今夫颛臾，固而近于费。今不取，后世必为子孙忧。"

孔子曰："求！君子疾夫舍曰欲之，而必为之辞。丘也闻有国有家者，不患寡而患不均，不患贫而患不安。盖均无贫，和无寡，安无倾。夫如是，故远人不服，则修文德以来之。既来之，则安之。今由与求也，相夫子，远人不服而不能来也；邦分崩离析而不能守也；而谋动干戈于邦内。吾恐季孙之忧，不在颛臾，而在萧墙之内也。"

16.2 孔子曰："天下有道，则礼乐征伐自天子出；天下无道，则礼乐征伐自诸侯出。自诸侯出，盖十世希不失矣；自大夫出，五世希不失矣；陪臣执国命，三世希不失矣。天下有道，则政不在大夫。天下有道，则庶人不议。"

16.3 孔子曰："禄之去公室，五世矣；政逮于大夫，四世矣；故夫三桓之子孙，微矣。"

16.4 孔子曰："益者三友，损者三友。友直，友谅，友多闻，益矣。友便辟，友善柔，友便佞，损矣。"

16.5 孔子曰："益者三乐，损者三乐。乐节礼乐，乐道人之善，乐多贤友，益矣。乐骄乐，乐佚游，乐宴乐，损矣。"

17.1 阳货欲见孔子，孔子不见，归孔子豚。孔子时其亡也，而往拜之。遇诸涂。谓孔子曰："来！予与尔言。"曰："怀其宝而迷其邦，可谓仁乎？"曰："不可。""好从事而亟失时，可谓知乎？"曰："不可。""日月逝矣，岁不我与。"孔子曰："诺。吾将仕矣。"

17.5 公山弗扰以费畔，召，子欲往。子路不说，曰："末之也，已，何必公山氏之之也？"子曰："夫召我者，而岂徒哉？如有用我者，吾其为东周乎？"

17.7 佛肸召，子欲往。子路曰："昔者由也闻诸夫子曰：'亲于其身为不善者，君子不入也。'佛肸以中牟畔，子之往也，如之何？"子曰："然。有是言也。不曰坚乎，磨而不磷；不曰白乎，涅而不缁。吾岂匏瓜也哉？焉能系而不食？"

17.19 子曰："予欲无言。"子贡曰："子如不言，则小子何述焉？"子曰："天何言哉？四时行焉，百物生焉。天何言哉？"

17.20 孺悲欲见孔子，孔子辞以疾。将命者出户，取瑟而歌，使之闻之。

18.3 齐景公待孔子曰："若季氏，则吾不能；以季、孟之间待之。"曰："吾老矣，不能用也。"孔子行。

18.4 齐人归女乐，季桓子受之，三日不朝，孔子行。

18.5 楚狂接舆歌而过孔子曰："凤兮凤兮！何德之衰？往者不可谏，来者犹可追。已而！已而！今之从政者殆而！"孔子下，欲与之言。趋而辟之，不得与之言。

18.6 长沮、桀溺耦而耕，孔子过之，使子路问津焉。长沮曰：

"夫执舆者为谁？"子路曰："为孔丘。"曰："是鲁孔丘与？"曰：
"是也。"曰："是知津矣。"问于桀溺。桀溺曰："子为谁？"曰：
"为仲由。"曰："是鲁孔丘之徒与？"对曰："然。"曰："滔滔者天
下皆是也，而谁以易之？且而与其从辟人之士也，岂若从辟世之士
哉？"耰而不辍。子路行以告。夫子怃然曰："鸟兽不可与同群，吾非
斯人之徒与而谁与？天下有道，丘不与易也。"

18.7 子路从而后，遇丈人，以杖荷蓧。子路问曰："子见夫子
乎？"丈人曰："四体不勤，五谷不分，孰为夫子？"植其杖而芸。子
路拱而立。止子路宿，杀鸡为黍而食之，见其二子焉。明日，子路行
以告。子曰："隐者也。"使子路反见之。至，则行矣。子路曰："不
仕无义。长幼之节，不可废也；君臣之义，如之何其废之？欲洁其
身，而乱大伦。君子之仕也，行其义也。道之不行，已知之矣。"

19.22 卫公孙朝问于子贡曰："仲尼焉学？"子贡曰："文、武之
道，未坠于地，在人。贤者识其大者，不贤者识其小者。莫不有文武
之道焉。夫子焉不学？而亦何常师之有？"

19.23 叔孙武叔语大夫于朝，曰："子贡贤于仲尼。"子服景伯以
告子贡。子贡曰："譬之宫墙，赐之墙也及肩，窥见室家之好。夫子
之墙数仞，不得其门而入，不见宗庙之美，百官之富。得其门者或寡
矣。夫子之云，不亦宜乎！"

19.24 叔孙武叔毁仲尼。子贡曰："无以为也！仲尼不可毁也。他
人之贤者，丘陵也，犹可逾也；仲尼，日月也，无得而逾焉。人虽欲
自绝，其何伤于日月乎？多见其不知量也。"

19.25 陈子禽谓子贡曰："子为恭也，仲尼岂贤于子乎？"子贡
曰："君子一言以为知，一言以为不知，言不可不慎也。夫子之不可
及也，犹天之不可阶而升也。夫子之得邦家者，所谓立之斯立，道之
斯行，绥之斯来，动之斯和。其生也荣，其死也哀。如之何其可
及也？"

七　知人论世

《论语》中有不少孔子对自己的学生与各色人物的评论，言简意赅，一语中的，品格德性优先，兼顾才能事功，堪称知人，善于概括描述，也善于对症下药，培育引领。

许多名言格言，如"无欲则刚""后生可畏""道不行，乘桴浮于海""听其言而观其行"……都是源于孔子对门徒与他人的评论。其中多数说法，至今可以通用。

5.4 子贡问曰："赐也何如？"子曰："女，器也。"曰："何器也？"曰："瑚琏也。"

5.5 或曰："雍也仁而不佞。"子曰："焉用佞？御人以口给，屡憎于人。不知其仁，焉用佞？"

5.6 子使漆彫开仕。对曰："吾斯之未能信。"子说。

5.7 子曰："道不行，乘桴浮于海。从我者，其由与？"子路闻之喜。子曰："由也好勇过我，无所取材。"

5.8 孟武伯问："子路仁乎？"子曰："不知也。"又问。子曰："由也，千乘之国，可使治其赋也，不知其仁也。""求也何如？"子曰："求也，千室之邑，百乘之家，可使为之宰也，不知其仁也。""赤也何如？"子曰："赤也，束带立于朝，可使与宾客言也，不知其仁也。"

5.9 子谓子贡曰："女与回也孰愈？"对曰："赐也何敢望回？回也闻一以知十，赐也闻一以知二。"子曰："弗如也；吾与女弗如也。"

5.10 宰予昼寝。子曰："朽木不可雕也，粪土之墙不可杇也；于予与何诛？"子曰："始吾于人也，听其言而信其行；今吾于人也，听其言而观其行。于予与改是。"

5.11 子曰："吾未见刚者。"或对曰："申枨。"子曰："枨也欲，焉得刚？"

5.17 子曰："晏平仲善与人交，久而敬之。"

5.18 子曰："臧文仲居蔡，山节藻棁，何如其知也？"

5.22 子在陈，曰："归与！归与！吾党之小子狂简，斐然成章，不知所以裁之。"

5.23 子曰："伯夷、叔齐不念旧恶，怨是用希。"

5.24 子曰："孰谓微生高直？或乞醯焉，乞诸其邻而与之。"

5.25 子曰："巧言、令色、足恭，左丘明耻之，丘亦耻之。匿怨而友其人，左丘明耻之，丘亦耻之。"

6.1 子曰："雍也，可使南面。"

6.2 仲弓问子桑伯子。子曰："可也，简。"仲弓曰："居敬而行简，以临其民，不亦可乎？居简而行简，无乃大简乎？"子曰："雍之言然。"

6.3 哀公问："弟子孰为好学？"孔子对曰："有颜回者好学，不迁怒，不贰过。不幸短命死矣。今也则亡，未闻好学者也。"

6.7 子曰："回也，其心三月不违仁，其余则日月至焉而已矣。"

6.8 季康子问："仲由可使从政也与？"子曰："由也果，于从政乎何有？"曰："赐也可使从政也与？"曰："赐也达，于从政乎何有？"曰："求也可使从政也与？"曰："求也艺，于从政乎何有？"

6.9 季氏使闵子骞为费宰。闵子骞曰："善为我辞焉！如有复我者，则吾必在汶上矣。"

6.10 伯牛有疾，子问之，自牖执其手，曰："亡之，命矣夫！斯人也而有斯疾也！斯人也而有斯疾也！"

9.20 子曰："语之而不惰者，其回也与！"

9.21 子谓颜渊曰："惜乎！吾见其进也，未见其止也。"

9.23 子曰："后生可畏，焉知来者之不如今也？四十、五十而无闻焉，斯亦不足畏也已。"

9.27 子曰："衣敝缊袍，与衣狐貉者立，而不耻者，其由也与？'不忮不求，何用不臧？'"子路终身诵之。子曰："是道也，何足以臧？"

11.2 子曰："从我于陈、蔡者，皆不及门也。"

11.3 德行：颜渊、闵子骞、冉伯牛、仲弓。言语：宰我、子贡。政事：冉有、季路。文学：子游、子夏。

11.4 子曰："回也非助我者也，于吾言无所不说。"

11.5 子曰："孝哉，闵子骞！人不间于其父母昆弟之言。"

11.6 南容三复"白圭"，孔子以其兄之子妻之。

11.7 季康子问："弟子孰为好学？"孔子对曰："有颜回者好学，不幸短命死矣！今也则亡。"

11.9 颜渊死。子曰："噫！天丧予！天丧予！"

11.10 颜渊死，子哭之恸。从者曰："子恸矣！"曰："有恸乎？非夫人之为恸而谁为？"

11.14 鲁人为长府。闵子骞曰："仍旧贯，如之何？何必改作？"子曰："夫人不言，言必有中。"

11.15 子曰："由之瑟奚为于丘之门？"门人不敬子路。子曰："由也升堂矣，未入于室也。"

11.17 季氏富于周公，而求也为之聚敛而附益之。子曰："非吾徒也。小子鸣鼓而攻之可也。"

11.18 柴也愚，参也鲁，师也辟，由也喭。

11.19 子曰："回也其庶乎，屡空。赐不受命，而货殖焉，亿则屡中。"

11.23 子畏于匡，颜渊后。子曰："吾以女为死矣。"曰："子在，回何敢死？"

11.24 季子然问："仲由、冉求可谓大臣与？"子曰："吾以子为异之问，曾由与求之问。所谓大臣者，以道事君，不可则止。今由与求也，可谓具臣矣。"曰："然则从之者与？"子曰："弑父与君，亦不从也。"

11.25 子路使子羔为费宰。子曰："贼夫人之子。"子路曰："有民人焉，有社稷焉，何必读书，然后为学?"子曰："是故恶夫佞者。"

12.12 子曰："片言可以折狱者，其由也与?"子路无宿诺。

13.8 子谓卫公子荆："善居室。始有，曰：'苟合矣。'少有，曰：'苟完矣。'富有，曰：'苟美矣。'"

14.11 子曰："孟公绰为赵、魏老则优，不可以为滕、薛大夫。"

14.12 子路问成人。子曰："若臧武仲之知，公绰之不欲，卞庄子之勇，冉求之艺，文之以礼乐，亦可以为成人矣。"曰："今之成人者何必然? 见利思义，见危授命，久要不忘平生之言，亦可以为成人矣。"

14.29 子贡方人。子曰："赐也，贤乎哉? 夫我则不暇。"

15.14 子曰："臧文仲其窃位者与! 知柳下惠之贤而不与立也。"

16.12 齐景公有马千驷，死之日，民无德而称焉。伯夷、叔齐饿于首阳之下，民到于今称之。其斯之谓与?

18.1 微子去之，箕子为之奴，比干谏而死。孔子曰："殷有三仁焉。"

18.2 柳下惠为士师，三黜。人曰："子未可以去乎?"曰："直道而事人，焉往而不三黜? 枉道而事人，何必去父母之邦?"

18.8 逸民：伯夷、叔齐、虞仲、夷逸、朱张、柳下惠、少连，子曰："不降其志，不辱其身，伯夷、叔齐与!"谓："柳下惠、少连，降志辱身矣，言中伦，行中虑，其斯而已矣。"谓："虞仲、夷逸，隐居放言，身中清，废中权。我则异于是，无可无不可。"

18.9 大师挚适齐，亚饭干适楚，三饭缭适蔡，四饭缺适秦，鼓方叔入于河，播鼗武入于汉，少师阳、击磬襄入于海。

18.10 周公谓鲁公曰："君子不施其亲，不使大臣怨乎不以。故旧无大故，则不弃也。无求备于一人!"

18.11 周有八士：伯达、伯适、仲突、仲忽、叔夜、叔夏、季随、季騧。

19.15 子游曰："吾友张也为难能也，然而未仁。"

19.16 曾子曰："堂堂乎张也，难与并为仁矣。"

19.20 子贡曰："纣之不善，不如是之甚也。是以君子恶居下流，天下之恶皆归焉。"

19.21 子贡曰："君子之过也，如日月之食焉；过也，人皆见之；更也，人皆仰之。"

关于孔子的十九个问答

1. 问: 孔子是不是圣人?

答: 孔子本人并不认为自己是圣人,他强调自己不是生而知之者,他少也贱(小时家境贫贱),所以多能鄙事。我们无法给圣人下一个定义,认为他们在生理上智力上心性上有什么与普通人大不一样的地方。从这个意义上,我们说明白孔子并非圣人,理所当然。

汉语中对于一些宗教的奠基人有时也称为圣人,这样的圣人是造物主的使者,他们起了连接终极与现时、神界与人界、彼岸与此岸的作用,孔子无意担当这样的角色。

但孔子有一种巨大的使命感,他是具有一个使命、一个天命的:复兴周礼周文化,挽救"礼崩乐坏"的乱世局面。即使在遇到了困厄,如宋国司马桓魋要杀孔,孔子说: "天生德于予,桓魋其如予何?"还有孔子在匡地被囚,但想到上天给他的接续文脉的使命,他无所畏惧,他说:"文王既没,文不在兹乎?天之将丧斯文也,后死者不得与于斯文也;天之未丧斯文也,匡人其如予何?",他认为除非是上天要丧斯文,否则匡人奈何不了他。就是说,他不是圣人,但他是上天的选民,是天命天意的承载者,是接续文脉的唯一人选,他遇险遇难,就是天要丧斯文,谁也没办法;而只要天还没打算把斯文灭绝,他就一定能逢凶化吉,遇难呈祥。

很难说孔子的话是自我迷信还是切合天道。因为毕竟是他而不是旁人成为中华斯文、中华文脉的代表。老子可以是太上老君，庄子可以是南华真人，孟子可以是亚圣，韩愈可以是文起八代之衰……但中华斯文的总代表只能是孔丘。

历史上有许多起过关键作用的人物，确是碰到过千钧一发的大灾难，硬是挺过来了，谁能说得清是一种什么偶然机遇使不可能发生的事情发生了，而使本来会发生的事情硬是发生不了。如果说，这些情势的发生只是由于概率论，那么概率就是天命，数学就是上帝的意志。

从这个意义上，如果说孔子具有某些圣人感、圣人意识，乃至是多半个圣人，并不过分。

○ 2. 问：这么说，孔子就是当真的圣人了吗？

答：倒也不是。从历史上看，是否圣人不完全决定于个人态度，也不取决于今人以现代观点如何看孔子。孔子被尊为圣人，乃至被崇拜为圣人，是历史的不争事实与中华斯文史的一个重点。孔子的圣人化，是后世权力系统的举措造成的，更是他诸种主张说法的深得人心、深入人心造成的。他的主张被封建权力系统所用是事实，也为中华斯文所用，为社会带来某种平衡和睦与稳定，至少是带来这些希望，因而有利于发展进步与民人的福祉，这也是事实。朱熹的理学曾经给朝廷带来压力，以至被称作"伪学魁首"，几乎惹出杀身之祸，便是明证。

权力厌恶斯文与权力借重斯文，这都是中华历史上有过的现象，都是重要的中华国情。

秦始皇就是痛恨儒家的，因为他大致是靠法家一套，注重富国强兵，注重权力与谋略运用，灭六国而统一天下的。他讨厌儒生对权力系统的摇唇鼓舌，说三道四，搞乱思想，影响国政。所以他要搞焚书坑儒，他的焚书坑儒针对的就是儒家。

西汉开始，什么罢黜百家独尊儒术啦，什么至圣先师文成皇帝啦，什么圣人啦，千古一人啦，什么大哉孔子、孔子之前既无孔子、孔子之后更无孔子（大实话还是废话？）啦，尊孔祭孔啦，都出来啦。孔子在中国圣人了几千年了，也确实起了圣人的准神祇作用，更起了道德教化与文化凝聚统一的作用，耳濡目染、陶冶培育、绵绵不绝，至今又日趋红火起来。谁又能否定得了呢？

◦ 3. 问: 这么说，孔子只是被圣人了一把或者好几把吗？

答：如果仅仅被圣人一把，孔子是圣人化不了的。我们都有这样的经验，尊长提倡，大树特树，行政命令，组织手段，覆盖占领，效果未尽理想。没有特殊的精神优胜与斯文魅力，谁也不可能长期屹立于圣人的制高点上。

问题在于，孔子的以仁为核心、一以贯之的道德范畴体系，他的从家庭伦理出发，从自然而然的孝悌出发，做到忠恕、中庸、和谐、恭谨、诚信、笃敬、治国、平天下的浩荡推理，他的从心性到礼制，从仁爱到义理，再到正名义正名位，再到秩序……由内及外、由小及大的堂堂思路，他的重学习、重教化、重义轻利、情笃气正、修齐治平……已经广泛为中华民族各层次各行业人民所接受。几千年来，至少在理论上、宣示上，在官方活动中，我们多半是以儒家思想为主导，建国立国拢聚人心于这样一个古老的文明大国，历经磨难而坚守至现代的。孔子之学，儒家之学，不论一路走来，被多少糊涂人扭曲与浸染，为多少朝廷权力所用，不论因时间的冲刷如何褪色黯淡，也不论被多少忧患人士质疑批评反对，它仍然是我国精神生活与价值追求的最大公约数。

◦ 4. 问: 但是历史上批孔的观点也是一脉相传，蔚为大观呀。

答：当然。任何一种理念，都没有百分之百地实现的可能。文化之所以是文化，既有它的现实性、生活性、可操作性，又有它的方向性、理想性、无穷性。各种伟大宗教、柏拉图的理想国、康德的"绝对命令"莫不如此。这是一。

任何一种理念只要是用话说出来，用字写出来，说得越好就越难兑现，也就越有讨论辩驳乃至攻击辱骂的空间。而如果你提倡的理念实现起来易如反掌，例如你的理论政策主张只是按时上下班之类，也就不成其为理念。这是二。

在革命造反起义夺取政权高潮中，强调秩序与谦让的孔子学说显得不合时宜，当然。这是三。

不同时代，不同地域，不同传统，各有其侧重与"侧轻"乃至缺陷与破绽。没有任何理论表述是绝对无懈可击的。绝对无懈可击的理论，无法发展革新，只能变为陈腐的教条，甚至会变成社会的公害。例如今人看起来，孔子当年少有对于竞争、发展、创新的论述与追求，留下了大的缺陷。这其实是孔学的进一步大发展的可能，而不是他的学理的毒瘤。这是四。

中国是个大而古的国家，中国传统文化中，不乏相悖的理念与说法。即使孔子一个人，种种教诲也是各有侧重，不尽相同。如他强调谦让，又强调当仁不让。历史上中华文化强调忠义，但又有良禽择木而栖、良臣择主而事的说法。而理念云云，是一种越说越有理的公器。例如老庄提倡道法自然、无为而治，孔子提倡求仁得仁、知其不可而为之，二者大相径庭，就大有争论的看头。谈理念重理念有时会争成一锅粥。孔子说了，应该是君子之争。这是五。

哪怕再说到六七八，孔子在我国仍然是成功的。靠理念吃饭的知识分子、成功者会被尊为圣人，鲁迅也在一定程度上被圣人过。

失败者则被目为疯癫、狂傲、忤逆，更糟糕的成为妖孽邪魔反叛。想想，孔子的道德主义、仁政主义、王道主义、温良恭俭让作风、君子之风，在老百姓中绝对比实力主义、苛政主义、霸道主义更受欢迎，绝对比凶恶乖戾、好勇斗狠、阴谋花招的作风更受欢迎。

◦ 5. 问: 中国的传统文化中，不仅有儒家学说，还有墨、道、名、法、纵横……诸子百家。据说其中老子的《道德经》发行量之多仅次于《圣经》，受到黑格尔的推崇，而孔子的学说被黑格尔所轻视。再有就是在"文革"时期搞过评法批儒。法家曾经被宣扬，人们为什么还这样重视孔学儒学呢?

答：从学术角度、智力发扬的角度来看，也许老子的学说更振聋发聩，更形而上与个性化；庄子的文字更富有想象力与文采，庄子的见解更高超更出神入化；法家的说法更务实更管用，尤其是切合权力场上竞争求胜的需要；墨家的摩顶放踵更富有苦行圣徒与献身精神……但是孔子的说法更亲和，更让人觉得舒服，更好接受。从人人皆有的孝悌之情说起，延伸到忠恕，延伸到不犯上作乱，延伸到敬笃，延伸到诚信，延伸到恭谨敬业，延伸到文质彬彬，延伸到礼乐的规范与教化陶冶……真是越说越好，越想越美。而且孔子的学说相对比较实事求是，比较能从我做起，较少强势霸气与高深堂奥范儿。

◦ 6. 问: 您说的孔子的说法更使人觉得舒服，是比较而言吧……

答：孔子的主张是发掘人性中美好的一面，脉脉含情的一面，孝悌忠恕的一面，以德为先的一面。这就比法家的赤裸裸的功利性，比法家面对人之好利，正视并充分利用人的对于刑罚惩戒的惧怕等叫人舒服得多。孔子主张仁政，主张为政以德，主张通过礼数礼制自幼就培养出君君臣臣父父子子的规范，譬如北辰居其所而众星共之，这样的说法也比法家时不时露出的莫测高深、冷酷乃至狰狞面目可爱。从切近看，法家直截了当有效，但是不可爱。孔子的学说主张乐山乐水、乐以忘忧，人不堪其忧、我不改其乐，还有饭疏食饮水、曲肱而枕之，乐亦在其中矣，这也比主张苦行的墨子容易普及。孔子主张学了就要践行，主张反求诸己，主张孝悌忠信、礼义廉耻（后人所谓的四维八纲）、恭宽信敏惠或温良恭俭让；这也比老子玄妙的"道可道，非常道"与"无为而无不为"，庄子的齐物、无待、无用之用、混沌、玄珠、象罔……更贴近实际贴近生活贴近君子得多。

我早在一九八一年发表的小说《惶惑》里，就提出了可爱与有效的相悖问题。孔子的学说情感性强，法家的学说功利性强。

○ 7. 问: 那你说的亲和性又是什么意思呢?

答：亲和与舒服分不开。孔子的以家庭关系为依据的人伦学说，以仁为基础的社会构建路线图，形成了善良仁义纯真恭敬诚信的美德花坛，怎么可能不令人感到温暖甘美有加呢?

让我们再把孔学与老庄比较一下。如果你想享受智力的飞扬与陌生、排众与宏伟，你应该研读《道德经》，它时而让你匍匐及地。而你如果要享受心如涌泉，意如飘风的潇洒与神奇，享受御风而行的仙气灵气，当然要沉醉在《庄子》里。孔子不然，入情入理，循循善诱，娓娓道来，生活性、人民性、合理性、简明性、人情味；同时具有劝善性、理想性、优雅性、整体性、君子性、士绅性、文化性。简括说来，儒家学说表现了斯文的魅力与优胜。孔子依靠的不是神奇与天才，不是挑战的热度，他靠的是人类，是中华民族对于文化与道德的崇敬与向往。孔子之为后世接受，显示的是中华民族对于斯文的认同与爱惜，是中华民族最可取的文化特色。太久了，我们生疏与怠慢了我们的斯文传统。

○ **8.** 问: 但是也有了不起的人物指出, 中国几千年历史, 除西汉文景之治外并没有几个帝王遵循儒学的仁政之说并取得成功。其实历代君王学的都是秦始皇, 都是权力政治。权力是政治家的目标也是政治家的手段, 不重视权力的争夺、保持、运作, 满口仁义道德, 以宋襄公的蠢猪式的仁义道德理念治国治军, 不搞半渡攻敌, 而是待楚军渡河完成后再打, 最后只能是吃败仗, 自取灭亡。还有更难听的说法, 五四时期不乏激愤之论: 说中国过去许多士人是"满口仁义道德, 一肚子男盗女娼"……回想一下鲁迅的小说《肥皂》吧, 您!

答: 这里的第一个要点叫作"礼失求诸野", 侯国之间、权力中人之间, 常常会陷入明争暗斗、你死我活, 直到血腥屠杀, 再美妙的理念也救不了急。但在野的小民呢, 反而觉得孝悌忠信礼义廉耻也好, 仁义礼智信也好, 温良恭俭让也好, "三省吾身""不亦说乎""乐山乐水""文质彬彬"实在是有助于协调与润滑人际关系, 说在嘴上也好听。即使是交个朋友, 处个邻居, 你不是也愿意找斯文一点的吗? 至今, 四野的农民们受儒家价值观道德观影响的程度也比城里大。

第二是孔子描绘的是一个理想图。这个理想图对治国平天下有利无害, 对民风培育社会风气有好处, 对权力系统的有效运转多数情况下有好处。理想图不等同于现实图景也不见得是坏事。有个理想比没有理想好, 有个标杆比没有标杆好。除非你搞价值排它、价值专制, 学司马昭的样, 以无父无君的罪名屠杀嵇康类人物。

第三个问题是, 汉以来, 孔子被越捧越高, 学术自由越来越少, 圣人之后, 再无圣人, 陈陈相因, 社会人文思想方面缺少根本性的突破与进步; 社会生活尤其是经济生活, 却不可能永远停留在一个点上。任何一种思想, 一种观念, 不管多么伟大, 多么如高山, 如日月, 时间长了不许发展变化, 不应对任何挑战, 不接受任何质疑, 不参与任何竞争冲撞对接, 不允许任何突破修正调整变化, 不汲取补充任何新思想新观念，只可注疏考证解说引用，成为一潭死水，必然开始变质，或成为装饰花瓶，或成为形式过场，或成为表面文章，或陈旧无趣、惹厌，或开始腐烂解体，至少渐渐引起审美疲劳，走向没落，难逃完蛋的下场。

但这只能由孔子的后人负责，由封建社会的打着儒家旗号的文化专制主义者们负责，由跟着起哄搞僵化、形式主义、浅薄庸俗化的愚人负责，无法由孔子本人负责。孔子的学说其实还算是经得起折腾，经得起考验，也预留了补充、反思、改善、更新的空间的。

◎ 9. 问：那么，儒学孔学，两千多年后已经衰微了，为什么近年来又日渐火了起来？

答：我还没有说完。第四个问题是，作为中国封建社会的主流意识形态，长期裹足不前，渐显"没世光景"，只消看看《红楼梦》就知道当时上层贵族中的礼崩乐坏、价值虚无、心口不一、百恶俱生、腐臭不堪的情景了——要不哪儿来的后来的旷日持久的大革命啊。《红楼梦》中人物，坚持儒学原则的只有贾政，但贾政面对贾府内外各种问题，一筹莫展，百无一用。

这个时候出现了外力猛击，一八四〇年鸦片战争以来，中华民族陷入生存危机、社会危机、政治危机与文化危机。经过无数曲折坎坷的路程，中国走上了自己的现代化之路、全面小康之路。三十多年来，阶级斗争的调门有所降低，恭喜发财与风水相面的陈词滥调难以充盈像中国这样的文化大国文化古国的精神生活，价值失范、人心不古、贪腐奢靡、坑蒙拐骗、无法无天的现象令上下忧虑。多方面地开拓发掘我们的精神资源、文化积累，滋养与支撑我们的人民生活，是极迫切的历史任务。

◦ 10. 问：你认为现在频频讲孔子，能起到对症下药、药到病除的作用吗？讲太多了孔子，会不会是从一九一九年的五四新文化运动退回民国乃至皇权时代呢？请看某部领导与众儿童穿上汉服背诵《三字经》或者《弟子规》的情景吧，您不觉得滑稽吗？

答：先继续说第五个问题。《论语》的语言比较生动、准确、正面、积极。与之相较，《墨子》的语言枯涩，老子的语言玄秘，庄子的语言飘洒，公孙龙的名言较劲，韩非的权经、智慧与阴暗危殆并存。

第六，儒学典籍当然重要，问题还在于儒学价值观已经渗透在诗词、戏曲、说部、弹唱等各种文艺作品之中。不关风化体，纵好也枉然。风化的标准基本上是儒学观念。就是儒家观念已经逐渐演变为古代中国人的核心价值观，虽然那个时候还没有核心价值一说。

忠孝节义、知恩图报、清正廉明、刚正不阿、秉公执法、善恶报应、以德为先；忠厚传家久，诗书继世长；守身如执玉，积德胜遗金；有容乃大，无欲则刚；书山有路勤为径，学海无涯苦作舟……这本身就表明了儒学在民间的力量，力量推动弘扬，弘扬增益力量。广大人民，尤其是农村农民，基本上接受了这些宣扬。所以我说过，拒绝传统就是拒绝祖先，也就是拒绝人民，拒绝地气，拒绝历史文化。而拒绝现代化，就是拒绝地球，拒绝世界，拒绝发展与进步。做到又传统又现代，当然并非易事。它要经受许多焦虑、痛苦、两难、争拗，直到内战外战。

人们在传统与现代的选择上，时时会出现进展，也会出现偏颇与幼稚，出现浅薄与荒谬。像你说的那种滑稽皮相，我早就多次著文提醒过了。

文化与其他一样，有层次高下内容深浅的区分，它时时在发展着丰富着，也在歪曲着沦落着乃至腐烂着灭亡着。不要以为一讲文化就真的有了文化啦。

◎ 11. 问: 那么，今天的论儒谈古，应该怎么进行呢?

答: 目前碰到的问题是在急剧的现代化过程中，经济的发展、生产力的发展突飞猛进，但在新旧交替、中外杂糅、八方交汇、浅薄浮躁的社会风气下，我们的古老国家，再一次面临了子曰"德之不修，学之不讲，闻义不能徙，不善不能改，是吾忧也"的状况。孔子为挽救当时的礼崩乐坏的局面而提出的好学、好古、敬天、祭祖、孝悌、忠恕、弘道、修德、求仁、正名、克己、复礼、礼乐、力行、知耻、恭谨、明辨、君子……整体的一个系统工程，在当时来说，很有针对性，也达到了相当的高度。时隔两千多年，虽然不乏已经被历史扬弃、被时代所否定的元素，但更多的是恒久的美好与有效，这是很惊人的。

简单地说，孔子希望建立一个文明——精英社会，他提出了一大套文明追求与文明规范的义理主张，孔子要的是社会上短缺的文明。他是中华文明的奠基者之一。

◎ 12. 问: 那么其他的学派，其他的思想火花，难道就不是文明的主张了吗?

答: 不妨试着说一说。老子追求的是超高端的思辨与智慧，庄子追求的是超级逍遥与如入无人之境的心智自由，名家追求的是启人心智的奇思妙想与逻辑奇葩，法家追求的是权力主义与权力法门，墨家追求的是人格操守的献身化与侠义化。它们都是中华文明的组成部分。它们并不仅仅与儒家有对立与辩难，也与儒家有相通与互补的关系。例如《论语·卫灵公篇第十五》中，就有"子曰: '无为而治者其舜也与? 夫何为哉? 恭己正南面而已矣'"。尤其重要的是，孔孟与老庄，基本上都是性善论者。不性善，能无为而治与道法自然吗?

不性善，能为政以德与胜残去杀吗？当然，孔子更重视道（导）之与齐之，即更重视权力系统与君子精英们的文化导向作用与引领责任。

○ **13.** **问: 所以，你刚才说到孔子的提倡的时候首先说到"好学"……您把您刚才提到的一系列词语，做一点解释吧。**

答: 是的，孔子主张性相近也，习相远也，所以《论语》开宗明义，一上来就讲"学而时习之"。一个权力系统，一个精英君子，没有比自己好学与引领好学更颠扑不破、更能立于不败之地的了。《论语》的好学诸语，使我联想到童年时期常常听到的一个说法，不是"好学"，而是"学好"。这里的好学首先讲的是德育，是品质，是人心人性的仁德培育。《论语》中屡有对于单向度具体知识的不那么重视的说法，他更重视的是心性之学，即培养文明美好的心性。正因如此，他主张反求诸己。他的逻辑是，东周之令人忧患，在于世道人心之糟糕。世道人心首先要由每个人自己负责，欲仁即是心性的优化，求仁更是心性的升华。人人都欲仁，就会天下太平，"我欲仁，斯仁至矣"，这就是知行合一，这就是儒学道德观的胜利。

孔子对于学习的思考还有许多，他注重温故知新与举一反三，说明他反对死记硬背与教条主义冬烘主义。后世在儒学旗帜下出了那么多呆木智障人士，太对不起孔圣人了。还有关于学与思的关系、学与行的关系、学与仁的关系、能与不能的关系、知与不知的关系等等，都讲得言简意赅，高明得很。

○ **14.** **问: 那您说的好古、敬天、祭祖、尽孝等说法呢，今天还有当初那么大意义吗？**

答: 我们当代人，生活在一个战争、革命、改革、发展、起飞的快节奏时代，生活在一个国家与社会急剧变化、令人常感眼花缭乱的年代。对于孔子的标榜好古、敬天、祭祖、尽孝，接受起来有某些困惑与距离感。其实塌下心来想想，孔子的好古，表达的是对先人文化积淀与淳厚风习的珍惜，是对于人子已有的经验教训的正视，是对于一得之见、一己之私、一时之灵感的预警：不要轻举妄动，不要自我作古出么蛾子。这也是老子的不为天下先的意思。当然这个说法对于开拓创新突破的提倡与认识太不够了，但对于一个大国的权力顶端的人物或群体来说，有它的正面意义。

孔子在《论语》中多次讲到祭奠，他的关于慎终追远的名言，如今多半是当作深谋远虑与善始善终来理解的，当时也是讲祭奠的认真性的。祭奠的认真与居丧的悲哀，成为孔子的文明教化说的一个前提。对祭奠与居丧的重视，是通向孔子学说中相对欠缺的终极关怀的一个桥梁，一条崇高之路，是通向对于君子极要紧的"敬"字的一个实习与践行，是对于虚无主义的一个扫荡，是对于生命空虚的困惑的占领与充实，也是给孔子提倡的众美德提供一个合法性合理性的理由。

从祭祖发展到祭天，《论语》最后一篇的《尧曰》，对于敬天的描写达到了洋洋乎隆重感人的程度。孔子一直强调天意、天命、天何言哉，这些记载丰富了也加深了孔学的意涵。

◦ 15. 问: 那么您还要分析孔子主张的哪些要点呢?

答：孔子理想的是君子政治，即有中国古代特色的精英政治。他认为人众可以分为君子与小人两类，这不符合平等观念，但大致符合实际。实际生活当然并不理想，所以它才是实际而不是足够美好的理念。中国古代社会，掌权者日益增加对于权力的重视，逐渐集结权力，用权力把握占领其他社会资源，同时又要为权力进行走向设计、文化美容、理论概括、名位或名义的掂量区分，更重要的是要对权力与权力对象进行定性命名。君君臣臣、忠忠孝孝、贤贤不肖不肖……说明了命名权是一切权力中最重要的权力。

这样，关心整体、关心权力运作、关心众人与众物的命名的，是相对一少部分人。出身不俗或教育学养不俗的一些人，才有志于培养自己成为君子，以自己的文化储存与斯文风度跻身于权力运作的行列。劳心者治人，劳力者治于人；君子喻于义，小人喻于利；君子和而不同，小人同而不和；民可使由之，不可使知之……这些说法都令民粹主义者、社会主义者们遗憾乃至愤怒，但它们说出了一些事实。如果你想改变这样的事实，你首先得弄清为什么会有这种事实，你必须面对这里的君子小人之辨，上智下愚之辨。

君子小人之辨令人不平，但它也有一种道理：有志于当君子、进入精英圈子的人必须下决心学点君子之道之风，文质彬彬、不迁怒、不贰过、顾大局、识大体、行大义，具备美德、礼数、文雅文明的风格，以文养质，以质弘文……说法多了去了。

问题在于君子与小人、精英与群氓之间，必须有一种互通互补互相转化的关系，而不是互相对立的老死不相往来的两大块，更不能使君子的身份变成门第与地位的世袭。如果君子与精英是一个教育、德行、学识与才智修养的概念，而不是一个社会分化的概念，孔子的有关学说就能化腐朽为神奇，赢得新的生命力。

顺便说一下，在我谈先秦诸子的文字中，我常常使用"民人"一词，盖人民、大众、群众在当代语汇中，已经高度意识形态化了，孔孟老庄那时候，谈到"民"的时候，绝对不具有当今的意识形态所指。尤其是，古代对于民与人的说法还有分别，或谓"人"是指奴隶主，而"民"是指奴隶。虽然对于中国是否存在过典型的奴隶社会还有疑义，对民与人的含义不同则可以大致有所判断，想来想去，只好用"民人"来解先秦经典之"民"。

◦ 16. 问: 您说到命名权, 这是什么意思?

答: 汉语思维注重概念归属, 概念决定认知与政策。同是夺取政权, 篡弑与开国的命名完全不同。同样是力谏, 逆鳞与愚忠的意义也完全相反。直到当代, 还有所谓戴帽子、摘帽子, 有革命几十年的老干部"文革"后期盼着一个"内部矛盾"的结论。这就是命名的厉害。

我们的终极关怀也常常沿着寻找最崇高、伟大、终极的概念方向前进: 曰道、曰德、曰仁、曰义、曰理、曰一……哲学上我们具有概念崇拜的传统。

那么命名, 意味着政策的决定, 资源的分配, 是非的厘清, 秩序的依据, 命运的主宰。

所以孔子要求正名, 强调名不正则言不顺, 抨击觚不觚的现状, 要求君君臣臣父父子子。

孔子的想法相当单纯。君王有君王的样子与规范, 臣子有臣子的样子与规范, 爹爹有爹爹的样子与规范, 儿子有儿子的样子与规范, 以此推理, 名正言顺, 自然天下太平。

◦ 17. 问: 您讲到了孔子提倡的那么多美德、美好概念、精神向往, 但是您没有解释中庸之道, 这是为了什么呢?

答: 谢谢您的提醒。中庸之道与偏激极端, 这也是孔子用来划分君子与非君子、君子与小人、斯文与鄙野的区别的一条重要的界线。

这和学养与境界有关。愚蠢的人只会跟着风向走, "爱之欲其生, 恶之欲其死。既欲其生, 又欲其死, 是惑也"。判断复杂的生活与社会诸问题, 没有足够的经验与学养是不容易做好的。加上个人的私心杂念、狭隘恶意，不懂道理，不讲逻辑，就更不容易做到中庸即准确与正常地认知世界了。

这也与中国社会缺乏多元制衡的传统有关。中国的平衡主要表现在时间的纵轴上，即三十年河东、三十年河西。这种情况下，客观全面、留有余地、勿为已甚、宽厚包容乃成为重要的政治品德；而跟风附和、政治投机、左右摇摆、赶尽杀绝，留下了不良的有时候甚至是极其丑恶耻辱的印记。想想这些，就明白中庸之道的必要性了。

当然，缺少理论文化学养的支撑，又缺少制度演进的保障，几千年的传播与继承之中，把中庸闹成不男不女、不阴不阳、不分是非善恶，把中庸搞成一个无担当的大废物的同义语的情况也屡见不鲜。中庸这个词老态龙钟，跟某种火锅标榜的前清留下来的汤水一样，不认真消毒清洗一下，难以给人好感了。

○ **18.** 问: 同感啊。您只消读读四大名著，再读读鲁迅，就懂得了，儒家后来越来越混不下去了。整个一个贾府，男女老少，谁按孔夫子的教导过日子了？贾政沾点边，但是极不中用。李逵、宋江，孙悟空、猪八戒，曹操、孙权、刘备，又有谁在那儿实行彬彬有礼的仁政了呢？

答: 好极了，人们要有足够的头脑与智力谈传统，而不是忽东忽西，东倒西歪。

这说明，首先，不管是多么好的理念，如果不发展，不进步，不更新，不突破，不回应挑战，不接受质疑，不修补漏洞，它就会乏味教条，捉襟见肘，过场形式，陈旧生厌，腐臭霉烂，自取灭亡。

其次，中华文化是一个巨大的文化，反儒、造反、颠覆的传统与斯文尚礼的传统一样是源远流长。"窃钩者诛，窃国者侯""盗亦有道"的嘲讽出自庄子，"王侯将相，宁有种乎？"陈胜吴广的强音早就震响起来了。"量小非君子，无毒不丈夫"，"先下手为强，后下手遭殃"，"马无夜草不肥，人无外财不富"这类的江湖强盗经，"脸皮薄，吃不着；脸皮厚，吃不够"，"舍得一身剐，敢把皇帝拉下马"的流氓心态，可能发展为造反起义，改朝换代；也可能发展为动乱灾难，民不聊生。仅仅一个儒家怎么可能混几千年？幸而存在这样的对立面，儒学才没有早早地进入了博物馆。

最后，鸦片战争以来，儒学面对空前的民族危机与文化危机，一筹莫展。民主主义、科学观念、爱国主义、国际主义、社会主义、共产主义、法制观念、多元观念、竞争观念、市场经济认知，终于给我们的儒学举行了现代化全球化洗礼。儒学是置之死地而后生，叫作浴火重生了。

正是改革开放与社会转型，工作重心转型，使中国人民有可能走向发展经济，注重民生，全面小康，走向安居乐业，重拾孔孟老庄才有可能。如果我们目前还是处在八国联军占领北京的局面，还处在甲午战争后任人宰割的局面……我们有什么可能热热闹闹地重新尊起儒学来？

○ 19. 问: 是啊，然而现在有人认为中国传统文化本来好得不得了，《三字经》《弟子规》一背诵，人人听话，个个低眉顺眼，后来是闹"五四"，闹革命才闹坏了的。

答：中国人这么多，一呼百应，吠影吠声，各种热潮极易煽起，但也容易出现简单化、片面化、浅薄化、皮相化、浮躁化、表演化。以无知"秀"善良、以偏激"秀"热情、以强词夺理示掌声的现象常常发生。我们在提倡弘扬传统文化特别是儒学文化的时候，不能不提醒这一点。

就是说，我们重视传统文化，同时也要重视五四新文化运动的起死回生的伟大成果。五四运动、人民革命"救"了中华民族的

"亡"，也"救"了中华传统文化的"亡"。我们在重视开拓传统文化的精神资源的同时也不能忘记重视新文化、革命文化的魅力与优良传统。其实，新文化的提法恰恰符合传统，《礼记》上已经讲"苟日新，日日新，又日新"了。我们谈孔孟老庄、斯文的优胜与魅力的时候，一刻也不能忘记"面向现代化，面向世界，面向未来"。

价值认同的关键在于人心

非常高兴有机会来讨论社会主义核心价值观的话题。我认为，核心价值观的提出具有特别的意义，这一点毋庸置疑。我们国家自改革开放以来，生产力不断发展，生活方式不断变化，人民生活水平日益提高，可以说中国正在日新月异地前进。在这种面貌一新、前景看好的同时，也出现了一些纠结和新的问题，一些令人感到忧心忡忡的事情。譬如干部作风问题尤其是贪污腐败，社会上一些冲击道德底线的事件，也包括一些日常生活中出现的道德问题，以致我们的传媒竟然需要不断讨论：如果碰到一个老人摔倒在地上，应不应该把他扶起来？未免有点骇人听闻了。

　　这当然让人感到忧心，它使我想起了孔子的一句名言："德之不修，学之不讲，闻义不能徙，不善不能改，是吾忧也。"意思是不注重自己的道德修养，不讲究学习，听到正义之事不去实践，知道不对的地方也不去改，这是我所担忧的。

　　这是一种什么忧虑呢？用一个传统的词讲，是一种对世道人心的忧虑。生活中我们有很多忧虑，比如说蜗居带来忧虑，婚姻引起忧虑，环境污染也是忧虑……但是除了这些忧虑以外，孔子认为人最应该忧虑的是什么呢？是世道人心。想不到，孔夫子在两千五百年前说出来的这些话，也仍然适用于现在——我们今天仍然有这个问题。即使我们的生活水平在提高，生产力在发展，改革开放在往前进行，但是世道人心如果老是出现问题的话，不可能不让我们忧心忡忡。

　　在这种情况之下，党中央高度重视当今的世道人心问题，高度重视我们的精神生活，高度重视社会主义核心价值观的研讨、宣扬与教育，倡导富强、民主、文明、和谐，倡导自由、平等、公正、法治，倡导爱国、敬业、诚信、友善。这些价值观同我们的关系非常密切，似乎少有疑义与异议。不过，它们能不能使我们对价值的认知更丰富、更充实、更深刻、更心贴心，更富有吸引力、凝聚力与说服力，是目前值得讨论的问题。

从民族文化基因中寻找价值认知

价值观的培育和践行，依据是什么呢？价值观不是想怎么提就怎么提的，好话还有很多，比如谦虚、谨慎、廉洁、孝顺等等。但是，核心价值观的这些提法，并不是单纯地从理论上，或者是从书本典籍里，或者是从国外的说法中得来的，它的根据是历史、文化、生活，是人民，尤其是人心。人心里面本来就有一种价值观念，有对于好坏、善恶、美丑、真伪评判的一杆秤。核心价值应该是从人心当中提炼、挖掘、概括出来的，然后又经过社会精英，经过中央，经过许多有志于培育世道人心的人士的研究，能够概括得比较准确，比较合乎实际，能够成为社会的凝聚力，成为中华民族的一个凝聚点、生命线，成为社会认知的一个最大公约数——也就是我们能够以此分清好坏、善恶、美丑、真伪。

所以，要想把核心价值观倡导好、讲述好、讨论好、学习好、践行好，就得想办法去探索人心，发掘人心，优化人心。价值认知要到我们内心和灵魂里面去找，而不是从文件上和书本上，更不是从国外的说法里去找。人心里面价值的积淀和价值的基因，已经成为价值选择的根基，甚至变成了一种本能。几千年来，中国传统文化影响了一代又一代人，对人心的影响潜移默化、陶冶熏染，作用可以说是无法估量的。

要看到人心当中积极的东西和善良的一面，再与现在提倡的核心价值观对接起来，就会大有希望。这些东西离不开传统文化对我们的影响和熏陶，不管我们对传统文化做过多少批评、反省，实际上在人心当中，传统的影响仍然明晰地存在着，我们对自己的民族和传统不能骂倒一切。因此，人心中的积极因素是我们倡导核心价值观的基础，而它来源于中华传统文化，来源于五四时期开始的新文化，还有以井冈山精神、延安精神为代表的革命文化。

今天我着重谈的是传统文化，但是在这里必须要说一点：现在有一种观点，就是一提倡传统文化，就认为中国的传统文化好得不得了，后来的新文化运动、革命文化把这么好的传统文化破坏了。这种观点是错误的。我认为今天应该阐述这样一种观点，就是要把中国的传统文化，和"五四"以来以民主、科学、爱国为代表的新文化，和以井冈山精神、延安精神为代表的革命文化，整合而不是对立起来，然后我们的文化才有希望繁荣发展。

从人心中寻找美好、积极的共识

近现代以来，由于我国遇到了前所未有的情况和变局，传统文化也遭受了巨大的挑战和考验。有识之士对于中华传统文化中的某些停滞和封闭以及由此带来的严重问题，做出了严肃、沉痛的反省和批判。国人在吸收世界现代文明的基础上，尤其是在吸收马克思主义的世界观、历史观、价值观的基础上，正在实现着马克思主义的本土化。一方面，我们要吸收全世界各种好的东西，在现代化和全球化的道路上，不管碰到多少问题，都不能停下脚步；另一方面，我们在坚持革命的文化、批判的文化、雄辩的文化的同时，还要发展复兴与创新的文化、渐进与包容的文化、建设性的正能量的文化——也就是说，我们现在提倡建设，更提倡正能量的建设。过去我们在很多政治运动里面都强调"破"字当头，但是今天，包括对核心价值观的讨论，我们是"立"字当头，目的不是简单地推翻某些东西，而是要在推翻、否定某些东西的同时，寻找最值得珍惜的、大讲特讲的东西，寻找我们人心当中最美好、最积极的东西——我们现在正面临着这样的历史使命。

有人说，从鸦片战争以来，中华传统文化屡遭挫折、批判和嘲笑，因此我们的传统文化很悲惨，甚至有些中国人已经忘掉了自己的传统文化。我认为言过其实了，事实情况并非如此。班固在《汉书·艺文志》里面就引用了孔子的话："礼失而求诸野"。由于东周的动乱与分裂，孔子说，表面上看周礼已经不存在了，已经失落了很多，但是周礼在四野的老百姓当中并没有流失。也就是说，在广大的老百姓当中，仍然还保留着古道热肠、仁义道德等古老而美好的人际关系文明。中华民族就是这样的，几千年的传统文化，不是说批判一下、骂一下、叹息一下就没了，它不会的。

我们可以举一些例子。以地方戏为例，忠孝节义的思想经常有之，特别是在农村地区，深入人心。戏里面忠奸是分明的；有节操的人和投机分子是分明的；讲正义、讲道德、讲义气的人和卖友求荣的卑劣小人、奸贼的区别也是分明的。老百姓很讲究这个。中国人认为修身是齐家、治国、平天下的前提，君王与大臣的道德修养是权力正当性的一个重要标志——"为政以德"，这是孔子所倡导的。我们现在讲德才兼备、以德为先，这就是中国的传统文化，这样的干部路线仍然为人民所认同，艰苦奋斗、勤俭持家仍然被人民所肯定，清正廉明、刚正不阿、劝善诫恶仍然被人民所拥戴。感恩图报也是中国的传统，"涓滴之恩，当涌泉相报"，每次看到这句话，我都几乎落泪。清廉的故事就更多了，还有杀身成仁，舍生取义；善有善报，恶有恶报……这些观念都为中国人所喜欢。美德流芳百世，恶行遗臭万年，这就是价值观念的力量。

现在这样的事例仍然很多。我一个老朋友的妻子，兄弟姊妹五个，她是最小的，家里有一个比她大二十来岁的大哥。父母临死时嘱咐大哥照顾几个弟弟妹妹，大哥向老人做了保证，然后打工赚钱养家，一直没有结婚，因为没有人愿意跟他带着四个弟弟妹妹过日子。后来弟弟妹妹全都上了大学，有了工作，也成了家。在他本人快六十岁的时候，把弟弟妹妹都找来了，说："我今天找你们来，要告诉你们一件事——我想结婚。"他的弟弟妹妹们立刻就给他跪下了。听到这个故事，我热泪盈眶。用现在的观念，我们或许会说：你对自己太残酷了，成家立业合理合法。但是无论如何，中国人首先都会选择重承诺，尤其是对父母重孝心，对幼弱重爱护。反过来，那些不忠不孝、贪污腐败、卖友求荣、投机取巧、花天酒地、阿谀奉承、两面三刀、假冒伪劣的表现也会被国人所不齿。这样的人，这样的事，我们都能从民间发掘出来。

从传统文化中挖掘精神资源

　　中华文化是一个富矿，从中能够开垦出更多资源，能够丰富人们对于社会主义核心价值观的认识和体悟。我们可以从儒家的仁政、王道（即政治文明）中加深对富强、民主、文明、和谐的理解；从恕道、礼治以及老庄的学说中加深对自由、平等、公正、法治的理解；从仁的教育、美德的重视中加深对爱国、敬业、诚信、友善的理解与认同。所有这些虽然和现在有所区别，但都有相通之处。

　　社会发展、变化得这么快，但精神上的资源并没有得到很好的开发，所以出现了世道人心的问题，出现了价值失范与价值歧义。经济发展以后，到底人们是更可爱了，还是渐渐不可爱了？我们无法不面对这样的诘问。这方面我们可以从传统文化中挖掘出很多精神资源。

　　第一，天下为公，世界大同。古代的中国梦就是大同。"大道之行也，天下为公，选贤与能，讲信修睦……"这是《礼记·礼运篇》里讲的"大同"，是中国古代非常高级的中国梦。不仅孔子儒家学说这样讲，道家学说同样也有类似的讲法："天之道，损有余而补不足；人之道则不然，损不足以奉有余。"老子认为，有余的应该稍微往下压一压，要帮助那些弱势的人和群体，这不正是通向社会主义的思想吗？老子的无为而治的理想，客观上带有为被压迫被剥削阶级说话的性质，其实与国家消亡、政党消亡的共产主义理想遥相呼应。天下大同的观念，落实为我们的价值认证，可以成为整个中华民族团结起来的一个重要理念。孙中山先生当年提出来"以建民国，以进大同"，他也把"大同"当作最高的理想。可见，与欧美许多国家不同，中国的知识界比较容易接受共产主义理念，并非偶然。

　　第二，价值观是一种心性之学。价值在哪里？传统在哪里？在人们心中。我们讲道德、仁义，首先要学着把心治好、培养好、陶冶好、塑造好，让心性充满价值认定，达到高度的自觉和自律，达到慎独的状态，即使是一个人独处，也要用自己所信奉、所接受的价值观来行事、选择。如果建立了以仁义为特色的心性，就能从根源上消除荒谬，消除反人类、反社会的种种可能，消除黑暗和愚昧。

从小到大，从内及外，从家庭、孝悌开始，做到忠恕、恭谨、诚信，以仁统领精神走向，用孔子的话就是"吾道一以贯之"，用马克思的话就是"目标始终如一"——一个是从结构上看，仁义道德是核心；一个是从发展上看，对于仁义道德的坚持恒久如此，这都叫作一以贯之，即以一个核心的观念把价值选择和坚守贯穿起来。

当今我们倡导、研讨、发扬核心价值观，成败的关键在于能不能把所提倡的观念与人民心中的好恶臧否、真情实感结合起来。价值观不仅仅是一个用于讨论的话题，更不能仅仅是一个举手表态的问题，而是一个心性的问题。难道你不追求和谐而是喜好恶斗？难道你不坚守仁义而是选择狠毒？难道你不捍卫自由而是乐于压迫或被压迫？难道你不爱国而是诅咒自己的家园？这种可能性很小。

为了和人心相结合，就要从传统文化中挖掘资源，同时又能够做到像邓小平同志所说的那样："面向现代化，面向世界，面向未来。"我们所寻求的价值，不是自我封闭起来的价值，不是一个浅显的口号，而是带着这些价值和美好的心性向全面小康发展，向改革开放发展，向现代化发展，不是停滞，不是复古，而是开拓与创新。

第三，仁、德、礼、义、廉、耻的治国思想。"为政以德，譬如北辰，居其所而众星共之。"仁政与礼治的提倡，王道与霸道的区别，对于今天仍然有很大的借鉴意义，正是当下所讲的政治文明。中国过去讲"身正则天下正"，历史上虽然在权力的制衡方面没有一套成功的经验，我们也一直都在讨论怎样能够实行更有效的对权力的监督，但是看中国的历史，道德监督、文化监督仍然存在。不要以为皇帝想干什么就干什么，不是这样的。如果看黄仁宇的《万历十五年》与卜键的《明世宗传》，人们会大为惊奇：皇帝有时候想做一个事儿，底下老臣跪一片，全反对。所以这种文化监督、道德监督是中国政治的一个特色。当然，不能仅有这个，我们还必须以法制、制度的监督为基础。仅仅强调道德，不足以解决我们现实中面对的许多问题，却有着积极的教育意义。古人说"身正则左右正，左右正则朝廷正，朝廷正则天下正"，就说明我们一直要求执政者能够首先起道德示范的作用，首先有教化的义务，这是中华政治文明的核心主题。今天来说，越是领导干部就越要成为践行核心价值的模范。老子讲"行不言之教"，也就是今天人们所说的"身教胜于言教"。权力要关在法律与制度的笼子里，也要关在道德与文化的笼子里，这样就从"不敢"上升到"不想"了。

传统文化中关于这方面的美好的词句、说法和思想太多了。比如孔子说"不义而富且贵，于我如浮云"，他还认为能够做到"博施于民而能济众"，那就是圣人。这些难道不值得我们学习与自省吗？老子也是最反对贪腐、纵欲，他说："五色令人目盲，五音令人耳聋，五味令人口爽，驰骋畋猎令人心发狂，难得之货令人行妨。"老子还说："我有三宝，持而保之：一曰慈，二曰俭，三曰不敢为天下先。"慈就是爱民，俭就是节俭，"不敢为天下先"是针对当时的特殊情况而言，强调要顺乎民意民情。仁政王道的观念虽然不能完全符合现代社会的需要，但也不能以虚无主义对待，而是要从中挖掘出有积极意义的东西。

第四，中庸之道。中庸之道就是事事恰到好处，准确正常，过犹不及。用现在的语言来说，就是反对极端主义、恐怖主义、分裂主义。

第五，"行有不得者，皆反求诸己"，从我做起。对于公共交通、食品安全、医患关系等方面的问题，有些人往往一提起就大骂一通。但是请问，骂人的人自己做得怎样呢？也许从来没有反思过。孟子说"行有不得者，皆反求诸己"，孔子说"见其过而内自讼"，意思是如果看到什么事做得不好，看到他人的过失，先在自己内心进行思想斗争，告诉自己应该怎么做，不要碰到不好的事就先骂别人。孔子还说"仁远乎哉？我欲仁，斯仁至矣"，"为仁由己，而由人乎哉？"做到做不到是由自己决定的，不是由别人决定的。这个让我联想到法国哲学家萨特，他认为每个人都有自由选择的可能——你选择，你存在，你负责。为什么王阳明提倡"知行合一"，孙中山说"知难行易"呢？知与行，确实有一段距离，但你反求诸己，首先你自己的心性向仁德方面靠拢了，你就有了践行仁德的可能，事物就可以向好的方面发展了。

《论语》中有"唐棣之华，偏其反而。岂不尔思？室是远而"之句。有人以为这是爱情诗，孔子将其解释发挥成思想修养、精神境界方面的诗："未之思也，夫何远之有？"他用唐棣之华——一种美丽的花来比喻美德，认为你自己还没想还没追求，就说那个花远得不得了，其实你要是向往，这个花就在你心中开放了，你就离美德不远了。

冉求对孔子说："我不是不喜欢你说的那些道理，我力气不够，实现不了。"孔子回答："力不足者，中道而废。今女画。"意思是，如果力道不足，只实行了一部分，是可以的，可是你压根儿就没做。我的要求你并没有开始做起来，怎么能说力量不够呢？孔子的这些思想特别可贵。

传统文化中有深入人心、深得人心的价值认知。传统文化中爱人、济众、亲民、义理、仁政、温良恭俭让的内容有助于我们实现富强、民主、文明、和谐、自由、平等、公正、法治，也就是中国人理想的政治文明。从传统文化中我们还看到了天下为公、恭谨、礼治、信义、忠恕、己所不欲勿施于人的内容，这些都有助于爱国、敬业、诚信、友善的实现。

但是我们这样做不是复古，不是照搬传统，不是向后看，不是否定五四新文化运动，更不是否定革命文化。我们不能把弘扬传统与面向未来、面向现代化对立起来，要通过发掘传统文化资源，充实、丰富我们对于社会主义核心价值的认知——这本身既是对社会主义核心价值观的丰富，也是对传统文化的创造性发展与转化。

我今天给大家讲的可以归结为四句，每句四个字：人心可用，世道可兴，传统可取，开拓可新。首先要相信人心，相信人民，相信民族，人心当中能挖掘出美好的东西，能和我们的核心价值观对接与吻合，这样我们的世道和社会就会更加兴旺与发达。其次，传统是可取的，其中有许许多多能够感动、教育、说服人们的美好东西。我们的目的不仅仅是重复老话，背《三字经》，或者是穿汉服，我们并不是向后看，更不是复古，而是对传统文化的精华和缺陷与不足有一个符合现代标准的认知。总之，我们是为了中国特色社会主义道路的成功，为了全面小康的成功，为了我们伟大的民族复兴之路的成功。